Guttentagsche Sammlung
Nr. 87a. Deutscher Reichsgesetze. Nr. 87a.
Textausgaben mit Anmerkungen und Sachregister.

Freund-Magnus

Das deutsche Warenzeichenrecht

Sechste, neubearbeitete Auflage

erläutert von

Dr. Friedrich Jüngel und Dr. Julius Magnus
Geheimer Regierungsrat Justizrat

Teil I

Die internationalen Verträge

Berlin und Leipzig 1924.
Walter de Gruyter & Co.
vormals G. J. Göschen'sche Verlagshandlung — J. Guttentag, Verlagsbuchhandlung — Georg Reimer — Karl J. Trübner — Veit & Comp.

Vorwort.

Seit langem bestand der Plan, der Freund-Magnusschen Ausgabe des Warenbezeichnungsgesetzes eine neue Auflage folgen zu lassen. Stets durchkreuzten ihn die politischen Ereignisse mit ihren Rückwirkungen auf die Gesetzgebung, die befürchten lassen mußten, daß die neue Auflage schon vor ihrem Erscheinen wieder veraltet sein würde. Nunmehr ist es, nachdem die Gesetzgebung zu einem wenigstens vorläufigen Abschluß auf diesem Gebiete gekommen zu sein scheint, an der Zeit, den Plan zu verwirklichen. An Stelle des allzufrüh verstorbenen Mitherausgebers Günther Freund ist der Erstunterzeichnete getreten.

Durchgreifend geändert hat die neuere Gesetzgebung das deutsche Warenzeichenrecht vornehmlich auf internationalem Gebiete. Die im Jahre 1911 auf der internationalen Konferenz in Washington beschlossenen Änderungen der Pariser Konvention von 1883 sind Bestandteile des inneren deutschen Rechts geworden. Sie haben das internationale Markenrecht auf eine neue Grundlage gestellt, wesentliche Abänderungen des deutschen Warenbezeichnungsgesetzes zur Folge gehabt und auch die Handhabung des deutschen Gesetzes nicht unwesentlich beeinflußt. Geradezu umwälzend aber ist die Einwirkung gewesen, die der von den beteiligten gewerblichen und industriellen Kreisen langersehnte Beitritt des Deutschen Reichs zu dem Madrider Marken-Abkommen auf das deutsche Zeichenrecht ausgeübt hat: es gibt seitdem im Deutschen Reiche Zeichen, die in der Rolle nicht eingetragen, zum Teil auch keiner Prüfung unterzogen worden sind.

Das Bedürfnis nach einer Erläuterung der internationalen Bestimmungen des deutschen Zeichenrechts ist begreiflicherweise ein besonders dringliches. Es erscheint daher geboten, diese Erläuterungen als den ersten Teil des Werkes vorweg erscheinen zu lassen und dabei das Madrider Marken-Abkommen an die erste Stelle zu rücken. Der zweite Teil, welcher die Erläuterung des deutschen „Gesetzes zum Schutz der Warenbezeichnungen vom 12. Mai 1894" in der Gestalt, die es nunmehr aufweist, bringen soll, wird ehestens folgen.

Die Art der Erläuterung ist die gleiche geblieben: Die Verfasser erstreben lediglich, ein Hilfsbuch für die praktische Handhabung des zum Teil recht schwierigen und verwickelten Stoffes zu geben. Auf längere wissenschaftliche Erörterungen, rechtsaufbauende Versuche, rechtsgeschichtliche Darlegungungen und ausführliche Auseinandersetzungen mit Schrifttum und Rechtsprechung ist im Interesse der Kürze und Übersichtlichkeit zumeist bewußt Verzicht geleistet.

Für eine Reihe wertvoller Ratschläge und Anregungen sind die Herausgeber Herrn Prof. Dr. Röthlisberger, Bern, für die mühevolle Arbeit der Zusammenstellung der Tabelle Herrn Geheimen Regierungsart Dr. Pflug, Berlin, zu aufrichtigem Dank verpflichtet.

Dr. Jüngel. **Dr. Magnus.**

Inhalt.

Seite

I. Die Internationale Markenregistrierung.

Einleitung 1

A. Madrider Abkommen vom 14. April 1891, betr. die internationale Registrierung von Fabrik- oder Handelsmarken, revidiert in Brüssel am 14. Dezember 1900 und in Washington am 2. Juni 1911 3

B. Ausführungsordnung zum Abkommen, betr. die internationale Registrierung von Fabrik- oder Handelsmarken, revidiert zu Washington am 2. Juni 1911 36

C. Gesetz über den Beitritt des Reichs zu dem Madrider Abkommen über die internationale Registrierung von Fabrik- oder Handelsmarken. Vom 12. Juli 1922 47

D. Verordnung über die internationale Registrierung von Fabrik- oder Handelsmarken. Vom 9. November 1922 49

E. Bekanntmachung über die internationale Registrierung von Fabrik- oder Handelsmarken. Vom 9. November 1922 55

F. Mitteilung des RPA. über den Beitritt des Reichs zu dem Madrider Markenabkommen und über die Anwendung des Abkommens im Reichspatentamt 55

G. Merkblatt des Reichspatentamts: Die internationale Registrierung deutscher Warenzeichen und die amtliche Bekanntgabe der internationalen Marken 56

H. Mitteilung des Reichspatentamts über die Entrichtung der internationalen Abgabe 63

Seite

I. Bekanntmachung des Reichspatentamts: Zum Madrider Abkommen vom 14. April 1891, betr. die internationale Registrierung von Fabrik- und Handelsmarken, revidiert in Brüssel am 14. Dezember 1900 und in Washington am 2. Juni 1911. Warenklasseneinteilung ... 64

K. Verzeichnis der Stellen im Deutschen Reiche, an denen das Warenzeichenblatt ausliegt ... 71

L. Kundgebungen und Vordrucke des Internationalen Büros.

a) Rundschreiben des Internationalen Büros in Bern vom 1. Dez. 1922 ... 74

b) Notice sur l'union internationale pour la protection de la propriété industrielle ... 76

c) Protection des marques de fabrique ou de commerce. Renseignements Généraux ... 79

d) Avis aux déposants de marques internationales ... 81

e) Demande et Certificat d'enregistrement international d'une marque ... 82

f) Registrierungsanzeige des Internationalen Büros ... 86

g) Veröffentlichung des Internationalen Büros betr. die Erneuerung einer international registrierten Marke ... 87

h) Avis concernant

1. l'échéance et le renouvellement des marques internationales ... 88

2. le renouvellement des marques internationales ... 89

II. Der Unionsvertrag.

A. Pariser Verbandsübereinkunft vom 20. März 1883 zum Schutze des gewerblichen Eigentums, revidiert in Brüssel am 14. Dez. 1900 und in Washington am 2. Juni 1911 ... 91

B. Gesetz zur Ausführung der revidierten Pariser Übereinkunft vom 2. Juni 1911 zum Schutze des gewerblichen Eigentums. Vom 31. März 1913 ... 127

C. Bekanntmachung betr. die Geltendmachung des im Art. 4 der revidierten Pariser Übereinkunft vom 2. Juni 1911 zum Schutze des gewerblichen Eigentums vorgesehenen Prioritätsrechts. Vom 8. April 1913 ... 136

D. Gesetz betr. den Schutz von Erfindungen, Mustern und Warenzeichen auf Ausstellungen. Vom 18. März 1904 ... 136

Seite

und Allg. Verfügung des Preuß. Justizministers, betr. die Bekämpfung des unlauteren Wettbewerbs auf dem Gebiete der Winkelausstellungen. Vom 8. April 1910 138

III. Sonderverträge.

A. Übereinkommen zwischen dem Deutschen Reich und Österreich sowie zwischen dem Deutschen Reich und Ungarn über den gegenseitigen Patent-, Muster- und Markenschutz. Vom 17. Nov. 1908 138

B. Vertrag zwischen dem Deutschen Reich und der Österreichisch-Ungarischen Monarchie wegen Beglaubigung der von öffentlichen Behörden und Beamten ausgestellten oder beglaubigten Urkunden. Vom 25. Februar 1880 143

C. 1. Bekanntmachung betr. die Wiederinkraftsetzung einer Reihe von zwischen Deutschland oder einzelnen deutschen Ländern und Österreich oder Österreich-Ungarn abgeschlossenen Verträgen und Übereinkommen im Verhältnis zur Tschecho-Slowakei. Vom 5. Mai 1921 143

2. Bekanntmachung über die obersten und diejenigen höheren Verwaltungsbehörden des Deutschen Reichs sowie der deutschen Länder, deren Urkunden im Verhältnis zur Tschecho-Slowakei einer Beglaubigung nicht bedürfen. Vom 10. November 1923 144

D. 1. Übereinkommen zwischen dem Reiche und Italien über den gegenseitigen Patent-, Muster- und Markenschutz. Vom 18. Januar 1892 144

2. Abkommen zwischen dem Deutschen Reiche und Italien zur Abänderung des Übereinkommens vom 18. Januar 1892. Vom 4. Juni 1902 144

E. 1. Übereinkommen zwischen dem Deutschen Reiche und der Schweiz, betr. den gegenseitigen Patent-, Muster- und Markenschutz. Vom 13. April 1892 145

2. Abkommen zwischen dem Deutschen Reiche und der Schweiz zur Abänderung des Übereinkommens vom 13. April 1892. Vom 26. Mai 1902 145

F. Vertrag zwischen dem Deutschen Reich und der Schweiz über die Beglaubigung öffentlicher Urkunden. Vom 14. Februar 1907 147

Seite

G. Handels- und Schiffahrtsvertrag zwischen Deutschland und Portugal. Vom 30. November 1908. 147

H. Handelsvertrag zwischen den Staaten des deutschen Zoll- und Handelsvereins und Frankreich. Vom 2 August 1862 148

I. Vertrag zwischen dem Deutschen Reiche und der Tschechoslowakischen Republik über Rechtsschutz und Rechtshilfe in bürgerlichen Angelegenheiten. Vom 20. Januar 1922 149

IV. Friedensverträge.

A. Gesetz über den Friedensschluß zwischen Deutschland und den alliierten und assoziierten Mächten (Versailler Vertrag). Vom 16. Juli 1919 150

B. 1. Ausführungsgesetz zum Friedensvertrage. Vom 31. August 1919 169

2. Bekanntmachung betr. die Verlängerung der Prioritätsfristen. Vom 2. März 1920.. 171

C. 1. Gesetz, betr. den am 25. August 1921 unterzeichneten Vertrag zwischen Deutschland und den Vereinigten Staaten von Amerika. Vom 20. Oktober 1921 172

2. Bekanntmachung, betr. Wiederinkraftsetzung des Abkommens zwischen dem Deutschen Reiche und den Vereinigten Staaten von Amerika, betr. den gegenseitigen gewerblichen Rechtsschutz, vom 23. Februar 1909. Vom 11. Mai 1922........ 175

D. Gesetz, betr. die Beendigung des Kriegszustandes zwischen Deutschland und Costa Rica. Vom 15. Mai 1921............. 175

E. Gesetz, betr. die deutsch-chinesischen Vereinbarungen über die Wiederherstellung des Friedenszustandes. Vom 5. Juli 1921 176

F. (Berner) Abkommen über die Erhaltung oder Wiederherstellung der durch den Weltkrieg betroffenen gewerblichen Eigentumsrechte. Vom 30. Juni 1920 177

G. Gesetz, betr. das Berner Abkommen vom 30. Juni 1920 über die Erhaltung oder Wiederherstellung der durch den Weltkrieg betroffenen gewerblichen Eigentumsrechte. Vom 3. August 1920 181

H. Gesetz über das am 15. Mai 1922 in Genf geschlossene deutsch-polnische Abkommen über Oberschlesien. Vom 11. Juni 1922 182

I. Gesetz zur Sicherung von gewerblichen Schutzrechten deutscher Reichsangehöriger im Ausland. Vom 6. Juli 1921.......... 185

Seite

V. Anhang.

A. Madrider Abkommen betr. die Unterdrückung der falschen Herkunftsangaben auf Waren. Vom 14. April 1891, revidiert in Washington am 2. Juni 1911 187

B. Gesetz zum Schutze des Genfer Neutralitätszeichens. Vom 22. März 1902 190

C. Japan. Mitteilung, betr. die Erhaltung und Erwerbung von Rechten an Patenten, Gebrauchsmustern, Geschmacksmustern und Warenzeichen in Japan, im Anschluß an die durch die Erdbebenkatastrophe erfolgte Vernichtung der Akten des Patentamts in Tokio 195

D. Mitteilung über die Legalisierung von Urkunden, die vom Reichspatentamt ausgestellt sind und in den Vereinigten Staaten von Amerika im Bereiche der Abteilung des Innern, namentlich dem Patentamt in Washington überreicht werden sollen..... 196

E. Panamerikanischer Vertrag vom 20. August 1910, betr. die Fabrik- und Handelsmarken 196

F. 1. Bekanntmachung über die Fassung des Patentgesetzes, des Gesetzes betr. den Schutz von Gebrauchsmustern und des Gesetzes zum Schutze der Warenbezeichnungen. Vom 7. Dezember 1923. (Jetzt geltende Fassung des WbzG.)........ 202

2. Bekanntmachung über Vereinfachungen im Patentamt. Vom 9. März 1917 213

3. Bekanntmachung, betr. vorübergehende Erleichterungen auf dem Gebiete des Patent-, Gebrauchsmuster- und Warenzeichenrechts. Vom 10. September 1914.......... 213

4. Bekanntmachung über Erleichterungen im Patent-, Gebrauchsmuster- und Warenzeichenrechte. Vom 13. April 1916 214

5. Gesetz, betr. eine verlängerte Schutzdauer bei Patenten und Gebrauchsmustern sowie die Wiedereinsetzung in den vorigen Stand im Verfahren vor dem Reichspatentamt. Vom 27. April 1920 215

6. Amtsbezeichnung des Patentamts 215

G. Tabellarische Übersicht betr. den Schutz der Warenzeichen im internationalen Verkehr. (4 Tafeln.)

Sachregister 216

Abkürzungen.

Abk. = Abkommen.
Adler = System des österreichischen Markenrechts. Wien 1908.
Allfeld = Kommentar zu den Reichsgesetzen über das gewerbliche Urheberrecht. München (C. A. Becksche Buchhandlung) 1904.
A. M. = Anderer Meinung.
Anm. = Anmerkung.
Ausf.O. = Ausführungsordnung.
B. A. = Beschwerdeabteilung des Reichspatentamts.
BGB. = Bürgerliches Gesetzbuch für das Deutsche Reich.
Begr. = Begründung.
Bekm. = Bekanntmachung.
Bl. = Blatt für Patent-, Muster- und Zeichenwesen. Herausgegeben vom Reichspatentamt. Zitiert nach Jahrgängen, nicht nach der Nummerfolge der Bände (s. dazu unten [1])). Berlin (Carl Heymann's Verlag.)

---

[1]) Bl. (Blatt für Patent-Muster und Zeichenwesen).

I	=	1894/5	XVI	=	1910
II	=	1896	XVII	=	1911
III	=	1897	XVIII	=	1912
IV	=	1898	XIX	=	1913
V	=	1899	XX	=	1914
VI	=	1900	XXI	=	1915
VII	=	1901	XXII	=	1916
VIII	=	1902	XXIII	=	1917
IX	=	1903	XXIV	=	1918
X	=	1904	XXV	=	1919
XI	=	1905	XXVI	=	1920
XII	=	1906	XXVII	=	1921
XIII	=	1907	XXVIII	=	1922
XIV	=	1908	XXIX	=	1923
XV	=	1909	XXX	=	1924

Damme = Das deutsche Patentrecht. Berlin (Otto Liebmann) 1906.

DJZ. = Deutsche Juristen-Zeitung. Berlin (Otto Liebmann).

Entsch. = Entscheidung.

Finger = Das Reichsgesetz zum Schutz der Warenbezeichnungen vom 12. Mai 1894. Berlin (Franz Vahlen) 1906.

Freund-Magnus = Gesetz zum Schutz der Warenbezeichnungen vom 12. Mai 1894. 5. Auflage, Berlin (J. Guttentag) 1909.

FV. = Friedensvertrag von Versailles.

FrGG. = Gesetz betr. die Angelegenheiten der freiwilligen Gerichtsbarkeit vom 17./20. Mai 1898.

GR. = Gewerblicher Rechtsschutz und Urheberrecht. Zeitschrift des deutschen Vereins für den Schutz des gewerblichen Eigentums. Berlin. (Zitiert nach Jahrgängen.) Verlag Chemie G. m. b. H., Leipzig-Berlin.

Gareis = Die patentamtlichen und gerichtlichen Entscheidungen in Patent-, Muster- und Markenschutzsachen. Begründet von Carl Gareis, fortgeführt von von Albert Osterrieth, sodann von Emanuel Adler und Julius Magnus. Berlin. (Carl Heymanns Verlag.)

Ges. = Gesetz.

Ges. Samml. = Gesetz-Sammlung.

Intern. = international.

JB. = Internationales Büro.

Isay = Patentgesetz. 3. Aufl. Berlin (Franz Vahlen) 1920.

Jhrb. = Jahrbuch.

JW. = Juristische Wochenschrift. Herausgegeben vom deutschen Anwaltverein. Leipzig. (W. Moeser Buchhandlung.)

JMBl. = Preußisches Justizministerialblatt.

KG. = Kammergericht.

Kent = Das Patentgesetz vom 7. April 1891. Berlin (Carl Heymann) 1906/07.

Kohler = Warenzeichenrecht 1910. Mannheim-Leipzig (J. Bensheimer).

LZ. = Leipziger Zeitschrift für Deutsches Recht. Leipzig-München. (J. Schweitzer.)

Lutter = Patentgesetz. Berlin (J. Guttentag), 8. Aufl. 1920.

MMA. = Madrider Markenabkommen = Madrider Abkommen vom 14. April 1891, betr. die internationale Registrierung von Fabrik- oder Handelsmarken, revidiert in Brüssel am 14. Dezember 1900 und in Washington am 2. Juni 1911.

MW. = Markenschutz und Wettbewerb. Monatsschrift für Marken-, Patent- und Wettbewerbsrecht. Herausgegeben von R.-A. Prof. Dr. Martin Wassermann. Berlin (Dr. Walther Rothschild).

Merkbl. = Merkblatt.

MVdP. = Mitteilungen des Verbandes deutscher Patentanwälte. Berlin (Polytechn. Buchh. A. Seidel).

OLG. = Oberlandesgericht.

Österr.-PBl. = Österreichisches Patentblatt. Herausgegeben vom Patentamt. (Verlag d. österr. Staatsdruckerei) Wien I, Seilerstätte 24.

Osterrieth = Lehrbuch des gewerblichen Rechtsschutzes. Leipzig (A. Deichert Nachf.) 1908.

Osterrieth, Wash. Konf. = Washingtoner Konferenz zur Revision der Pariser Übereinkunft für gewerblichen Rechtsschutz. Berlin (Carl Heymann's Verlag) 1912.

Osterrieth-Axter = Die internationale Übereinkunft zum Schutze des gewerblichen Eigentums vom 20. März 1883 (Pariser Konvention). Berlin (Carl Heymann's Verlag) 1903.

Propr. ind. = La Propriété industrielle. Organe mensuel du Bureau international de l'Union pour la Protection de la Propriéte industrielle. Berne (Imprimerie coopérative, 34 rue Neuve).

RG. = Entscheidungen des Reichsgerichts in Zivilsachen.

RGSt. = Entscheidungen des Reichsgerichts in Strafsachen.

RGBl. = Reichsgesetzblatt.

RPA. = Reichspatentamt.

Rhenius = Gesetz zum Schutz der Warenbezeichnungen 12. Mai 1894. 2. Aufl. Berlin (Carl Heymann) 1908.

Seligsohn = Gesetz zum Schutz der Warenbezeichnungen. 2. Aufl. Berlin (J. Guttentag) 1905.

Seligsohn PG. = Patentgesetz. 6. Auflage. Berlin (J. Guttentag) 1920.

UV. = Unionsvertrag = die auf den Konferenzen in Brüssel und Washington abgeänderte Pariser Übereinkunft zum Schutze des gewerblichen Eigentums vom 20. März 1883.

UWG. = Gesetz zur Bekämpfung des unlauteren Wettbewerbs vom 7. Juni 1909.

VO. = Verordnung.

WbzG. = Gesetz zum Schutz der Warenbezeichnungen vom 12. Mai 1894.

Wvz. = Warenverzeichnis.

Wz. = Warenzeichen.

ZfJ. = Zeitschr. für Industrierecht. Herausgegeben von Tolksdorf und Landenberger Berlin (Wilh. Jßleib).

ZPO. = Zivilprozeßordnung für das Deutsche Reich.

Im übrigen wird das Abkürzungsverzeichnis des Deutschen Juristentages (Berlin, J. Guttentag) 1910 und der Juristischen Wochenschrift (Beilage zu JW. 1920) zugrunde gelegt, denen auch die obigen Abkürzungen im wesentlichen entnommen sind.

I. Die internationale Markenregistrierung.

Einleitung.

Am 14. April 1891 unterzeichneten zu Madrid eine Anzahl derjenigen Staaten, die am 20. März 1883 zu Paris die „Übereinkunft zum Schutze des gewerblichen Eigentums" abgeschlossen hatten, ein die internationale Registrierung von Fabrik- und Handelsmarken betreffendes Sonderabkommen. Die Anregung dazu ging von der Schweiz aus, die der Auffassung war, daß, wenn auch die Schaffung eines „Weltmarken"systems nicht viel mehr als ein schöner Traum sei, doch denjenigen Marken, die im internationalen Verkehr auftreten, auch ein internationaler Schutz zugestanden werden müsse — nicht nur im Interesse des Markeninhabers, sondern mehr noch im Interesse der Verbraucher und der Lauterkeit des Verkehrs (Procès-verbaux de la Conférence de Madrid, S. 30). Die Zulässigkeit eines solchen Sonderabkommens war im Art. 15 des Unionsvertrages vom 20. März 1883 ausdrücklich vorgesehen. Das Abkommen ist am 15. Juli 1892 in Kraft getreten, und zwar zunächst zwischen Belgien, Frankreich und Algerien nebst Kolonien, Schweiz, Spanien und Tunis; im Laufe der Jahre haben sich weitere Länder angeschlossen. Das Abkommen ist auf den Konferenzen in Brüssel vom 14. Dezember 1900 und in Washington vom 2. Juni 1911 in einigen Punkten ergänzt worden. Das Deutsche Reich ist dem Abkommen durch Gesetz v. 12. Juli 1922 mit Wirkung vom 1. Dezember 1922 beigetreten. (RGBl. 779).

Das Abkommen will den Inhabern von international zu verwerdenden Marken die Hinterlegung in den einzelnen Ländern und die mit solchen Hinterlegungen verknüpften Kosten und Umständlichkeiten dadurch ersparen, daß der im Heimatslande geschützten Marke durch einen einzigen Registrierungsakt der Schutz in allen anderen

Verbandsländern verschafft wird. Dieser Akt vollzieht sich bei dem Bureau international pour la protection de la Propriété industrielle in Bern, durch Vermittlung der Behörde des Heimatslandes, d. h. derjenigen Amtsstelle des Heimatslandes, der der Dienst des gewerblichen Rechtsschutzes obliegt, in Deutschland also des Reichspatentamts.

Vorteile.

Die Vorteile des Abkommens sind für Handel und Industrie außerordentlich groß: 1. Der Schutzsuchende wird der Notwendigkeit enthoben, sich mit den durch die Gesetzgebungen der einzelnen Vertragsländer vorgeschriebenen, verschiedenartigen, oft recht umständlichen, zeitraubenden und kostspieligen, überdies für den Ausländer oft schwierig zu ermittelnden Anmelde-Förmlichkeiten abzumühen, um seinem Zeichen den Schutz im internationalen Verkehr zu verschaffen. 2. Er hat nur eine einmalige, mäßig bemessene Abgabe an das Internationale Büro zu entrichten. 3. Er läuft nicht mehr Gefahr, durch ein Übersehen rechtzeitiger Erneuerung in dem einen oder dem anderen Lande des Schutzes unfreiwillig verlustig zu gehen. Nur zwei Verfalltage hat er künftig zu beachten, um den Schutz in allen Verbandsländern aufrechtzuerhalten:

a) Den Tag der Hinterlegung in seinem Heimatlande;

b) den Tag der internationalen Registrierung.

Bedauerlich ist, daß eine Reihe von Staaten, mit denen Deutschland in lebhaften geschäftlichen Beziehungen steht, insbesondere Großbritannien und die Vereinigten Staaten von Amerika, dem Abkommen noch nicht beigetreten sind.

Nachteile.

Daß der Beitritt des Reiches zu dem Abkommen auch seine Schattenseiten hat, kann nicht geleugnet werden:

1. Der Hinzutritt konkurrierender ausländischer Zeichen erschwert das Auffinden neuer Zeichen;

2. Die Zeichenrolle gibt, da die international registrierten ausländischen Marken in ihr nicht vermerkt werden, keine vollständige Übersicht mehr über die im Deutschen Reiche geltenden Zeichenrechte. Die Veröffentlichung dieser Marken erfolgt nur in

der Zeitschrift „Les Marques internationales" des Internationalen Büros, also ausschließlich in französischer Sprache.

Die oben geschilderten Vorteile überwiegen jedoch erheblich.

Wirkungen auf das deutsche Wirtschaftsleben:

1) aktiv, indem den deutschen Zeichen die Erlangung des internationalen Markenschutzes ermöglicht,

2) passiv, indem den von anderen Verbandsländern her international registrierten Marken der Weg zum deutschen Zeichenschutz eröffnet wird.

Im folgenden wird — dem Sprachgebrauch der Verträge und Gesetze folgend — mit „Warenzeichen" (Wz) das in der Zeichenrolle des Reichspatentamts eingetragene Recht, unter „Marke" das international registrierte Recht bezeichnet.

A.

Arrangement de Madrid

du 14 avril 1891, pour l'Enregistrement International des Marques de Fabrique ou de Commerce, revisé à Bruxelles le 14 décembre 1900 et à Washington le 2 juin 1911

Article premier

Les sujets ou citoyens de chacun des pays contractants pourront s'assurer, dans tous les autres pays, la protection de leurs marques de fabrique ou de commerce acceptées au dépôt dans le pays d'origine, moyennant le dépôt des dites marques au Bureau international, à Berne, fait par l'entremise de l'Administration du dit pays d'origine.

Madrider Abkommen

vom 14. April 1891, betr. die internationale Registrierung von Fabrik-oder[1]) Handelsmarken, revidiert in Brüssel am 14. Dezember 1900 und in Washington am 2. Juni 1911 (RGBl. 1922 II S. 669; Bl. 1922 S. 93; MW. XX S. 217; GR. 1922 S. 193.)

Artikel 1

Die Untertanen oder Bürger eines jeden der vertragschließenden Länder können sich den Schutz ihrer im Ursprungslande zur Hinterlegung zugelassenen Fabrik- oder Handelsmarken in allen übrigen vertragschließenden Ländern dadurch sichern, daß sie die Marken durch Vermittlung der Behörde des Ursprungslandes bei dem Internationalen Büro in Bern hinterlegen.

1. Internationale Registrierung eines Zeichens nur auf Antrag, nicht von Amts wegen. Über die Erfordernisse des Antrags s.

[1]) Im RGBl. steht irrtümlich „und".

Beitrittsges. v. 12. Juli 1922 § 2; VO. v. 9. November 1922 § 3; Merkblatt des RPA. Nr. II, unten S. 47, 49, 57.

2. **Grundlage und Voraussetzung für die intern. Registrierung einer Marke** ist das Bestehen des Markenschutzes im Ursprungslande. Dies folgt a) aus dem Wortlaut des Art. 1 — acceptées au dépôt —, b) aus Art. 2 Abs. 1 und A 4 der international vereinbarten Ausführungsordnung (unten S. 37). „Toute personne ou société" (Notiz des Internationalen Büros, s. u. S. 77) peut réclamer l'enregistrement international d'une marque préalablement enregistrée dans son pays propre." (Vgl. Braun und Capitaine, Les marques de fabrique, Nr. 522 und Prop. ind. 1922 S. 167.) In der Begründung zu § 1 Art. 1 des deutschen Beitrittsges. (s. u. S. 47) ist zutreffend gesagt: „Die Hinterlegung in Bern ist nur für Marken zulässig, die im Ursprungslande bereits Schutz erlangt haben („acceptées au dépôt")." (A. M. Isay, GR. 1920, 138). Daraus folgt, daß, wenn der Antrag auf intern. Registrierung eines Zeichens zu einer schwebenden Anmeldung gestellt wird, seine weitere Behandlung bis zum Abschlusse des Prüfungsverfahrens ausgesetzt bleiben muß. Wohl aber kann der Antrag, wie in dem § 2 Beitrittsges. ausdrücklich hervorgehoben ist, auch wegen solcher Zeichen gestellt werden, die schon vor dem Beitritt des Reichs in die deutsche Zeichenrolle eingetragen worden waren.

3. Als **Ursprungsland** einer Marke hat nach Art. 6 Abs. 3 und 4 der Hauptübereinkunft (Unionsvertrag) das Land zu gelten, in welchem der Markeninhaber seine Hauptniederlassung hat oder — wenn die Hauptniederlassung in einem Lande liegt, das dem Madrider Markenabkommen nicht beigetreten ist — das Land, in welchem der Markeninhaber staatsangehörig oder gebietsangehörig (s. u. zu Art. 2 Anm. 2 S. 6) ist. In diesem Lande muß also die Marke zunächst registriert sein. An die zuständige Behörde dieses Landes ist auch der Antrag auf intern. Registrierung der Marke zu richten (vgl. Art. 1 der intern. AusfO.; § 2 des Beitrittsges. v. 12. Juli 1922).

4. Dem durch das Madrider Abkommen geschaffenen **engeren Verbande** gehören folgende Länder an:

Lfd. Nr.	Staaten	Zeitpunkt des Beitritts
1	Belgien	15. Juli 1892
2	Brasilien	3. Oktober 1896
3	Cuba	1. Januar 1905
4	Freie Stadt Danzig	20. März 1923
5	Frankreich und Algerien nebst Kolonien	15. Juli 1892
6	Italien	15. Oktober 1894
7	Marokko (mit Ausnahme der spanischen Zone)	30. Juli 1917
8	Mexiko	26. Juli 1909
9	Niederlande nebst Niederländisch-Indien, Surinam und Curacao	1. März 1893
10	Österreich	1. Januar 1909

Lfd. Nr.	Staaten	Zeitpunkt des Beitritts
11	Portugal nebst Azoren und Madeira [1]	31. Oktober 1893
12	Rumänien..........................	6. Oktober 1920
13	Schweiz..........................	15. Juli 1892
14	Serbisch-Kroatisch-Slovenischer Staat.........	26. Februar 1921
15	Spanien..........................	15. Juli 1892
16	Tschecho-Slowakei......................	5. Oktober 1919
17	Tunis..........................	15. Juli 1892
18	Ungarn..........................	1. Januar 1909

Nunmehr ist durch das Gesetz v. 12. Juli 1922 (s. unten S. 47) der Beitritt des Deutschen Reichs zu dem Abkommen mit der Maßgabe erklärt worden, daß der Beitritt an einem im RGBl. bekannt zu machenden Tage wirksam werden soll. Gemäß Art. 11 Abs. 1 des MMA. und Art. 16 Abs. 2 u. 3 des UV. ist der Beitritt von der Reichsregierung der Regierung der Schweiz. Eidgenossenschaft am 19. Okt. 1922 und von dieser den Regierungen der übrigen Verbandsländer am 24. Oktober 1922 angezeigt worden. In den Anzeigen war als Tag des Wirksamwerdens des Beitritts der 1. Dezember 1922 angegeben (s. Art. 16 Abs. 3 UV. unten S. 122). Die in dem Beitrittsges. v. 12. Juli 1922 vorgesehene Bekm. ist am 9. Nov. ergangen und im RGBl. II Nr. 31 S. 779 (Bl. 1922 S. 93 = GR. 1922 S. 254 = MW. XXII S. 49) veröffentlicht worden (unten S. 49). **Seit dem 1. Dezember 1922 ist somit das Deutsche Reich Mitglied des durch das Madrider Markenabkommen begründeten engeren Verbandes.**

5. Über den Umfang der Geschäfte des IB. in Bern s. dessen Notice, unten S. 76.

Das IB. ist keine Gerichts-, sondern eine Verwaltungsbehörde. Seine Aufgabe ist nicht, Streitigkeiten zu entscheiden — ihm liegt vielmehr ob, den Verkehr zwischen den Verbandsländern zu vermitteln, die Beziehungen der Verbandsländer zueinander zu pflegen und zu fördern. Das IB. steht unter der Aufsicht der Regierung der Schweiz. Eidgenossenschaft (Art. 13 UV.). Seine Machtbefugnisse aber sind selbstherrlicher Art: keine Rechtsmittel gegen die von ihm ergriffenen Maßnahmen oder gegen seine Weigerung, eine Amtshandlung vorzunehmen. Seiner Rechtsauffassung kommt zwar eine die Verwaltungs- oder gerichtlichen Behörden der Verbandsländer bindende Bedeutung nicht zu: indessen dürften sich

[1] In Portugal erteilte Patente und eingetragene Warenzeichen gelten nur für Portugal selbst, sowie für die Azoren und Madeira. Für jede einzelne seiner überseeischen Besitzungen verlangt Portugal eine besondere Anmeldung. Als Grundlage ist der besondere Schutz in Portugal erforderlich; die intern. Registrierung in Bern genügt nicht und besitzt insoweit nur einen Prioritätswert. (Bl. 23 S. 164.)

diese Behörden dem Einflusse des JB. als der auf diesem Gebiet erfahrensten und sachverständigsten Instanz nur schwer entziehen können.

Article 2

Sont assimilés aux sujets ou citoyens des pays contractants les sujets ou citoyens des pays n'ayant pas adhéré au présent Arrangement qui, sur le territoire de l'Union restreinte constituée par ce dernier, satisfont aux conditions établies par l'article 3 de la Convention générale.

Artikel 2

Den Untertanen oder Bürgern der vertragschließenden Länder werden gleichgestellt die Untertanen oder Bürger der dem gegenwärtigen Abkommen nicht beigetretenen Länder, die in dem Gebiete des durch dieses Abkommen begründeten engeren Verbandes den durch Artikel 3 der Hauptübereinkunft festgesetzten Anforderungen genügen.

1. Die Gebietszugehörigkeit ist auch auf dem Gebiete des engeren Verbandes der Staatsangehörigkeit gleichgestellt. Berechtigt, die Vergünstigungen des Abkommens in Anspruch zu nehmen, sind also:

a) die Angehörigen der Verbandsländer, auch wenn sie Wohnsitz und Niederlassung in einem Nichtverbandslande haben — z. B. Deutsche, deren Wohnsitz und Niederlassung in China gelegen ist (Anm. 1 zu Art. 2 UB.);

b) diejenigen, die, ohne einem Verbandslande anzugehören, in einem solchen ihren Wohnsitz oder eine tatsächliche und wirkliche gewerbliche oder Handelsniederlassung haben — z. B. der Engländer mit Wohnsitz oder Niederlassung in Frankreich, der Südamerikaner mit Wohnsitz oder Niederlassung in Spanien, der Schwede mit Wohnsitz oder Niederlassung in Deutschland. (Vgl. Merkblatt Anm. 2, unten S. 61.)

2. Die intern. zu registrierende Marke muß im Ursprungslande bereits geschützt sein (Art. 1). Ursprungsland ist nach Art. 6 Abs. 3 u. 4 U. B. dasjenige Land, in welchem der Markeninhaber seine Hauptniederlassung hat, und, wenn die Hauptniederlassung nicht in einem Verbandslande liegt, dasjenige Land welchem der Markeninhaber angehört. Bei der Behörde des Ursprungslandes muß auch der Antrag auf intern. Registrierung gestellt werden (Art. 1 Abk., Art. 1 intern. AusfO.). Hier klafft eine Lücke zwischen dem M. M. A. und dem U. B. Beispiel: ein Schwede hat Wohnsitz oder Zweigniederlassung in Deutschland, seine Hauptniederlassung aber in Schweden. Nach Art. 2 Abk. und Art. 3 UB. hat er Anspruch auf die Vergünstigungen des Abk. Geltend zu machen hat er den Anspruch bei der Behörde des Ursprungslandes. Welches Land ist nun Ursprungsland? Schweden nicht, denn es ist dem MMA. noch nicht beigetreten; Deutschland nicht, denn in ihm liegt nicht die Hauptniederlassung. Der Schwede wäre also, wenn man sich an den Wortlaut der Bestimmungen hält, materiell berechtigt, formell aber

außerstande, sein Recht geltend zu machen. Eine solche Rechtslage widerspräche offensichtlich dem Sinne des Abkommens. Die tatsächliche Übung der Vertragsländer und des IB. hat die Lücke von jeher sinngemäß ausgefüllt dergestalt, daß für einen Nicht-Verbandsangehörigen, der seine Hauptniederlassung in einem Nicht-Verbandslande hat, dasjenige Verbandsland als Ursprungsland gilt, in welchem er seinen Wohnsitz oder eine Zweigniederlassung hat. Hat der Nicht-Verbandsangehörige in mehreren Verbandsländern Zweigniederlassungen, so gilt jedes dieser Verbandsländer als Ursprungsland. Diese Übung soll nach dem Vorschlage des IB. auf der nächsten intern. Konferenz durch eine Ergänzung des Art. 6 Abs. 4 U. V. mit Gesetzeskraft ausgestattet werden (Prop. ind. 1922 S. 156). In obigem Beispiel gilt demnach für den Schweden Deutschland als Ursprungsland (vgl. Anm. 2 zu dem Merkblatt, s. u. S. 61).

Article 3

Le Bureau international enregistrera immédiatement les marques déposées conformément à l'article premier. Il notifiera cet enregistrement aux diverses Administrations. Les marques enregistrées seront publiées dans une feuille périodique éditée par le Bureau international, au moyen des indications contenues dans la demande d'enregistrement et d'un cliché fourni par le déposant.

Si le déposant revendique la couleur à titre d'élément distinctif de sa marque, il sera tenu:

1° de le déclarer, et d'accompagner son dépôt d'une mention indiquant la couleur ou la combinaison de couleurs revendiquée;

2° de joindre à sa demande des exemplaires de ladite marque

Artikel 3

Das Internationale Büro trägt die gemäß Art. 1 hinterlegten Marken ohne weiteres in ein Register ein. Es zeigt diese Registrierung den verschiedenen Behörden an. Die registrierten Marken werden in einem von dem Internationalen Büro regelmäßig herausgegebenen Blatt unter Verwendung der in dem Registrierungsgesuch enthaltenen Angaben und eines vom Hinterleger gelieferten Druckstocks veröffentlicht.

Wenn der Hinterleger die Farbe als unterscheidendes Merkmal seiner Marke in Anspruch nimmt, so ist er verpflichtet:

1. es ausdrücklich zu erklären und seiner Anmeldung einen Vermerk beizufügen, der die in Anspruch genommene Farbe oder Farbenzusammenstellung angibt;

2. seinem Antrag farbige Darstellungen der Marke beizu-

en couleur, qui seront annexés aux notifications faites par le Bureau international. Le nombre de ces exemplaires sera fixé par le Règlement d'exécution.

legen, die den Anzeigen des Internationalen Büros beigefügt werden. Die Zahl dieser Darstellungen wird durch die Ausführungsordnung festgestellt.

En vue de la publicité à donner, dans les pays contractants, aux marques enregistrées, chaque Administration recevra gratuitement du Bureau international le nombre d'exemplaires de la susdite publication qu'il lui plaira de demander. Cette publicité sera considérée dans tous les pays contractants comme pleinement suffisante, et aucune autre ne pourra être exigée du déposant.

Um die registrierten Marken in den vertragschließenden Ländern zur allgemeinen Kenntnis zu bringen, erhält jede Behörde von dem Internationalen Büro unentgeltlich die von ihr gewünschte Anzahl von Stücken der obenerwähnten Veröffentlichung. Diese Bekanntgabe hat in allen vertragschließenden Ländern als in jeder Hinsicht ausreichend zu gelten; vom Hinterleger darf keine weitere gefordert werden.

1. Die Tätigkeit des IB. wird durch ein entsprechendes Ersuchen der Behörde des Ursprungslandes ausgelöst. Die Erfordernisse des Ersuchens: Art. 2 der intern. Ausf.O. (unten S. 37).

2. Die in das Register aufzunehmenden Angaben sind im Art. 3 der intern. Ausf.O. (unten S. 40) zusammengestellt; der Inhalt der Mitteilungen an die anderen Vertragsländer ist in Art. 4 das. angegeben. Die Zahl der beizufügenden farbigen Darstellungen ist im Art. 2 b das. auf 40 Stück bemessen.

3. Im Sinne des Abs. 3 liegt es, daß die intern. Registrierungen nicht noch einmal in den Amtsblättern der einzelnen Verbandsländer veröffentlicht werden. Jedenfalls dürfen von dem Markeninhaber unter keinen Umständen Kosten einer weiteren Veröffentlichung gefordert werden. (Kostenersparnis ist einer der hauptsächlichsten Zwecke und Vorzüge des Abkommens!) Soweit bekannt, macht Portugal die intern. registrierten Marken in seinem Diario di Governo nochmals bekannt (Königl. Erlaß v. 1. März 1901, Bl. 04 S. 25).

Article 4

A partir de l'enregistrement ainsi fait au Bureau international, la protection de la marque dans chacun des pays contractants

Artikel 4

Von dem Zeitpunkt der hiernach im Internationalen Büro vollzogenen Registrierung an ist die Marke in jedem der vertrag-

sera la même que si cette marque y avait été directement déposée.

Toute marque enregistrée internationalement dans les quatre mois qui suivent la date du dépôt dans le pays d'origine, jouira du droit de priorité établi par l'article 4 de la Convention générale.

schließenden Länder ebenso geschützt, wie wenn sie dort unmittelbar hinterlegt worden wäre.

Jede Marke, die innerhalb von vier Monaten seit dem Tage der Hinterlegung im Ursprungsland international registriert worden ist, genießt das durch Art. 4 der Hauptübereinkunft festgesetzte Prioritätsrecht.

1. Wirkung der internationalen Registrierung. Die Bestimmung des ersten Absatzes wurde bisher in Deutschland dahin ausgelegt, daß die intern. Registrierung einer Marke die Wirkung einer Anmeldung in den übrigen Verbandsländern habe, für sich aber noch kein Schutzrecht in diesen Ländern begründe (Isay, GR. 1920 S. 138; Osterrieth, MW. X S. 329; Wassermann, JW. 1921 S. 1179 r. Sp.). An dieser Auslegung des Art. 4 und ihren praktischen Folgen war in früheren Jahren der Beitritt des Reichs gescheitert: Wurde in den intern. Registrierungen nichts weiter gesehen als bloße Anmeldungen, dann mußten die intern. registrierten Marken, auch die bei einem Beitritte des Reichs bereits registrierten, die sog. „Übergangsmarken", nicht nur auf ihre Schutzfähigkeit an sich und ihre Übereinstimmung mit älteren deutschen Zeichen geprüft, sondern auch nach bestandener Prüfung, um Schutz in Deutschland zu erlangen, in die deutsche Zeichenrolle eingetragen, sowie im Reichsanzeiger [1]) und im Warenzeichenblatt veröffentlicht werden. Der Übernahme von Prüfungsarbeiten in solchem Umfange stellten sich schwerwiegende Bedenken entgegen. Insbesondere erschien die Prüfung der sog. „Übergangsmarken" undurchführbar. Auch recht erhebliche Kosten wären dem Reich erwachsen, für welche Deckung fehlte. Hierbei hätten wiederum die Übergangsmarken eine wesentliche Rolle gespielt. Die Kosten ihrer Veröffentlichung, einschl. der Kosten für Beschaffung der Druckstöcke, hätten dem Reich ansehnliche Summen gekostet, die nach Art. 3 Abs. 3 Satz 2 des Abk. auf den Markeninhaber nicht hätten abgebürdet werden dürfen.

Der Ausweg, den Beitritt unter dem Vorbehalte zu erklären, daß die sog. „Übergangsmarken" nicht übernommen würden, hätte im intern. Verkehr (Propr. ind. 1921, S. 12) zu Erschwerungen und Verwicklungen führen können.

Allein gegen diese Auslegung (daß der intern. Registrierung nur die prioritätsbegründende Wirkung einer Anmeldung zukommt) spricht:

1. der Wortlaut des Art. 4, „protection" (nicht „priorité");
2. der Inhalt des Art. 5, der den Verbandsländern die Befugnis zur Prüfung der Schutzfähigkeit der Marken nach heimischem Recht ausdrücklich vorbehält — was zum mindesten überflüssig gewesen

[1]) Der Reichsanzeiger ist als Publikationsorgan inzwischen weggefallen.

wäre, wenn der intern. Registrierung im Art. 4 überhaupt nur die prioritätsbegründende Wirkung einer Anmeldung hätte zuerkannt werden sollen;

3. die Entstehungsgeschichte des Art. 4:

In dem von der Schweiz auf der Madrider Konferenz vorgelegten Entwurf lautete der Art. 4: „La protection sera assurée sur tout le territoire des Etats contractants à partir de l'enregistrement ainsi fait au Bureau international, comme si la marque avait été directement déposée dans les disvers pays." (Procès-verbaux de la Conf. de Madrid S. 38). In der Begr. dazu hieß es: „D'après les articles 4 et 5 l'enregistrement international n'a d'autre effet que celui qu'aurait le dépôt de la marque effectué dans chacun des Etats contractants." (S. 33.) Auf Anregung Belgiens wurde indessen dem Art. 4 die schärfere, heutige Fassung gegeben: „A partir de l'enregistrement ainsi fait au Bureau international, la protection dans chacun des Etats contractants sera la même que si la marque y avait été directement déposée." (S. 101.) In dieser Fassung entsprach der Art. 4 dem Wunsche des Pariser Kongresses v. J. 1889: „Il est désirable que l'on établisse un enregistrement international des marques, de telle sorte qu'une marque déposée dans un pays faisant partie d'une Union internationale soit protégée dans tous les pays contractants, moyennant le dépôt au Bureau international de cette Union." (Actes de la Conf. de Washington S. 359.) Der i. J. 1911 in Washington abgehaltenen Konferenz wurde dann von dem JB., und zwar zu dem Zwecke, dem Deutschen Reiche den Beitritt zu ermöglichen, der Vorschlag unterbreitet, im Art. 4 die Worte „la protection" durch die Worte „la condition légale de la marque" zu ersetzen: „L'article 4 parle de la protection de la marque comme si elle devait être un effet certain de l'enregistrement international. En réalité, cette certitude n'est pas absolue, parceque la marque peut être refusée par une ou plusieurs Administrations après examen, ou annulée par des décisions judiciaires. En fait, c'est la condition de la marque qui est ici en cause, et l'article 4 doit être modifié dans ce sens." Dementsprechend sollte es in dem Merkbl. des JB. über die Tragweite und die Bedingungen der intern. Markenregistrierung heißen: „Après l'enregistrement de Berne la marque est traitée, dans tous les pays qui forment l'Union de 1891, comme si elle y avait été directement déposée." In demselben Sinne die Kongresse der Intern. Vereinigung für gewerbl. Rechtssch. von Mailand 1906 u. Nancy 1909! Der Mailänder Kongreß schlug für Art. 4 folgende Fassung vor: „L'enregistrement ainsi effectué au Bureau international produira le même effet que si la marque avait été directement déposée dans chacun des Etats contractants"; der Kongreß von Nancy war der Meinung, „que l'art. 5 de l'Arrangement de Madrid doit être interprété en ce sens que l'enregistrement international n'a pas d'autre effet, dans chaque pays, que celui d'une demande d'enregistrement..." Der Vorschlag des JB. auf der Konferenz in Washington stieß aber schon in der Kommission auf Widerspruch zweier Delegationen. „Elles — diese beiden Delegationen — se rendent compte que la modification a pour but de prévenir une objection que l'Allemagne pourrait faire quand on lui demanderait d'adhérer à l'Arrangement, mais elles la croient trop opposée au principe de l'Arrangement, tel que l'énoncent et le consacrent clairement le texte de l'article 4 et les dispositions de l'article 5." (Actes de la Conf. de Washington, S. 73, 162, 294.) Damit war der Vorschlag des JB. und der letzte Versuch, die Wirkung der Bestimmung im Art. 4 zu mildern, gescheitert.

Diese Entwicklung läßt keinen Zweifel, daß nach Sinn und Zweck des Abkommens die intern. Registrierung einer Marke in Bern nicht ein bloßes Prioritätsrecht, sondern (vorbehaltlich der Beanstandungsbefugnis des Art. 5) ein wahres Schutzrecht in allen Verbandsländern begründet. **Die intern. Marken brauchen daher weder in die nationalen Register der Verbandsländer eingetragen, noch in den amtl. Blättern dieser Länder veröffentlicht zu werden.**

In diesem Sinne wird der Art. 4 auch von allen Verbandsländern ausgelegt und gehandhabt (soweit bekannt nur mit Ausnahme von Portugal, das die intern. Marken im Diario di Governo bekanntmacht und auch in sein Register einträgt. s. oben Anm. 3 zu Art. 3). So

a) Schweiz: Die „Marken-Jahressammlungen" — das amtliche Blatt des eidgenössischen Amtes — bringen überhaupt nichts über die intern. Registrierungen.

b) Niederlande: „Openbaarmakingen betreffende Fabrieks- en Handelsmerken etc." beschränken sich auf eine Zusammenstellung und Bekanntgabe derjenigen intern. registrierten Marken, denen der Schutz in den Niederlanden ganz oder teilweise verweigert worden ist.

c) Frankreich: Das Merkbl. des Office national de la Propriété industrielle über die Erfordernisse und die Bedeutung der internationalen Markenregistrierung von 1912 sagt: „Moyennant l'accomplissement de ces formalités — scil. für die intern. Registrierung — le déposant est protégé de plain droit dans les pays suivants: (folgen die Namen der Verbandsländer)." Frankreich bringt ferner am Kopfe jeder Nummer seines „Bulletin officiel de la Propriété industrielle et commerciale" einen Vermerk folgenden Inhalts: „Les marques enregistrées au Bureau de Berne en exécution de l'Arrangement international du 14 Avril 1891 et protégées de ce fait dans les pays unionistes..... font l'objet d'une publication spéciale „Les Marques internationales", qui ...".

d) Österreich — ein Land mit Vorprüfung und konstitutiver Wirkung der Eintragung —, das dem Abkommen seit dem 1. Januar 1909 angehört, trägt die intern. registrierten Marken nicht noch einmal ein, veröffentlicht sie auch nicht, sondern beschränkt sich darauf, am Kopfe einer jeden Nummer des „Zentralmarkenregisters" auf die in Bern erfolgten Registrierungen hinzuweisen, jeder Nummer dieser Zeitschrift diejenige des JB. „Les marques internationales" beizulegen und lediglich am Schlusse der ersten Nummer eines jeden Jahrganges seiner Zeitschrift ein Verzeichnis derjenigen intern. registrierten Marken zu bringen,

α) welchen der Schutz in Österreich ganz oder teilweise verweigert wurde,
β) auf deren Schutz in Österreich ganz oder teilweise verzichtet wurde,
γ) denen der Schutz in Österreich im Löschungsstreite aberkannt wurde.

(Erlaß des k. k. Minist. f. öff. Arbeiten an alle Handels- und Gewerbekammern v. 15. Febr. 1909, betr. die intern. Markenregistrierung: Österr. PBl. 1909, S. 202.)

Diesen Erwägungen und Tatsachen gegenüber schwebte die Auslegung, die dem Art. 4 des Abk. von deutscher Seite bisher gegeben worden war, in der Luft. Von dem deutschen Gesetzgeber mußte sie aufgegeben werden. Das Reich konnte dem Abkommen nicht mit der Mentalreservation beitreten, daß es ihm in dem grundlegenden Gesichtspunkte eine andere Deutung geben werde, als es seinem Wortlaut und seinem Zwecke nach hat. Es hätte sich dem berechtigten Vorwurf ausgesetzt, daß es mit seinem Beitritte seinen Angehörigen größere Vorteile in den anderen Verbandsländern zu verschaffen suche, als es seinerseits den Angehörigen dieser Verbandsländer zu gewähren gewillt sei.

Das Gesetz v. 12. Juli 1922 über den Beitritt des Reiches zu dem MMA. (unten S. 47) beruht daher mit Recht auf dem Grundsatz, daß die intern. Registrierung in den Verbandsländern ein Schutzrecht, kein bloßes Prioritätsrecht begründet. „Durch die intern. Registrierung wird daselbst" (d. h. in den Zweitländern) „— vorbehaltlich der Versagung des Schutzes gem. Art. 5 — unmittelbar der Markenschutz erworben." So die Begr. „zu § 1 Art. 4" des Gesetzes (Bl. 22 S. 138 = MW. XXI S. 221; vgl. Prop. ind. 1922 S. 168). Damit wird einem im Auslande vorgenommenen Akt unmittelbare Rechtswirkung im Inlande zugestanden. Dies ist jedoch in intern. Verträgen nichts Absonderliches. Zudem besteht zwischen Prioritätswirkung und Schutzwirkung doch nur ein Unterschied im Grade, nicht im Wesen!

2. Wirksamwerden des intern. Schutzes in den Zweitländern (Priorität im weiteren Sinne). Entscheidend ist — im Gegensatz zu dem inneren deutschen Recht (§ 5 WbzG.) — der Tag der Eintragung in dem intern. Register, nicht der Tag des Einganges des Gesuchs um intern. Registrierung bei dem Berner Büro (A. M. Adler, S. 370/1). Von dem Tage ihrer intern. Registrierung ab genießen die Marken Schutz in allen Verbandsländern.

Das gilt

a) für den Deutschen gegenüber den anderen Verbandsländern,

b) für den Ausländer gegenüber dem Deutschen Reiche. Mit der Registrierung seiner Marke in Bern erwirbt also der Ausländer gleichzeitig im Deutschen Reich das Zeichenrecht in vollem Umfange des § 12 WbzG. Es steht ihm von diesem Zeitpunkt ab zu:

a) materiellrechtlich: das Recht

α) der Benutzung,

β) der Untersagung gegenüber Eingriffen und auf Schadensersatz,

b) prozessual

α) die zivilrechtliche Untersagungs- und Schadensersatzklage,

β) das Recht auf Strafverfolgung,

γ) das Recht auf Schutz durch die Zoll- und Steuerbehörde (§ 17 WbzG.).

3. Wahrung der Unionspriorität (Priorität im engeren Sinne), wenn die intern. Registrierung binnen 4 Monaten nach Anmeldung im Heimatstaat erfolgt.

Nach Abs. 2 kommt das durch die Hinterlegung im Heimatlande gemäß Art. 4 des UV. erworbene Prioritätsrecht auch der intern. Registrierung

zugute. Wenn also die intern. Registrierung (nicht Gesuch, s. Anm. 2) innerhalb vier Monaten seit der Anmeldung eines deutschen Zeichens bei dem RPA. erfolgt, so ist damit dem Zeichen die Unionspriorität in allen Vertragsländern gewahrt (Prop. ind. 1922 S. 169). Darin liegt ein Nachteil für die Zeichen der Länder mit Prüfung, also auch für die deutschen Zeichen; denn da in Deutschland zufolge seines Prüfungssystems die nach Art. 1 notwendige Eintragung in die Rolle (s. o. S. 4) erfahrungsgemäß bei etwa der Hälfte aller Anmeldungen erst nach Ablauf von vier Monaten erfolgt, so wird, auch wenn die Prüfung der Anmeldungen mit Anträgen auf intern. Registrierung besonders beschleunigt würde, die viermonatige Frist nicht immer eingehalten werden können. Nachteil gering: a) Die Unionspriorität spielt in Warenzeichensachen wegen der Kürze der Frist zu ihrer Geltendmachung ohnedies keine große Rolle. b) Es bleibt dem Anmelder unbenommen, das Zeichen, sobald er erkennt, daß die Prüfung sich hinauszieht, zur Wahrung der Unionspriorität in einem anderen Vertragslande besonders anzumelden. Immerhin ist zu hoffen, daß die Erkenntnis dieser Rechtslage beschleunigend auf die Praxis der Eintragung im RPA. und auf das Verhalten der Anmelder wirken möge.

Article 4 bis

Lorsqu'une marque, déjà déposée dans un ou plusieurs des pays contractants, a été postérieurement enregistrée par le Bureau international au nom du même titulaire ou de son ayant cause, l'enregistrement international sera considéré comme substitué aux enregistrements nationaux antérieurs, sans préjudice des droits acquis par le fait de ces derniers.

Artikel 4b

Wenn eine in einem oder mehreren der vertragschließenden Länder bereits hinterlegte Marke später von dem Internationalen Büro zugunsten desselben Inhabers oder seines Rechtsnachfolgers registriert worden ist, so tritt die internationale Registrierung an die Stelle der früheren nationalen Registrierungen, unbeschadet der durch letztere erworbenen Rechte.

1. Tragweite des Art. 4b für die deutschen Zeichen: Die Vorschrift trifft nur Zeichen von Ausländern. Inländische Zeichen werden nicht berührt.

2. Das für einen Ausländer in der deutschen Rolle eingetragene Zeichen wird später zugunsten eben dieses Ausländers auf Ersuchen seiner Heimatsbehörde intern. registriert. Das ist der Fall dieses Artikels. Er bestimmt, daß die intern. Registrierung an die Stelle der Eintragung in der Zeichenrolle tritt, unbeschadet der durch die letztere erworbenen Rechte.

A. Entstehung und Bedeutung der Vorschrift. Der Art. ist auf der Brüss. Konf. eingefügt worden. „La conférence a introduit dans l'Arrangement un art. 4bis, d'àprès lequel le dépôt national antérieur

ne constitue pas un obstacle à la validité de l'enregistrement international effectué par le même titulaire ou par son ayant-cause: en pareil cas cet enregistrement est substitué au dépôt national. Toutefois, comme il peut arriver que celui-ci assure à l'intéressé certains avantages que le premier ne donne pas, on a ajouté une disposition stipulant que les droits acquis antérieurement par le déposant lui seront conservés" (Prop. ind. 1898 S. 10; 1901 S. 10). Wenn aber einmal der Zweck der Bestimmung sich darin erschöpft, zu verhüten, daß die ältere Registrierung in einem Verbandslande als ein Hindernis für die Wirksamkeit der intern. Registrierung in eben diesem Lande betrachtet wird (so lehnt das Patentamt der V.St.A. eine Doppeleintragung derselben Marke regelmäßig ab, vgl. Entsch. des commissioner v. 30. Aug. 1921 –, Off. Gaz. vol. 290 S. 811 = Bl. 21 S. 216 –, die V.St.A. sind dem Abkommen allerdings noch nicht beigetreten), und wenn zum anderen die durch die ältere nationale Registrierung erworbenen Rechte erhalten bleiben sollen, so ist die Fassung des Art. 4 b ungenau und irreführend: **Ein Ersatz der älteren nationalen Registrierung durch die jüngere internationale in dem Sinne, daß die erstere verschwindet und die letztere an ihre Stelle tritt, findet nicht statt.** Die aus der älteren nationalen Registrierung fließenden Rechte und Befugnisse bleiben vielmehr ungeschmälert bestehen (Braun und Capitaine, Les Marques de Fabrique et de Commerce Nr. 537; Pelletier und Vidal, Convention d'Union Nr. 312).

Folge: Das für einen Ausländer in der deutschen Rolle eingetragene, später international registrierte Zeichen wird in der deutschen Rolle nicht gelöscht, sondern bleibt dort bis zum Ablauf seiner Schutzfrist und bei vorschriftsmäßiger Erneuerung (s. C) auch weiterhin eingetragen. (Rapport de gestion des IB. für 1923 S. 10.)

Beispiel: Ist für einen Schweizer ein Zeichen in Deutschland eingetragen, und wird nachträglich dieselbe Marke für ihn intern. registriert, so hat der Schweizer in Deutschland zwei selbständige, für sich bestehende Rechte: ein deutsches Zeichenrecht und ein intern. Markenrecht — mit verschiedenen Prioritäten und Schutzfristen bei sonst gleichem Inhalt. Die völlige Unabhängigkeit der beiden Rechte voneinander äußert sich u. a. in der Übertragbarkeit. Das intern. Markenrecht bildet ein alle Vertragsländer umfassendes Ganzes, über das der Markeninhaber nur einheitlich verfügen kann. Die Abtretung des intern. Markenrechts unter Beschränkung auf einzelne Vertragsländer (z. B. nur für Österreich oder nur für Österreich und Italien) ist nichtig und wird daher (nach der Übung des IB.) nicht registriert. Nichts hindert aber den Schweizer, sein deutsches Zeichenrecht — ohne Aufgabe oder Einschränkung der aus der intern. Registrierung fließenden Rechte — auf einen anderen (mit Geschäftsbetrieb! § 7 WbzG.) zu übertragen. Die Rechtsverhältnisse zwischen dem Abtretenden und seinem Zessionar regeln sich nach bürgerlichem Recht; vertragliche Regelung vor der Abtretung zweckmäßig!

B. Einwirkung des älteren deutschen Zeichenrechts auf das jüngere intern. Markenrecht.

I. Vorbedingung: Übereinstimmung von Zeichen und Marke! Prüfung der Marke auf Schutzfähigkeit erübrigt sich. Liegt keine volle Übereinstimmung vor, weicht z. B. bei Kombinationszeichen die intern. Marke auch nur in einem einzelnen Merkmal von dem deutschen Wz. ab, so entfällt jede Einwirkung. Die intern. Marke unterliegt dann in vollem Maße (Schutzfähigkeit und Schutzumfang) einer besonderen selbständigen Prüfung. Geringfügige Abweichungen in Nebensächlichkeiten sind unschädlich. Was als geringfügig anzusehen ist, ist Tatfrage. Man wird den Begriff sehr eng auslegen müssen (keine Anwendung des § 20 WbzG.!) Abänderungen der intern. Marke zwecks Herstellung der Übereinstimmung mit dem deutschen Zeichen sind nicht zulässig (Anm. 2 § 3 Beitrittsges., s. u. S. 48).

II. Umfang des Schutzes (Warenverzeichnis).

a) Die Wvzc. stimmen überein. (Regelfall.) Prüfung der intern. Marke erübrigt sich auch hinsichtlich der Kollision mit älteren Rechten.

b) Das deutsche Wvz. ist das umfangreichere. Es umfaßt z. B. Tee und Kakao, das intern. nur Tee. Keine Kollisions-Prüfung der intern. Marke! Denn für Tee ist sie gedeckt durch das deutsche Wz; für Kakao aber besteht nur deutscher Zeichenschutz, kein intern. Markenschutz.

c) Das intern. Wvz. ist das umfangreichere. Es umfaßt seinerseits Tee und Kakao, das deutsche nur Tee. Keine Kollisions-Prüfung der intern Marke für Tee (wie bei b), wohl aber Prüfung der Marke auf Schutzfähigkeit und Kollision für Kakao. Für diese Ware besteht kein deutscher Zeichenschutz, insoweit wird die intern. Marke durch das deusche Zeichen (und seine Priorität) nicht gedeckt.

C. Aufrechterhaltung der beiden Schutzrechte. Auch in dieser Hinsicht sind Zeichenschutz und Markenschutz völlig unabhängig voneinander. Für beide ist rechtzeitige Erneuerung erforderlich. Aber die Erneuerung der deutschen Anmeldung hält nur das deutsche Zeichen, die Erneuerung der intern. Registrierung nur die intern. Marke aufrecht. Die Rechte aus der deutschen Eintragung können mangels rechtzeitiger Erneuerung untergehen, während die Rechte aus der intern. Registrierung fortbestehen — und umgekehrt.

3. Eine für einen Ausländer international registrierte Marke wird später als Wz. angemeldet und in die Zeichenrolle eingetragen. Dieser Tatbestand fällt nicht unter Art. 4, wird sich auch nur selten verwirklichen, da ja der Ausländer für seine Marke kraft ihrer internationalen Registrierung ohnehin Zeichenschutz in Deutschland genießt. Wegen der sog. Übergangsmarken s. Anm. 3 Art. 11.

Article 5	Artikel 5
Dans les pays où leur législation les y autorise, les Administrations auxquelles le Bureau international notifiera l'enregistrement d'une marque, auront la faculté de déclarer que la pro-	Die Behörden, denen das Internationale Büro die Registrierung einer Marke anzeigt, sind in den Ländern, deren Gesetze sie hierzu ermächtigt, zu der Erklärung befugt, daß dieser Marke der Schutz

tection ne peut être accordée à cette marque sur leur territoire. Un tel refus ne pourra être opposé que dans les conditions qui s'appliqueraient, en vertu de la Convention générale, à une marque déposée à l'enregistrement national.

Elles devront exercer cette faculté dans le délai prévu par leur loi nationale, et, au plus tard, dans l'année de la notification prévue par l'article 3, en indiquant au Bureau international leurs motifs de refus.

Ladite déclaration, ainsi notifiée au Bureau international, sera par lui transmise sans délai à l'Administration du pays d'origine et au propriétaire de la marque. L'intéressé aura les mêmes moyens de recours que si la marque avait été par lui directement déposée dans le pays où la protection est refusée.

in ihrem Gebiete nicht gewährt werden kann. Eine solche Zurückweisung ist jedoch nur unter denjenigen Voraussetzungen zulässig, die auf Grund der Hauptübereinkunft bei einer zur nationalen Registrierung hinterlegten Marke Anwendung finden würden.

Von dieser Befugnis müssen sie binnen der von ihrem Heimatsgesetze vorgesehenen Frist, spätestens aber innerhalb eines Jahres nach der im Art. 3 vorgesehenen Anzeige Gebrauch machen, wobei sie die Zurückweisungsgründe dem Internationalen Büro anzugeben haben.

Die derart dem Internationalen Büro bekanntgegebene Erklärung wird von ihm unverzüglich der Behörde des Ursprungslandes und dem Eigentümer der Marke übermittelt. Der Beteiligte hat dieselben Rechtsmittel, wie wenn die Marke von ihm unmittelbar in dem Lande hinterlegt worden wäre, in welchem der Schutz versagt worden ist.

1. Einschränkung der schutzbegründenden Wirkung: Befugnis (keine Pflicht!) jedes Verbandslandes, die intern. registrierten Marken im Rahmen des Art. 6 UV. darauf zu prüfen, ob ihnen nach den Vorschriften seines inneren Rechts ein dauernder, endgültiger Schutz zugebilligt werden kann. Ob und in welchem Umfange ein Verbandsland von der Prüfungsbefugnis Gebrauch machen will, steht in seinem Belieben. Das Beitrittsges. v. 12. Juli 1922 (unten S. 47) schreibt im § 3 diese Prüfung vor, nimmt aber die sog. „Übergangsmarken" (s. Art. 11) von der Prüfung aus.

2. Umfang der Prüfung: Die nach dem Wirksamwerden des Beitritts des Deutschen Reichs (1. Dezember 1922) international registrierten Marken werden nach den Vorschriften der deutschen Gesetze geprüft, also auf a) Schutzfähigkeit an sich,

b) Übereinstimmung mit älteren Zeichen und internationalen, älteren Zeichenschutz genießenden Marken.

Nicht erstreckt sich diese Prüfung

α) darauf, ob mit dem Staate der Niederlassung des Markeninhabers Gegenseitigkeit besteht (§ 23 Abs. 1 WbzG.), da nur Staaten der Intern. Union dem MMA. beitreten können, die Gegenseitigkeit damit verbürgt ist;

β) auf den Nachweis des Heimatschutzes (§ 23 Abs. 3), da der Schutz im Ursprungslande Voraussetzung für die Registrierung ist.

Im übrigen gelten für das Verfahren die Prüfungsregeln des WbzG. (§ 3 des Beitrittsges. — unten S. 48; § 1 der VO. — unten S. 49).

Ergibt sich, daß die Marke, insbesondere gemäß § 4 WbzG., überhaupt nicht schutzfähig ist (etwa weil sie als Freizeichen ermittelt wird oder ärgerniserregend wirkt), so ist ihr der „Zeichenschutz zu versagen". Werden ältere Zeichen oder Marken ermittelt, so wird das Widerspruchsverfahren nach § 5 WbzG. eingeleitet und auf den Widerspruch der älteren Berechtigten — falls dieser für begründet erachtet wird — der neu intern. registrierten Marke der Zeichenschutz versagt. Im Rahmen der Versagung gilt in solchen Fällen der Zeichenschutz als niemals eingetreten (§ 7 Abs. 1 Satz 3 VO. v. 9. November 1922, unten S. 52). Denn der Schutz der intern. registrierten Marke ist zunächst nur ein auflösend bedingter, abhängig von einem günstigen Ausfall der Prüfung. Tritt die Bedingung nicht ein, d. h. fällt die Prüfung ungünstig aus und wird der Schutz versagt, so entfällt die Wirkung der Registrierung ex tunc: ein Zeichenschutz war von Anfang an nicht vorhanden (Adler S. 371; Prop. ind. 1922 S. 168/9).

3. Schutzversagung. Nach Art. 5 ist der Beschluß über die Versagung des Schutzes dem JB. mitzuteilen, und zwar in drei Stücken: a) für die Akten des Büros, b) für die der Behörde des Ursprungslandes c) für den Markeninhaber (Art. 6 intern. Ausf.-O., unten S. 43). Mit der Weitersendung der Stücke zu b und c ist die Tätigkeit des JB. beendet; die weitere Verfolgung der Angelegenheit überläßt es dem Markeninhaber. Gegen den Versagungsbeschluß der Prüfungsstelle ist Beschwerde zulässig. Die Beschwerde ist nicht bei dem JB., sondern unmittelbar bei dem Reichspatentamt einzulegen.

Der Versagungsbeschluß, refus, muß dem JB. innerhalb eines Jahres vom Tage der intern. Registrierung ab mitgeteilt werden. Maßgebend für die Einhaltung der Frist ist — nach der Übung des JB. — das Datum der Mitteilung des RPAs. — nicht das Datum der Absendung, noch weniger das Datum der Ankunft der Mitteilung bei dem JB. Bei dem eigenartigen Prüfungssystem des deutschen WbzG. kann zuweilen längere Zeit als ein Jahr verstreichen, bis ein endgültiger Versagungsbeschluß (refus définitif) vorliegt (5 v. H. der Anmeldungen: Prüfung länger als ein Jahr!). Genügt eine vorläufige Beanstandung, ein Zwischenbescheid, zur Wahrung der Frist? Welche Rechtsfolgen hat ein erst nach Ablauf der Jahresfrist ergehender Versagungsbeschluß? (Rapport de gestion des JB. 1920, S. 10): Das JB. selbst nimmt auch eine vorläufige Beanstandung entgegen, trägt einen solchen refus provisoire (ou de suspension) in sein Register ein und gibt ihn auch weiter (Propr. ind. 1919, S. 16/17; 1921, S. 12). Ebenso behandelt es einen erst nach Ablauf der Frist ergangenen Versagungsbeschluß, refus tardif, indem es bei seiner Weitergabe nur hinzufügt: „sans nous prononcer sur sa valeur." Entscheidungen trifft das JB. nicht (Anm. 5 Art. 1, oben S. 5). Eine andere Instanz, die mit intern. Bindung die Folgen des Ausbleibens eines refus définitif innerhalb der Jahresfrist festzustellen hätte, gibt es vorläufig nicht. Demnach bleibt es Aufgabe der Gerichte, die Zweifel zu lösen. Bisher sind noch aus keinem Verbandslande gerichtliche Entscheidungen über diese Fragen bekannt geworden. Wenn es aber anerkanntermaßen der Zweck der Fristsetzung im Art. 5 ist, zu verhindern, daß ein Markeninhaber unter Aufwendung von Mühen und Kosten seine Marke in dem einen oder dem anderen Verbandslande verbreitet, um nachher zu erfahren, daß sein Schutzanspruch gerade in diesem Lande auf Hindernisse stößt, dann wird man auch dem refus provisoire die Wirksamkeit im Sinne des Art. 5 nicht absprechen können (Prop. ind. 1922, S. 170). Allein nicht jeder Zwischenbescheid stellt einen refus provisoire dar. Um als solcher gelten zu können, muß der Zwischenbescheid eine wirkliche Beanstandung des Schutzes — sei es aus absoluten Gründen, sei es wegen kollidierender älterer Zeichen — zum Ausdruck bringen; das bloße Verlangen nach einer Ergänzung, wie Erläuterung des Warenverzeichnisses, ist an sich noch kein refus!

Immerhin bleibt, wie die Dinge liegen, die Frage zweifelhaft, ob mit dem Erlaß eines avis provisoire die im Abs. 2 Art. 5 gesetzte Frist gewahrt wird, so daß der refus définitif ohne Schaden auch noch nach Ablauf der Frist erlassen werden kann. Können Konflikte entstehen, wenn das RPA. den Beschluß, durch welchen es der Marke den Schutz im Deutschen Reich abspricht, erst nach Ablauf der Jahresfrist erläßt?

A. Intern. Büro. Die derzeitige, oben wiedergegebene Übung des JB., wonach es sich einer Stellungnahme zur Wirksamkeit eines refus tardif enthält, beugt zunächst (s. aber B und D) Konflikten vor. Wie aber, wenn das JB. dazu übergehen sollte, einem refus tardif den Charakter einer „déclaration ainsi notifiée" i. S. des Abs. 3 Art. 5 — ainsi: nach Maßgabe der Abs. 1 u. 2, also innerhalb Jahresfrist — abzusprechen und seine weitere Behandlung (Vermerk im Register, Weiterleitung an Ursprungsland und Markeninhaber) abzulehnen? Die Ablehnung wäre unanfechtbar (Anm. 5 Art. 1, oben S. 5). Das RPA. käme in eine heikle Lage (s. C).

B. Ursprungsland. Gesetzt: die mit der Markenverwaltung betraute Behörde behandelt den ihr vom JB. mitgeteilten refus tardif als wirkungslos, d. h. sie nimmt keine Kenntnis davon, daß der Marke der Schutz im Deutschen Reiche versagt worden ist. In seinem rapport de gestion für 1923 (S. 11) gibt das JB. davon Kenntnis, daß ein Fall dieser Art sich bereits zugetragen hat. Keine Rückwirkung auf die Rechtslage der Marke im Deutschen Reich — aber der unerfreuliche Zustand, daß die Marke von der Behörde ihres Ursprungslandes als in Deutschland geschützt angesprochen wird, während ihr hier der Schutz versagt ist.

Auch vor den Gerichten des Ursprungslandes kann die Frage, wenn sonst ein Gerichtsstand in diesem Lande begründet ist, zum Austrag kommen.

Beispiel: Für einen Schweizer ist eine Marke intern. registriert worden. Das RPA. hat der Marke den Schutz im Deutschen Reiche versagt; der Beschuß ist erst nach Ablauf der Jahresfrist ergangen. Ein anderer benutzt die Marke im Deutschen Reich. Er wird, da er in der Schweiz ansässig ist, vor einem schweizerischen Gericht von dem Markeninhaber auf Grund der Registrierung der Marke bei dem JB. auf Unterlassung der Benutzung und Schadensersatz in Anspruch genommen. Er wendet ein, daß der Marke der Schutz im Deutschen Reich versagt worden sei, seine Benutzung also das Markenrecht des Klägers nicht verletze. Diesem Einwande tritt der Kläger mit der Ausführung entgegen, daß der refus définitif des RPA. nicht innerhalb der Jahresfrist erlassen, also rechtsunwirksam, der Schutz der Marke demnach durch die intern. Registrierung auch im Deutschen Reiche begründet sei. Das schweizerische Gericht ist in der Würdigung der Rechtslage frei (Auslegung des Art. 5); es kann zu dem Ergebnis gelangen, daß der Marke im Deutschen Reich der volle Schutz des WbzG. zukomme — trotz des Versagungsbeschlusses des RPA.!

C. Das Deutsche Reich, als dasjenige Zweitland, das den refus tardif erlassen hat. Schwierigkeiten könnten dem RPA. dann entstehen, wenn das JB., wie unter A angedeutet, einem refus tardif künftig die Beachtung versagen sollte. Das RPA. müßte sich dann mit dem Markeninhaber und der Behörde des Ursprungslandes in unmittelbare Verbindung setzen. Ausweislich des intern. Registers genösse die Marke Schutz im Deutschen Reiche, während das RPA. einen solchen Schutz nicht anerkennt und die Marke im Widerspruchsverfahren nicht berücksichtigt. Änderungen im Rechtsbestande der Marke würden dem RPA. durch das JB. weiterhin angezeigt werden müssen (Art. 9 Abk., Art. 7 intern. Ausf.O.), während das RPA. an diesen Vorgängen kein Interesse hätte.

Behandeln die deutschen Gerichte den refus tardif des RPA. als unwirksam und die betroffene Marke als im Deutschen Reich geschützt, so würde die Rechtsunsicherheit bis zur Unerträglichkeit gesteigert.

D. Auch in allen Ländern, mögen sie dem engeren Verbande angehören oder nicht, können die Gerichte, wie die des Ursprungslandes, in die Lage kommen, die Wirksamkeit eines refus tardif des RPA. nachzuprüfen. Auch sie können zu der Feststellung gelangen, daß der Marke trotz des refus Schutz im Deutschen Reiche gebühre!

Die erörterten möglichen, höchst unliebsamen und den internationalen Verkehr störenden Folgen einer Fristversäumung bei Erlaß des endgültigen Versagungsbeschlusses zeigen, daß das RPA. mit allen Mitteln dahin streben muß, den Beschluß rechtzeitig herauszubringen. Zu diesen Mitteln gehört in erster Linie, daß der Zwischenbescheid, der nach Lage der Gesetzgebung (§ 10 WbzG., § 21 PG.) nicht zu umgehen ist, von vornherein so umfassend wie irgend möglich gehalten wird. Die Ablassung mehrerer Zwischenbescheide ist im intern. Verkehr besonders unangebracht; sie verkürzt die für den endgültigen Beschluß gesetzte Frist und verursacht, insbesondere auch dem IB. vermeidbare Mehrarbeit und Kosten (Rapport de gestion 1923 S. 9).

Beispiel: Fehlt der Nachweis für die Berechtigung zur Führung einer in der Marke enthaltenen Medaille — muß die eine Ware als aus dem Rahmen des Geschäftsbetriebes herausfallend gestrichen werden — wirkt die Marke für eine andere Ware täuschend —, so sind alle diese und ähnliche Beanstandungen in einen Zwischenbescheid zusammenzufassen. Das geschieht denn wohl auch in der Regel. Wünschenswert ist aber weiter, daß mit einer Beanstandung aus absoluten Gründen auch gleich die älteren kollidierenden Zeichen entgegengehalten werden. Das ist zwar bei Warenzeichenanmeldungen nicht allgemeine Übung des Amtes: das Kollisionsverfahren wird in der Regel erst eingeleitet, wenn die Anmeldung formell in Ordnung geht und absolute Gründe (insbes. aus §§ 1 u. 4 WbzG.) der Schutzgewährung nicht entgegenstehen. Aber bei den Registrierungsanzeigen des intern. Büros liegen die Dinge doch wesentlich anders. Hier ist der Dauer des Prüfungsverfahrens ein für allemal eine feste Grenze gesetzt. Und diese zeitliche Begrenzung der Beanstandung einer Marke bildet einen Eckpfeiler des ganzen intern. Registrierungssystems. Es liegt aber auf der Hand, daß bei dem an die Vermittlung des intern. Büros gebundenen, daher zeitraubenden Zustellungsverfahren und bei der in der Natur der Sache begründeten Notwendigkeit, dem Markeninhaber verhältnismäßig lange Fristen zu gewähren, die schematische Anwendung der bei Warenzeichenanmeldungen beobachteten Prüfungsgrundsätze auf Registrierungssachen die Einhaltung der Jahresfrist in hohem Maße gefährdet. Es darf ferner nicht übersehen werden, daß, wie oben S. 18 bemerkt, die Vorschrift des Art. 5 bezweckt, den Markeninhaber vor Überraschungen und davor zu bewahren, daß er im Vertrauen auf den in Aussicht stehenden Schutz unnütz Zeit, Geld und Mühe aufwendet. Ein Bescheid aber, der sich nur mit absoluten Versagungsgründen (§§ 1, 4 WbzG.) oder gar nur mit Formalien befaßt, erweckt gerade bei einem Ausländer ohne sachverständigen Vertreter (Anm. 4) unwillkürlich den Glauben — worauf auch das IB. schon eindringlich hingewiesen hat —, daß mit der Behebung solcher Beanstandungen alle Hindernisse aus dem Weg geräumt, die Gewährung des Schutzes sicher sei! In Markenregistrierungssachen sollten daher mit dem ersten Bescheid regelmäßig auch die älteren kollidierenden Marken sogleich mitgeteilt werden. Bei einem solchen Vorgehen würde das RPA. sich in vollem Einklang befinden mit der Tendenz der neueren deutschen Prozeßgesetzgebung! Durchführbar ist eine solche Zusammenfassung in der weitaus überwiegenden Mehrzahl aller Fälle selbst dann, wenn die Beanstandung sich gegen die Fassung des Warenverzeichnisses als zu allgemein gehalten (chemische Produkte, Nahrungsmittel) richtet und eine Begrenzung der Waren gefordert wird. Was verschlägt es, wenn durch eine Beschränkung des Warenverzeichnisses die Entgegenhaltung hinfällig wird? Andererseits wird eine frühzeitige Anbahnung von Einigungsverhandlungen ermöglicht. Auch hat für viele Markeninhaber das Deutsche Reich als Absatzgebiet kein oder nur geringeres Interesse. Ihnen wird die Kenntnis von den in ihrer Klasse, wenn auch nicht gerade für die Spezialware, auf die sie sich beschränken könnten, bereits eingetragenen übereinstimmenden

Zeichen genügen, um zur Vermeidung von Weiterungen und Streitigkeiten den Schutzanspruch fallen zu lassen.

Formelle „Vorbescheide", d. h. Zwischenbescheide mit Verfallswirkung, sind abgeschafft (§ 3 Bekm. über Vereinfachungen im PA. vom 9. März 1917: RGBl. S. 221 = Bl. 17 S. 26). Das erweist sich gerade im intern. Verkehr als ein Übelstand. Die Erfahrung lehrt, daß in einer großen Zahl von Fällen die Markeninhaber sich auf die Beanstandungen der Prüfer, insbes. dann nicht äußern, wenn zugleich die Bestellung eines Inlandvertreters gefordert wird. Nach Ablauf der gesetzten Frist müssen dann förmliche Versagungsbeschlüsse nachfolgen, die wiederum wie die beanstandenden Bescheide auf dem umständlichen Wege über das JB. zuzustellen sind (Anm. 3). In seinem Rapport de gestion 1923 (S. 10) empfiehlt auch das JB. den „Vorbescheid" als ein geeignetes Mittel, das Registrierungsverfahren zu vereinfachen und abzukürzen.

Unter einem **endgültigen Versagungsbeschluß** i. S. des Art. 5 ist ein Beschluß erster Instanz (Prüfungsstelle) zu verstehen. Das ergibt sich aus Abs. 3 Satz 2 Art. 5, wo von den Rechtsmitteln gegen den Versagungsbeschluß die Rede ist.

4. **Vertreterzwang:** Der Markeninhaber muß einen inländischen Vertreter bestellen, wenn er

a) gegen einen Zwischenbescheid der Prüfungsstelle vorgehen, oder gegen einen Versagungsbeschluß Beschwerde einlegen,

b) Widerspruch gegen ein später angemeldetes Zeichen oder eine später registrierte Marke erheben will,

c) wenn er vor Behörden sein Zeichenrecht geltend machen will, also durch Erhebung einer Klage auf Unterlassung oder Schadensersatz, durch Strafantrag mit oder ohne Geltendmachung von Ansprüchen auf Buße, durch Anträge bei der Zollbehörde nach § 17 WzG.

Denn der Grundsatz des § 23 Abs. 2 WbzG. erfährt durch den Beitritt des Deutschen Reiches zu dem MMA. insofern — aber auch nur insofern — eine Durchbrechung, als die intern. Registrierung einer Marke gemäß Art. 4 Abs. 1 MMA. einen Schutz in Deutschland unabhängig davon begründet, ob ein solcher Vertreter bestellt ist oder nicht. Abgesehen von dieser Einschränkung bleibt § 23 Abs. 2 WbzG. auch bezügl. der intern. registrierten Marken in Kraft. In dem Schlußprot., Washington, 2. Juni 1911, ad Art. 2 c (unten S. 26) ist ausdrücklich vorgesehen, daß die Vorschriften der Gesetze der vertragschließenden Länder über die Bestellung eines Vertreters durch den Art. 2 UV. nicht berührt werden. Werden Verhandlungen mit dem Markeninhaber nötig, so setzt der Vertreterzwang ein. Deshalb wird vom RPA. in den ersten, dem Markeninhaber auf dem Wege über das JB. zuzustellenden, die Marke beanstandenden Bescheid die Aufforderung, einen Vertreter zu bestellen, und die Verwarnung aufgenommen, daß bei Nichtbestellung schon aus diesem Grunde der Schutz werde versagt werden müssen. Hier läßt indessen zugunsten des intern. Verkehrs die VO. v. 9. Nov. 1922 über die intern. Registrierung von Fabrik- oder Handelsmarken (unten S. 49) eine Milderung eintreten. Von der Aufforderung, einen Vertreter im Inlande zu bestellen, kann nach § 8 der VO. Abstand genommen werden, wenn mit dem Zwischenbescheide nur Ergänzungen oder Abänderungen einfacher Art verlangt werden, wie z. B. der Nachweis der Wahrheit des in der Marke angegebenen Gründungsjahres des Geschäfts, der Nachweis der Berechtigung zur Führung der in der Marke abgebildeten Medaillen, die Streichung einzelner Waren im Wvz. Werden die Beanstandungen von dem Markeninhaber nicht behoben, so verbleibt es bei § 23 Abs. 2 WbzG.

Wird, wie in Anm. 3, empfohlen, in dem ersten beanstandenden Bescheide zugleich auf die entgegenstehenden älteren Zeichenrechte hingewiesen, so ist es geboten, zur Beschleunigung des Verfahrens sogleich die Bestellung eines Inlandvertreters unter Androhung der Schutzversagung für den Fall der Nichtbestellung zu fordern.

5. **Wird ein Vertreter bestellt**, so erfolgen die weiteren Zustellungen rechtswirksam an diesen, also insbes. die mit der Beschwerde anfechtbaren Beschlüsse (Prop. ind. 1922, S. 169). Beschwerde befristet: 1 Monat, § 10 Abs. 2 WbzG.

Dem steht Art. 5 Abs. 2 u. 3 des MMA. nicht entgegen. Denn das Abkommen befaßt sich mit der Bestellung eines Vertreters in den einzelnen Verbandsländern überhaupt nicht. Es kann also — was allzu schwerfällig und umständlich gewesen wäre — bei dieser Vorschrift den Fall nicht haben treffen wollen, daß ein Vertreter in den Verbandsländern bestellt worden ist. Dagegen unterliegt es vom Standpunkt des deutschen Rechts keinem Bedenken, neben der Zustellung an den Vertreter auch dem JB. den endgültigen Beschluß mitzuteilen. (Anm. zu Art. 6 der intern. AusfO., unten S. 44).

6. **Ergibt die Prüfung keine Anstände**, so ist mit dem Abschluß der Prüfung und der Feststellung, daß der Marke der Zeichenschutz endgültig zuerkannt wird, die Angelegenheit für das RPA. erledigt. Es ergehen keine Nachrichten, weder an das JB., noch an den Markeninhaber. In die Zeichenrolle brauchen weder diese geprüften Marken, noch die einer Prüfung überhaupt nicht unterliegenden sog. „Übergangsmarken" (Art. 11) eingetragen zu werden. Denn alle diese Marken genießen Zeichenschutz in Deutschland unabhängig von einer Eintragung in die Zeichenrolle bereits seit ihrer intern. Registrierung — die Übergangsmarken seit dem 1. Dez. 1922. Dementsprechend werden diese Marken auch nicht im Warenzeichenblatt veröffentlicht. Es wird (Begr. zu § 1 BeitrGes.) „durch die unmittelbare schutzbegründende Wirkung der intern. Registrierung neben den bisherigen auf dem WbzG. beruhenden Rechten eine zweite Art von Warenzeichen für Deutschland geschaffen, die ihre Rechtsgrundlage außerhalb des Gesetzes haben. An die Stelle der Eintragung in die deutsche Warenzeichenrolle und der Veröffentlichung in den deutschen Blättern tritt für die intern. Marken die Registrierung in Bern und die Veröffentlichung in dem Blatt „Les marques internationales"".

Die Zeichenrolle gibt also künftig kein vollständiges Bild mehr von den im Deutschen Reich bestehenden Schutzrechten. Das RPA. hat aber hier vorsorglich Abhilfe geschaffen durch Einrichtung eines Nebenregisters, in das alle intern. registrierten Marken aufgenommen und die in den Rechtsverhältnissen der Marken eintretenden, vom J. B. mitgeteilten Veränderungen, wie Umschreibungen, Verzichte und Löschungen nachgetragen werden. Zur Bildung des Registers dienen die Registrierungsanzeigen des JB. (unten S. 86). Dieses deutsche Nebenregister ist selbstverständlich nicht wie die Wz.-Rolle ein Register öffentlichen Rechts; ihm kommt daher kein öffentlicher Glaube und demgemäß nicht die rechtliche Bedeutung zu, wie der Zeichenrolle. Immerhin stellt es für die Beteiligten ein übersichtliches und brauchbares Hilfsmittel dar.

Aus dem Umstande, daß die intern. Registrierungen den deutschen Kreisen nur durch die Berner Zeitschrift „Les marques internationales“ — also ausschließlich in französischer Sprache — bekanntgegeben werden, ist eine Gefährdung deutscher Interessen kaum zu befürchten. Verbreitung dieser Zeitschrift im Umfange des Wzbl.: a) sie liegt im RPA. und bei allen Handelskammern und Vereinigungen zu jedermanns Einsicht aus, bei denen jetzt schon das Wzbl. ausliegt — das sind zurzeit 117 über das ganze Reich verteilte Stellen (vgl. Verzeichnis S. 71); b) sie geht als Beilage z. Wzbl. allen Abnehmern dieses Blattes zu Merkbl. VIII, unten S. 60).

*Article 5bis*

Le Bureau international délivrera à toute personne qui en fera la demande, moyennant une taxe fixée par le Règlement d'exécution, une copie des mentions inscrites dans le Registre relativement à une marque déterminée.

Artikel 5b

Das Internationale Büro erteilt auf Antrag jedem gegen eine Gebühr, die durch die Ausführungsordnung festgesetzt wird, eine Abschrift der mit Bezug auf eine bestimmte Marke in das Register eingetragenen Angaben.

Die Gebühr ist durch die intern. Ausf.O. auf zwei Schweizer Franken festgesetzt.

Article 6

La protection résultant de l'enregistrement au Bureau international durera 20 ans à partir de cet enregistrement, mais ne pourra être invoquée en faveur d'une marque qui ne jouirait plus de la protection légale dans le pays d'origine.

Artikel 6.

Der durch die Registrierung bei dem Intern. Büro erlangte Schutz dauert zwanzig Jahre von dem Zeitpunkt dieser Registrierung an; er kann jedoch nicht für eine Marke in Anspruch genommen werden, die in dem Ursprungslande keinen gesetzlichen Schutz mehr genießt.

Schutz im Ursprungsland: Der Grundsatz der Abhängigkeit des Schutzes ausländischer Marken von dem Schutz im Ursprungsland (Osterrieth: Wash. Konf. S. 46 ff.) ist in dem MMA. folgerichtig durchgeführt (vgl. Pisko, Lehrbuch des österr. Handelsrechts S. 80). Auch der **Fortbestand** des intern. Schutzes ist von dem Fortbestande des Schutzes im Ursprungslande abhängig (Actes de la Conférence de Bruxelles S. 107).

Der intern. Markenschutz erlischt also bei jeder Löschung des Zeichens in der deutschen Zeichenrolle, aus welchen Grunde sie auch immer erfolgt. Bei einer Klage auf Löschung eines im Deutschen Reich eingetragenen und international registrierten Z. reicht somit für Klageantrag und Urteilstenor der Ausspruch der Löschung des deutschen Zeichens aus. Allerdings steht nichts im Wege und ist zur Vermeidung jeden Zweifels empfehlenswert, Klageantrag und Urteilstenor auch auf den Fortfall des intern. Schutzes zu erstrecken.

Das Recht aus der internationalen Registrierung erlischt mit der Löschung des Zeichens in der deutschen Rolle von selbst. Gemäß Art. 9 Abkommen teilt das RPA. die Löschung des Zeichens in der Rolle dem JB. mit, das dann seinerseits die Marke in dem internationalen Register formell löscht.

Die Löschung des Zeichens in der deutschen Rolle muß erfolgt sein. Die Rechtskraft des Löschungsurteils oder der bloße Ablauf der Schutzfrist genügt nicht. Liegt die Voraussetzung des § 12 Abs. 2 WbzG. (unten S. 208) vor, so können auch aus dem internationalen Markenrecht von dem Zeitpunkt ab keine Rechte mehr geltend gemacht werden, an welchem der Rechtsgrund für die Löschung bereits vorgelegen hat. Dies ergibt sich zwingend aus der Erwägung, daß der internationale Schutz abhängig ... von dem Bestehen des Schutzes im Ursprungslande.

Der Inhaber eines in der deutschen Zeichenrolle eingetragenen un... intern. registrierten Zeichens muß also auch seine deutsche Anmeldung na... § 8 WbzG. rechtzeitig erneuern (s. Merkbl. IV, unten S. 59). Für e... in der deutschen Zeichenrolle gelöschtes Zeichen kann die Erneuerung d... intern. Registrierung gemäß Art. 6 nicht mehr beantragt werden.

Article 7

L'enregistrement pourra toujours être renouvelé suivant les prescriptions des articles 1 et 3.

Six mois avant l'expiration du terme de protection, le Bureau international donnera un avis officieux à l'Administration du pays d'origine et au propriétaire de la marque.

Artikel 7

Die Registrierung kann na... Maßgabe der Vorschriften d... Art. 1 und 3 jederzeit erneu... werden.

Sechs Monate vor Ablauf d... Schutzzeit weist das Internati... nale Büro die Behörde des U... sprungslandes und den Eige... tümer der Marke auf den Fr... ablauf hin.

1. Antrag des Zeicheninhabers auf Erneuerung d... intern. Registrierung:
   a) zu richten an das RPA., nicht an das JB.
   b) Erfordernisse:
      α) Angabe des Tages und Nummer der letzten intern. Registrierun...

β) Anführung der Nummer der deutschen Zeichenrolle,

γ) Erfüllung aller sonstigen für den ersten Antrag auf intern. Registrierung aufgestellten Bedingungen und Formvorschriften, insb.:

αα) Entrichtung der dem Reiche verbleibenden Gebühr an die Kasse des RPA. Dies ist zwar in dem Gesetz v. 12. Juli 1922 (unten S. 47) nicht besonders vorgesehen, ergibt sich aber zwingend aus dem Umstande, daß im Sinne des Abkommens der Erneuerungsantrag ein neuer Registrierungsantrag ist (Merkbl. IV unten S. 59).

ββ) Abführung der Abgabe von 100 bzw. 50 Schweizerfranken an das JB.; der Nachweis darüber ist dem RPA. zu erbringen (Art. 8 der intern. AusfO., unten S. 45, § 5 der VO. v. 9. Nov. 1922, unten S. 52). Ob auch

γγ) ein neuer Druckstock eingereicht werden muß, darüber erhält der Markeninhaber von dem JB. in jedem Falle Nachricht.

Geht der Antrag in Ordnung, so hat das RPA. — wie bei dem ersten Antrage auf Registrierung — das JB. um Vermerkung der Erneuerung zu ersuchen. Das JB. beschränkt sich aber nicht darauf, — wie das RPA. bei der Führung der Zeichenrolle —, einen einfachen Vermerk über die Erneuerung in sein Register aufzunehmen, sondern registriert die erneuerte Marke, wie wenn es eine erstangemeldete wäre, unter einer neuen fortlaufenden Nummer. Dementsprechend auch Veröffentlichung der erneuten Registrierung in der Berner Zeitschrift mit Hinweis auf die ältere Registrierung! Die Erneuerungen teilt das JB. den Verbandsländern mit. Diese Veröffentlichungen und Mitteilungen tragen somit das äußere Gewand einer ersten Registrierung (s. Beispiel S. 87). Nur aus dem Hinweise auf die ältere Registrierung ist festzustellen, ob es sich um die Fortsetzung eines bestehenden Schutzes — Erneuerung im Rechtssinne — oder um die Neubegründung eines erloschenen Schutzes — Neuregistrierung nach Ablauf der alten Schutzfrist — handelt.

2. Die nicht – oder nicht rechtzeitig — erneuerten Marken werden im intern. Register nicht gelöscht. Um festzustellen, ob der Schutz einer Marke, deren 20jährige Schutzdauer abgelaufen ist, noch fortbesteht oder doch eine Zeitlang unterbrochen gewesen ist, ist es daher nötig, die späteren Veröffentlichungen des JB. daraufhin durchzusehen, ob und wann die Marke von neuem registriert worden ist. Bei dieser Nachforschung wird das deutsche Markenregister (Anm. 6 zu Art. 5) wertvolle Dienste leisten, da in dieses Register Verweisungen auf die späteren Registrierungen einer Marke aufgenommen werden.

3. Die Anmahnung des JB. ergeht in den ersten sechs Monaten des letzten Jahres der Schutzfrist (Art. 8 der intern. AusfO., unten S. 45).

4. Keine Prüfung. Intern. registrierte ausländische Marken, deren Erneuerung dem RPA. von dem JB. angezeigt wird, unterliegen einer Prüfung ebensowenig wie Warenzeichen, deren Anmeldungen erneuert werden (§ 8 WbzG.). Dies gilt auch von den prüfungslos übernommenen, vor dem 1. XII. 1922 registrierten Marken.

Article 8

L'Administration du pays d'origine fixera à son gré, et percevra à son profit, une taxe qu'elle réclamera du propriétaire de la marque dont l'enregistrement international est demandé. A cette taxe s'ajoutera un émolument international de cent francs pour la première marque, et de cinquante francs pour chacune des marques suivantes, déposées en même temps par le même propriétaire. Le produit annuel de cette taxe sera réparti par parts égales entre les pays contractants par les soins du Bureau international, après déduction des frais communs nécessités par l'exécution de cet Arrangement.

Artikel 8

Die Behörde des Ursprungslandes kann nach ihrem Ermessen eine Gebühr festsetzen und zu ihren Gunsten von dem Eigentümer der Marke, deren internationale Registrierung beantragt wird, erheben. Zu dieser Gebühr tritt eine internationale Abgabe von hundert Franken für die erste Marke und von je fünfzig Franken für alle weiteren von demselben Anmelder gleichzeitig hinterlegten Marken. Das Jahreserträgnis dieser Gebühr wird, nach Abzug der durch die Ausführung dieses Abkommens verursachten gemeinsamen Kosten, zu gleichen Teilen unter die vertragschließenden Länder durch das Internationale Büro verteilt.

1. Die dem Reiche zufallende Gebühr. Mit dieser Gebühr sollte nicht nur der gesamte Aufwand an Arbeit und Kosten abgegolten werden, der dem RPA. durch den Beitritt erwächst, sondern auch Ersatz geschaffen werden für den Ausfall der Gebühren für die künftig unterbleibenden Anmeldungen ausländischer Zeichen. (Procès-verbaux de la Conférence de Madrid S. 33 Abs. 5.) Im § 2 Abs 2 des Ges. v 12 Juli 1922 war diese Gebühr auf 500 M. bemessen. Zurzeit beträgt sie 50 Goldmark (Anm. 3 zu § 2, unten S. 48). Die Gebühr ist an die Kasse des RPA. zu zahlen. Über die Fälligkeit der Gebühr vgl. § 3 Abs. 2 der VO. v. 9. Nov. 1922 (unten S. 51).

2. Die intern. Abgabe: Diese ist an das JB. abzuführen; die Kasse des RPA. nimmt diese Gebühr nicht an! Schecks und Tratten müssen in Bern zahlbar gemacht sein (siehe Mitteilung des RPA. und avis des JB., unten S. 63 u. 81).

Bei der Übersendung ist anzugeben:

a) Name und Wohnort (nötigenfalls auch Postbezirk, Straße und Hausnummer) des Zeicheninhabers sowie desjenigen, der für den Zeicheninhaber die Zahlung leistet;

b) die Bestimmung des Geldes durch Anführung der Rollennummer oder der wesentlichen Merkmale des Zeichens, und zwar so genau, daß die Ermittlung der Zugehörigkeit des Geldes im Berner Büro nicht auf Schwierigkeiten stößt.

Die Ermäßigung der intern. Gebühr für die zweite und die weiteren Marken ist nicht so sehr durch die gleichzeitige Stellung der Anträge des Zeicheninhabers bei dem RPA., als dadurch bedingt, daß die Registrierungsersuchen des RPA. zu gleicher Zeit bei dem IB. eingehen (Pouillet, Traité des marques de fabrique, 1912, Nr. 659 no 4 S. 530). Die Kosten des I B., insbes. für Veröffentlichung und Porto, sind verhältnismäßig geringer, wenn mehrere Marken desselben Inhabers gleichzeitig registriert werden (Actes de la Conférence de Bruxelles p. 63, 110).

*Article 8bis*

Le propriétaire d'une marque internationale peut toujours renoncer à la protection dans un ou plusieurs des pays contractants, au moyen d'une déclaration remise à l'Administration du pays d'origine de la marque, pour être communiquée au Bureau international, qui la notifiera aux pays que cette renonciation concerne.

Artikel 8b

Der Eigentümer einer internationalen Marke kann jederzeit durch eine an die Behörde des Ursprungslandes gerichtete Erklärung auf den Schutz in einem oder in mehreren der vertragschließenden Länder verzichten; die Erklärung wird dem Internationalen Büro mitgeteilt und von diesem den durch den Verzicht betroffenen Ländern bekanntgegeben.

Der Markeninhaber kann auf den Schutz in den einzelnen Ländern verzichten. Gründe dafür können sein: weil er mit seiner intern. registrierten Marke in einzelnen Vertragsländern auf Hindernisse stößt oder solche befürchtet, oder weil er an dem Schutz in dem betr. Lande kein Interesse hat, oder weil er an den Vertrieb der geschützten Ware in diesem Lande überhaupt oder unter dieser Marke aus Gründen öffentlichen oder Privatrechts [z. B. entgegenstehende Verträge] verhindert ist. Der Verzicht kann, auch wenn er mehrere Länder umfaßt, in einer einzigen, an das RPA. zu richtenden Eingabe erklärt werden. Das RPA. teilt den Verzicht dem IB., dieses teilt ihn den betroffenen Ländern mit. Der Verzicht kann begrenzt, auf einzelne Waren beschränkt oder unbegrenzt sein und alle Waren umfassen. Selbstverständlich können Verzichtserklärungen auch in mehreren zeitlich aufeinanderfolgenden Eingaben abgegeben werden; dies wird der Fall sein, wenn die Gründe für die Verzichte erst im Laufe der Zeit und nicht für alle Länder gleichzeitig eintreten. Kosten entstehen nicht. Auch diese Vorschrift bedeutet eine Erleichterung und Ersparnis für die Beteiligten (s. Einleitung).

Gemäß § 6 VO. v. 9. November 1922 (unten S. 52) werden solche Verzichte nicht in die Zeichenrolle eingetragen; das RPA. vermerkt sie indessen in seinem Nebenregister (Anm. 6 zu Art. 5, oben S. 22).

Article 9

L'Administration du pays d'origine notifiera au Bureau international les annulations, radiations, renonciations, transmissions et autres changements qui se produiront dans la propriété de la marque.

Le Bureau international enregistrera ces changements, les notifiera aux Administrations des pays contractants, et les publiera aussitôt dans son journal.

On procédera de même lorsque le propriétaire de la marque demandera à réduire la liste des produits auxquels elle s'applique.

L'addition ultérieure d'un nouveau produit à la liste ne peut être obtenue que par un nouveau dépôt effectué conformément aux prescriptions de l'article 3. A l'addition est assimilée la substitution d'un produit à un autre.

Artikel 9

Die Behörde des Ursprungslandes teilt dem Internationalen Büro die Nichtigkeitserklärungen, Löschungen, Verzichtleistungen, Übertragungen und anderen Veränderungen mit, die in bezug auf das Eigentumsrecht an der Marke eintreten.

Das Internationale Büro trägt diese Veränderungen in das Register ein, zeigt sie den Behörden der vertragschließenden Länder an und veröffentlicht sie sogleich in seinem Blatte.

Das gleiche Verfahren greift Platz, wenn der Eigentümer der Marke den Antrag stellt, die Liste der Erzeugnisse zu verkürzen, für welche die Marke Anwendung findet.

Die nachträgliche Hinzufügung eines neuen Erzeugnisses zu der Liste kann nur durch eine neue, gemäß den Vorschriften des Artikel 3 bewirkte Hinterlegung erlangt werden. Der Hinzufügung steht der Ersatz eines Erzeugnisses durch ein anderes gleich.

1. Aus der Abhängigkeit des intern. Markenschutzes von dem nationalen (Anm. 1 zu Art. 1 und Anm. zu Art. 6) ergibt sich, daß Änderungen im Bestande des Rechts, z. B. Übertragungen und Teillöschungen, vom IB. nicht selbständig, sondern nur auf Ersuchen des Ursprungslandes, hinsichtlich deutscher Zeichen also nur auf Ersuchen des RPA. nach Berichtigung der Zeichenrolle, registriert werden können (Art. 7 der AusfO., unten S. 44). Anträge daher an das RPA.! — das seinerseits die eingetretenen Änderungen dem IB. von Amts wegen anzeigt.

2. Keine Erweiterung des Warenverzeichnisses im Rahmen einer einmal bewirkten intern. Registrierung! Gerade so wie auch das in die Zeichenrolle eingetragene Warenverzeichnis eines deutschen Zeichens keine nachträgliche Erweiterung verträgt.

Zulässig ist es, daß der Inhaber eines deutschen Zeichens die intern. Registrierung für eine geringere (nicht größere) Anzahl von Waren nachsucht, als in der Zeichenrolle aufgeführt sind. Hat er sich einmal in dieser Weise beschränkt, so kann er den intern. Schutz für die übrigen, in der Zeichenrolle aufgeführten Waren nur auf dem Wege einer neuen intern. Registrierung des Zeichens erlangen (Antrag, Gebührenzahlung usw.). Für diese nachträglich beanspruchten Waren wird das Zeichen dann unter einer neuen Nummer mit neuer internationaler Priorität registriert: diese Waren genießen Schutz in den anderen Verbandsländern von dem Tage der neuen Registrierung ab (Anm. 1 Art. 4 s. oben S. 9).

3. Der § 6 Abs. 2 WbzG. läßt unter bestimmten Voraussetzungen die nachträgliche Ergänzung der Rolle durch Aufführung weiterer Waren unter dem Datum der ursprünglichen Anmeldung zu. Dann entsprechende Ergänzung des intern. Registers! Denn hier wird die Liste der Erzeugnisse nicht durch Hinzufügung eines neuen Erzeugnisses vermehrt, sondern nach Maßgabe eines gerichtlichen Urteils (ex tunc!) richtiggestellt.

Article 9bis

Lorsqu'une marque inscrite dans le registre international sera transmise à une personne établie dans un pays contractant autre que le pays d'origine de la marque, la transmission sera notifiée au Bureau international par l'Administration de ce même pays d'origine. Le Bureau international enregistrera la transmission et, après avoir reçu l'assentiment de l'Administration à laquelle ressortit le nouveau titulaire, il la notifiera aux autres Administrations et la publiera dans son journal.

La présente disposition n'a point pour effet de modifier les législations des pays contractants qui prohibent la transmission de la marque sans la cession simultanée de l'établissement industriel ou commercial

Artikel 9b

Wenn eine im internationalen Register eingetragene Marke auf eine Person übertragen wird, die in einem anderen vertragschließenden Lande als dem Ursprungslande der Marke ansässig ist, so ist die Übertragung durch die Behörde dieses Ursprungslandes dem Internationalen Büro anzuzeigen. Das Internationale Büro trägt die Übertragung in das Register ein, zeigt sie, sobald die Zustimmung der für den neuen Markeninhaber zuständigen Behörde eingegangen ist, den anderen Behörden an und veröffentlicht sie in seinem Blatte.

Die vorstehende Bestimmung berührt in keiner Weise die in den vertragschließenden Ländern geltenden Gesetze, durch welche die Übertragung einer Marke ohne gleichzeitige Übertragung des Gewerbe- oder Handelsunterneh-

dont elle distingue les produits. mens, dessen Erzeugnisse durch die Marke gekennzeichnet werden, verboten wird.

Nulle transmission de marque inscrite dans le Registre international, faite au profit d'une personne non établie dans l'un des pays contractants, ne sera enregistrée.

Die Übertragung einer im internationalen Register eingetragenen Marke auf eine Person, die in keinem der vertragschließenden Länder ansässig ist, wird in das Register nicht eingetragen.

1. Beispiel: Ein Italiener überträgt seine intern. registrierte Marke auf eine im Deutschen Reich ansässige Person N. Gemäß Abs. 1 hat Italien dem IB. die Übertragung anzuzeigen; das IB. hat die Übertragung in sein Register einzutragen, sie auch, sobald die Zustimmung des RPA. eingegangen ist, den Behörden der anderen Verbandsländer anzuzeigen und in seinem Blatte zu veröffentlichen. Es tritt also ein Wechsel in dem „Ursprungslande" ein. (Actes de la Conf. de Bruxelles, S. 63/64, 291, 347.) Italien ist nicht mehr, das Deutsche Reich von nun ab Ursprungsland. N. muß daher das Zeichen zunächst bei dem RPA. vorschriftsmäßig anmelden, wenn es nicht bereits angemeldet oder in die Zeichenrolle eingetragen ist. (Vgl. Danzig: VO. betr. die internationale Registrierung von Fabriks- und Handelsmarken. Vom 16. Juni 1923 § 9 – Prop. ind. 1923 S. 165.) Zur Einreichung einer hiernach notwendigen neuen Anmeldung wird N., nachdem die Übertragungsanzeige des IB. eingetroffen ist, vom RPA. – ex nobili officio judicis, keine Verpflichtung! – aufzufordern sein. Wird eine Anmeldung eingereicht, so setzt das Prüfungsverfahren ein. Soweit das Zeichen die Prüfung besteht, wird es in die Zeichenrolle eingetragen und in dem Wzbl. veröffentlicht. Sein Besitzstand — Umschreibungen, Erneuerungen, Löschungen — unterliegt nunmehr dem deutschen Recht. Die Eintragung zeigt das RPA. dem IB. an und gibt damit im Rahmen der Eintragung seine Zustimmung zur Weiterbehandlung der Umschreibungsangelegenheit, d. h. zur Benachrichtigung der anderen Verbandsländer von dem Rechtsübergang und zu seiner Veröffentlichung (Rapport de gestion 1921, S. 10). Wenn N. keine Anmeldung einreicht, oder seine Anmeldung zu keiner Eintragung führt, so ermangelt es im Deutschen Reich, dem neuen Ursprungsland, an der Grundlage für eine intern. Registrierung, dem Zeichenschutz. Das RPA. versagt seine Zustimmung (Abs. 1). Rechte aus der intern. Registrierung kann dann im Deutschen Reiche Dritten gegenüber an sich nur der Italiener geltend machen. Auch in den anderen Verbandsländern, die ja mangels der Zustimmung des Deutschen Reichs von der Übertragung überhaupt nichts erfahren, bleibt die Marke für den Italiener registriert. Nur im italienischen und im intern. Register ist sie auf N. umgeschrieben. Auch hier (Anm. 3 Abs. 2 zu Art. 5) kann das IB. von sich aus nichts veranlassen; die Beseitigung der Unstimmigkeit bleibt den Beteiligten überlassen.

Inwiefern dieser Gestaltung der Dinge die Übertragung auf den Zessionar entgegensteht, bemißt sich nach dem zwischen dem Zedenten und dem Zessionar bestehenden Rechtsverhältnis. Der im Deutschen Reich auf Grund der intern. Registrierung von dem Zedenten (§§ 7, 12 WbzG.) in Anspruch genommene Dritte kann sich in der Regel auf die Übertragung nicht berufen (exceptio de jure tertii!). Oft wird der Weiterverfolgung dieser Rechte durch den Zedenten ein Treuhandverhältnis zwischen Zedent und Zessionar zugrunde liegen.

Die gleichen Rechtsverhältnisse treten ein, wenn der Italiener selbst seine Niederlassung in das Gebiet des Deutschen Reiches verlegt (Rapport de gestion 1920, S. 11).

2. Durch die Vorschrift des Abs. 2 wird der Grundsatz des § 7 WbzG., daß das Zeichen ein Zubehör des Geschäftsbetriebes sei, auf die intern. Marken für anwendbar erklärt.

3. Die Übertragung einer intern. registrierten Marke auf eine Person, die in keinem der vertragschließenden Länder ansässig — und, wie ergänzt werden muß, auch nicht Untertan oder Bürger eines Verbandslandes — ist, ist zwar zulässig. Nur kann ein solcher Erwerber aus der intern. Registrierung keine Rechte herleiten. Die Registrierung der Übertragung hat das JB. abzulehnen. Kein Rechtsmittel gegen die Ablehnung! (Anm. 5 Art. 1 – oben S. 5.)

4. Besondere Bedeutung erlangt Art. 9b im Falle territorialer Neuordnungen, wie solche durch die FV. v. Versailles, St. Germain u. Trianon und die Aufteilung des österreichischen Staates herbeigeführt worden sind. Welchen Einfluß haben solche Neuordnungen auf den Bestand intern. Markenrechte? Für Deutschland ohne praktische Bedeutung, da dieses zur Zeit der Gebietsabtrennungen dem MMA. noch nicht beigetreten war. Österreich dagegen gehörte seit dem 1. Januar 1909 dem Abk. an. Am 28. Oktober 1918 erklärte die Tschecho-Slowakei ihre Unabhängigkeit — mit Wirkung vom 5. Oktober 1919 trat sie dem MMA. bei. Hier erheben sich die gewichtigen Fragen: a) Hat der von Angehörigen der Tschecho-Slowakei unter der vormaligen österreichischen Herrschaft erworbene internationale Markenschutz während der Zeit vom 28. Oktober 1918 bis 5. Oktober 1919 eine Unterbrechung erlitten oder fortbestanden? b) Genießen die in Bern während dieses Zeitraums intern. registrierten Marken Schutz in der Tschecho-Slowakei vom 28. Oktober 1918 oder erst vom 5. Oktober 1919 ab? Hierzu: Rapport de Gestion des Berner Büros 1921 S. 10; Prager Archiv für Gesetzgebung und Rechtsprechung 1919 Nr. 25, 33 u. 38; Erklärung des Tschecho-slowakischen Staats vom 29. Januar / 23. März 1920 (Bl. 20 S. 83) – Art. 2 Vertrag v. 20. I. 22, unten S. 149.

Ungarn hat unter dem 29. Mai 1922 dem Schweizerischen Bundesrat angezeigt, daß es anerkenne, ungeachtet seiner Loslösung von Österreich durch den UV. und das MMA. gebunden zu sein (Bl. 22 S. 126).

Article 10	Artikel 10
Les Administrations régleront d'un commun accord les détails relatifs à l'exécution du présent Arrangement.	Die Behörden werden die Einzelheiten wegen der Ausführung des gegenwärtigen Abkommens gemeinschaftlich ordnen.

Auf der Washingtoner Konferenz v. 2. Juni 1911 hat die AusfO. eine neue Fassung erhalten (unten S. 36).

Article 11

Les pays de l'Union pour la protection de la propriété industrielle qui n'ont pas pris part au présent Arrangement seront admis à y adhérer sur leur demande, et dans la forme prescrite par la Convention générale.

Dès que le Bureau international sera informé qu'un pays ou une de ses colonies a adhéré au présent Arrangement, il adressera à l'Administration de ce pays, conformément à l'article 3, une notification collective des marques qui, à ce moment, jouissent de la protection internationale.

Cette notification assurera, par elle-même, auxdites marques le bénéfice des précédentes dispositions sur le territoire du pays adhérent, et fera courir le délai d'un an pendant lequel l'Administration interessée peut faire la déclaration prévue par l'article 5.

Artikel 11

Die dem Verbande zum Schutze des gewerblichen Eigentums angehörenden Länder, die an dem gegenwärtigen Abkommen nicht teilgenommen haben, werden auf ihren Antrag und in der durch die Hauptübereinkunft vorgeschriebenen Form zum Beitritt zugelassen.

Sobald das Internationale Büro von dem Beitritt eines Landes oder einer seiner Kolonien zu dem vorliegenden Abkommen in Kenntnis gesetzt worden ist, sendet es der Behörde dieses Landes gemäß Artikel 3 eine Sammelanzeige über diejenigen Marken, die zu diesem Zeitpunkt den internationalen Schutz genießen.

Diese Anzeige sichert von selbst den bezeichneten Marken die Vorteile der vorangehenden Bestimmungen in dem Gebiete des beitretenden Landes und setzt die Jahresfrist in Lauf, während welcher die beteiligte Behörde die im Artikel 5 vorgesehene Erklärung abgeben kann.

1. Form des Beitritts. Gemäß Art. 16 UV. ist der Beitritt der Regierung der Schweizerischen Eidgenossenschaft und von dieser den Regierungen der anderen, dem engeren Verbande angehörenden Länder anzuzeigen. Wirksam wird der Beitritt einen Monat nach der Absendung der Anzeige durch die Regierung der Schweizerischen Eidgenossenschaft Das beitretende Land kann auch einen späteren Zeitpunkt als einen Monat angeben. So das Deutsche Reich (Anm. 4 Art. 1; oben S. 5).

Der Beitritt des Deutschen Reichs ist der Schweizerischen Regierung am 19. Oktober und von dieser den Regierungen der anderen Verbandsländer am 24. Oktober 1922 angezeigt worden und mit dem 1. Dez. 1922 wirksam geworden. Die im Abs. 2 vorgesehene Sammelanzeige ist von dem JB. dem RPA. unter dem 17. u. 30. Nov. 1922 (s. Art. 16 Abs 3 AB.) erstattet worden (Bekm. v. 9. Nov. 1922 — unten S. 55, Prop. ind. 1922, S. 171.)

2. **Die Übergangsmarken.** Die Wirkung der im Abs. 3 vorgeschriebenen Sammelanzeige ist an sich die gleiche, wie die im Art. 4 festgelegte Wirkung einer intern. Registrierung, d. h. den bis zum 30. Nov. 1922 intern. registrierten (rund 25 000) Marken, den sog. „Übergangsmarken", kommt im Deutschen Reich voller Zeichenschutz zu. Das steht außer Zweifel! **Diese „Übergangsmarken" unterliegen keiner Prüfung auf Schutzfähigkeit.** Der § 3 des Beitr. Ges. v. 12. Juli 1922 (unten S. 48) nimmt sie von der nach Art. 5 an sich zulässigen Prüfung ausdrücklich aus, und zwar nach der Begründung des Gesetzes — aus einer rein praktischen Erwägung: Mangel an geeigneten Arbeitskräften und Ersparung der erheblichen Kosten einer so umfangreichen Prüfung. Die Übernahme dieser „Übergangsmarken" als ungeprüfte, aber trotzdem vollen Zeichenschutz genießende Marken legt an sich Bresche in das System des deutschen Zeichenrechts und birgt eine Gefahr für Industrie und Handel in sich. Müssen doch diese ungeprüften Marken im Verkehr beachtet und gegenüber Neuanmeldungen im Widerspruchsverfahren herangezogen werden. Allein diese Gefahr darf andererseits auch nicht überschätzt werden: Ein erheblicher Teil dieser Übergangsmarken scheidet von vornherein aus, weil das JB. die Erneuerungen unter neuen Nummern registriert, wodurch die Zahl dieser Marken immerhin herabgemindert wird; weil ferner unter den „Übergangsmarken" sich sicherlich eine ganze Anzahl befindet, die zum Gebrauch in Deutschland weder bestimmt noch geeignet sind, den Verkehr hier also auch nicht stören werden; weil weiter diese Marken, soweit sie für den deutschen Verkehr bestimmt sind, schon in der Zeichenrolle eingetragen sein werden, da sie sonst in Deutschland frei gewesen wären; und weil schließlich einem weiteren Teil dieser Marken der Schutz in Deutschland früher bereits wird versagt worden sein, und die Inhaber dieser Marken es schwerlich wagen werden, auf Grund ihrer intern. Registrierung Zeichenrechte in Deutschland geltend zu machen und sich auf diese Weise Löschungsanträgen und -klagen (s. folgenden Absatz) auszusetzen.

Diese ungeprüften Marken unterliegen dem Löschungsverfahren wie die deutschen Wz., die ebenfalls trotz der Vorprüfung sich der Nachprüfung unterziehen lassen müssen — also

a) dem Löschungsverfahren vor dem RPA. (§ 8 Abs. 2 Ziff. 2 WbzG.),

b) der Löschungsklage (§ 9 WbzG., § 826 BGB., UW.).

Urteilstenor: (nicht wie in Löschungsklagen gegen deutsche Wz. „der Beklagte wird verurteilt, in die Löschung zu willigen), sondern „dem Beklagten wird der Zeichenschutz entzogen" (§ 10 VO. v. 9. November 1922 — unten S. 54).

Unbegründet ist die Befürchtung, daß durch die Übernahme dieser „Übergangsmarken" als geschützte Zeichen vermöge ihrer z. T. viel älteren Priorität „der gesamte deutsche Zeichenbestand ins Wanken geriete".

Denn: Schutz erlangen die Übergangsmarken in einem nachträglich dem Abkommen beitretenden Lande erst von dem Tage ab, an welchem das JB. ihre Registrierung diesem Lande mitteilt, und nicht vor dem Wirksamwerden des Beitritts. Das ergibt sich

a) aus der allgemeinen Erwägung, daß der Beitritt zu einem Vertrage nichts anderes bedeutet, als den Abschluß eines neuen Vertrages, daß aber Verträge, wenn ihnen nicht ausdrücklich rückwirkende Kraft beigelegt ist, regelmäßig ex nunc wirken;

b) aus der Entstehungsgeschichte: Bei der Einbringung ihres Vertragsentwurfes auf der Madrider Konferenz hatte die Schweiz in der dem Entwurf beigegebenen Begr. bezüglich des Beitritts weiterer Länder ausgeführt: „Il a dû, toutefois, poser un principe nouveau pour la fixation de la date à partir de laquelle les marques internationales enregistrées précédemment seront protégées dans le nouvel Etat adhérent. Pour ces marques-là, il ne pouvait être question de faire dater la protection de l'enregistrement au Bureau international, car c'eût été donner à l'Arrangement un effet rétroactif pouvant léser les droits acquis; il est au contraire fort naturel de prendre comme point de départ de la protection la date de la notification faite par le Bureau international." Ein Widerspruch gegen diese Deutung des Art. 11 Abs. 3 ist weder auf der Madrider, noch auf einer späteren Konferenz erhoben worden. Auch das JB. hat sich wiederholt in diesem Sinne ausgesprochen. So:

a) bzgl. Österreich-Ungarns (Beitritt 1. 1. 1909): Rundschreiben des JB. v. 27. Mai 1910 (Prop. ind. 1910, S. 57/58): „Il convient de remarquer qu'aux termes de l'article 4 de l'Arrangement de Madrid, les marques internationales enregistrées antérieurement à l'accession de l'Autriche ne jouissent de la protection dans ce pays qu' à partir du 1 Janvier 1909, date qui est aussi celle de la priorité dont ces marques jouissent en Autriche. Il s'ensuit donc que les marques enregistrées dans ce pays avant le 1 Janvier 1909 sont considérées comme étant de date antérieure à celles qui ont été enregistrées à Berne avant de l'être en Autriche." Ebenso eine Auskunft des JB. v. J. 1914 (Propr. ind. 1914, S. 109, Nr. 138): „L'Autriche ayant adhéré à l'Arrangement de Madrid à dater du 1 Janvier 1909, ce n'est qu'à partir de cette date, que les marques internationales antérieures ont du être considérées comme étant déposées dans ce pays. Les droits acquis en Autriche antérieurement à cette date doivent être respectés. Si le propriétaire de la marque autrichienne possédait un droit légal sur cette marque à la date où elle a été enregistrée, l'adhésion postérieure de l'Autriche au susdit Arrangement ne peut rien changer à la situation."

In dem Erlaß des k. k. Minst. für öff. Arb. v. 18. Jan. 1911 (Österr. PBl. 1912, S. 49, vgl. Bl. 12 S. 28) ist gesagt, daß die vor dem 1. Januar 1909 intern. registrierten Marken in Österreich erst vom 1. Januar 1909 an Geltung haben und daher prioritätsjünger sind, als die vor dem 1. Januar 1909 in Österreich unmittelbar hinterlegten Marken.

b) bzgl. Rumäniens (Beitritt 6. 10. 1920): in „Les marques internationales" (1920, S. 185): „Conformément aux dispositions de l'article 16 de la Convention d'Union du 20 mars 1883, l'Arrangement . . . produira ses effets, en ce qui concerne la Roumaine, à partir du 6 octobre 1920, soit un mois après la date de la circulaire du Conseil fédéral suisse notifiant l'accession aux autres Etats. Ensuite de cette accession, et pour le reste de leur période générale de protection, toutes les marques enregistrées au Bureau international depuis le 6 octobre 1900 et jouissant encore de la protection internationale seront protégées en Roumanie comme si elles y avaient été déposées directement le 6 octobre 1920 . . ."

c) bzgl. des Serbisch Kroatisch-Slowenischen Staates: Les marques internationales 1921, S. 25.

Ebenso auch Pouillet, traité des marques 6me éd. no. 661, Braun und Capitaine, les marques de fabrique no 527, und Adler, S. 371.

Auch die Fassung des Art. 11 Abs. 3 läßt keine andere Auslegung zu. Zwei Wirkungen werden der Mitteilung des JB. beigelegt: a) sie soll von selbst den bei dem Beitritt eines Staates bereits registrierten Marken die Vorteile des MMA. in dem Gebiete des beigetretenen Staates sichern, b) sie soll die im Art. 5 vorgesehene Frist in Lauf setzen. Die Frist zu b) kann schlechterdings nicht vor dem Tage des Wirksamwerdens des Beitritts zu laufen beginnen. Hätte der Zeitpunkt des Einsetzens der ersten Wirkung ein anderer sein sollen als derjenige der zweiten Wirkung, so wären die beiden Wirkungen sicher nicht in einen einzigen Satz zusammengekoppelt worden.

Kein Zweifel: **eine ältere Priorität als von dem Tage, an welchem der Beitritt wirksam wird, kommt keiner intern. registrierten Marke in dem beitretenden Lande zu.**

Für das Deutsche Reich ist diese Frage durch § 7 der auf Grund des § 4 des Beitr.Ges. v. 12. Juli 1922 (unten S. 49) ergangenen, also mit Gesetzeskraft ausgestatteten, VO. über die intern. Registrierung von Fabrik- oder Handelsmarken v. 9. Nov. 1922 (unten S. 52), endgültig in obigem Sinne entschieden. Diese Bestimmung steht demnach mit dem Wortlaut und Sinn des MMA. und den für andere Verbandsstaaten getroffenen Feststellungen in Einklang. Auch das JB. hebt in dem Rundschreiben v. 1. Dez. 1922 (unten S. 74), mit welchem es den Beitritt des Reiches den anderen Verbandsländern anzeigt, bezüglich der Übergangsmarken besonders hervor: „. . . cette date" (scil. 1. 12. 1922) „est donc celle qui constituera le point de départ des droits pouvant être revendiqués dans ledit pays à l'égard de ces marques." (Vgl. Propr. ind. 1922, S. 171, Bl. 22 S. 156.)

3. Anwendungsfall: Ein Ausländer hat seine Marke am 1. Juli 1915 intern. registrieren lassen. Am 1. August 1915 hat er die Marke im Deutschen Reich zur Eintragung in die Zeichenrolle angemeldet; am 1. Sept. 1915 ist die Eintragung erfolgt. Nach seinem Wortlaut fände der Art. 4bis auf diesen Fall keine Anwendung, denn die intern. Registrierung ist früher erfolgt als die nationale. Allein die intern. Registrierung v. 1. Juli 1915 hat Wirksamkeit im Reich erst am 1. Dezember 1922 erlangt, also später als die Eintragung in der Zeichenrolle erfolgte. Der Art. 4bis findet also Anwendung.

Article 12

Le présent Arrangement sera ratifié, et les ratifications en seront déposées à Washington au plus tard le 1er avril 1913.

Il entrera en vigueur un mois à partir de l'expiration de ce délai, et aura la même force et durée que la Convention générale.

En foi de quoi, les Plénipotentiaires respectifs ont signé le présent Arrangement.

Fait à Washington, en un seul exemplaire, le deux juin 1911.

Artikel 12

Das gegenwärtige Abkommen soll ratifiziert und die Ratifikationsurkunden sollen in Washington spätestens am 1. April 1913 hinterlegt werden.

Es tritt einen Monat nach Ablauf dieser Frist in Kraft und soll dieselbe Geltung und Dauer haben wie die Hauptübereinkunft.

Zu Urkund dessen haben die Bevollmächtigten das gegenwärtige Abkommen unterzeichnet.

So geschehen zu Washington, in einem einzigen Exemplar, am zweiten Juni 1911.

B.

Règlement

pour l'exécution de l'Arrangement concernant l'Enregistrement International des Marques de Fabrique ou de Commerce, revisé à Washington le 2 juin 1911

Article premier

Toute demande tendant à obtenir l'enregistrement international d'une marque de fabrique ou de commerce en vertu de l'Arrangement du 14 avril 1891 revisé, devra être adressée par le propriétaire de la marque à l'Administration du pays d'origine en la forme que cette dernière pourra prescrire.

Ausführungsordnung

zum Abkommen, betreffend die internationale Registrierung von Fabrik- oder Handelsmarken, revidiert zu Washington, den 2. Juni 1911.

(Bl. 22 S. 121; MW. Bd. XXI S. 224.; GR. 1922 S. 198.)

Artikel 1

Jeder Antrag auf internationale Registrierung einer Fabrik- oder Handelsmarke gemäß dem revidierten Abkommen vom 14. April 1891 ist von dem Eigentümer der Marke an die Behörde des Ursprunglandes in der von dieser vorgeschriebenen Form zu richten.

Besondere Form: ist nicht vorgesehen. „Behörde des Ursprungslandes" ist für Deutschland das RPA. (§ 2 VO. v. 9. Nov. 1922, unten S. 50).

Die materiellen Erfordernisse des Antrages sind in Ziff. II des Merkblattes (unten S. 57) zusammengestellt.

Article 2

Lorsque la marque sera régulièrement enregistrée dans le pays d'origine, l'Administration de ce pays adressera au Bureau international de la Propriété industrielle, à Berne:

A. Une demande d'enregistrement, en double exemplaire, rédigée en langue française, portant une représentation de la marque et indiquant:

1⁰ le nom du propriétaire de la marque;

2⁰ son adresse;

3⁰ les produits ou marchandises auxquels la marque est destinée;

4⁰ la date d'enregistrement de la marque dans le pays d'origine et son numéro d'ordre.

B. Un cliché de la marque, pour la reproduction typographique de cette dernière dans la publication qui en sera faite par le Bureau international. Ce cliché doit reproduire exactement la marque, de manière que tous les détails en ressortent visiblement; il ne doit pas avoir moins de 15 millimètres ni plus de 10 centimètres, soit en longueur, soit en largeur. L'épaisseur exacte du cliché doit être de 24 millimêtres, correspondant à la hauteur des caractères d'im-

Artikel 2

Sobald die Marke im Ursprungslande vorschriftsmäßig registriert worden ist, übersendet die Behörde dieses Landes dem Internationalen Büro für das gewerbliche Eigentum in Bern:

A. ein Gesuch um Registrierung in zwei Stücken; das Gesuch ist in französischer Sprache abzufassen und hat eine Darstellung der Marke sowie folgende Angaben zu enthalten:

1. den Namen des Eigentümers der Marke,

2. seine Anschrift,

3. die Erzeugnisse oder Waren, für welche die Marke bestimmt ist,

4. den Tag der Registrierung der Marke im Ursprungsland und ihre Ordnungsnummer.

B. einen Druckstock der Marke für den Abdruck in der von dem Internationalen Büro zu veranlassenden Veröffentlichung der Marke. Der Druckstock muß die Marke genau wiedergeben, so daß alle ihre Einzelheiten daraus sichtbar hervortreten; er soll nicht weniger als 15 mm und nicht mehr als 10 cm lang und breit sein. Die genaue Druckhöhe des Druckstocks soll 24 mm betragen, entsprechend der Höhe der Drucklettern. Der Druckstock wird zwei Jahre nach seiner Veröffentlichung

primerie. Ce cliché sera, deux ans après sa publication, retourné au propriétaire de la marque, à ses frais, s'il en a fait la demande. Tout cliché non réclamé à la fin de la troisième année pourra être détruit.

Le Bureau insérera dans le formulaire remis au déposant une mention prévoyant cette remise et indiquant si le propriétaire désire rentrer en possession de son cliché.

C. Si le déposant revendique la couleur à titre d'élément distinctif de sa marque:

Quarante exemplaires sur papier, d'une reproduction en couleur de la marque. Si cette marque comporte plusieurs parties séparées, elles devront être réunies et collées, pour chacun des 40 spécimens, sur une feuille de papier fort.

Dans ce même cas, la demande devra porter une brève mention, en langue française, indiquant la couleur ou la combinaison de couleurs revendiquée.

Au cas où l'une ou l'autre des conditions relatives à la couleur ne serait pas remplie, le Bureau international procédera à l'enregistrement de la marque et à sa notification sans tenir compte de la couleur.

dem Eigentümer der Marke auf seine Kosten zurückgesandt, sofern er es beantragt hat. Jeder am Ende des dritten Jahres nicht zurückgeforderte Druckstock kann vernichtet werden.

Das Büro rückt in das dem Hinterleger zugehende Formular einen Vermerk ein, der auf die Rückgabe hinweist und angibt, ob der Eigentümer wieder in den Besitz seines Druckstocks zu kommen wünscht.

C. wenn der Hinterleger die Farbe als unterscheidendes Merkmal seiner Marke in Anspruch nimmt:

Vierzig farbige Darstellungen der Marke auf Papier. Besteht die Marke aus mehreren getrennten Teilen, so müssen sie bei jedem einzelnen der 40 Stücke auf einem Blatte von steifem Papier zusammengesetzt und aufgeklebt sein.

In diesem Falle muß das Gesuch einen kurzen Vermerk in französischer Sprache enthalten, der die in Anspruch genommene Farbe oder Farbenzusammenstellung angibt.

Falls die eine oder die andere Anforderung in Ansehung der Farbe nicht erfüllt ist, schreitet das Internationale Büro zu der Registrierung der Marke und zu ihrer Anzeige, ohne auf die Farbe Rücksicht zu nehmen.

D. Le montant de l'émolument international adressé par un mandat postal ou par un autre mode d'envoi, en indiquant le nom et l'adresse du propriétaire de la marque.

La demande d'enregistrement sera établie sur un formulaire fourni gratuitement aux Administrations par le Bureau international.

D. den Betrag der internationalen Abgabe, die durch Postanweisung oder auf irgendeinem anderen Wege unter Angabe des Namens und der Anschrift des Eigentümers der Marke zu zahlen ist.

Für das Registrierungsgesuch ist ein Vordruck zu benutzen, der den Behörden von dem Internationalen Büro unentgeltlich geliefert wird.

1. Der Grundsatz der Abhängigkeit des intern. Schutzes findet in den einleitenden Worten dieses Artikels seine praktische Anwendung.

2. Mitwirkung des RPA. Entspricht der Antrag (Art. 1) den Anforderungen, so hat das RPA. das IB. um Registrierung des Zeichens zu ersuchen. Das Ersuchen ist — auf Vordrucken des IB. (unten S. 82) — in französischer Sprache abzufassen und dem IB. in zwei Ausfertigungen zu übersenden. Entstehen dem RPA. bei der Übersetzung Schwierigkeiten (z. B. von Fachausdrücken bei Angabe der Waren — A 3), so wird zu ihrer Behebung der Zeicheninhaber seine Mitwirkung nicht versagen dürfen.

3. Gemäß Ziff. 4 soll das Ersuchen den Tag der Registrierung im Ursprungslande angeben. Für die Priorität eines Zeichens kommt es nach deutschem Recht (§ 5 WbzG.) aber nicht auf den Tag der Eintragung, sondern auf den der Anmeldung an. Das intern. Register und die intern. Veröffentlichungen würden daher ein schiefes Bild geben, wenn nicht der Tag der deutschen Anmeldung wenigstens mit eingetragen und mit veröffentlicht würde. Einer Anregung des RPA. folgend, registriert und veröffentlicht das IB. beide Daten. Bei Zeichen älteren Rechts (§ 24 WbzG.) gilt als Anmeldetag der Zeitpunkt der ersten Anmeldung.

Für Zeichen, deren Anmeldungen erneuert worden sind, wird in dem Registrierungsersuchen des RPA. als Tag der Eintragung der Tag der letzten Erneuerung angegeben (siehe Anm 2 zu Art. 3).

4. Es ist ein neuer, besonderer Druckstock einzureichen. Der bei der Eintragung des Zeichens in die Rolle vorgelegte Druckstock muß für die Zwecke des RPA. in dessen Verwahrung verbleiben, steht also für die Zwecke des IB. nicht zur Verfügung.

5. Die intern. Abgabe (Anm. 2 Art. 8 des Abk.) ist unmittelbar an das IB. einzusenden. Die Einzahlung bei der Kasse des RPA. ist unwirksam (§ 3 der VO. v. 9. Nov. 1922, unten S. 51) und nutzlos; das RPA. befaßt sich mit der Beförderung des Geldes nach Bern grundsätzlich nicht. Dem RPA. ist nur die erfolgte Absendung des Geldes nach Bern glaubhaft zu machen (Anm. 1 § 3 VO., unten S. 51.) Zahlung der intern. Abgabe

auch durch Schecks, die in Bern zahlbar gemacht sein müssen! (Mitteilung des RPA. u. avis des JB. unten S. 63 u. 81).

6. Beförderung der Registrierungsersuchen (wie aller übrigen dem JB. zu übersendenden Anzeigen des RPA.) unter Benutzung des Kurierdienstes des Auswärtigen Amtes nach Bern. Wöchentlich einmal! Nur in besonderen Fällen durch die Post.

Article 3

Le Bureau international procédera sans retard à l'inscription de la marque dans un registre qui contiendra les indications suivantes:

1º le numéro d'ordre de la marque;
2º le nom du propriétaire de la marque;
3º son adresse;
4º les produits ou marchandises auxquels la marque est appliquée;
5º le pays d'origine de la marque;
6º la date de l'enregistrement et le numéro d'ordre dans le pays d'origine;
7º les mentions relatives à la situation de la marque telles que: refus de protection, limitations, transmissions, renonciations, radiations, etc.;
8º la date de l'enregistrement au Bureau international;
9º la date de la notification aux Administrations contractantes.

Artikel 3

Das Internationale Büro schreitet unverzüglich zur Eintragung der Marke in ein Register, das nachstehende Angaben enthält:

1. die Ordnungsnummer der Marke,
2. den Namen des Eigentümers der Marke,
3. seine Anschrift,
4. die Erzeugnisse oder Waren, für welche die Marke verwendet wird,
5. das Ursprungsland der Marke,
6. den Tag der Registrierung und die Ordnungsnummer im Ursprungslande,
7. die Vermerke über die Rechtslage der Marke; z. B. Versagung des Schutzes, Beschränkungen, Übertragungen, Verzichtleistungen, Löschungen usw.
8. den Tag der Registrierung bei dem Internationalen Büro,
9. das Datum der Anzeige an die Behörden der vertragschließenden Länder.

1. Tätigkeit des JB.:

a) es trägt ohne Verzug und ohne sachliche Prüfung die Marke unter laufender Nummer in sein Register ein;

b) es gibt die eine der beiden ihm zugegangenen Ausfertigungen des Registrierungsersuchens, nachdem die erfolgte Registrierung der Marke auf ihr bescheinigt worden, an die Behörde des Ursprungslandes — RPA. — zurück (Art. 4);

c) es teilt die Registrierung den anderen Verbandsländern mit;

d) es veröffentlicht die Marke in seiner Zeitschrift „Les Marques internationales".

2. Tag der Registrierung im Ursprungslande (Ziff. 6). Der von dem IB. gelieferte Vordruck für die Registrierungsersuchen (unten S. 82) verlangt die Angabe des „dernier enregistrement dans le pays d'origine". Einige Verbandsländer registrieren nämlich — ebenso wie das IB. — die erneuerten Marken unter neuen Nummern. Die Angabe des Zeitpunktes der letzten nationalen Registrierung soll von vornherein dem Einwande eines Verbandslandes begegnen, daß die Schutzzeit im Ursprungslande vor der intern. Registrierung bereits abgelaufen gewesen, letztere also wirkungslos sei (Art. 6 Ab.). Dementsprechend ist bei deutschen Zeichen, deren Anmeldungen erneuert worden sind, statt des Tages der Eintragung der Tag der Erneuerung bezw. der letzten Erneuerung in das Registrierungsersuchen (Art. 2 A 4) aufzunehmen (Anm. 3 Art. 2).

3. Ziff. 7. Vgl. Art. 9 des Abk. (oben S. 28).

Article 4

L'inscription une fois faite dans le registre, le Bureau international certifiera sur les deux exemplaires de la demande que l'enregistrement a eu lieu, et les revêtira tous deux de sa signature et de son timbre. Un de ces exemplaires restera dans les archives du Bureau; l'autre sera renvoyé à l'Administration du pays d'origine.

En outre, le Bureau international notifiera aux Administrations l'enregistrement opéré, en envoyant à chacune d'elles une reproduction typographique de la marque et en leur indiquant:

1⁰ la date et le numéro d'ordre de l'enregistrement international;

Artikel 4

Nach erfolgter Eintragung im Register bescheinigt das Internationale Büro auf den beiden Stücken des Gesuchs, daß die Registrierung stattgefunden hat, und versieht beide mit seiner Unterschrift und mit seinem Amtssiegel. Das eine Stück bleibt im Archiv des Büros, das andere wird der Behörde des Ursprungslandes zurückgeschickt.

Außerdem gibt das Internationale Büro den Behörden die erfolgte Registrierung bekannt, indem es einer jeden von ihnen einen Abdruck der Marke übersendet und ihnen mitteilt:

1. den Tag und die Ordnungsnummer der internationalen Registrierung,

2° le nom et l'adresse du déposant;

3° les produits ou marchandises auxquels la marque est destinée;

4° le pays d'origine de la marque, ainsi que sa date d'enregistrement et son numéro d'ordre dans ledit pays.

Dans le cas prévu par l'article 2, lettre C, la susdite notification mentionnera, en outre, le dépôt en couleur, et sera accompagnée d'un exemplaire de la reproduction en couleur de la marque.

2. den Namen und die Anschrift des Hinterlegers,

3. die Erzeugnisse oder Waren, für welche die Marke bestimmt ist,

4. das Ursprungsland der Marke sowie den Tag ihrer Registrierung und ihre Ordnungsnummer in diesem Lande.

In dem im Artikel 2 zu C vorgesehenen Falle wird in der Anzeige außerdem auf die Hinterlegung in Farben hingewiesen und eine farbige Darstellung der Marke beigefügt.

1. Das mit der Registrierungsbescheinigung versehene, zurückkommende Stück des Ersuchens wird von dem RPA. dem Antragsteller ausgehändigt (Nr. III des Merkbl., unten S. 58). Tag und Nummer der intern. Registrierung werden auf der vom RPA. zurückbehaltenen Urschrift des Ersuchens, sowie in der Zeichenrolle vermerkt (vgl. § 4 der VO. v. 9. Nov. 1922, unten S. 51).

2. Ziff. 4. Neben dem Tage der Eintragung oder der letzten Erneuerung wird auch der Tag der Anmeldung in Deutschland im intern. Register vermerkt (s. Anm. 3 zu Art. 2), in der Zeitschrift „Les marques internationales" veröffentlicht und den anderen Verbandsländern mitgeteilt.

Article 5

Le Bureau international publiera ensuite la marque dans une feuille périodique. Cette publication consistera dans la reproduction de la marque, accompagnée des indications mentionnées à l'article 4, alinéa 2, et, le cas échéant, de la mention prévue sous la lettre C de l'article 2.

Chaque Administration recevra gratuitement du Bureau international le nombre d'exemplaires qu'il lui conviendra de demander

Artikel 5

Das Internationale Büro veröffentlicht hierauf die Marke in einem regelmäßig erscheinenden Blatte. Diese Veröffentlichung besteht in der Wiedergabe der Marke und bringt daneben die im Artikel 4 Abs. 2 und gegebenenfalls die im Artikel 2 zu C bezeichneten Angaben.

Jede Behörde erhält durch das Internationale Büro unentgeltlich die die internationale Registrierung betreffende Veröffent-

de la publication relative à l'enregistrement international.

Au commencement de chaque année, le Bureau international ſera paraître une table où seront indiqués, par ordre alphabétique, et par pays contractant, les noms des propriétaires des marques ayant fait l'objet des publications effectuées dans le cours de l'année précédente.

lichung in der von ihr gewünschten Anzahl von Stücken.

Zu Beginn eines jeden Jahres veröffentlicht das Internationale Büro eine alphabetisch und nach den vertragschließenden Ländern geordnete Übersicht der Namen der Eigentümer der im Vorjahr veröffentlichten Marken.

Das Blatt trägt den Titel „Les Marques internationales" und wird von dem RPA. in dem gleichen Ausmaße verbreitet wie das Wzbl. (vgl. Anm. 6 zu Art. 5 des Abk., oben S. 22, und Ziff. VIII Abs. 3 des Merkbl., unten S. 60).

Article 6

La notification de refus prévue par l'article 5 de l'Arrangement sera transmise au Bureau international en trois expéditions identiques, destinées: l'une au Bureau précité, l'autre à l'Administration du pays d'origine, la troisième au propriétaire de la marque.

Si le refus est motivé par l'existence d'un dépôt antérieur, ces notifications devront indiquer la marque avec laquelle il y a collision, en spécifiant: le nom et le domicile de son propriétaire; sa date d'enregistrement et son numéro d'ordre. Un fac-similé sera joint à la notification, si cela est possible.

Artikel 6

Die im Artikel 5 des Abkommens vorgesehene Anzeige von der Versagung des Schutzes wird dem Internationalen Büro in drei gleichlautenden Ausfertigungen übermittelt, von denen die eine für das vorerwähnte Büro, die zweite für die Behörde des Ursprungslandes, die dritte für den Eigentümer der Marke bestimmt ist.

Wird die Versagung mit dem Vorhandensein einer früheren Hinterlegung begründet, so hat die Anzeige die Marke anzugeben, mit der Kollision besteht, unter Bezeichnung des Namens und des Wohnsitzes ihres Eigentümers, des Tages ihrer Registrierung und ihrer Ordnungsnummer. Eine Darstellung ist womöglich der Anzeige beizufügen.

Verfahren vor dem RPA.:

A. Es ist ein Inlandsvertreter bestellt (s. S. 21 f.):

Die zuständige Prüfungsstelle

a) stellt ihren, den Zeichenschutz beanstandenden oder versagenden Bescheid dem Vertreter zu; die Beschwerdefrist läuft von dieser Zustellung ab;

b) legt die Akten der Markenstelle (§ 2 VO. v. 9. Nov. 1922, unten S. 50) vor: diese hat die Beanstandung dem IB., unter kurzer Angabe der Gründe, in dreifacher Ausfertigung zu übermitteln (in französischer Sprache).

B. Es ist kein Vertreter bestellt: Die Prüfungsstelle nimmt in ihren Bescheid (Ausnahmen: § 8 VO. v. 9. Nov. 1922, Anm. 4 zu Art. 5 des Abk.) die Aufforderung an den Markeninhaber auf, einen Inlandsvertreter zu bestellen. Mit der Zustellung ihres Bescheides befaßt sich die Prüfungsstelle solchenfalls überhaupt nicht; sie legt vielmehr die Akten ohne weiteres der Markenstelle vor, die wie zu A b verfährt.

*Article 6bis*

La taxe prévue par l'article 5bis de l'Arrangement pour les copies ou extraits du registre, est fixée à deux francs par copie ou extrait.

Lorsque les mentions relatives à plusieurs marques pourront être réunies sur la même feuille, la taxe sera réduite à un franc pour chacune des marques en plus de la première.

Tout extrait, certificat ou recherche demandés au Bureau international, en outre des documents dont la délivrance est obligatoire, donnera lieu à la perception d'une taxe analogue.

Artikel 6 b

Die im Artikel 5 b des Abkommens vorgesehene Gebühr für Abschriften oder Auszüge aus dem Register wird auf zwei Franken für jede Abschrift oder jeden Auszug festgesetzt.

Sofern sich die auf mehrere Marken bezüglichen Angaben auf demselben Blatte vereinigen lassen, so ermäßigt sich die Gebühr auf einen Franken für die zweite und jede folgende Marke.

Abgesehen von den Urkunden, zu deren Ausstellung eine Verpflichtung besteht, wird für jeden bei dem Internationalen Büro nachgesuchten Auszug, für jede Bescheinigung oder Nachforschung eine entsprechende Gebühr erhoben.

Eine Verpflichtung des Intern. Büros besteht für die Ausstellung der Registrierungsbescheinigung (vgl. Art. 4 Abs. 1).

Article 7

Les changements survenus dans la propriété d'une marque, et qui

Artikel 7

Die in den Eigentumsverhältnissen eingetretenen Veränderun-

auront fait l'objet de la notification prévue par les articles 9 et 9bis de l'Arrangement, seront consignés dans le registre du Bureau international, sauf dans le cas où, aux termes du troisième alinéa de ce dernier article, la transmission ne pourra être enregistrée. Le Bureau international notifiera à son tour aux Administrations contractantes les changements enregistrés et les publiera dans son journal, en tenant compte des dispositions du premier alinéa de l'article 9bis de l'Arrangement, quand le nouveau propriétaire sera établi dans un État contractant autre que le pays d'origine de la marque.

gen, die den Gegenstand einer in den Artikeln 9 und 9b des Abkommens vorgesehenen Anzeige gebildet haben, werden im Register des Internationalen Büros verzeichnet, es sei denn, daß gemäß dem dritten Absatz des letztgenannten Artikels die Übertragung nicht registriert werden kann. Das Internationale Büro gibt seinerseits die eingetragenen Veränderungen den Behörden der vertragschließenden Länder bekannt und veröffentlicht sie in seinem Blatte, wobei den Bestimmungen des Artikel 9b Abs. 1 des Abkommens für den Fall Rechnung zu tragen ist, daß der neue Eigentümer in einem anderen vertragschließenden Lande als dem Ursprungslande der Marke ansässig ist.

1. Art. 9b Abs. 3 Abk. schreibt vor, daß die Übertragung einer im intern. Register eingetragenen Marke auf eine Person, die in keinem der Verbandsländer ansässig ist, in das Register nicht eingetragen werden darf; Gebietsangehörigkeit steht der Staatsangehörigkeit gleich (vgl. Anm. 3 zu Art. 9 b des Abk. oben S. 31).

2. Art. 9b Abs. 1 behandelt die Übertragung einer intern. registrierten Marke mit Wechsel des Ursprungslandes (vgl. Anm. 1 das.).

Article 8

Le renouvellement du dépôt international donnera lieu aux mêmes opérations que le dépôt primitif.

L'avis officeux prévu par l'article 7 de l'Arrangement doit être expédié par le Bureau international dans le cours des six premiers mois de la dernière année de la durée de la protection.

Artikel 8

Die Erneuerung der internationalen Hinterlegung erfolgt in derselben Weise wie die ursprüngliche Hinterlegung.

Der im Artikel 7 des Abkommens vorgesehene Hinweis ist vom Internationalen Büro im Laufe der ersten sechs Monate des letzten Jahres der Schutzfrist abzusenden.

Die Erneuerung einer Registrierung wird wie eine erste Registrierung behandelt (s. Anm. 1 zu Art. 7 des Abk.). Insbesondere sind sowohl die Reichsgebühr wie die intern. Abgabe noch einmal zu entrichten. (§ 5 VO. v. 9. Nov. 22, unten S. 52).

Vordrucke des IB., unten S. 88–90.

Article 9

Au commencement de chaque année le Bureau international établira le compte des dépenses faites au cours de l'année précédente pour le service de l'enregistrement international; le montant de ce compte sera déduit du total des recettes, et l'excédent de celles-ci sera réparti par parts égales entre tous les pays contractants.

Artikel 9

Zu Beginn eines jeden Jahres stellt das Internationale Büro eine Rechnung über die im Laufe des vorangegangenen Jahres für den Dienst der internationalen Registrierung gemachten Ausgaben auf; der so berechnete Betrag wird von der Gesamtsumme der Einnahmen abgezogen und der Überschuß zu gleichen Teilen unter alle vertragschließenden Länder verteilt.

Der zur Verteilung an die einzelnen Verbandsländer gelangte Überschuß betrug für die Jahre

1918 je	1500	Schweizerfranken
1919 „	3000	„
1920 „	4000	„
1921 „	4700	„
1922 „	5000	„
1923 „	10000	„

Article 10

La notification collective prescrite par l'article 11 de l'Arrangement contiendra les mêmes indications que les notifications prévues par les articles 4 et 7 du présent règlement.

Artikel 10

Die durch Artikel 11 des Abkommens vorgeschriebene Sammelanzeige umfaßt dieselben Angaben wie die in den Artikeln 4 und 7 der vorliegenden Ausführungsordnung vorgesehenen Mitteilungen.

Article 11

Le présent règlement entrera en vigueur en même temps que l'Arrangement auquel il se rapporte et il aura la même durée.

Artikel 11

Die gegenwärtige Ausführungsordnung tritt gleichzeitig mit dem Abkommen, auf das sie sich bezieht, in Kraft und soll die gleiche Dauer haben.

Les Administrations contractantes pourront toujours y apporter, d'un commun accord, conformément aux dispositions de l'article 10 dudit Arrangement, les modifications, qui leur paraîtront nécessaires.

Die vertragschließenden Behörden können daran jederzeit in gegenseitigem Einverständnis, entsprechend den Bestimmungen des Artikel 10 des Abkommens, die ihnen notwendig erscheinenden Abänderungen vornehmen.

Insgesamt waren bis Ende 1923: 34 272 Marken international registriert worden. Im Jahre 1923 belief sich die Zahl der Registrierungen auf 5258. Der Hauptanteil mit 2129 entfiel auf das Deutsche Reich, wobei zu berücksichtigen ist, daß der späte Beitritt des Reichs einen Ansturm von Registrierungsanträgen auslöste: einzelne größere Unternehmungen brachten hundert und mehr Zeichen mit einem Schlage zur internationalen Registrierung. (Vgl. Statistik in Bl. 24 S. 99).

C.

Gesetz

über den Beitritt des Reiches zu dem Madrider Abkommen über die internationale Registrierung von Fabrik- oder Handelsmarken. Vom 12. Juli 1922.

(RGBl. II Nr. 17 S. 669 ff.; Bl. 1922 S. 93; MW. XXI S. 217; GR. 1922 S. 193.)

Der Reichstag hat das folgende Gesetz beschlossen, das mit Zustimmung des Reichsrats hiermit verkündet wird:

§ 1. Dem Beitritt des Reichs zu dem Madrider Abkommen vom 14. April 1891 über die internationale Registrierung von Fabrik- oder Handelsmarken, revidiert in Brüssel am 14. Dezember 1900 und in Washington am 2. Juni 1911, wird zugestimmt.

Das Abkommen wird nachstehend veröffentlicht.

Über das Wirksamwerden des Beitritts verhält sich § 5.

§ 2. Der beim Reichspatentamt einzureichende Antrag auf internationale Registrierung (Artikel 1 des Abkommens) ist auch für solche Warenzeichen zulässig, die vor dem Beitritt des Reichs in die Rolle eingetragen worden sind.

Für jedes Zeichen ist außer der im Artikel 8 Satz 2 des Abkommens vorgesehenen internationalen Gebühr eine dem Reiche zufallende Gebühr von fünfhundert Mark [50 GM.] an die Kasse des Reichspatentamts zu entrichten. Im Falle einer wesentlichen Änderung der wirtschaftlichen Verhältnisse kann die Reichsregierung mit Zustimmung des

Reichsrats eine entsprechende Erhöhung oder Ermäßigung der letztgenannten Gebühr anordnen.

1. Abs. 1 will etwaigen Zweifeln vorbeugen. Begr. (Bl. 1922 S. 138): „Ebenso wie die bereits international eingetragenen Zeichen" — (besser Marken) — „gemäß Art. 11 Abs. 2 des Abkommens Zeichenschutz in Deutschland erlangen, muß es auch den deutschen Interessenten freistehen, ihre bereits eingetragenen und eingeführten Warenzeichen auf den internationalen Markt zu bringen."

2. Mehrere Zeichen können, anders wie Anmeldungen (§ 1 Abs. 2 der Bestimmungen über die Anmeldung von Warenzeichen vom 8. Sept. 1922, Bl. 22 S. 106), in einem Antrage behandelt werden. Jedoch ist für jedes Zeichen neben der intern. Abgabe die Reichsgebühr besonders zu entrichten. (Vgl. Anm. 4 Merkbl., unten S. 62.)

3. Reichsgebühr. Sie ist mehrfach, der Markentwertung folgend erhöht worden. Nach der „Weiteren Verordnung über die patentamtlichen Gebühren" v. 28. Februar 1924, Gebührentarif IV 3, beträgt sie seit dem 1. März 1924 50 Goldmark (RGBl. II S. 45, Bl. 24 S. 45).

§ 3. Die international registrierten ausländischen Marken unterliegen nach Maßgabe der inneren deutschen Gesetze der Prüfung, ob ihnen der Warenzeichenschutz gewährt werden kann (Artikel 5 des Abkommens). Von der Prüfung sind jedoch die im Artikel 11 Abs. 2 des Abkommens bezeichneten Marken ausgenommen.

1. Von der im Art. 5 des Abk. den Verbandsländern eingeräumten Befugnis hat das Reich bezügl. der sog. „Übergangsmarken" keinen Gebrauch gemacht (vgl. Anm. 2 zu Art. 11 des Abk. oben S. 33).

2. Art und Umfang der Prüfung: wie bei Anmeldungen von ausländischen Wz., also unter Beachtung des Art. 6 UV. (vgl. Anm. 3 ff. zu diesem Art., unten S. 109) als eines Bestandteils des inneren deutschen Rechts (RG. 26. X 14: Bl. 19 S. 342).

Das RPA. gestattet in ständiger Übung Abänderungen eines angemeldeten Bildzeichens (nicht Wortzeichens, Rhenius S. 111/2), sofern sie geringfügigerer Art und ohne Einfluß auf das Gesamtbild sind, während des Prüfungsverfahrens. Schon bei ausländischen Wz. (§ 23 WbzG.) ist aber in dieser Hinsicht besondere Vorsicht geboten, da sie nur in der Gestalt eingetragen werden dürfen, in der sie im Heimatstaate geschützt sind (Freund-Magnus S. 261). Bei intern. registrierten Marken ist jede Abänderung, mag sie noch so untergeordneter Art sein, schlechthin unzulässig. Denn wenn das eine Vertragsland diese, das andere jene Änderung sollte zulassen dürfen, so wäre unheilbarer Wirrwarr die notwendige Folge; von einer, durch eine einzige Registrierung (in Bern) in allen Verbandsländern einheitlich geschützten Marke wäre keine Rede mehr. Überdies stände die Änderung einer intern. registrierten Marke im Widerspruch mit dem vom RPA. strengstens beobachteten Grundsatz, daß nach der Zeicheneintragung Abänderungen der Zeichendarstellung — selbst unerhebliche — nicht mehr zulässig sind (Freund-Magnus S. 38). Die intern. Registrierung steht aber in ihrer Wirkung — vorbehaltlich der Rückgängigmachung nach Art. 5 Abk. — der Eintragung gleich.

3. Bei ihrer Erneuerung unterliegen die intern. registrierten Marken ebensowenig einer Prüfung wie deutsche Wz. bei ihrer Erneuerung. Das gilt auch für die vor dem 1. Dezember 1922 registrierten, prüfungslos übernommenen Marken. Immer aber muß es sich um wirkliche Erneuerungen, nicht um Neubegründungen erloschener Markenrechte handeln (Anm. 1 a. E. zu Art. 7 Abk.).

§ 4. Die zur Ausführung dieses Gesetzes erforderlichen Vorschriften erläßt die Reichsregierung.

Die VO. ist unter dem 9. Nov. 1922 ergangen (nachstehend).

§ 5. Der § 1 dieses Gesetzes tritt mit der Verkündung, im übrigen tritt das Gesetz mit dem Tage in Kraft, an dem nach einer im Reichsgesetzblatt enthaltenen Bekanntmachung der im § 1 vorgesehene Beitritt wirksam wird.

Der Beitritt ist mit dem 1. Dezember 1922 wirksam geworden (s. Anm. 3 zu Art. 1 des Abk., Bekanntmachung des Reichsministers der Justiz vom 9. und Mitteilung des RPA. v. 18. Nov. 1922, unten 55).

D.

Verordnung über die internationale Registrierung von Fabrik- oder Handelsmarken. Vom 9. November 1922.

(RGBl. II Nr. 31 S. 778; Bl. 1922 S. 141; M. u. W, Bd. XXII 50: GR. 1922 S. 254).

Auf Grund des § 4 des Gesetzes über den Beitritt des Reichs zu dem Madrider Abkommen über die internationale Registrierung von Fabrik- oder Handelsmarken vom 12. Juli 1922 (RGBl. II S. 669) wird hierdurch bestimmt:

§ 1. Die Vorschriften über den Geschäftsgang und das Verfahren in Warenzeichensachen sind in Angelegenheiten der internationalen Markenregistrierung sinngemäß anzuwenden, soweit in dieser Verordnung nichts anderes bestimmt ist.

1. Das Beitrittsgesetz selbst hat das in Angelegenheiten der intern. Markenregistrierung zu beobachtende Verfahren nur in folgenden Punkten geregelt: Gebührenpflichtigkeit des Antrages (§ 2 des Gesetzes, Art. 8 des Abk.) und Prüfung der intern. registrierten ausländischen Marken auf Gewährbarkeit des Warenzeichenschutzes nach Maßgabe der inneren deutschen Gesetze (§ 3 des Gesetzes, Art. 5 des Abk.). Im übrigen hat das Beitrittsgesetz (§ 4) der Reichsregierung freie Hand gelassen. Sie ist daher befugt, zu bestimmen, daß die Vorschriften über den Geschäftsgang und das Verfahren in Warenzeichensachen im allgemeinen auch in Angelegenheiten der intern. Markenregistrierung anzuwenden seien, oder aber diese Vorschriften für die Behandlung intern. registrierter Marken außer Kraft zu setzen oder abzuändern. Solche Sondervorschriften sind

getroffen im § 4 Satz 2 (keine Veröffentlichung der in die Zeichenrolle aufzunehmenden Vermerke über Tag und Nummer der intern. Registrierung), § 7 Abs. 2 (Keine Eintragung der Marken in die Zeichenrolle), § 8 Abs. 1 (Einschränkung des Vertreterzwanges) und Abs. 2 (Verzicht auf die Bezeichnung des Geschäftsbetriebes).

2. Die materiell-rechtlichen Vorschriften des WbzG. (so §§ 12, 13, 14, 17, 18, 19) sind nicht besonders erwähnt. Ihre Anwendbarkeit unterliegt keinem Zweifel (Art. 5 Abs. 1 des MMA., § 3 Beitr.Ges.). So kann insbes. die im § 17 WbzG. zugelassene Beschlagnahme und Einziehung ausländischer Waren auch zugunsten einer intern. registrierten ausländischen Marke beansprucht und durchgeführt werden: auch diese Marken genießent solange ihnen der Zeichenschutz in Deutschland nicht ausdrücklich aberkannt ist, die Rechte eines in die deutsche Zeichenrolle eingetragenen Wz. Aus dem gleichen Grunde muß solchen Marken gegenüber auch die Vorschrift des § 4 Abs. 2 WbzG. von Amts wegen beobachtet werden. War dagegen einer intern. registrierten ausländischen Marke auf Grund des Art. 5 Abk. der Zeichenschutz versagt worden, so kann sich ihr Inhaber auf § 4 Abs. 2 WbzG. nicht berufen: ein Zeichenschutz war in diesem Fall von Anfang an nicht vorhanden; Wirkung ex tunc! (vgl. Anm. 2 zu Art. 5 Abk. oben S. 17).

§ 2. Für die Anträge auf internationale Registrierung von Warenzeichen wird in dem Reichspatentamt eine besondere Stelle errichtet, welche die Bezeichnung „Markenstelle" führt. Die Leitung dieser Stelle liegt einem von dem Präsidenten bezeichneten Mitglied ob.

Die Markenstelle bearbeitet auch die sonstigen auf die internationale Markenregistrierung bezüglichen Angelegenheiten, soweit nicht die Zuständigkeit anderer Stellen gesetzlich begründet ist.

Rechtsmittel gegen Bescheide der Markenstelle finden nicht statt. Über Beschwerden befindet der Präsident.

1. Zur Wahrung der Einheitlichkeit und Stetigkeit ist der gesamte Verkehr zwischen dem IB. und dem RPA an der „Markenstelle" (im Dienstgebäude des RPA. Gitschiner Str. 97/103, Zimmer I 159/60) zentralisiert worden. Die Zuständigkeit anderer Dienststellen des Amtes, so der Prüfungsstellen für die Prüfung der Marken auf Gewährbarkeit des Zeichenschutzes, der Abteilungen für Umschreibungs- und Löschungssachen wird durch die Einrichtung der „Markenstelle" nicht berührt.

Befugnisse der Markenstelle:

a) Der gesamte Schriftverkehr mit dem IB., der durch die Stellung von Registrierungsanträgen oder durch die Tätigkeit anderer Dienststellen des RPA. ausgelöst wird.

b) Führung des deutschen Markenregisters (Anm. 6 zu Art. 5 des Abk.). Dieses, ebenso wie das Wzbl. und die Zeitschrift „Les Marques internationales" liegen bei der Markenstelle während der Dienststunden (8—4½ Uhr) zur Einsicht für jedermann aus.

c) Aufstellung des Prüfungsmaterials bzgl. aller ausländischen intern. registrierten Marken in der bei den Zeichenstellen üblichen Weise, jedoch ohne Trennung nach Klassen. An der Hand dieses Materials werden alle neuen deutschen Zeichen-Anmeldungen und alle internationalen Markenregistrierungen auf ihre Übereinstimmung mit älteren intern. Marken mitgeprüft.

2. Die von der Markenstelle zu treffenden Maßnahmen sind verwaltungstechnischer Natur; sachliche Entscheidungen hat die Markenstelle nicht zu fällen; daher keine Rechtsmittel gegen Bescheide dieser Stelle, sondern nur Verwaltungsbeschwerde.

§ 3. Wer bei dem Reichspatentamt die internationale Registrierung seines Zeichens beantragt, hat glaubhaft zu machen, daß die internationale Abgabe (Artikel 8 des Abkommens) an das Internationale Büro in Bern abgeführt ist. Die Zahlung dieser Abgabe an die Kasse des Reichspatentamts ist unwirksom.

Die Reichsgebühr (§ 2 Abs. 2 des Gesetzes) ist mit dem Antrag zu entrichten. Ist jedoch das Warenzeichen bei Einreichung des Antrags noch nicht in der Rolle eingetragen, so wird die Gebühr erst mit der Eintragung fällig.

1. Die Abführung der intern. Abgabe an das JB. (Anm. 2 zu Art. 8 des Abk.) ist „glaubhaft zu machen". Dazu genügt z. B. die Vorlegung des Posteinlieferungsscheines über einen an das JB. gerichteten Wertbrief, der Abschrift eines an eine Bank gerichteten Auftragsschreibens. Das RPA. befaßt sich grundsätzlich nicht mit der Weiterbeförderung der Abgabe an das JB.

2. Eine Zurückzahlung der Reichsgebühr ist nicht vorgesehen. Sie findet also auch dann nicht statt, wenn der Antrag nicht zum Ziele führt, d. h. wenn die intern. Registrierung des Zeichens wegen Nichteinreichung des Druckstocks, Nichtzahlung der intern. Abgabe oder dgl. nicht bewirkt werden kann (vgl. BA. 3. IX. 13: MW. XIII S. 80). Nur wenn der Antrag gestellt und die Reichsgebühr gezahlt worden war, während die Prüfung der deutschen Anmeldung noch schwebte, wird die Reichsgebühr zurückgezahlt, falls die Anmeldung nicht zur Eintragung führt, allerdings nicht aufgewertet, s. dritte Steuer-Notverordnung!

Ein Antrag auf intern. Registrierung eines Wz., das bei dem RPA. noch nicht einmal angemeldet ist, ist „gegenstands- und zwecklos" (Merkbl. II 2, unten S. 57); eine mit einem solchen Antrage eingezahlte Reichsgebühr ist zurückzuzahlen (s. obigen Absatz!).

Ob der Ausdruck „fällig" glücklich gewählt ist, kann dahingestellt bleiben; die Gebühr beträgt, wenn sie nach dem 29. Februar 1924 „gezahlt" wird, 50 Goldmark (VO. v. 28. Februrr 1924 = Anm. 3 § 2 Beitr.-Ges.).

§ 4. Tag und Nummer der internationalen Registrierung sind in der Zeichenrolle zu vermerken. Der Vermerk wird nicht veröffentlicht.

Der Vermerk lautet kurz: „International registriert unter Nr. .."

Die Nichtveröffentlichung des Vermerks bedeutete eine Abweichung von § 3 Abs. 3 Satz 1 WbzG. in der zur Zeit des Erlasses der VO. geltenden Fassung. Sie steht im Einklang mit dem durch die neue Fassung jener gesetzlichen Bestimmung (s. Anh. S. 203) verfolgten Zweck: die Veröffentlichung der Rollenvermerke einzuschränken.

§ 5. Wird die Erneuerung der internationalen Registrierung bei dem Reichspatentamt beantragt, so ist die Reichsgebühr erneut zu zahlen. Die erneute Entrichtung der internationalen Abgabe ist glaubhaft zu machen.

Der Antrag muß bei dem RPA. gestellt werden (Art. 7 des Abk., Art. 8 der intern. AusfO.).

§ 6. Der Verzicht des Berechtigten auf den internationalen Schutz in einem oder in mehreren der Verbandsländer wird in die Zeichenrolle nicht eingetragen.

Der nach § 4 in die Zeichenrolle aufzunehmende Hinweis auf die intern. Registrierung des Zeichens ist ausreichend. Einzelheiten sind durch Einsicht des Markenregisters (Merkbl. VIII², unten S. 60) oder der Akten festzustellen. Über die Behandlung solcher Verzichte durch das JB. s. Art. 8 b und 9 des Abk., Art. 7 der intern. AusfO. (s. oben S. 27/28, 44/45).

Wie der gänzliche Verzicht auf den intern. Schutz in einem Verbandsland in die Zeichenrolle nicht eingetragen wird, so auch nicht der auf den Schutz für einzelnen Waren in einem Verbandslande beschränkte Verzicht. Der allgemein gehaltene Rollenvermerk (s. zu § 4) bleibt also unverändert bestehen.

Folgerichtig würde auch in dem zu Art. 4 b Abk. erörterten Fall (nachträgliche internationale Registrierung eines für einen Ausländer in der deutschen Zeichenrolle bereits eingetragenen Zeichens mit deutschem Warenüberschuß – Anm. 2 B II b) dieser übliche Rollenvermerk (s. zu § 4) genügen. Das RPA. vermerkt aber in diesem Fall in der Rolle: „Zum Teil international registriert unter Nr. ...“

§ 7. Die internationale Registrierung einer ausländischen Marke hat die gleiche Wirkung, wie wenn die Marke für die dabei angegebenen Waren zur Eintragung in die Zeichenrolle angemeldet und eingetragen worden wäre. Die Wirkung tritt für die vor dem 1. Dezember 1922 international registrierten Marken mit dem Tage der Sammelanzeige (Artikel 11 des Abkommens), frühestens aber mit dem genannten Kalendertage, für die später registrierten Marken mit dem Tage der Registrierung ein. Die Wirkung entfällt und gilt als niemals eingetreten, wenn und soweit der Marke der Warenzeichenschutz versagt wird.

In die Zeichenrolle werden die Marken nicht eingetragen.

1. Die Wirkung der intern. Registrierung einer ausländischen Marke ergibt sich aus den Art. 4 (s. Anm. 1 a. E.) und 11 (s. Anm. 2) des Abk. von selbst. Ihre ausdrückliche Hervorhebung in dieser, mit Gesetzeskraft ausgestatteten VO. stellt eine offene Abkehr von der früher beliebten Auslegung des MMA. (Anm. 1 zu Art. 4, oben S. 9) dar.

2. Die Eintragung erübrigt sich, da durch die intern. Registrierung bzw. die Sammelanzeige des JB. (Art. 4 u. 11 des Abk.) der Zeichenschutz in Deutschland begründet wird. Folglich auch keine Veröffentlichung im Wzbl.! (s. Anm. 3 zu Art. 3 des Abk.).

3. Rückwirkung der Schutzversagung. Versagt werden kann der Schutz nur solchen Marken, die nach dem 1. Dezember 1922 intern. registriert werden. Die vor diesem Zeitpunkt registrierten Marken sind ungeprüft als vollgültige Zeichen übernommen worden. Diesen Marken kann der Schutz zwar nachträglich entzogen werden (§ 10). Rückwirkende Kraft aber hat eine solche Schutzentziehung nicht im Umfange des § 7 Abs. 1 Satz 3 der VO. (Elektrotechn. Ztschr. 1922 S. 1492), sondern nur im Umfange des § 12 Abs. 2 WbzG. Die Schutzversagung steht der Versagung der Eintragung, die Schutzentziehung der Löschung des Zeichens i. S. des WbzG. gleich.

§ 8. Der durch die Vermittlung des Internationalen Büros erworbene Warenzeichenschutz kann weiterhin nur durch einen im Inland bestellten Vertreter geltend gemacht werden. Es kann jedoch, wenn ein Vertreter nicht bestellt ist, bei der Prüfung der Marke (§ 3 des Gesetzes) eine Erklärung, durch die das gegen die Gewährung des Zeichenschutzes erhobene Bedenken entkräftet wird, zugelassen werden.

Die Gewährung des Schutzes soll nicht deswegen beanstandet werden, weil die Bezeichnung des Geschäftsbetriebs fehlt.

1. Über den Vertreterzwang vgl. Anm. 4 zu Art. 5 (oben S. 21).

2. Abs. 2: abweichend von § 2 WbzG.! Grund für die Abweichung: Andere Verbandsländer registrieren den Geschäftsbetrieb entweder überhaupt nicht, so namentlich dann nicht, wenn schon die Firmenbezeichnung die Art des Geschäftsbetriebes genügend erkennen läßt, z. B. Naamlooze Vennootschap Cacao — en Chocolaadfabriken J. A. van den Dungen, oder sie bezeichnen ihn nur ganz allgemein mit „Handel" oder „Fabrikation", „commerce", „manufacturier", „négociant", Bezeichnungen, die wegen ihrer Unbestimmtheit vom RPA. beanstandet werden müßten. Dementsprechend wird auch von dem JB. die Angabe des Geschäftsbetriebes weder verlangt noch in das Register eingetragen. Bei strenger Anwendung des § 2 WbzG. auf die vom JB. mitgeteilten Marken-Registrierungen würde demnach der Verkehr mit dem JB. von vornherein einen schleppenden Gang nehmen. Und das wegen eines Umstandes, dem gerade auf intern. Gebiet eine erhebliche Bedeutung kaum zukommt. Die Verpflichtung des Anmelders, seinen Geschäftsbetrieb anzugeben, hat den Zweck, zu verhindern, daß der Anmelder den Schutz für mehr Waren in Anspruch nimmt, als sein geschäftliches Bedürfnis erfordert. Dies beruht auf Erfahrungen im innerdeutschen Verkehr, die in der Praxis des Patentamts wie der Gerichte dazu geführt hat, die Bestimmung der §§ 1, 2 und 9 WbzGes. mit besonderer Schärfe gegenüber Wz.-Anmeldern und -Inhabern anzuwenden, die den Schutz auf Waren, die sie nicht führen oder zu führen nicht beabsichtigen, ausdehnen wollen (vgl. Freund-Magnus S. 8; BA. 29. I. 10: Bl. 10 S. 141 = MW. IX 262; BA 23. V. 11: Bl. 11 S. 197 = MW. XI

S. 19; RG. 1. III. 21: Bl. 21 S. 99). Derartige Mißstände haben sich im intern. Verkehr nicht gezeigt: die Warenverzeichnisse der intern. registrierten Marken weisen ungehörige Längen durch Aufnahme tatsächlich nicht geführter Waren kaum oder nur ausnahmsweise auf, in der weitaus überwiegenden Mehrzahl aller Fälle sind sie auf einige wenige Waren, die die Firmen tatsächlich führen, beschränkt. Dem trägt der Abs. 2 des § 8 Rechnung.

Über die Befugnis der Reichsregierung, Bestimmungen des WbzG. für den intern. Markenverkehr außer Kraft zu setzen, vgl. Anm. zu § 1.

§ 9. Die im Artikel 9b Abs. 1 des Abkommens vorgesehene Zustimmung wird dem Internationalen Büro nur erklärt, wenn und soweit die Marke von dem neuen Inhaber bei dem Reichspatentamt angemeldet und in die Zeichenrolle eingetragen worden ist.

Anmeldung nach Maßgabe des WbzG. seitens des neuen Markeninhabers und Eintragung in die Zeichenrolle sind erforderlich, weil Deutschland Ursprungsland geworden. Vgl. Anm. 1 zu Art. 9b des Abk. (oben S. 30).

§ 10. Werden die Vorschriften im § 8 Abs. 2 Nr. 2, Abs. 3 (Artikel IV Nr. 4 des Gesetzes vom 27. Juni 1922, RGBl. II S. 619) und im § 9 Abs. 1, 3, 4, 5 des Gesetzes zum Schutze der Warenbezeichnungen vom 12. Mai 1894 (RGBl. S. 441) gegen eine international registrierte ausländische Marke in Anwendung gebracht, so tritt an die Stelle der Löschung die Entziehung des Schutzes.

1. Daß die Löschungsvorschriften des WbzG. auch auf intern. registrierte ausländische Marken anzuwenden sind, ergibt sich aus § 1 der VO. Da aber diese Marken nicht in die Zeichenrolle eingetragen werden, so hat an die Stelle der Löschung die Entziehung des Schutzes zu treten (über die Einwirkung auf die Fassung des Klageantrags s. o. S. 33). Die Entziehung wird im deutschen Markenregister vermerkt (Anm. 6 zu Art. 5 des Abk., oben S. 22). Steht die ausländische Marke auch in der deutschen Zeichenrolle eingetragen (Anm. 2 Abs. 1 u. Anm. 3 Art. 4b Abk.), so wird die Entziehung des Schutzes auch in der Zeichenrolle vermerkt, falls der Schutz gänzlich nicht nur für einzelne Waren entzogen ist (Anm. zu § 6). Die Schutzentziehung hat rückwirkende Kraft im Umfange des § 12 Abs. 2 WbzG. (vgl. Anm. 3 zu § 7).

2. Im Warenzeichenblatt werden vierteljahrsweise diejenigen intern. registrierten ausländischen Marken veröffentlicht,

a) denen der Zeichenschutz ganz oder teilweise verweigert worden ist,
b) auf deren Zeichenschutz ganz oder teilweise verzichtet worden ist,
c) denen der Zeichenschutz im Wege des Löschungsverfahrens ganz oder teilweise nachträglich entzogen worden ist.

(Merkbl. VIII Abs. 4, unten S. 60).

E.

Bekanntmachung über die internationale Registrierung von Fabrik- oder Handelsmarken. Vom 9. November 1922.

(RGBl. II Nr. 31 S. 779; Bl. 1922 S. 142.)

Unter Bezugnahme auf die §§ 1, 5 des Gesetzes über den Beitritt des Reichs zu dem Madrider Abkommen über die internationale Registrierung von Fabrik- oder Handelsmarken vom 12. Juli 1922 (Reichsgesetzbl. II S. 669) wird hierdurch bekanntgemacht, daß der Beitritt des Reichs zu dem genannten Abkommen der Schweizerischen Regierung am 19. Oktober 1922 angezeigt worden ist und mit dem 1. Dezember 1922 wirksam wird.

Berlin, den 9. November 1922. Der Reichsminister der Justiz
gez. Dr. Radbruch.

Vgl. Anm. 4 zu Art. 1 des Abk. (oben S. 5).

F.

Mitteilung über den Beitritt des Reichs zu dem Madrider Markenabkommen und über die Anwendung des Abkommens im Reichspatentamt.

(Bl. 1922 S. 142.; MW. XXII S. 50.)

1. Nachdem der Regierung der Schweizerischen Eidgenossenschaft der Beitritt des Reichs zu dem Madrider Markenabkommen [1]) angezeigt worden ist, treten die Rechtswirkungen des Beitritts mit dem 1. Dezember 1922 ein. Mit diesem Tage werden das Abkommen selbst und die dazu gehörige international vereinbarte Ausführungsordnung [2]) verbindliche Rechtsquellen für das Reichsgebiet. Gleichzeitig treten in Kraft die §§ 2 bis 4 des Gesetzes vom 12. Juli 1922 [3]) und die Verordnung über die internationale Registrierung von Fabrik- oder Handelsmarken vom 9. November 1922 [4]).

2. Die im Artikel 11 des Abkommens vorgesehene Sammelanzeige über die zurzeit den internationalen Schutz genießenden Marken ist von dem Internationalen Büro in Bern unter dem 17. November dem Reichspatentamt erstattet worden.

3. Die praktischen Gesichtspunkte, die für die Beteiligten hauptsächlich in Betracht kommen, wenn sie ihre Zeichen international regi-

---

[1]) S. oben S. 3. [2]) S. oben S. 36. [3]) S. oben S. 47. [4]) S. oben S. 49.

strieren lassen wollen, sind in einem Merkblatt[1]) zusammengestellt, das von dem Reichspatentamt käuflich bezogen werden kann.

Der Preis jedes Stückes beträgt: ...

Berlin, den 18. November 1922.

Der Präsident des Reichspatentamts.
gez. v. Specht.

Zu Ziff. 2. Die in der Zeit vom 17. bis 30. Nov. 1922 weiter registrierten Marken sind dem RPA. von dem JB. am 30. Nov. 1922 mitgeteilt worden.

Zu Ziff. 3: Preis des Merkblattes zurzeit 10 Goldpfennig.

G.

Merkblatt.

Die internationale Registrierung deutscher Warenzeichen und die amtliche Bekanntgabe der internationalen Marken.

(Bl. 1922, S. 143; MW. XXII S. 50.)

I.

Am 14. April 1891 ist zu Madrid zwischen mehreren Ländern des Internationalen Verbandes zum Schutze des gewerblichen Eigentums ein Sonderabkommen über die internationale Registrierung von Fabrik- oder Handelsmarken geschlossen worden. Der Zweck des Abkommens ist, dem Inhaber einer in seinem Heimatlande geschützten Marke durch eine einzige Maßnahme den Schutz in allen anderen an dem Abkommen beteiligten Ländern billig und einfach zu verschaffen. Das geschieht durch die Registrierung der Marke bei dem Internationalen Büro für gewerbliches Eigentum in Bern. Diesem Büro werden die Anträge auf internationale Registrierung von den zuständigen Behörden der einzelnen Länder übermittelt. Das Büro registriert die Marken in seinem Register, veröffentlicht sie in seiner Zeitschrift „Les marques internationales" und zeigt die Registrierungen den Behörden der anderen Länder an. Vom Tage ihrer internationalen Registrierung ab genießen dann die Marken Schutz in allen an dem Abkommen beteiligten Ländern. Der Schutz wird, wenn in der Folgezeit andere Länder dem Abkommen beitreten, von dem Beitritt an

---

[1]) S. unter G.)

dort ohne weiteres wirksam. Das Abkommen ist wiederholt ergänzt und geändert worden und hat seine am 1. Dezember 1922 geltende Fassung in Washington am 2. Juni 1911 erhalten.

Dem durch das Abkommen gebildeten engeren Verbande gehören am 1. Dezember 1922 an:

Belgien; Brasilien; Cuba; Freie Stadt Danzig; Frankreich (nebst Algerien und Kolonien); Italien; Marokko (mit Ausnahme der spanischen Zone); Mexiko; Niederlande (nebst Niederländisch-Indien, Surinam und Curaçao); Österreich; Portugal (nebst den Azoren und Madeira); Rumänien; Schweiz; der Serbisch-Kroatisch-Slowenische Staat; Spanien; Tschecho-Slowakei; Tunis; Ungarn.

Das Reich ist dem Abkommen mit Wirkung vom 1. Dezember 1922 beigetreten.

II.

Wer sein deutsches Warenzeichen international registrieren lassen will, hat folgendes zu beachten:

1. Der Antrag auf internationale Registrierung ist an das Reichspatentamt zu richten und soll, falls der Antragsteller seine Hauptniederlassung nicht im Inlande hat, den Staat angeben, dem er angehört.
2. Anträge in bezug auf Zeichen, die bei dem Reichspatentamt überhaupt nicht angemeldet wurden, sind gegenstands- und zwecklos. Anträgen, die ein noch der Prüfung unterliegendes Zeichen betreffen, wird keine Folge gegeben, wenn die Anmeldung nicht zur Eintragung führt.
3. In dem Antrag muß das Zeichen deutlich bezeichnet werden; dazu gehört je nach den Umständen die Angabe des Aktenzeichens und der Rollennummer.
4. Der Antrag kann mehrere Zeichen umfassen. Für jedes Zeichen ist die Reichsgebühr an die Kasse des Reichspatentamts zu entrichten [1]: die Reichsgebühr beträgt bis auf weiteres 500 M. [50 G.M.] Die Reichsgebühr zu einem Antrage, der ein angemeldetes, noch der Prüfung unterliegendes Zeichen betrifft, wird zweckmäßig erst dann eingezahlt, wenn das Zeichen eingetragen worden ist.

[1]) Die Kasse hat a) Reichsbankgirokonto. b) Postscheckkonto: Nr. 2 Berlin. c) Konto 25 169 bei der Brandenburgischen Girozentrale, Berlin SW 68, Alte Jakobstr. 130/32.

5. Der Antragsteller hat glaubhaft zu machen, daß die internationale Abgabe entrichtet worden ist. Diese Abgabe beträgt 100 Schweizer Franken und, wenn gleichzeitig die Registrierung mehrerer Zeichen desselben Inhabers beantragt wird, für das zweite und jedes weitere Zeichen 50 Schweizer Franken. Die internationale Abgabe ist nicht an das Reichspatentamt, sondern unmittelbar an das Internationale Büro für gewerbliches Eigentum in Bern (Schweiz), Helvetiastraße 7, abzuführen. Schecks müssen in Bern zahlbar gemacht sein. Dem Internationalen Büro sind Name und Wohnort (bei größeren Orten auch Straße und Hausnummer) des Zeicheninhabers, für den die Abgabe gezahlt wird, und des Einzahlenden selbst genau anzugeben; dabei ist das Zeichen nach seiner Rollennummer oder seinen wesentlichen Merkmalen anzuführen.
6. Dem Reichspatentamt ist ferner der für die Veröffentlichung der Marke in der Zeitschrift des Internationalen Büros bestimmte Druckstock einzureichen oder es ist zu erklären, daß der Druckstock vom Reichspatentamt auf Kosten des Antragstellers angefertigt werden soll. Der Druckstock muß eine Schrifthöhe von 2,4 cm haben; er darf in Länge und Breite nicht weniger als 15 mm und nicht mehr als 10 cm messen. Unvorschriftsmäßige Druckstöcke werden von dem Internationalen Büro auf Kosten des Antragstellers zurückgesandt.

   Der zu der Veröffentlichung benutzte Druckstock wird dem Antragsteller auf Wunsch von dem Internationalen Büro nach Ablauf von zwei Jahren seit der Veröffentlichung zurückgegeben; ist die Rückgabe nicht verlangt, so wird er nach Ablauf von drei Jahren vernichtet.
7. Ist die Farbengebung als ein wesentliches Merkmal des Zeichens in Anspruch genommen, so sind dem Antrage 40 farbige Darstellungen des Zeichens und eine kurze Beschreibung der beanspruchten Farbe oder Farbenzusammenstellung beizufügen. Bei einem Zeichen, das aus mehreren einzelnen Teilen besteht, muß jede der 40 Darstellungen aus einem starken Papierblatt auf dem alle Teile fest aufgeklebt sind, bestehen.

III.

Wenn der Antrag den vorgeschriebenen Anforderungen entspricht, so wird das Internationale Büro von dem Reichspatentamt um

Registrierung der Marke ersucht. Eine Bescheinigung des Internationalen Büros über die Registrierung wird dem Antragsteller durch das Reichspatentamt zugestellt.

IV.

Die Dauer des durch die internationale Registrierung erworbenen Schutzes beträgt 20 Jahre. Die Registrierung kann beliebig oft auf die gleiche Anzahl Jahre erneuert werden. Der Antrag auf Erneuerung ist an das Reichspatentamt zu richten und ist an dieselben Förmlichkeiten und Bedingungen gebunden, die bei dem ersten Antrag auf internationale Registrierung zu beobachten sind (oben Nr. II 3 bis 7). Insbesondere ist sowohl die Reichsgebühr wie die internationale Abgabe wieder zu entrichten. In dem Antrage muß die Nummer der Zeichenrolle sowie Tag und Nummer der letzten internationalen Registrierung angegeben werden.

Die Löschung des Zeichens in der deutschen Rolle hat zur Folge, daß die internationale Registrierung nicht mehr erneuert werden kann. Es liegt also dem Zeicheninhaber ob, die Erneuerung seiner deutschen Anmeldung nach Maßgabe der Vorschriften des Warenbezeichnungsgesetzes rechtzeitig zu bewirken, wenn er auf die Erneuerung des internationalen Schutzes Wert legt.

V.

Wird in der Zeichenrolle der Übergang des Zeichens auf einen anderen oder eine sonstige Änderung vermerkt oder eine Löschung vorgenommen, so wird die Änderung dem Internationalen Büro von dem Reichspatentamt angezeigt. Will der Berechtigte auf den internationalen Markenschutz in einem oder in mehreren der Verbandsländer ganz oder zum Teil verzichten, so ist die Erklärung darüber nicht dem Internationalen Büro, sondern dem Reichspatentamt einzureichen; dieses zeigt den Verzicht dem Internationalen Büro an.

Die Übertragung einer international registrierten Marke auf einen anderen kann nur mit Wirkung für alle Verbandsländer erfolgen; die Beschränkung der Übertragung auf einzelne Verbandsländer ist unzulässig.

VI.

Die Behörden der einzelnen Verbandsländer können der international registrierten Marke nach Maßgabe ihres inneren Rechtes den Schutz verweigern. Gegen einen Bescheid, durch den dies geschieht, steht dem Inhaber das gleiche Rechtsmittel zu, wie wenn er das Zeichen in dem betreffenden Lande unmittelbar angemeldet hätte. Das Rechtsmittel ist nicht bei dem Reichspatentamt oder bei dem Internationalen Büro anzubringen, sondern bei der zuständigen Behörde des fremden Landes.

VII.

Das Internationale Büro für gewerbliches Eigentum in Bern gibt in Angelegenheiten der Markenregistrierung kostenlos Auskunft. Es erteilt auch Auszüge aus dem Register, wenn die betreffende Marke mit hinreichender Deutlichkeit (Nummer der internationalen Registrierung) bezeichnet ist. Die Gebühr für einen solchen Auszug beträgt 2 Schweizer Franken und, falls die auf mehrere Marken bezüglichen Angaben sich auf demselben Blatte vereinigen lassen, für die zweite und jede folgende Marke 1 Schweizer Franken.

VIII.

Die international registrierten Marken, ihre Erneuerung und etwaige Nachträge werden nicht in die Zeichenrolle eingetragen, auch nicht im Reichsanzeiger oder im Warenzeichenblatt veröffentlicht.

Das Reichspatentamt hat ein Nebenregister angelegt, das alle seit dem 1. Dezember 1902 veröffentlichten internationalen Marken enthält und in welches vom 1. Dezember 1922 an die weiterhin in Bern registrierten Marken fortlaufend aufgenommen werden. Dieses deutsche Markenregister hat keinen öffentlichen Glauben und keine rechtliche Bedeutung. Es soll den Beteiligten als Hilfsmittel dienen und ermöglicht einen Überblick über die in Deutschland geltenden Zeichenrechte, die nicht aus der Rolle ersichtlich sind.

Die allmonatlich erscheinende Zeitschrift des Internationalen Büros „Les marques internationales" wird dem Warenzeichenblatt beigelegt. Sie kann unmittelbar von der Genossenschafts-Buchdruckerei in Bern, Neuengasse 34, zum Preise von 6 [10] Schweizer Franken jährlich bezogen werden.

Das Warenzeichenblatt wird in vierteljährlicher Wiederkehr eine Zusammenstellung derjenigen Marken bringen, denen in der Zwischenzeit der inländische Zeichenschutz versagt oder nachträglich im Löschungsverfahren entzogen worden ist oder deren Inhaber auf den Schutz im Inlande verzichtet haben.

Das deutsche Markenregister, die internationale Zeitschrift und das Warenzeichenblatt liegen im Reichspatentamt aus und können dort von jedermann eingesehen werden.

1. Das Merkblatt behandelt unter Ziff. I bis VII die intern. Registrierung deutscher Wz., also nur die aktive Seite des Beitritts des Deutschen Reiches (s. Einleitung zu dem Abk.), und beschränkt sich bzgl. der passiven Seite in Ziff. VIII auf die Darstellung, wie die intern. Marken im Reich amtlich bekanntgegeben werden.

2. Ziff. II 1. Angabe der Staatsangehörigkeit — wichtig für die Zuständigkeit des RPA. Für die Behandlung eines Antrages auf intern. Registrierung eines in der deutschen Zeichenrolle eingetragenen Wz. ist das RPA. dann zuständig, wenn

a) der Antragsteller zu den Personen gehört, die sich auf die Vergünstigungen des Abkommens berufen können, d. s. alle Angehörigen der Verbandsländer, (Art. 1 des Abk.) und diejenigen Angehörigen anderer Länder, die im Gebiete eines der Verbandsländer ihren Wohnsitz oder eine tatsächliche und wirkliche gewerbliche oder Handelsniederlassung haben (Art. 2 MMA., Art. 3 UV.);

b) das Deutsche Reich Ursprungsland ist (Art. 1 des Abk., Art. 1 der intern. AufsO.). Das ist der Fall

α) bei Reichsangehörigen, wenn sie ihre Hauptniederlassung im Gebiete des Deutschen Reichs oder in einem Nicht-Verbandslande haben;

β) bei anderen Verbandsangehörigen, wenn sie im Deutschen Reich ihre Hauptniederlassung haben;

γ) bei Nicht-Verbandsangehörigen, wenn sie im Deutschen Reich einen Wohnsitz oder eine (Haupt- oder Zweig-)Niederlassung haben. (Vgl. Anm. 2 Art. 2 des MMA., oben S. 6).

Veranschaulichende Übersicht:

Staatsangehörigkeit	Hauptniederlassung in:	Zuständigkeit des RPA.:
Deutscher	Deutsches Reich	ja
"	Schweden	ja
"	Österreich	nein
Österreicher	Deutsches Reich	ja
"	Österreich	nein
"	Schweden	nein
Schwede	Deutsches Reich	ja
"	Österreich	nein
"	Schweden	ja, wenn der Schwede seinen Wohnsitz oder eine Zweigniederlassung im Deutschen Reich hat; sonst nein. (Anm. 2 zu Art. 2 des MMA., oben S. 6).

3. Zu II 2. Bestehen des Zeichenschutzes: Voraussetzung für die intern. Registrierung (Anm. 1 zu Art. 1 des MMA.).

4. Ziff. II 4. Vgl. § 3 der VO. v. 9. Nov. 1922 (oben S. 51) und Anm. 3 zu § 2 des Beitrittsges. (oben S. 48).

Mehrere Zeichen desselben Inhabers können in einem Antrage zusammengefaßt werden (s. auch oben S. 48); doch ist für jedes der mehreren Zeichen vom RPA. ein besonderes Registrierungsersuchen an das IB. auszufertigen. Vom IB. wird jedes Zeichen gesondert unter besonderer Nummer registriert. Das gilt auch dann, wenn das gleiche Zeichen für die gleichen Waren und denselben Inhaber in der Zeichenrolle mehrmals eingetragen steht; denn die mehreren Eintragungen begründen — selbst bei gleicher Priorität — mehrere selbständige, voneinander vollkommen unbhängige Rechte: das eine kann übertragen, durch Kürzung des Wvz. eingeschränkt oder ganz gelöscht werden, ohne daß der Bestand des anderen dadurch irgendwie beeinflußt wird.

5. Ziff. II 5. Vgl. § 3 der VO. v. 9. Nov. 1922 (oben S. 51).

Die Ermäßigung der intern. Abgabe hängt von dem gleichzeitigen Eintreffen der Registrierungsersuchen des RPA. bei dem IB. ab. Die intern. Abgabe dient zur Abgeltung der Kosten des IB., die sich bei gleichzeitiger Behandlung mehrerer Marken mindern (vgl. Anm. 2 zu Art. 8 MMA., oben S. 26).

6. Ziff. II 6. Vgl. Art. 2 B der intern. AusfO. (oben S. 37). Der bei der Eintragung des deutschen Zeichens überreichte Druckstock bleibt in der Verwahrung des RPA. Für die intern. Registrierung ist er daher nicht verwendbar. Da jedoch die von den beiden Behörden vorgeschriebenen Ausmaße im wesentlichen die gleichen sind, so kann ein — weit billigeres — Galvano des Druckstocks gefertigt und für die Zwecke des RPA. zurückbehalten werden. Der Druckstock selbst ist dann dem IB. zu übersenden.

7. Ziff. II 7. Vgl. Art. 2 C der intern. AusfO. (oben S. 38). Der zweite Satz bezieht sich nur auf den Fall, daß die Farbengebung als ein wesentliches Merkmal des Zeichens in Anspruch genommen ist.

8. Ziff. III. Der Vordruck hierzu (unten S. 82) wird von dem IB. geliefert (intern. AusfO. Art. 2 a. E.). Er enthält sowohl das Ersuchen des RPA. wie die Bescheinigung des IB. (Art. 4 der intern. AusfO. oben S. 41).

9. Zu Zif. IV Abs. 2. Vgl. Anm. 2 C zu Art. 4 b des MMA. und Prop. ind. 1922 S. 169/70.

10. Ziff. V. Vgl. Art. 7, 8 b u. 9 des MMA.

Zu Abs. 2: Die intern. Registrierung erzeugt nicht etwa so viel selbständige Markenrechte als Verbandsländer vorhanden sind, sondern ein einziges, alle Verbandsländer umfassendes Recht. Eine Teilung ist begrifflich ausgeschlossen, zulässig ist dagegen die Beschränkung der Übertragung auf einzelne Verbandsländer unter gleichzeitigem Verzicht auf den Schutz in den übrigen Verbandsländern (vgl. Anm. 2 A zu Art. 4 b des MMA., oben S. 13).

11. Zu Ziff. VI vgl. Art. 5 des MMA. (oben S. 15).

12. Zu Ziff. VII vgl. Art. 5 b des MMA. (oben S. 23) und Art. 6 b der intern. AusfO. (oben S. 44).

13. Ziff. VIII Abs. 1 behandelt die intern. registrierten ausländischen Marken. Die Eintragung in die Zeichenrolle sowie die Veröffentlichung im Warenzeichenblatt wird ersetzt durch die intern. Registrierung und die Veröffentlichung in der Zeitschrift „Les Marques internationales" (vgl. Anm. 1 zu Art. 4 des MMA. oben S. 9).

Bezügl. der deutschen Zeichen, die intern. registriert worden sind, bestimmt § 4 der VO. v. 9. Nov. 1922 (oben S. 51), daß Tag und Nummer der intern. Registrierung in der Zeichenrolle vermerkt, dieser Vermerk aber nicht veröffentlicht werden soll.

14. Ziff. VIII Abs. 2. Dieses Nebenregister (Markenregister) umfaßt alle intern. registrierten Marken, also auch deutsche Zeichen, soweit sie intern. registriert sind (vgl. Anm. 6 zu Art. 5 des MMA., oben S. 22).

15. Ziff. VIII Abs. 3. Seit dem 1. Januar 1924 beträgt der jährliche Bezugspreis 10 Schweizer Franken.

16. Ziff. VIII Abs. 4. S. Anm. zu § 10 der VO. v. 9. Nov. 1922 (oben S. 54).

17. Ziff VIII Abs. 5. Auslegung und Einsicht bei der Markenstelle (vgl. § 2 der VO v. 9. Nov. 1922, oben S. 50).

18. Das Merkblatt ist zum Preise von 10 Goldpfennig von der Patentschriften-Vertriebsstelle des RPA. (Gitschinerstr. 97—103, Zimmer E 114) zu beziehen.

H.

Mitteilung des RPA.

(Bl. 1922, S. 156/7.)

In dem Merkblatt über die internationale Registrierung deutscher Warenzeichen ist unter II Nr. 5 bereits darauf hingewiesen worden, daß die für die Registrierung zu entrichtende internationale Abgabe unmittelbar an das Internationale Büro für gewerbliches Eigentum in Bern (Schweiz), Helvetiastraße 7, abzuführen ist, und daß Schecks in Bern zahlbar gemacht sein müssen.

Dieser Hinweis hat bisher keine genügende Beachtung gefunden. Auf Veranlassung des Internationalen Büros wird darauf aufmerksam gemacht, daß insbesondere die Übersendung von Schecks, die auf andere Plätze als Bern gezogen sind, durchaus unerwünscht ist und für alle Beteiligten arge Unzuträglichkeiten im Gefolge hat. Regelmäßig entstehen bei der Übermittlung der Beträge solcher Schecks an das Internationale Büro Nebenkosten, deren Einziehung von dem Antragsteller wiederum Kosten verursacht und nicht nur den Geschäftsgang des Internationalen Büros erschwert, sondern auch die Registrierung zum Nachteil des Antragstellers um Tage und Wochen verzögert.

Alle bedeutenderen schweizerischen Banken haben eine Niederlassung in Bern, und es kann daher nur dringend empfohlen werden, dem Wunsche des Internationalen Büros, auch im eigenen Interesse allgemein nachzukommen. Werden gleichwohl ausnahmsweise Schecks auf Banken gezogen, die ihren Sitz an anderen Orten als Bern haben, so müssen zwecks Vermeidung der angedeuteten Übelstände diese Banken Anweisung erhalten, die internationale Abgabe in voller Höhe ohne jeden Abzug und unmittelbar an das Internationale Büro in Bern abzuführen.

(S. Anm. 2 zu Art. 8 des MMA und Avis des JB., unten S. 81.)

I.

Bekanntmachung des Reichspatentamts

zum Madrider Abkommen vom 14. April 1891, betr. die internationale Registrierung von Fabrik- und Handelsmarken, revidiert in Brüssel am 14. Dezember 1900 und in Washington am 2. Juni 1911.

(Bl. 23 S. 116)

Die Ersuchen um internationale Registrierung eines Warenzeichens sind dem Internationalen Büro in französischer Sprache einzureichen. Es sind daher auch die Warenverzeichnisse der deutschen Zeichen regelmäßig in die französische Sprache zu übertragen. Um Irrtümern und Unstimmigkeiten vorzubeugen, die dabei durch die Wahl ungenauer oder mißverständlicher Ausdrücke unterlaufen könnten, ist mit dem Internationalen Büro eine französische Übersetzung der deutschen Warenklasseneinteilung vereinbart worden. Diese Übersetzung wird nachstehend abgedruckt[1]). Die Zeicheninhaber ersehen aus ihr, in welcher Fassung ihre Warenverzeichnisse, wenigstens soweit diese mit den Angaben der amtlichen Warenklasseneinteilung sich decken, zur internationalen Registrierung gelangen. Auch werden sie durch diese Übersetzung in den Stand gesetzt, dem Antrage auf internationale Registrierung ihre Warenverzeichnisse alsbald in französischer Sprache beizufügen, was zur Beschleunigung des Geschäftsganges im Reichspatentamt sehr erwünscht ist.

. . . .

---

[1]) Zur besseren Übersicht werden nachstehend die deutsche und die französische Fassung gegenübergestellt. Die französische Übersetzung ist auch in Prop. ind. 1923 S. 141 veröffentlicht.

Classification des produits.

1. Produits de l'agriculture, de la sylviculture, de l'horticulture, de l'élevage, de la pêche et de la chasse.
2. Médicaments, produits chimiques pour la médecine et l'hygiène, drogues et préparations pharmaceutiques, emplâtres, objets de pansement, produits pour la destruction d'animaux et de plantes, désinfectants, produits servant à conserver les aliments.

3a. Chapeaux, coiffures, modes, fleurs artificielles.

b. Chaussures.

c. Bonneterie, tricotages.

d. Habits, lingerie, corsets, cravates, bretelles, gants.

4. Éclairage, chauffage, appareils pour la cuisson, la réfrigération, la dessiccation et la ventilation, conduites d'eau, installations de bains et de closets.
5. Soies, crins, poils pour la brosserie, brosserie, pinceaux, peignes, éponges, objets de toilette, articles de nettoyage, paille de fer.
6. Produits chimiques pour l'industrie, les sciences et la photographie, mélanges ex-

Warenklasseneinteilung.

1. Ackerbau-, Forstwirtschafts-, Gärtnerei- und Tierzuchterzeugnisse, Ausbeute von Fischfang und Jagd.
2. Arzneimittel, chemische Produkte für medizinische und hygienische Zwecke, pharmazeutische Drogen und Präparate, Pflaster, Verbandstoffe, Tier- und Pflanzenvertilgungsmittel, Desinfektionsmittel, Konservierungsmittel für Lebensmittel.

3a. Kopfbedeckungen, Friseurarbeiten, Putz, künstliche Blumen.

b. Schuhwaren.

c. Strumpfwaren, Trikotagen.

d. Bekleidungsstücke, Leib-, Tisch- und Bettwäsche, Korsetts, Krawatten, Hosenträger, Handschuhe.

4. Beleuchtungs- Heizungs-, Koch-, Kühl-, Trocken- und Ventilationsapparate und -geräte, Wasserleitungs-, Bade- und Klosettanlagen.
5. Borsten, Bürstenwaren, Pinsel, Kämme, Schwämme, Toilettegeräte Putzmaterial, Stahlspäne.
6. Chemische Produkte für industrielle, wissenschaftliche u. photograph. Zwecke, Feuer-

tincteurs, trempes, soudures, matières à empreintes pour dentistes, plombages, matières premières minérales.	löschmittel, Härte- und Lötmittel, Abdruckmasse für zahnärztliche Zwecke, Zahnfüllmittel, mineralische Rohprodukte.
7. Matières servant à calfeutrer, à étouper et à conserver la chaleur; matières isolantes; produits en amiante.	7. Dichtungs- und Packungsmaterialien Wärmeschutz- u. Isoliermittel, Asbestfabrikate.
8. Engrais.	8. Düngemittel.
9a. Métaux communs, bruts ou mi-ouvrés.	9a. Rohe und teilweise bearbeitete unedle Metalle.
b. Coutellerie, outils, faux, faucilles, armes blanches.	b. Messerschmiedewaren, Werkzeuge, Sensen, Sicheln, Hieb- und Stichwaffen.
c. Aiguilles, épingles et hameçons.	c. Nadeln, Fischangeln.
d. Fers à cheval et clous de maréchal.	d. Hufeisen, Hufnägel.
e. Produits émaillés et étamés.	e. Emaillierte und verzinnte Waren.
f. Matériel pour la superstructure des chemins de fer, quincaillerie, ouvrages de serrurerie et de forgerie, serrures, garnitures, articles de fil métallique, articles en tôle, ancres, chaînes, boules d'acier, garnitures pour harnachements, harnais, cloches, patins, crochets et oeillets, coffres-forts et cassettes, métaux façonnés mécaniquement, matériaux à bâtir laminés et fondus, fonte pour machines.	f. Eisenbahn-Oberbaumaterial, Klein-Eisenwaren, Schlosser- u. Schmiedearbeiten, Schlösser, Beschläge, Drahtwaren, Blechwaren, Anker, Ketten, Stahlkugeln, Reit- und Fahrgeschirrbeschläge, Rüstungen, Glocken, Schlittschuhe, Haken und Ösen, Geldschränke und Kassetten, mechanisch bearbeitete Fassonmetallteile, gewalzte und gegossene Bauteile, Maschinenguß.
10. Véhicules sur terre, dans l'air et sur l'eau, automo-	10. Land-, Luft- und Wasserfahrzeuge, Automobile, Fahr-

biles, vélocipèdes, accessoires d'automobiles et de vélocipèdes, parties de véhicules.	räder, Automobil- und Fahrradzubehör, Fahrzeugteile.
11. Matières colorantes, couleurs, métaux en feuilles.	11. Farbstoffe, Farben, Blattmetalle.
12. Peaux, boyaux, cuirs, pelleterie.	12. Felle, Häute, Därme, Leder, Pelzwaren.
13. Vernis, laques, mordants, résines, colles, cirages, matières à astiquer et à conserver le cuir, apprêts, matières à tanner, cire à parquet.	13. Firnisse, Lacke, Beizen, Harze, Klebstoffe, Wichse, Lederputz- u. Lederkonservierungsmittel, Appretur- und Gerbmittel, Bohnermasse.
14. Fils, produits de corderie, filets, câbles métalliques.	14. Garne, Seilerwaren, Netze, Drahtseile.
15. Fibres textiles, produits pour matelassiers et pour emballeurs.	15. Gespinstfasern, Polstermaterial, Packmaterial.
16a. Bière.	16a. Bier.
b. Vins et spiritueux.	b. Weine, Spirituosen.
c. Eaux minérales, boissons non alcooliques, sels d'eaux minérales et sels pour bains.	c. Mineralwässer, alkoholfreie Getränke, Brunnen- und Badesalze.
17. Métaux précieux, objets en or, en argent, en nickel, en aluminium, en métal anglais et autres alliages, articles de bijouterie fine et de bijouterie en faux, objets léoniques, garnitures d'arbres de Noël.	17. Edelmetalle, Gold-, Silber-, Nickel- und Aluminiumwaren, Waren aus Neusilber, Britannia und ähnlichen Metalllegierungen, echte und unechte Schmucksachen, leonische Waren, Christbaumschmuck.
18. Matières premières et objets fabriqués servant à des buts techniques, en caoutchouc et succédanés du caoutchouc.	18. Gummi, Gummiersatzstoffe und Waren daraus für technische Zwecke.
19. Parapluies et ombrelles, cannes, articles de voyage.	19. Schirme, Stöcke, Reisegeräte.

20a. Combustibles.	20a. Brennmaterialien.
b. Cire, matières servant à l'éclairage, huiles et graisses industrielles, lubrifiants, benzine.	b. Wachs, Leuchtstoffe, technische Öle und Fette, Schmiermittel, Benzin.
c. Bougies, veilleuses, mèches de lampe.	c. Kerzen, Nachtlichte, Dochte.
21. Objets en bois, en os, en liège, en corne, en écaille, en blanc de baleine, en ivoire, en nacre, en ambre jaune, en écume de mer, en celluloïd et autres matières semblables, objets tournés, sculptés ou tressés, cadres, mannequins pour tailleurs et coiffeurs.	21. Waren aus Holz, Knochen, Kork, Horn, Schildpatt, Fischbein, Elfenbein, Perlmutter, Bernstein, Meerschaum, Zelluloid und ähnlichen Stoffen, Drechsler-, Schnitz- u. Flechtwaren, Bilderrahmen, Figuren für Konfektions- und Friseurzwecke.
22a. Instruments et appareils pour chirurgiens et médecins et pour l'hygiène, appareils de sauvetage, extincteurs, bandages, prothèses, yeux, dents.	22a. Ärztliche, gesundheitliche, Rettungs- und Feuerlösch-Apparate, -Instrumente und -Geräte, Bandagen, künstliche Gliedmaßen, Augen, Zähne.
b. Appareils, instruments et ustensiles de physique, de chimie, optiques, géodésiques, nautiques, électrotechniques, de pesage, de signalisation, de contrôle et photographiques, instruments de mesurage.	b. Physikalische, chemische, optische, geodätische, nautische, elektrotechnische, Wäge-, Signal-, Kontroll- und photographische Apparate, -Instrumente und -Geräte, Meßinstrumente.
23. Machines, parties de machines, courroies de transmission, tuyaux flexibles, distributeurs automatiques, ustensiles de ménage et de cuisine; ustensiles d'étable et de jardin, ustensiles agricoles.	23. Maschinen, Maschinenteile, Treibriemen, Schläuche, Automaten, Haus- und Küchengeräte, Stall-, Garten- und landwirtschaftliche Geräte.

24. Meubles, miroirs, objets de rembourrage, produits pour tapissiers-décorateurs, lits, cercueils.	24. Möbel, Spiegel, Polsterwaren, Tapezierdekorationsmaterialien, Betten, Särge.
25. Instruments de musique, pièces et cordes pour ces instruments.	25. Musikinstrumente, deren Teile und Saiten.
26a. Viandes, poissons, extraits de viande, conserves, légumes, fruits, jus de fruits, gelées.	26a. Fleisch- und Fischwaren, Fleischextrakte, Konserven, Gemüse, Obst, Fruchtsäfte, Gelees.
b. Oeufs, lait, beurre, fromage, margarine, huiles et graisses alimentaires.	b. Eier, Milch, Butter, Käse, Margarine, Speiseöle und Fette.
c. Café, succédanés du café, thé, sucre, sirop, miel, farine, comestibles (Vorkost), pâtes alimentaires, condiments, sauces, vinaigre, moutarde, sel de cuisine.	c. Kaffee, Kaffeesurrogate, Tee, Zucker, Sirup, Honig, Mehl und Vorkost, Teigwaren, Gewürze, Saucen, Essig, Senf, Kochsalz.
d. Cacao, chocolat, sucreries, articles de confiserie et de pâtisserie, levures, poudre pour faire lever.	d. Kakao, Schokolade, Zuckerwaren, Back- und Konditorwaren, Hefe, Backpulver.
e. Aliments diététiques, malt, fourrages, glace.	e. Diätetische Nährmittel, Malz, Futtermittel, Eis.
27. Papier, carton, articles en papier et en carton, matières premières et mi-ouvrées pour la fabrication du papier, papier peints.	27. Papier, Pappe, Karton, Papier- und Pappwaren, Roh- und Halbstoffe zur Papierfabrikation, Tapeten.
28. Produits de la photographie et de l'imprimerie, cartes à jouer, enseignes et plaques, lettres, clichés, objets d'art.	28. Photographische u. Druckereierzeugnisse, Spielkarten, Schilder, Buchstaben, Druckstöcke, Kunstgegenstände.
29. Matières premières et objets fabriqués, en porcelaine, en argile, en verre et en mica.	29. Porzellan, Ton, Glas, Glimmer und Waren daraus.

30. Articles de passementerie, rubans, bordures, boutons, dentelles, broderies.	30. Posamentierwaren, Bänder, Besatzartikel, Knöpfe, Spitzen, Stickereien.
31. Articles de sellerie, de ceinturerie, poches, ouvrages en cuir.	31. Sattler-, Riemer-, Täschner- und Lederwaren.
32. Articles pour écrire, dessiner, peindre, modeler, craie pour billard et craie à marquer, ustensiles de bureau et de comptoir (à l'exception des meubles), matériel scolaire.	32. Schreib-, Zeichen-, Mal- u. Modellierwaren, Billard- u. Signierkreide, Bureau- und Kontorgeräte (ausgenommen Möbel), Lehrmittel.
33. Armes à feu.	33. Schußwaffen.
34. Parfumerie, cosmétiques, huiles éthérisées, savons, substances pour laver et blanchir, amidon, préparations d'amidon, colorants pour la lessive, matières à détacher, préservatifs contre la rouille, matières à astiquer et à polir (sauf pour le cuir), produits pour aiguiser.	34. Parfümerien, kosmetische Mittel, ätherische Öle, Seifen, Wasch- u. Bleichmittel, Stärke und Stärkepräparate, Farbzusätze zur Wäsche, Fleckenentfernungsmittel, Rostschutzmittel, Putz- u. Poliermittel (ausgenommen für Leder), Schleifmittel.
35. Jeux et jouets, articles de sport, articles pour la gymnastique.	35. Spielwaren, Turn- u. Sportgeräte.
36. Explosifs, matières inflammables, allumettes, feux d'artifice, projectiles, munitions.	36. Sprengstoffe, Zündwaren, Zündhölzer, Feuerwerkskörper, Geschosse, Munition.
37. Pierres naturelles et artificielles, ciment, chaux, gravier, plâtre, poix, asphalte, goudron, matières à conserver le bois, nattes de roseau.	37. Steine, Kunststeine, Zement, Kalk, Kies, Gips, Pech, Asphalt, Teer, Holzkonservierungsmittel, Rohrgewebe, Dachpappen, transportable

carton goudronné pour toitures, maisons transportables, cheminées, matériaux à bâtir.	Häuser, Schornsteine, Baumaterialien.
38. Tabac, matière première et articles fabriqués, papier à cigarettes.	38. Rohtabak, Tabakfabrikate, Zigarettenpapier.
39. Tapis, nattes, linoléum, toile cirée, couvertures, rideaux, drapeaux, tentes, voiles, sacs.	39. Teppiche, Matten, Linoleum, Wachstuch, Decken, Vorhänge, Fahnen, Zelte, Segel, Säcke.
40. Montres, articles d'horlogerie et pièces de montres et d'horlogerie.	40. Uhren und Uhrteile.
41. Tissus, tissus à mailles, feutre.	41. Web- und Wirkstoffe, Filz.

K.

Verzeichnis der Stellen im Reiche, an denen auf Anregung des Reichspatentamts das Warenzeichenblatt und die Zeitschrift Les marques internationales zur Einsicht öffentlich ausliegen
(entnommen, mit Abänderungen, aus Bl. 22, S. 86).

1. Aachen .... Handelskammer.
2. Altena .... "
3. Altenburg .... "
4. Arnsberg .... "
5. Aschaffenburg ... Handelsgremium Aschaffenburg.
6. Aue (Erzgeb.) ..... Gewerbeverein.
7. Augsburg .... Handelskammer für Schwaben und Neuburg.
8. Barmen .... Handelskammer.
9. Bayreuth .... " für Oberfranken.
10. Berlin .... " (Berlin W 7, Dorotheenstr. 8)
11. " .... Universitätsbibliothek (Berlin W 7, Dorotheenstr. 7)
12. " .... frühere Bibliothek der Ältesten der Kaufmannschaft, Berlin C 2, St. Wolfgangstr. 1.
13. Bielefeld .... Handelskammer.
14. Bingen .... "
15. Bochum .... "
16. Bonn .... "
17. Brandenburg a. H. "
18. Braunschweig .... "
19. Bremen .... "
20. " .... Deutscher Tabakverein, Stintbrücke 1.
21. " .... Gewerbekammer.
22. Breslau .... Handelskammer.

23.	Breslau	Magistrat, Städt. Lesehalle.
24.	Cassel	Gewerbehalle.
25.	Chemnitz	Handelskammer.
26.	Coblenz	"
27.	Cottbus	"
28.	Crefeld	"
29.	Darmstadt	Zentralstelle für die Gewerbe.
30.	Dessau	Handelskammer.
31.	Detmold	"
32.	Dortmund	"
33.	Dresden	"
34.	"	Verband deutscher Schokoladefabrikanten.
35.	"	Verband deutscher Zigarettenfabriken.
36.	Duisburg-Ruhrort	Handelskammer.
37.	Düsseldorf	"
38.	"	Zentralgewerbeverein.
39.	Elberfeld	Handelskammer.
40.	Elbing	"
41.	Emden	"
42.	Erfurt	"
43.	Essen a. Ruhr	"
44.	Frankfurt a. M.	"
45.	"	Deutscher Tabakverein.[1]
46.	Freiberg i. S.	Bergakademie.
47.	Freiburg i. B.	Handelskammer.
48.	Furtwangen	Filiale des Landesgewerbeamts in Karlsruhe.
49.	Fürth i. B.	Bezirksgremium für Handel und Gewerbe.
50.	"	Gewerbeverein.
51.	Gera (Reuß)	Handelskammer.
52.	Gießen	"
53.	Gotha	"
54.	Greiz	"
55.	Hagen i. W.	"
56.	Halberstadt	"
57.	Halle a. S.	"
58.	Hamburg	"
59.	"	Gewerbekammer.
60.	"	Detaillistenkammer.
61.	Hanau	Handelskammer.
62.	Hannover	"
63.	Harburg	"
64.	Heidelberg	"
65.	Heidenheim	"
66.	Heilbronn	"
67.	Iserlohn	"
68.	Kaiserslautern	Pfälzisches Gewerbemuseum.
69.	Karlsruhe i. B.	Handelskammer.

[1]) für Wzsachen jetzt: Bremen, Stintbrücke 1 — s. oben lfde Nr. 20.

70. Karlsruhe i. B. . . Landesgewerbeamt.
71. Kiel . . . . Handelskammer.
72. Köln a. Rh. . . . . „
73. Königsberg i. Pr. Gewerblicher Zentralverein d. Prov. Ostpreußen.
74. Lahr i. B. . . . . Handelskammer für den Kreis Offenburg.
75. Leipzig . . . . Handelskammer.
76. Lennep . . . . Bergische Handelskammer.
77. Liegnitz . . . . Handelskammer
78. Ludwigshafen a. Rh. Pfälzische Handelskammer.
79. Lübeck . . . . Handelskammer.
80. „ . . . . Gewerbekammer.
81. Magdeburg . . . . . . Handelskammer.
82. Mainz . . . . „
83. Mannheim . . . . „
84. Minden i. W. . . . . . „
85. München . . . . „
86. „ . . . . Polytechnischer Verein.
87. Münster i. W. . . . . Handelskammer.
88. Nordhausen . . . . . „
89. Nürnberg . . . . „
90. „ . . . . Gewerbemuseum.
91. Offenbach a. M. . . Handelskammer.
92. Oppeln . . . . „
93. Pforzheim . . . . „
94. Plauen . . . . „
95. Regensburg . . . . . „
96. Remscheid . . . . Bergischer Fabrikantenverein.
97. „ . . . . Handelskammer.
98. Reutlingen . . . . . . „
99. Rostock . . . . „
100. Rottweil . . . . „
101. Saalfeld . . . . „
102. Saarbrücken . . . . . „
103. Schweidnitz . . . . . „
104. Solingen . . . . „
105. Stettin . . . . Vorsteher der Kaufmannschaft.
106. Stolberg i. Rhl. . . Handelskammer.
107. Stuttgart . . . . Zentralstelle für Handel und Gewerbe.
108. „ . . . . Landesgewerbemuseum.
109. Trier . . . . Handelskammer.
110. Ulm . . . . „
111. Weimar . . . . „
112. Wesel . . . . „
113. Wiesbaden . . . . Gewerbeverein.
114. „ . . . . Handelskammer.
115. Worms . . . . „
116. Würzburg . . . . Handelskammer für Unterfranken und Aschaffenburg.
117. Zittau . . . . Handels- und Gewerbekammer.

Anm. Die Auslagestellen sind ermächtigt, von denjenigen, die Einsicht in diese Druckschriften begehren, eine in mäßigen Grenzen gehaltene Gebühr zu erheben (Bekm. des RPA. v. 2. November 1921, Bl. 21 S. 183).

Auf dem Reichspatentamt können beide Druckschriften unentgeltlich eingesehen werden. (Auslegehalle und Markenstelle!)

I a.

Rundschreiben des Internationalen Büros in Bern vom 1. Dezember 1922.

(Propr. ind. 1922 S 171; Bl. 1922, S. 156.)

(Siehe Anm. 2 a. E. Art. 11 MMA.)

Circulaire no. 29/5730.

Objet:

Accession de l'Allemagne.

Aux Services spéciaux de la Propriété industrielle des Etats ayant adhéré à l'Arrangement du 14 avril 1891 concernant l'enregistrement international des marques.

Messieurs,

L'Allemagne a adhéré à l'Arrangement du 14 avril 1891 concernant l'enregistrement international des marques de fabrique et de commerce, revisé en 1900 et 1911. Le Conseil fédéral suisse a fait part de cette adhésion aux Etats de l'Union générale par note du 24 octobre dernier, en indiquant que, à la demande de l'Allemagne, elle est devenue effective à partir du 1er décembre 1922. („La Propriété industrielle". 1922, p. 137, et „Les Marques internationales", 1922, p. 225.)

Conformément aux dispositions de l'article 11 de l'Arrangement, nous avons adressé au Reichspatentamt une notification collective de tous les enregistrements effectués à notre Bureau jusqu'au 30 novembre 1922 inclusivement et pour lesquels le terme de protection de vingt ans n'était pas encore échu ledit jour (marques internationales nos 3093 à 28 802), avec toutes les transmissions, radiations et autres modifications générales qui s'y rapportent.

Le délai d'un an dans lequel cette Administration a la faculté de notifier au Bureau international, s'il y a lieu, son refus d'accorder la protection légale à certaines de ces marques, s'est donc ouvert le 1er décembre 1922, date de l'entrée en vigueur de l'Arrangement en ce qui concerne son pays.

Mais il paraît certain que l'Allemagne ne fera pas usage de cette faculté, car, aux termes de sa loi du 12 juillet 1922 relative à son adhésion à l'Arrangement de Madrid, elle a renoncé à soumettre à un examen ces marques internationales des vingt années précédant son accession. Ces marques seront protégées en Allemagne, pour la durée qui reste à courir de leur période générale de protection, **comme si elles y avaient été à la fois déposées directement et enregistrées le 1er décembre 1922**. D'une manière générale, **cette date est donc celle qui constituera le point de départ des droits pouvant être revendiqués dans ledit pays à l'égard de ces marques.**

Cependant, ces anciennes marques internationales — tout comme les marques nationales allemandes — pourront être radiées ultérieurement en Allemagne en vertu soit des prescriptions des §§ 8 et 9 de la loi sur les marques du 12 mai 1894, soit des dispositions de la loi sur la concurrence déloyale; ainsi, par exemple, pourront être opérées des radiations d'office, quand l'enregistrement aurait dû être refusé, ou des radiations à la suite d'une action judiciaire intentée par un tiers qui établirait qu'il y a conflit entre la marque internationale et sa propre marque déjà protégée en Allemagne.

Au surplus, nous publierons dans le fascicule du 31 décembre de „La Propriété industrielle" une étude explicative sur l'accession de ce pays et les situations qu'elle crée.

A l'occasion de la mise en vigueur de l'Arrangement, le Reichspatentamt nous informe que, lorsqu'il nous transmettra des demandes d'enregistrement international de marques, il inscrira une double date sous la rubrique „Dernier enregistrement dans le pays d'origine" du formulaire de dépôt. La première sera celle du *dépôt* national, c'est à partir de cette date que commence à courir pour la marque allemande le délai de priorité de quatre mois établi par l'art. 4 de la Convention d'Union; la seconde date sera celle du dernier *enregistrement* (ou renouvellement) national.

Enfin, l'Administration allemande désire attirer l'attention des autres Administrations sur le fait que, conformément aux prescriptions de sa législation, elle soumet à un sérieux examen toutes les marques nationales portant des reproductions d'armoiries ou de médailles, ou des mentions de distinctions honorifiques ou des noms étrangers susceptibles de créer des doutes quant à leur véracité (v. § 4 de la loi de 1894: indications paraissant ne pas correspondre aux circonstances réelles et risquant d'induire en erreur). Ces marques ne sont admises à l'enregistrement que lorsque la preuve du droit à faire usage de tels éléments est établie.

Ainsi qu'il a eu l'occasion de l'exposer dans son Rapport de gestion pour 1921, p. 12, le Bureau international espère que cette déclaration officielle suffira pour que les autres Administrations renoncent à exiger, en ce qui concerne cette catégorie de marques d'origine allemande, que les pièces établissant cette preuve leur soient soumises également par les intéressés.

En vous priant de vouloir bien prendre note de ce qui précède, nous vous présentons, Messieurs, l'assurance réitérée de notre haute considération.

Bureau international de l'Union de la Propriété industrielle.

I. b.

BUREAU INTERNATIONAL
DE L'UNION DE LA PROPRIÉTÉ INDUSTRIELLE

NOTICE

SUR

L'UNION INTERNATIONALE POUR LA PROTECTION DE LA PROPRIÉTÉ INDUSTRIELLE

L'acte de fondation de cette Union est la Convention signée à Paris le 20 mars 1883, revisée et complétée à Bruxelles le 14 décembre 1900 et à Washington le 2 juin 1911. Cette Convention a essentiellement pour but de constituer un vaste territoire dans lequel il devienne relativement aisé à l'inventeur, au fabricant, au commerçant, au producteur en général de se faire protéger contre la contrefaçon, l'usurpation et l'imitation de son invention, de son dessin ou modèle, de son nom commercial, de sa marque, de l'indication du lieu d'origine de ses produits, ou encore contre les agissements de la concurrence déloyale.

Le principe fondamental de la Convention de Paris peut se résumer ainsi: Toute personne originaire de l'un des pays de l'Union, ou établie dans l'un de ces pays, doit jouir, dans tous les autres, du même traitement que les nationaux en matière de propriété industrielle, à la condition de remplir les formalités imposées à ceux-ci. Cependant, l'effet de ce principe n'eût point été suffisant si on ne l'avait complété par des dispositions d'application générale qui en assurent et en étendent l'effet par dérogation aux diverses lois intérieures. C'est ainsi que, pour permettre à l'inventeur de faire breveter son invention dans plusieurs pays sans perdre le bénéfice de la nouveauté légale, l'article 4 de la Convention établit un délai de priorité dont la durée est de douze mois, comptés à partir du dépôt de la *première demande* dans l'un des pays contractants. Pendant ce délai, l'intéresse peut procéder à toutes les démarches utiles, expérimenter sa découverte, chercher des commanditaires ou des acquéreurs, tout en pouvant revendiquer son droit dans les autres pays unionistes B, C, D où il sollicite également un brevet, comme si ces demandes ultérieurs y avaient été déposéees à la date de la *première demande* dans le pays A. De même, alors que certaines législations obligent l'inventeur à exploiter son brevet dans un délai parfois très bref, la Convention lui accorde un délai minimum de trois années. En outre, elle a fait disparaître toute clause de déchéance pour l'introduction d'objets fabriqués dans un pays unioniste autre que celui où le brevet a été délivré, et elle a éliminé la solidarité qui faisait tomber à la fois dans plusieurs pays tous les brevets délivrés pour une même invention, lorsque l'un d'eux venait à disparaître pour une cause quelconque dans un de ces pays. Elle a sanctionné la protection du nom commercial, même sans enregistrement préalable, ainsi que la répression, sous certaines réserves, de la concurrence déloyale et des fausses indications d'origine.

Un Arrangement spécial, signé à Madrid le 14 avril 1891, a pour but la répression plus énergique des *fausses indications de provenance* et, en particulier, de celles au moyen desquelles il est fait trop souvent une concurrence illicite aux produits du sol ou de l'industrie de certaines régions particulièrement réputées.

En ce qui concerne les marques de fabrique, non seulement la Convention du 20 mars 1883 a facilité les dépôts directs dans les différents pays unionistes et apporté une certaine unification dans les signes susceptibles d'être employés comme marques, mais encore elle a préparé la naissance de l'Arrangement, signé également à Madrid le 14 avril 1891, qui prévoyait la création, à Berne, d'un service pour l'*enregistrement international des marques de fabrique ou de commerce.* Les Etats membres de l'Union n'ont pas encore accepté tous cette combinaison, mais elle est en plein fonctionnement pour les deux tiers d'entre eux auxquels elle rend d'excellents services. Toute personne ou société possédant dans l'Union restreinte formée par ces pays son domicile ou un établissement commercial ou industriel effectif et sérieux, peut réclamer l'enregistrement international d'une marque préalablement enregistrée dans son propre pays. A cet effet, elle adresse à son Administration nationale une demande spéciale accompagnée d'un cliché de la marque et d'un récépissé établissant qu'elle a payé l'émolument international de 100 francs (50 fr. pour toute marque déposée en sus de la première et en même temps). Le tout est transmis au Bureau international qui enregistre la marque, la notifie aux autres Administrations et la publie dans son journal. Par cette formalité unique, simple et peu coûteuse, l'intéressé se trouve dans la même situation que s'il avait déposé directement sa marque dans chacun des 17 pays signataires de l'Arrangement. Cette solution ingénieuse, d'une application facile et efficace, a donné les meilleurs résultats. Le nombre des marques ainsi enregistrées au Bureau de Berne dépasse déjà le chiffre considérable de 26 000 correspondant à plus de 400 000 dépôts directs.

Enfin l'Arrangement de Berne du 30 juin 1920 concernant la *conservation ou le rétablissement des droits de propriété industrielle atteints par la guerre mondiale* a pour but, comme l'indique son titre, de permettre aux titulaires de droits semblables abandonnés, mis en souffrance ou annulés ensuite de la non-observation des exigences légales, de les recouvrer, sous réserve des droits acquis de bonne foi, dans des délais supplémentaires uniformément et réciproquement établis (v. toutefois quelques restrictions formulées par certains pays). Ces délais prolongent de six mois le droit de priorité, garantissent un sursis d'un an pour remplir les formalités omises ou payer les taxes échues; ils neutralisent la durée de la guerre quant à l'exploitation obligatoire et renvoient de deux ans l'échéance des sanctions en cas de non-exploitation. Etant donné son caractère, l'Union restreinte ainsi fondée n'aura qu'une durée temporaire.

L'organe central de l'Union, le Bureau international établi à Berne en 1884, et qui gère le service des marques, a pour tâche de servir de lien entre les Administrations unionistes, d'étudier les questions d'intérêt commun, de préparer les conférences de revision, de publier des documents, des informations et des statistiques. Ce Bureau répond volontiers aux demandes de renseignements qui lui sont adressées par le public[1]). Il édite des ouvrages, tels que le „Recueil général de la législation et des traités concernant la propriété industrielle“ (7 vol.) et des Tableaux comparatifs ou synoptiques des conditions et formalités requises par les divers pays pour l'obtention d'un brevet, la protection d'un dessin et modèle ou le dépôt d'une marque, etc. Le Bureau publie deux revues mensuelles: *La Propriété industrielle*, qui paraît depuis 1885 et contient une riche documentation officielle, juridique et doctrinale concernant ce domaine, et *Les Marques internationales*, éditées depuis 1893. Au cours de la guerre, le Bureau a centralisé, coordonné et publié les mesures fort nombreuses édictées par les divers pays, soit pour faciliter l'exercice des droits de propriété industrielle, soit pour en restreindre ou pour en suspendre les bénéfices en guise de représailles (v. la publication intitulée: „La protection internationale de la propriété intellectuelle et la guerre mondiale, 1914-1918“).

Le Bureau de l'Union industrielle est réuni, sous une direction unique, avec celui de l'Union pour la protection des œuvres littéraires et artistiques, créé en 1888 et dont le domaine juridique est voisin. L'adresse commune est la suivante: *Bureaux internationaux réunis de la propriété industrielle, littéraire et artistique, Helvetiastrasse 7, Berne.*

---

[1]) S. die nachstehenden, die intern. Markenregistrierung behandelnden renseignements généraux.

L c.

RÉPONSE
à votre demande du .....

NB. Les passages qui répondent plus spécialement à la demande précitée sont marqués à l'encre rouge.

Bureau international de la propriété industrielle, à Berne.

Berne, le .... 191 .

Protection des marques de fabrique ou de commerce.

RENSEIGNEMENTS GÉNÉRAUX.

Composition et but de l'Union de 1883.

L'Union internationale pour la protection de la propriété industrielle, créée à Paris par la Convention du 20 mars 1883, comprend actuellement les pays suivants: (folgen die Namen der Länder).

Voici quelques-unes des stipulations de cette Convention en ce qui concerne les marques:

Les ressortissants de chaque pays contractant jouissent dans les autres pays de l'Union des mêmes droits que les nationaux. — Après le premier dépôt d'une marque dans un pays unioniste, elle jouit dans les autres pays de l'Union d'un délai de priorité de quatre mois. — Toute marque régulièrement enregistrée dans son pays d'origine est protégée telle quelle dans les autres pays, si elle n'est contraire ni à la morale, ni à l'ordre public, ni aux droits des tiers. — Le nom commercial est protégé sans dépôt.

Bureau international.

L'Union a pour organe central officiel le „*Bureau international de la propriété industrielle*", à Berne, qui publie un organe mensuel sous ce titre: *Les Marques internationales*, dans lequel figurent les marques déposées en vertu de l'Arrangement de 1891 dont il est question plus loin (abonnement annuel fr. 6. — suisses.[1])

Ce Bureau répond volontiers aux demandes de renseignements qui lui sont adressées sur des points précis relatifs à la protection de la propriété industrielle.

Enregistrement international.

Un certain nombre des pays de l'Union générale ont constitué en 1891 une *Union restreinte* pour *l'Enregistrement international des marques de fabrique ou de commerce.* Elle comprend actuellement les pays suivants: (folgen die Namen der Länder).

[1]) jetzt: 10 — Merkbl. Anm. 15, oben S. 62.

L'enregistrement international coûte peu et n'exige que des formalités très simples (voir Notice spéciale). Pour en bénéficier, il faut être ressortissant de l'un des pays de l'Union restreinte, ou avoir son domicile sur le territoire de celle-ci ou y posséder un établissement industriel ou commercial effectif et sérieux. La demande d'enregistrement international est déposée par l'interéssé dans son propre pays, auprès de l'Administration dont dépend le service des marques.

C'est donc à cette dernière, chargée de les transmettre au Bureau international, — et non pas directemnet à celui-ci, que les particuliers doivent adresser leurs demandes d'enregistrement, de transfert ou d'autres modifications.

Le Bureau international enregistre les marques sans aucun examen préalable, mais chaque Administration nationale peut, dans le délai d'une année et pour ce qui concerne son pays, refuser une marque dont l'enregistrement lui a été notifié par le Bureau international. Ce refus est communiqué à ce dernier qui, à son tour, en avise immédiatement le propriétaire de la marque; dans la règle, le rôle du Bureau est terminé par l'envoi de cet avis. Si le propriété veut recourir contre un refus, il doit s'adresser directement à l'autorité compétente du pays où le refus a été prononcé.

Le Bureau international délivre des extraits du Registre international relatifs à une marque détermiée. La taxe a été fixée à 2 francs par extrait. Toutefois, si plusieurs marques appartenant au même titulaire peuvent être réunies en un seul extrait, la taxe est de 2 francs pour la première marque et 1 franc pour chacune des suivantes.

Recherches d'antériorité.

Sur demande, le Bureau recherche si une marque déterminée est déjà déposée internationalement. Les produits auxquels cette marque est destinée doivent être indiqués. Pour les marques figuratives, il est nécessaire de joindre à la demande un exemplaire ou au moins un croquis de la marque. Les recherches sont faites consciencieusement, mais sans aucune responsabilité à la charge du Bureau. Taxe pour recherches: 2 francs pour chaque marque.

Le fait qu'une marque ne figure pas dans le Registre international n'exclut pas la possibilité qu'elle soit protégée dans un ou plusieurs des pays de l'Union, ensuite de dépôts nationaux effectuées directement.

Le Bureau international n'a pour mission ni de déposer des marques directement dans tel ou tel pays, ni d'effectuer des recherches dans les recueils nationaux de marques. Ces opérations rentrent dans la sphère d'activité des agents de brevets et de marques.

Publications du Bureau international.

En outre de son recueil mensuel *La Propriété industrielle* et *Les Marques internationales*, ce Bureau a publié un certain nombre d'ouvrages et de documents qu'il expédie franco de port au reçu d'un mandat postal correspondant à leur prix. La liste de ces publications est envoyée sur demande.

Pour éviter des confusions, on est prié de formuler exactement l'adresse du Bureau en ces termes: „Au Bureau international de la propriété industrielle, à Berne".

L d.

Bureau international de l'Union industrielle à Berne.

Avis aux Déposants de marques internationales.

(Propr. ind. 1923, S. 12 u. 92.)

Avant de pouvoir inscrire une marque de fabrique ou de commerce en vertu de l'Arrangement de Madrid de 1891 pour l'enregistrement international des marques le bureau soussigné est tenu de percevoir un émolument international de 100 francs pour la première marque et de 50 francs pour chacune des marques suivantes déposées en même temps par le même propriétaire. Cet émolument doit être intégralement payé et il faut se conformer au mode de payement prévu par le règlement national du pays d'origine de la marque.

Plusieurs de ces règlements prescrivent que l'envoi doit être fait par mandat postal international, mode de payement le plus rapide, et au moyen duquel l'envoyeur a immédiatement en main la quittance qu'il doit produire.

Si l'envoi par mandat postal ne peut pas être fait, le plus simple et le plus économique est de charger une banque ou un correspondant suisse de verser l'élomulent international au crédit de notre compte suisse de chèques et virements postaux (compte III. 753: Bureau international de la propriété industrielle, Bern). Cette manière de procéder supprime les frais supplémentaires dont il est question plus loin.

Si toutefois cet émolument nous est adressé par chèque, celui-ci doit être tiré sur un établissement de Berne, car seuls les chèques tirés sur Berne sont payés sans déduction ni réserve par les banques de cette ville.

La réalisation des valeurs tirées sur d'autres places entraîne pour nous des frais de correspondance, de port et d'encaissement; en outre, ces complications occasionnent souvent des retards préjudiciables aux intérêts des déposants de marques. Comme il ne nous est pas possible de supporter ces frais, nous sommes obligés, pour nous en couvrir, de demander à l'expéditeur de chèques tirés sur d'autres places que Berne un supplément de 2 francs suisses; ce n'est qu'au reçu de cette somme que nous pouvons envoyer quittance de l'émolument.

Anm. 5 Art. 2 intern. Ausf.O.:

Im Deutschen Reich ist keine bestimmte Art der Entrichtung der intern. Abgabe vorgeschrieben. Merkblatt II 5 verlangt nur Glaubhaftmachung der Entrichtung! (s. o. S. 58).

L e.

(Art. 2 u. 4 intern. Ausf.O.)

Vorderseite des Vordrucks:

Bureau international de l'Union pour la Protection de la Propriété industrielle

Service de l'Enregistrement des Marques de Fabrique ou de Commerce

DEMANDE ET CERTIFICAT
D'ENREGISTREMENT INTERNATIONAL D'UNE MARQUE

(Ce formulaire doit être rempli en langue française)

Pays d'origine de la marque: ....

Propriétaire de la marque

Nom ....

....

Profession (ou entreprise) ....

Adresse ....

Fac-similé de la marque

Produits auxquels la marque est destinée

....

....

....

....

....

....

Couleur **(Quand la couleur est revendiqée à titre d'élément distinctif, écrire ci-dessous une *brève* mention indiquant uniquement la couleur ou la combinaison de couleurs revendiquée. Joindre en outre 40 étiquettes en couleur.)**	
Dernier enregistrement dans le pays d'origine Date Numéro d'ordre	**Enregistrement international (s'il a déjà été effectué antérieurement)** Date Numéro d'ordre

Demande d'Enregistrement La marque ci-dessus est régulièrement déposée en ...., et les indications y relatives sont conformes à celles du Registre national des marques. L'Administration soussignée en demande l'inscription dans le Registre international. le 19	**Certificat d'Enregistrement** Les formalités prescrites par l'*Arrangement du 14 avril 1891, revisé le 2 juin 1911, et par son Règlement d'exécution* se trouvant remplies à la date de ce jour, la marque cidessus a été inscrite aujourd'hui dans le Registre international sous le No. .... Berne, le 19 **Bureau international de la Propriété industrielle,** *Le Directeur*: Voir au verso

Rückseite des Vordrucks:

Indications complémentaires

ÉMOLUMENT INTERNATIONAL PAYÉ PAR : (Indiquer ici quand, comment et éventuellement par qui l'émolument a été payé au Bureau international.)	mandat ou chèque postal du .... N° envoyé par .... chèque tiré sur la Banque ...., *à Berne*, envoyé au Bureau international le .... versement effectué au Bureau international le .... par la Banque ....

CLICHÉ. — Le déposant désire-t-il que son cliché lui soit renvoyé, *à ses frais*, après deux ans? ....

(A défaut d'une réponse, le cliché sera considéré en principe comme abandonné; néanmoins le déposant pourra encore le réclamer utilement au cours de la troisième année qui suivra la date de l'enregistrement international. Le cliché non réclamé dans ce délai sera détruit.)

TRANSMISSION. — (Indiquer ici, en cas de renouvellement ou de second dépôt international, tout transfert de propriété — ou toute modification de firme — qui n'aurait pas encore été notifié au Bureau international.)

....

....

Conditions d'un dépôt régulier au Bureau international

(Arrangement de Madrid du 14 avril 1891, revisé à Bruxelles le 14 décembre 1900 et à Washington le 2 juin 1911.)

La demande d'enregistrement doit être déposée en double exemplaire. Il y sera joint:

1° *Un cliché* de la marque (dimensions: minimum 15 millimètres, maximum 10 centimètres, soit en longueur, soit en largeur; épaisseur 24 millimètre:). Ce cliché doit pouvoir donner une image *typographique* reproduisant exactement la marque, de manière que tous les détails en ressortent visiblement.

2° Un mandat de poste, ou toute autre valeur *payable à Berne*, du montant de l'émolument international. Cet émolument est de *100 francs (suisses)* pour une marque isolée. En cas de dépôt multiple, il est de 100 francs pour la première marque et de *50 francs* pour chacune des marques suivantes, déposées en même temps par le même propriétaire.

3° *Quand la couleur est revendiquée à titre d'élément distinctif, 40 exemplaires*, sur papier, d'une reproduction en couleur de la marque. Si la marque comporte plusieurs parties séparées, elles doivent être réunies et collées sur une feuille de papier fort. Une brève mention, indiquant uniquement la couleur ou la combinaison de couleurs revendiquée, doit figurer sur la demande.

Renseignements divers

Dépôt: Le dépôt de la demande d'enregistrement international se fait par l'entremise de l'Administration du pays d'origine de la marque (article 1er de l'Arrangement).

Examen: Le Bureau international doit enregistrer toute marque dont la demande d'enregistrement, répondant aux prescriptions de l'Arrangement, lui est transmise par une Administration nationale. Il ne rentre pas dans ses attributions d'examiner si la marque déposée ressemble à une marque internationale déjà enregistrée. Cet examen est de la compétence de chaque Administration nationale (si la loi de son pays le prescrit).

Effet: L'enregistrement international assure à la marque la même protection légale que si elle avait été directement déposée dans les pays qui ont adhéré à l'Arrangement. Ceux qui y adhéreront par la suite devront accorder la même protection aux marques déjà enregistrées internationalement (articles 4 et 11).

Refus: Dans le délai prévu par leur loi nationale, mais *au plus tard dans l'année de la notification* par laquelle le Bureau international leur a annoncé l'enregistrement d'une marque, les Administrations qui y sont autorisées par leur législation ont la *faculté de déclarer que la protection ne peut être accordée à cette marque sur leur territoire.* Cette déclaration de refus est transmise par le Bureau international à l'Administration du pays d'origine et au propriétaire de la marque, lequel a les mêmes moyens de recours que si cette dernière avait été par lui directement déposée dans le pays où la protection est refusée (article 5).

Acceptations: L'acceptation ne donne lieu à aucune notification, sauf si la marque a d'abord fait l'objet d'un refus.

Durée de la protection: La protection résultant de l'enregistrement international dure 20 ans; elle peut être renouvelée indéfiniment au moyen de l'accomplissement des formalités prescrites pour le premier dépôt. Toutefois, la protection internationale ne peut pas être invoquée en faveur d'une marque qui ne jouit plus de la protection légale dans son pays d'origine (article 6).

Transmissions et autres modifications: Il est important de faire notifier au Bureau international les transmissions, renonciations, annulations et radiations qui viennent affecter la propriété de la marque. Ces notifications ne peuvent être faites que par l'entremise de l'Administration du pays d'origine. — Il est également utile de faire connaître au Bureau international les changements d'adresse .

La transmission d'une marque internationale ne peut être effectuée que pour tous les pays à la fois; mais le propriétaire de la marque peut *renoncer* à sa protection pour un pays ou un groupe de pays seulement.

Renouvellement: En cas de renouvellement d'une marque internationale, le nouveau dépôt doit être identique à celui qu'il remplace si l'on veut prévenir toute difficulté.

Extraits du Registre international: Le Bureau international délivre, sur demande, des extraits du registre des marques, reproduisant toutes les mentions essentielles de ce registre. (Taxe: 2 francs suisse par marque; si pluisieurs marques sont réunies sur le même extrait, 2 francs pour la première, 1 franc pour chacune des autres.)

Réclamations: Il est inutile de réclamer ou de protester auprès du Bureau international en cas d'analogie entre deux marques internationales. Pour faire établir son droit, — s'il ne lui est pas possible de s'arranger avec son concurrent (renonciation ou limitation), — celui qui prétend être le propriétaire légitime de la marque doit s'adresser aux tribunaux ou aux autorités administratives compétentes.

Annulations: Pour faire annuler la marque internationale d'autrui, on peut soit intenter, dans le pays d'origine de la marque, une action tendant à faire radier la marque nationale qui lui sert de base, — radiation qui entraînera automatiquement la radiation de la marque internationale, — soit attaquer la marque internationale devant les tribunaux ou les autorités compétentes du pays ou de chacun des pays dans lesquels on désire qu'elle soit annulée.

Anm. „automatiquement": auf Mitteilung der Behörde des Ursprungslandes (Art. 9. MMA.)

Lf.

Registrierungsanzeige des Intern. Büros.

(Art. 3 Anm. 6 Art. 5 MMA., Art. 4 Abs. 2 u. Art 5 Abs. 2 intern. Ausf.O.)

Vorderseite.

BUREAU INTERNATIONAL DE LA PROPRIÉTÉ INDUSTRIELLE

ENREGISTREMENT INTERNATIONAL DES MARQUES DE FABRIQUE OU DE COMMERCE

Nos 21 369 à 21 377 **10 décembre 1919**

SOCIÉTÉ ANONYME ED. LAURENS LE KHÉDIVE
EXTENSION SUISSE, fabrication
EAUX-VIVES (Genève, Suisse)

No 21 369

AÏDA

No 21 371

ALDA

No 21 370

ALBA

No 21 372

ALVA

No 21 373 **BIONDA**

No 21 374 **MABROUK**

No 21 375 **MABRUK**

No 21 376 **MAMELOUK**

No 21 377 **MAMLUK**

Cigarettes.

Enregistrées en Suisse le 21 octobre 1919 sous les Nos 45 328 à 45 336

Rückseite.

MODIFICATIONS SURVENUES DEPUIS L'ENREGISTREMENT

DATES		NATURE DE LA MODIFICATION
de la notification du Bureau international	de la publication du Bureau international	

Lg.

Veröffentlichung des JB. betr. die Erneuerung einer intern. registrierten Marke

(Marques internationales 1923 S. 483)

Nr. 32 822. 7 septembre 1923.

Th. Mühlethaler S. A., fabrication — Nyon (Suisse).

„ANTIGOURMINE"

Produits pharmaceutiques et vétérinaires.

Enregistrée en Suisse le 10 juillet 1917 sous le No. 40 223 (Enregistrement international antérieur du 11 septembre 1923, No. 3594).

(S. Anm. 1 zu Art. 7 des Abk.)

L h. 1.

BUREAU INTERNATIONAL
DE LA
PROPRIÉTÉ INDUSTRIELLE

Service de l'Enregistrement
international des marques de fabrique
ou de commerce

Adresse télégraphique:
PROTECTUNIONS BERNE

Berne, le 19

No

AVIS

concernant l'échéance et le renouvellement des marques internationales

A l'Administration de la propriété industrielle d

M

Conformément aux prescriptions de l'article 7 de l'Arrangement de Madrid du 14 avril 1891, nous avons l'honneur de vous donner avis, à titre officieux, que les marques internationales énumérées au verso et dont nous vous remettons ci-joint un spécimen, lequel porte les indications de transmissions, changements d'adresse, etc., dont la notification nous est parvenue, atteindront leur terme légal de protection pendent le mois de 19 .

Les pièces nécessaires pour leur renouvellement éventuel devront parvenir à notre Bureau avant cette échéance, si l'on veut éviter l'interruption ou la cessation de cette protection.

Nous envoyons aujourd'hui aux titulaires de chacune de ces marques un avis analogue à celui-ci, mais plus détaillé, car il appelle leur attention sur la nécessité de renouveler à temps le dépôt national de ces marques et de mentionner le numéro et la date de l'enregistrement international antérieur, ainsi que les transmissions ou les changements de domicile survenus et qui ne nous auraient pas été notifiés. Nous les avertissons, en outre, que toute modification de la marque ou de la liste des produits auxquels elle s'applique, risque, dans certains pays, de faire perdre au nouveau dépôt son caractère de renouvellement.

Veuillez agréer, MM., l'assurance de notre haute considération.

Bureau international
de la Propriété industrielle
Le Directeur:

Marques internationales arrivant à échéance.

N°. de la marque	Date de l'échéance	Nom du titulaire	Observations concernant le cliché, la couleur, etc

Art. 7 MMA., Art. 8 intern. Ausf.O. Diese Nachricht geht an die Behörde des Ursprungslandes.

Lh. 2.

BUREAU INTERNATIONAL
DE LA
PROPRIÉTÉ INDUSTRIELLE

Service de l'Enregistrement international des marques de fabrique ou de commerce

Adresse télégraphique:
PROTECTUNIONS BERNE

Berne, le

No

AVIS

concernant le renouvellement des marques internationales

M

Conformément aux prescriptions de l'article 7 de l'Arrangement de Madrid du 14 avril 1891, nous avons l'honneur de vous donner avis, à titre officieux, que l... marque.... internationale .. No. ....s dont nous vous remettons ci-joint un spécimen portant les indications, de transmissions, changements d'adresse, etc., parvenues jusqu'ici à notre connaissance, atteindr .... le terme légal de protection le.... 192...

L'enregistrement international doit donc être renouvelé *avant* cette dernière date; il serait prudent de procéder à ce renouvellement le plus tôt possible, afin d'éviter tout risque d'interruption de la protection.

Les formalités à remplir sont les mêmes que pour un premier dépôt. On en trouvera les détails dans la notice ci-jointe.

Toutefois, il y a lieu de tenir compte des observations suivantes:

1. Si le dépôt national arrive également à son terme, ou en approche, il devra aussi être renouvelé en temps utile, car il forme la base indispensable du dépôt international.

2. L'enregistrement international doit être renouvelé tel quel, sans aucune modification, ni dans la marque, ni dans la liste des produits auxquels elle s'applique, à moins que l'on ne se borne à *réduire* le nombre de ceux-ci. Si une modification, même légère, est introduite, certaines Administrations se refuseront à considérer le nouveau dépôt comme un renouvellement ou à protéger les produits qui n'avaient pas été mentionnés lors du dépôt primitif, et le nouvel enregistrement sera exposé à toutes les difficultés qui peuvent surgir à l'égard d'une marque déposée pour la première fois (collisions avec d'autres marques, refus de protection, etc.).

3. Si la marque en cause a été l'objet d'une transmission, il est indispensable, pour éviter des difficultés, que cette transmission soit notifiée par le propriétaire de la marque à l'Administration de son pays d'origine, pour être constatée par celle-ci sur le formulaire de dépôt. Il en sera de même pour les changements de raison sociale, d'adresse, etc.

4. Cliché.

Il est inutile d'envoyer un cliché de la marque, le Bureau international ayant conservé celui qui a servi pour le premier dépôt.

Le cliché qui a été déposé il y a bientôt vingt ans ne peut plus fournir, à cause de son usure, une empreinte suffisamment nette de la marque ou excède les dimensions autorisées par le règlement actuel. S'il est fait une demande de renouvellement, celle-ci devra être accompagnée d'un nouveau cliché absolument identique au précédent, sauf qu'il ne devra pas dépasser 10 cm. de côté, et propre à donner une image *typographique* faisant ressortir visiblement tous les détails de la marque.

L'ancien cliché sera retourné au titulaire de celle-ci s'il en fait la demande au Bureau international dans l'année qui suit le présent avis, en lui envoyant fr. ……………, par mandat postal ou en coupons-réponse internationaux, pour frais de retour.

Ce délai écoulé, le cliché non réclamé sera détruit.

5. Nous rappelons aux intéressés qu'ils doivent adresser leurs demandes à leurs Administrations *nationales* respectives, et non pas directement à notre Bureau. On devra indiquer le numéro et la date de l'enregistrement international précédent, ainsi que le numéro et la date du dernier enregistrement national.

6. Enfin nous attirons l'attention sur la réduction de taxe dont on bénéficie en déposant simultanément plusieurs marques. Cela pour engager les propriétaires de marques à examiner s'ils auraient avantage à déposer, en même temps que leur demande de renouvellement, soit des marques nouvelles, soit des demandes de renouvellement pour d'autres de leurs marques dont l'échéance approche.

Le présent avis vous est envoyé à la dernière adresse portée sur nos registres.

Nous vous prions, M.............., d'agréer l'expression de nos sentiments distingués.

Bureau international
de la Propriété industrielle,
Le Directeur:

Art. 7 MMA., Art. 8 intern. Ausf.O. Diese Nachricht geht an den Markeninhaber.

II. Der Unionsvertrag.

A.

Convention d'Union de Paris

du 20 mars 1883 pour la Protection de la Propriété industrielle revisée à Bruxelles le 14 décembre 1900 et à Washington le 2 juin 1911.

Pariser Verbandsübereinkunft

vom 20. März 1883 zum Schutze des gewerblichen Eigentums, revidiert in Brüssel am 14. Dezember 1900 und in Washington am 2. Juni 1911.

(RGBl. 1913 S. 209 ff.; Bl. 13 S. 146; MW. XI S. 514, XII S. 450.)

S. M. l'Empereur d'Allemagne, Roi de Prusse, au nom de l'Empire Allemand; S. M. l'Empereur d'Autriche, Roi de Bohême, etc. et Roi Apostolique de Hongrie, pour l'Autriche et pour la Hongrie; S. M. le Roi des Belges; le Président des États-Unis de Brésil; le Président de la République de Cuba; S. M. le Roi de Danemark; le Président de la République Dominicaine; S. M. le Roi d'Espagne; le Président des États-Unis d'Amérique; le Président de la République Française; S. M. le Roi du Royaume-Uni de la Grande-Bretagne et

S. M. der Deutsche Kaiser, König von Preußen, im Namen des Deutschen Reichs; S. M. der Kaiser von Österreich, König von Böhmen usw. und Apostolischer König von Ungarn, für Österreich und für Ungarn; S. M. der König der Belgier; der Präsident der Vereinigten Staaten von Brasilien; der Präsident der Republik Cuba; S. M. der König von Dänemark; der Präsident der Dominikanischen Republik; S. M. der König von Spanien; der Präsident der Vereinigten Staaten von Amerika; der Präsident der Französischen Republik; S. M. der

d'Irlande et des Territoires Britanniques au delà des mers, Empereur des Indes; S. M. le Roi d'Italie; S. M. l'Empereur du Japon; le Président des États-Unis du Mexique; S. M. le Roi de Norwège; S. M. la Reine des Pays-Bas; le Président du Gouvernement Provisoire de la République du Portugal; S. M. le Roi de Serbie; S. M. le Roi de Suède; le Conseil Fédéral de la Confédération Suisse; le Gouvernement Tunisien,

König des Ver. Königreichs von Großbritannien und Irland und der Britischen überseeischen Besitzungen, Kaiser von Indien; S. M. der König von Italien; S. M. der Kaiser von Japan; der Präsident der Vereinigten Staaten von Mexiko; S. M. der König von Norwegen; J. M. die Königin der Niederlande; der Präsident der provisorischen Regierung der Republik Portugal; S. M. der König von Serbien; S. M. der König von Schweden; der Bundesrat der Schweizerischen Eidgenossenschaft; die Tunesische Regierung,

Ayant jugé utile d'apporter certaines modifications et additions à la Convention internationale du 20 mars 1883, portant création d'une Union internationale pour la Protection de la Propriété industrielle, revisée à Bruxelles le 14 décembre 1900.

Überzeugt von der Zweckmäßigkeit gewisser Änderungen und Ergänzungen der internationalen Übereinkunft v. 20. März 1883, welche einen internationalen Verband zum Schutze des gewerblichen Eigentums geschaffen und zu Brüssel am 14. Dezember 1900 eine Revision erfahren hat,

Ont nommé pour Leurs Plénipotentiaires, savoir:

Haben zu ihren Bevollmächtigten ernannt:

(Folgen die Namen.)

Lesquels, après s'être communiqué leurs pleins pouvoirs respectifs, trouvés en bonne et due forme, sont convenus des articles suivants:

Welche, nach gegenseitiger Mitteilung ihrer in guter und gehöriger Form befundenen Vollmachten, folgende Artikel vereinbart haben:

Article premier.

Les pays contractants sont constitués à l'état d'Union pour la protection de la propriété industrielle.

Artikel 1.

Die vertragschließenden Länder bilden einen Verband zum Schutze des gewerblichen Eigentums.

1. Verbandsangehörige. Dem Verbande gehören zurzeit an:

Lfd. Nr.	Staaten	Zeitpunkt des Beitritts
1	Belgien	7. Juli 1884
2	Brasilien	7. Juli 1884
3	Bulgarien	13. Juni 1921
4	Cuba	17. November 1904
5	Dänemark nebst Faröer-Inseln	1. Oktober 1894
6	Danzig (Freie Stadt)	21. November 1921
7	Deutsches Reich	1. Mai 1903
8	Dominikanische Republik	11. Juli 1890
9	Esthland	12. Februar 1924
10	Finnland	20. September 1921
11	Frankreich und Algerien nebst Kolonien	7. Juli 1884
12	Großbritannien nebst	7. Juli 1884
	Australien	5. August 1907
	Ceylon	10. Juni 1905
	Kanada	1. September 1923
	Neuseeland	7. September 1891
	Trinidad und Tobago	14. Mai 1908
13	Italien	7. Juli 1884
14	Japan	15. Juli 1899
15	Luxemburg	30. Juni 1922
16	Marokko (mit Ausnahme der spanischen Zone)	30. Juli 1917
17	Mexiko	7. September 1903
18	Niederlande nebst	7. Juli 1884
	Niederländisch-Indien	1. Oktober 1888
	Surinam und Curacao	1. Juli 1890
19	Norwegen	1. Juli 1885
20	Österreich	1. Januar 1909
21	Polen	10. November 1919
22	Portugal nebst Azoren und Madeira	7. Juli 1884
23	Rumänien	6. Oktober 1920
24	Schweden	1. Juli 1885
25	Schweiz	7. Juli 1884
26	Serbisch-Kroatisch-Slowenischer Staat	26. Februar 1921
27	Spanien	7. Juli 1884
28	Tschecho-Slowakei	5. Oktober 1919
29	Tunis	7. Juli 1884
30	Ungarn	1. Januar 1909
31	Vereinigte Staaten von Amerika	30. Mai 1887

(Vgl. Klauer, J. W. 1922 S. 1188/9.)

Australien hat die Washingtoner Akte v. 2. Juni 1911 noch nicht ratifiziert; für Australiengelten also nur die Vereinbarungen Paris v. 20. März 1883 und Brüssel v. 14. Dez. 1900 (unten Art. 18 Abs. 2)

2. Gegenstand der Übereinkunft. „Gewerbliches Eigentum" ist in weitestem Sinne zu verstehen; es umfaßt auch die Erzeugnisse der

Landwirtschaft wie der auf Gewinnung von Rohstoffen gerichteten Industrien (Schlußprotokoll: zu Art. 1).

3. Auf die Bezirke der Konsulargerichtsbarkeit erstreckt sich die Übereinkunft nicht; ebenso Seligsohn S. 288, Finger S. 500, Osterrieth-Axster S. 17, Wassermann-Lau im „Anschluß des Deutschen Reichs an die Intern. Union" 1902 S. 161.

Konsulargerichtsbarkeit übt Deutschland nur noch aus in Abessinien, Persien und Spanisch Marokko.

4. Maßgebend ist der französische Text, da das „einzige Exemplar" (Art. 19) nur in dieser Sprache abgefaßt ist.

Article 2.

Les sujets ou citoyens de chacun des pays contractants jouiront, dans tous les autres pays de l'Union, en ce qui concerne les brevets d'invention, les modèles d'utilité, les dessins ou modèles industriels, les marques de fabrique ou de commerce, le nom commercial, les indications de provenance, la répression de la concurrence déloyale, des avantages que les lois respectives accordent actuellement ou accorderont par la suite aux nationaux. En conséquence, ils auront la même protection que ceux-ci et le même recours légal contre toute atteinte portée à leurs droits, sous réserve de l'accomplissement des conditions et formalités imposées aux nationaux. Aucune obligation de domicile ou d'établissement dans le pays où la protection est réclamée ne pourra être imposée aux ressortissants de l'Union.

Artikel 2.

Die Untertanen oder Bürger der vertragschließenden Länder sollen in allen übrigen Ländern des Verbandes in betreff der Erfindungspatente, der Gebrauchsmuster, der gewerblichen Muster oder Modelle, der Fabrik- oder Handelsmarken, der Handelsnamen, der Herkunftsbezeichnungen und der Unterdrückung des unlauteren Wettbewerbes die Vorteile genießen, welche die betreffenden Gesetze den Staatsangehörigen gegenwärtig gewähren oder in Zukunft gewähren werden. Demgemäß sollen sie denselben Schutz wie diese und dieselbe Rechtshilfe gegen jeden Eingriff in ihre Rechte haben, vorbehaltlich der Erfüllung der Förmlichkeiten und Bedingungen, welche den Staatsangehörigen durch die innere Gesetzgebung auferlegt werden. Die Verpflichtung, einen Wohnsitz oder eine Niederlassung in dem Lande zu haben, wo der Schutz beansprucht wird, darf den Verbandsangehörigen nicht auferlegt werden.

1. Schutzberechtigte. Voraussetzung für das Recht auf Geltendmachung der durch den Unionsvertrag gewährten Rechte ist, daß der das Recht Beanspruchende

a) entweder einem der Verbandsländer angehört, d. h. die Staatsangehörigkeit in diesem besitzt (Art. 2),

b) oder daß er in einem der Verbandsländer seinen Wohnsitz oder seine gewerbliche oder Handelsniederlassung hat (Art. 3).

c) Wird das Recht von mehreren Personen geltend gemacht, so müssen diese Voraussetzungen bei jeder von ihnen gegeben sein (vgl. BA. 18. II 04: Bl. 04 S. 259).

(Im Nachstehenden wird der Kürze halber stets von „Unionsangehörigen" gesprochen.)

Ob die Voraussetzungen der Schutzberechtigung vorliegen, haben die Gerichte bzw. das RPA. von Amts wegen zu prüfen (vgl. BA. 29. II 04: Bl. 04 S. 167). Die Gerichte haben dies im bürgerlichen Rechtsstreit auch dann zu prüfen, wenn der Gegner des Schutzberechtigten nicht darauf hinweist, z. B. ist ein Antrag auf Versäumnisurteil zurückzuweisen, wenn das Vorliegen der Voraussetzungen nicht behauptet ist. Ebenso kein „Urteil nach Lage der Akten" S. ZPO. vom 13. 2. 1924 §§ 251 a, 331 a bzw. § 23 der Entl.VO. v. 22. 12. 23.

Für die Unionsangehörigen bedarf es keiner Bekanntmachung im Sinne des § 23 Abs. 1 WbzG. (BA. 19. XI. 03: Bl. 03 S. 283), da der U.V. (Verkündung im RGBl.) ein Bestandteil des inneren deutschen Rechts geworden ist. Da nach Art. 1 des AusfGes. v. 31. III. 1913 (unten S. 128) jene Bestimmung auf Reichsangehörige überhaupt keine Anwendung findet, so unterliegt ihr nur noch der nichtunionsangehörige Ausländer. Für eine von einem solchen Ausländer bewirkte Anmeldung wird die Beschränkung des § 23 Abs. 1 auch nicht dadurch ausgeschaltet, daß er die Anmeldung im Laufe des Verfahrens auf eine in Deutschland wohnhafte Person überträgt (BA. 23. IX 03: Bl. 03 S. 283).

2. Schutzumfang. Alle Unionsangehörigen sollen in jedem Verbandslande den gleichen Schutz genießen wie die Staatsangehörigen und zwar gleichviel ob sie auch in dem betr. Lande ihren Wohnsitz oder ihre Niederlassung haben (Nationalitätsprinzip, nicht Domizilprinzip!)

„Die Übereinkunft hat die Verbandsstaaten nicht in dem Sinne zu einem einheitlichen Schutzgebiete vereinigt, daß jeder Angehörige eines solchen Staates, der in dem einen Staate Schutz erlangt hat, ihn damit von selbst auch in den anderen Staaten genösse. Voraussetzung ist vielmehr, daß, wer in dem anderen Staate Schutz in Anspruch nehmen will, die Förmlichkeiten und Bedingungen erfüllt, die in diesem Staate den eigenen Staatsangehörigen durch dessen innere Gesetzgebung auferlegt sind. Vorgeschrieben ist nur, daß hierin die Verbandsangehörigen den Angehörigen jedes beteiligten Landes gleichstehen sollen." So RG. Str. 17. II 14 (RGSt. 48 S. 138 = Bl. 14 S. 205).

Den Bestimmungen des WbzG. § 23 Abs. 2 (Vertreterzwang) und Abs. 3 (Nachweis des Heimatschutzes) sind auch die Unionsangehörigen unterworfen. Denn diese Bestimmungen gelten auch für Reichsdeutsche. Und wenn der Unionsvertrag die Ausländer den Inländern gleichstellt, so macht er sie damit nicht zu Inlandsangesessenen. (Kohler S. 209/10 u. 238; Seligsohn

S. 290; Lau GR 03 S. 69 u. 263; RG. 3. III 05: Bd. 60 S. 217 = Bl. 05 S. 223 = JW. 05 S. 237; RG. 1. V. 08: Bl. 08 S. 226 = JW. 08 S. 437 = MW. 08 S. 209; A. M. Osterrieth-Axter S. 25, Osterrieth S. 456 u. 467).

Ebenso finden die Vorschriften der ZPO. § 110: Sicherheitsleistung wegen der Prozeßkosten — und § 114: Beschränkung des Anspruchs auf Bewilligung des Armenrechts — sowie des deutschen Gerichtskostengesetzes § 85: erhöhte Vorschußpflicht — an sich auch auf Unionsangehörige Anwendung (Schlußprotokoll ad Art. 2 sub c, unten S. 126). Der aus einem gewerblichen Schutzrechte klagende Ausländer, dessen Staat zwar der Union angehört, aber weder dem Haager Abkommen über den Zivilprozeß vom 17. Juli 1905 (RGBl. 09 S. 409 = Bl. 09 S. 150) beigetreten, noch in diesen Hinsichten eine Sondervereinbarung mit dem Deutschen Reiche eingegangen ist, ist also nicht von der Verpflichtung zur Sicherstellung des Gegners wegen der Prozeßkosten und nicht von der Leistung des Ausländervorschusses gegenüber der Staatskasse befreit. (Hierzu Stein, Die Zivilprozeßordnung für das Deutsche Reich, Anm. II § 110 u. III § 114; Rittmann, das Deutsche Gerichtskostengesetz, Anm. zu Abs. 2 § 85). Wichtig bei Großbritannien!

„Die betr. Gesetze", das sind nicht nur die Spezialgesetze betr. den Warenzeichen- und Wettbewerbsschutz, sondern selbstverständlich auch die ohnedies zugunsten jedes Ausländers geltenden Vorschriften des gemeinen bürgerlichen Rechts (so insbes. BGB. §§ 12, 823—826; § 36 HGB.; Code Civil 1382/3; vgl. RG. 11. VII 13: MW. XIII S. 201).

„Rechtshilfe": bürgerlicher und strafrechtlicher Schutz, unter Umständen auch ein Schutz der freiwilligen Gerichtsbarkeit, z. B. im Firmenrecht; der zollrechtliche Schutz des § 17 WbzG. Kurz, materiell- und prozeßrechtlicher Schutz in dem vollen, von den einzelnen Verbandsländern ihren eigenen Angehörigen gewährten Umfange.

3. **Verfahrungsvorschriften.** Daß die Bestimmungen des WbzG. und der deutschen Prozeßordnungen auch auf Unionsangehörige zur Anwendung kommen, versteht sich von selbst, ist überdies im Schlußprotokoll ad art. 2 unter c noch ausdrücklich gesagt. Insbes. unterliegen auch Unionsangehörige wie andere Ausländer dem Zwange, einen Vertreter im Inlande zu bestellen (Anm. 2). Wegen des Vertreterzwanges bei der intern. Markenregistrierung vgl. Anm. 4 zu Art. 5 des MMA. (unter B I).

4. Durchbrechung des Grundsatzes, daß Verbandsangehörige in keinem Verbandslande schlechter gestellt werden dürfen als die Angehörigen dieses Landes, durch die Bestimmungen des FV.: unten S. 155 u. 159).

5. Zu Satz 3 vgl. Österr. Min. f. öff. Arb. v. 14. IX 1914 (Österr. PBl. 1915 S. 230 Bl. 15 S. 237).

Die erst auf der Washingtoner Konferenz eingeschobene Bestimmung im Satz 3 hat, wie im Schlußprotokoll ad art. 2 unter b betont wird, die Bedeutung einer authentischen Interpretation; sie hat also rückwirkende Kraft; sie erläutert das alte, schafft kein neues Recht.

Article 3.	Artikel 3.
Sont assimilés aux sujets ou citoyens des pays contractants,	Den Untertanen oder Bürgern der vertragschließenden Länder

les sujets ou citoyens des pays ne faisant pas partie de l'Union, qui sont domiciliés ou ont des établissements industriels ou commerciaux effectifs et sérieux sur le territoire de l'un des pays de l'Union.

werden gleichgestellt die Untertanen oder Bürger der dem Verbande nicht beigetretenen Länder, welche im Gebiet eines der Verbandsländer ihren Wohnsitz oder tatsächliche und wirkliche gewerbliche oder Handelsniederlassungen haben.

Wohnsitz ist: Ort der ständigen Niederlassung (§ 7 BGB.); mehrfacher Wohnsitz möglich.

Gewerbliche oder Handelsniederlassung ist jeder Mittelpunkt kaufmännischer oder gewerblicher Tätigkeit; eine Fabrik ist eine gewerbliche Niederlassung.

Hauptniederlassung ist für die Anwendung dieses Art. nicht erforderlich (s. Art. 6 Abs. 3).

Durch die Worte „tatsächliche und wirkliche" Niederlassung ist der Einfluß simulierter Niederlassungen ausgeschlossen; tatsächliche Prüfung im Einzelfall. Die Simulation braucht nicht gerade den Zweck zu verfolgen, die Vorteile aus dem UV. zu erlangen; sie kann auch aus anderen, z. B. steuerrechtlichen Gründen erfolgt sein.

Nicht erforderlich ist, daß sich das Schutzrecht gerade auf den Betrieb der Niederlassung in dem betreffenden Lande bezieht (Gesichtspunkte wie z. B. bei dem Gerichtsstand der Angestelltenklage — RG. 105, 131 — greifen nicht Platz).

Article 4.

a) Celui qui aura régulièrement fait le dépôt d'une demande de brevet d'invention, d'un modèle d'utilité, d'un dessin ou modèle industriel, d'une marque de fabrique ou de commerce, dans l'un des pays contractants, ou son ayant cause, jouira pour effectuer le dépôt dans les autres pays, et sous réserve des droits des tiers, d'un droit de priorité pendant les délais déterminés ci-après.

b) En conséquence, le dépôt ultérieurement opéré dans l'un des autres pays de l'Union avant

Artikel 4.

a) Derjenige, welcher in einem der vertragschließenden Länder ein Gesuch um ein Erfindungspatent, ein Gebrauchsmuster, ein gewerbliches Muster oder Modell, eine Fabrik- oder Handelsmarke vorschriftsmäßig hinterlegt, oder sein Rechtsnachfolger soll zum Zwecke der Hinterlegung in den anderen Ländern während der unten bestimmten Fristen und vorbehaltlich der Rechte Dritter ein Prioritätsrecht genießen.

b) Demgemäß soll die hiernächst in einem der übrigen Verbandsländer vor Ablauf dieser

l'expiration de ces délais, ne pourra être invalidé par des faits accomplis dans l'intervalle, soit, notamment, par un autre dépôt, par la publication de l'invention ou son exploitation, par la mise en vente d'exemplaires du dessin ou du modèle, par l'emploi de la marque.

c) Les délais de priorité mentionnés ci-dessus seront de douze mois pour les brevets d'invention et les modèles d'utilité et de quatre mois pour les dessins et modèles industriels et pour les marques de fabrique ou de commerce.

d) Quiconque voudra se prévaloir de la priorité d'un dépôt antérieur, sera tenu de faire une déclaration indiquant la date et le pays de ce dépôt. Chaque pays determinera à quel moment, au plus tard, cette déclaration devra être effectuée. Ces indications seront mentionnées dans les publications émanant de l'Administration compétente, notamment sur les brevets et les descriptions y relatives. Les pays contractants pourront exiger de celui qui fait une déclaration de priorité la production d'une copie de la demande (description, dessins, etc.) deposée antérieurement, certifiée conforme par l'Administration qui l'aura reçue. Cette copie sera

Fristen bewirkte Hinterlegung durch inzwischen eingetretene Tatsachen, wie namentlich durch eine andere Hinterlegung, durch die Veröffentlichung der Erfindung oder deren Ausübung, durch das Feilbieten von Exemplaren des Musters oder Modells, durch die Anwendung der Marke nicht unwirksam gemacht werden können.

c) Die oben erwähnten Prioritätsfristen sollen zwölf Monate für Erfindungspatente und Gebrauchsmuster und vier Monate für gewerbliche Muster oder Modelle und für Fabrik- oder Handelsmarken betragen.

d) Wer die Priorität einer vorhergehenden Hinterlegung in Anspruch nehmen will, hat eine Erklärung über die Zeit und das Land dieser Hinterlegung abzugeben. Jedes Land bestimmt, bis wann die Erklärung spätestens abgegeben werden muß. Die Angaben sind in die von der zuständigen Behörde ausgehenden Veröffentlichungen, insbesondere in die Patenturkunden und die zugehörigen Beschreibungen, aufzunehmen. Die vertragschließenden Länder können von demjenigen, welcher eine Prioritätserklärung abgibt, fordern, daß er die frühere Anmeldung (Beschreibung, Zeichnungen usw.) in einer Abschrift vorlegt, die von der Behörde, welche die Anmeldung

dispensée de toute légalisation. On pourra exiger qu'elle soit accompagnée d'un certificat de la date du dépôt, émanant de cette Administration, et d'une traduction. D'autres formalités ne pourront être requises pour la déclaration de priorité au moment du dépôt de la demande. Chaque pays contractant déterminera les conséquences de l'omission des formalités prévues par le présent article, sans que ces conséquences puissent excéder la perte du droit de priorité.

empfangen hat, als übereinstimmend bescheinigt ist. Diese Abschrift soll von jeder Legalisation befreit sein. Es kann gefordert werden, daß ihr eine von dieser Behörde ausgestellte Bescheinigung über die Zeit der Hinterlegung und eine Übersetzung beigefügt wird. Andere Förmlichkeiten für die Prioritätserklärung dürfen bei der Hinterlegung des Gesuchs nicht gefordert werden. Jedes vertragschließende Land wird die Folgen der Außerachtlassung der durch den gegenwärtigen Artikel vorgesehenen Förmlichkeiten bestimmen, jedoch dürfen diese Folgen über den Verlust des Prioritätsrechts nicht hinausgehen.

e) Ultérieurement d'autres justifications pourront être demandées.

e) Später dürfen andere Nachweisungen gefordert werden.

1. **Prioritätsrecht.** Art. 4 gewährt ein Prioritätsrecht auf Grund der Anmeldung der Marke in einem der Verbandsländer. Das Prioritätsrecht erstreckt sich auf alle anderen Verbandsländer; kein Prioritätsrecht im Lande der Erstanmeldung: der UV. regelt nur den zwischenstaatlichen Rechtsverkehr. Eine Anmeldung in Deutschland begründet also keine Unionspriorität für eine spätere deutsche Anmeldung; wohl aber kann für die spätere deutsche Anmeldung die Priorität einer, wenn auch erst nach der ersten deutschen Anmeldung in einem anderen Unionslande bewirkten Hinterlegung beansprucht werden (BA. 10. 1. 14: Bl. 14 S. 10).

A. Berechtigt sind

a) die Unionsangehörigen i. S. der Art. 2 u. 3,

b) ihre Rechtsnachfolger, — also Universal- und Singularrechtsnachfolger.

Die Regelung der Frage, ob auch der Rechtsnachfolger (Universal- wie Singularnachfolger), um das Prioritätsrecht in Anspruch nehmen zu können, Unionsangehöriger sein muß, ist der Gesetzgebung der einzelnen Verbandsländer überlassen (Osterrieth, Wash. Konf. S. 25). Das deutsche Recht enthält hierüber keine Sondervorschrift. Nach dem Grundgedanken des Übereinkommens kann ein Rechtsnachfolger das Prioritätsrecht nur geltend machen, wenn in seiner Person die Erfordernisse des Art. 2 oder 3 gegeben sind (Seligsohn S. 295, Finger S. 508, Strèsow: Prop. ind. 23 S. 119;

Österr. PA. 30. XII. 22: Österr. PBl. 23 S. 52 = Bl. 23 S. 121; abweichend Seligsohn PG. 6. Aufl. S. 519). Das Recht auf Grund des UV. erlischt also, wenn die Anmeldung auf einen Nicht-Unionsangehörigen übergeht. War die Marke erstmalig von mehreren Personen gemeinschaftlich angemeldet, so müssen sie sämtlich Unionsangehörige gewesen sein (vgl. BA. 18. II. 04: Bl. 04 S. 259; Lutter: S. 54). In solchem Falle kann für eine im Inland nur von einem von ihnen überreichte Anmeldung die Unionspriorität nur beansprucht werden, wenn hierzu die Zustimmung der übrigen nachgewiesen wird (Österr. PA. 20. XII. 12: Bl. 13 S. 379). Andrerseits kommt der von mehreren eingereichten Anmeldung das Prioritätsrecht des Art. 4 auch dann zu, wenn die ausländische Anmeldung nicht von ihnen allen bewirkt war; vorausgesetzt, daß der im Inland Hinzugekommene sein Recht von den anderen Anmeldern ableitet und selbst Unionsangehöriger ist (BA. 3. VII. 09: Bl. 10 S. 5). Das Schweizerische Bundesgesetz betr. Prioritätsrechte an Erfindungspatenten usw. vom 3. April 1914 (Bl. 14 S. 343) Art. 3 läßt den Rechtsnachfolger das Prioritätsrecht auch dann erwerben, wenn er weder Angehöriger eines Verbandslandes, noch einem solchen nach Art. 2 gleichgestellt ist.

B. Frist: 4 Monate.

a) Berechnung der Frist lediglich nach den Bestimmungen desjenigen Unionslandes, in welchem die Prioritätsrechte aus dem UV. geltend gemacht werden — in Deutschland also nach §§ 187 ff. BGB. (BA. 9. I. 07: Bl. 07 S. 29).

b) Beginn des Fristlaufs. Die Frist läuft von dem Zeitpunkt der ersten Anmeldung in einem Verbandslande; einer zweiten oder noch späteren Anmeldung kommt eine prioritätsbegründete Wirkung nicht zu, weil der Sinn des Vertrags dahin geht, daß eine einheitliche Frist mit dem Tage der ersten Hinterlegung beginnen soll. So:

Inland: BA. 3. VII. 07: Bl. 08 S. 109 u. 11. IV. 08: Bl. 08 S. 180; 21. I. 10: Bl. 10 S. 134 = MW. IX 234; Österrieth-Axter, S. 73; Damme, S. 214; dieser Auffassung scheint auch RG. 5. VI. 20 (RG. 99 S. 145 = JW. 20 S. 834 = Bl. 20 S. 108 = MW. XX 31) beizupflichten: „Das Prioritätsrecht des Art. 4 UV. sollte insbes. nicht ein Patentrecht auf Grund der ersten Anmeldung in einem Unionsstaat auch in allen übrigen Staaten schaffen, vielmehr bestimmt Art. 4 Abs. 2 der Konvention den Sinn und die Bedeutung dieses Prioritätsrechts völlig klar nur dahin, daß ..." Abweichend BA. 27. VI. 13: ZfJ. 13 S. 183 = MVdP. 13 S. 160; Seligsohn PGes. 6. Aufl. S. 521; Isay 3. Aufl. S. 163; Kent Anm. 186 zu § 20 (II S. 158); Finger S. 508; Allfeld S. 706/7.

Ausland: α) Österr. PA.: Österr. PBl. 1912 S. 493, 1913 S. 315, 1916 S. 8, 1923 S. 52 = Bl. 12 S. 250; 13 S. 290; 16 S. 41; 23 S. 121; β) Schweiz: BundesGes. betr. Prioritätsrechte an Erfindungspatenten und gewerblichen Mustern v. 3. IV. 14 Art. 1 Abs. 2: Bl. 14 S. 343; γ) Tunis: Bl. 14 S. 186; δ) Italien: VO. betr. die zur Anmeldung von Einführungspatenten und zur Geltendmachung des Prioritätsrechts beizubringenden Schriftstücke v. 21. X. 21 Art. 4: Bl. 22 S. 24; ε) Dänemark: Merkblatt der Patentanwälte Januar 1919; ζ) Niederl. PA.: Bl. 19 S. 6; η) JB.: notice sur l'Union internationale etc., herausgegeben 1922, oben S. 76.

Einhaltung der Frist: Hinterlegt ist eine Anmeldung erst in dem

Zeitpunkt, in welchem sie in den Einlauf der RPA gelangt ist. Einreichung bei der Postanstalt eines Unionslandes genügt nicht (Anm. Abt. VIII 18. III. 10: MW. XII S. 490).

c) Die erste Hinterlegung braucht nicht in dem Heimatslande des Hinterlegenden erfolgt zu sein; der Deutsche, der seine Anmeldung zuerst in der Schweiz angebracht hat, erwirbt damit das Prioritätsrecht (BA. 17. VI. 96: Bl. 96 S. 291; 3. VII. 09 Bl. 10 S. 5; Damme, S. 219). Für Wz. ist dieser Grundsatz von geringerer Bedeutung, da die Mehrzahl der Verbandsländer die Gewährung eines Markenschutzes von dem Nachweise des Heimatschutzes abhängig macht.

d) Keine Wiedereinsetzung in den vorigen Stand gegen Versäumung der Prioritätsfrist (BA. 25. X. 17: Bl 17 S. 121). Wohl aber kann eine Anmeldung, für welche die Priorität infolge verspäteter oder mangelhafter Prioritätserklärung nicht gewährbar ist, innerhalb der Prioritätsfrist (!) mit Prioritätserklärung wiederholt werden.

C. Geltendmachung. a) Das Prioritätsrecht hat für das Wz.wesen, schon wegen der Kürze der Frist zu seiner Geltendmachung, geringe Bedeutung. Es kann bei Anwendung der §§ 5, 6, 9 Ziff. 1, 12 u. 20 WbzG. sowie bei der Beurteilung der Freizeicheneigenschaft eines Zeichens eine Rolle spielen. Der Prioritätsberechtigte hat den Vorrang vor allen anderen, die das gleiche oder ein zum Verwechseln ähnliches (§ 20) Wz. innerhalb der Prioritätsfrist anmelden. In diesem Vorrang erschöpft sich die Wirkung des Prioritätsrechts. Keine Zurückverlegung des deutschen Anmeldetages auf den Zeitpunkt der früheren prioritätsbegründenden Anmeldung! (Anders Großbritannien.) Die zehnjährige Schutzfrist eines Warenzeichens läuft demnach, unbeeinflußt durch eine geltend gemachte Unionspriorität, von dem Tage des Einganges der deutschen Anmeldung.

Das Prioritätsrecht muß ausdrücklich in Anspruch genommen werden; von Amts wegen wird es nicht berücksichtigt.

b) Form der Geltendmachung: der Berechtigte hat anläßlich einer Nachanmeldung eine Erklärung über Zeit und Land der früheren Anmeldung abzugeben; den Zeitpunkt, bis zu welchem die Erklärung abgegeben sein muß, sowie die Rechtsfolgen der Unterlassung oder nicht rechtzeitigen Abgabe jener Erklärung haben die einzelnen vertragschließenden Länder zu bestimmen. Größere Nachteile als der Verlust des Prioritätsrechts dürfen nicht angedroht werden.

c) Nachweis der Voranmeldung.

α) Ausreichend zunächst die im Art. 4 Abs. d aufgeführten Urkunden;

β) die spätere Nachbringung weiterer Beweisstücke kann von den einzelnen Verbandsländern gefordert werden. Die Prioritätsangaben, d. h. die Angaben, daß eine und welche Priorität beansprucht wird (nicht etwa — wie es vordem der Fall war — Angaben darüber, ob in dem Prüfungsverfahren eine Priorität vom RPA. anerkannt ist) sind in die das Zeichen betreffenden Veröffentlichungen aufzunehmen.

Hierzu: Ges. z. Ausf. der rev. Par. Übereink. v. 2. VI. 1911 zum Schutze des gewerbl. Eigentums v. 31. III. 1913 und die Bekanntm. des Reichskanzlers betr. die Geltendmachung des in Art. 4 der rev. Par. Übereink. v. 2. VI. 1911 zum Schutze des gewerbl. Eigentums vorgesehenen Prioritätsrechts v. 8. IV. 1913 (unten S. 35). Danach ist der Prioritätsanspruch

für die Anmeldung verwirkt, wenn die Erklärung über **Zeit und Land** der Voranmeldung nicht **bei** der Anmeldung des Warenzeichens abgegeben wird. (Vordem konnte der Anspruch in jeder Lage des Verfahrens — auch noch im Laufe eines Rechtsstreites — geltend gemacht werden; vgl. Klöppel, Die Washingtoner diplomatische Konferenz: MW. XI S. 70.) **Beweismittel** können dagegen nachgebracht werden. Als Beweismittel ist lediglich der **Urkundenbeweis** vorgesehen (Abs d und Art. 2 AusfGes.; vgl. Österr. PA. 17. XI. 1913 und 5. III. 1914: Bl. 14 S. 255/6).

Über die Vorschriften der einzelnen Verbandsländer betr. Geltendmachung des Prioritätsrechts siehe Strešow, De la preuve du droit de la priorité in Prop. ind. 1923 S. 119, dazu ergänzend: Rumänien, VO. betr. die Wirkung des Beitritts Rumäniens zu der intern. Verbandsübereinkunft usw. v. 18. XII. 1922. – Prop. ind. 1923 S 30 = Bl. 23 S. 67. Vgl. Anm. zu Art. II des Ausf. Ges. v. 31. III. 13, unten S 128.

d) **Prüfung des geltend gemachten Prioritätsrechts.** Sie setzt erst dann ein, wenn aus dem Prioritätsintervall entgegenstehendes Material ermittelt ist (BA. 19. II. 1918: MW. XVIII S. 20). Die Entscheidung der Prüfungsstellen des RPA. bindet weder die Richtigkeitsabteilung noch die Gerichte.

2. Teilprioritäten. In ständiger Übung hält das RPA. die Zubilligung verschiedener Prioritäten für einzelne Teile einer **Patent**anmeldung für zulässig, sowohl wenn mehrere im Auslande zu verschiedenen Zeiten angemeldete Erfindungen, als auch wenn neben einer im Auslande angemeldeten eine noch nicht im Auslande angemeldete Erfindung in eine einzige deutsche Anmeldung zusammengefaßt werden (**Damme**, S. 218; **Lutter** S„54; vgl. Österr. PA. BA. 4. I. 09; 16. XII. 9; 19. XI. 21; 10. IV. 23 — Österr. Pbl. 10 S. 153; 22 S. 129; 23 S. 87 = Bl. 09 S. 125; 10 S. 112; 22 S. 157; abweichend Tschecho-Slowakisches PA. BA. 24. II. 22: Bl. 22 S. 53; vgl. Prop. ind. 1905 S. 117). Für die Zulässigkeit von Teilprioritäten hat sich auch die deutsche Gruppe der Intern. Vereinigung für gewerbl. Rechtsschutz auf der Tagung v. 11./12. V. 23 ausgesprochen (GR. 23 S. 155/6: Prop. ind. 1923 S. 86).

Für das Wzrecht ist die Frage der Teilprioritäten wie das ganze Prioritätsrecht von geringerer Bedeutung. Immerhin könnten für verschiedene Waren oder Warengattungen verschiedene Prioritäten beansprucht und zugebilligt werden. Desgleichen für einzelne Zeichenbestandteile, Beispiel: einem Schweizer ist in der Schweiz am 1. III. das Bild eines Löwen und am 1 V. das gleiche Löwenbild zusammen mit einer Pyramide geschützt worden; dieses zusammengesetzte Zeichen (Löwe und Pyramide) meldet der Schweizer am 1. VI. in Deutschland an, indem er dabei neben der Priorität vom 1. V. für das zusammengesetzte Zeichen noch die Priorität vom 1. III. für das Löwenbild beansprucht; damit schlägt er eine von anderer Seite auf das gleiche Löwenbild am 1. IV. bewirkte Anmeldung aus dem Felde.

3. Vorbehalt der Rechte Dritter.

A. „Rechte Dritter": **Alle** Rechte: Rechte auf Grund des WzG., sonstige absolute Rechte (z. B. Namensrecht § 12 BGB., Wettbewerbsrecht, § 826 BGB. usw.), aber auch Vertragsrechte, z. B. wenn sich der Prioritätsberechtigte einem anderen gegenüber verpflichtet hat, seine Marke in einem bestimmten Lande nicht zu gebrauchen.

Geltendmachung: vor dem RPA. innerhalb der Zuständigkeit dieser Behörde, sonst vor dem ordentlichen Gericht.

B. Kann im Prioritätsintervall ein *Vorbenutzungsrecht* entstehen? Über die Tragweite des Ausdrucks sous réserve des droits des tiers wurde auf der Washingt. Konf. keine Einigung erzielt; jedes Land hat daher die Freiheit eigener Entschließung (Osterrieth, Wash. Konf. S. 28/9). Für Patente ist die Frage bejaht vom RG. 5. VI. 20 (Bl. 20 S. 108, JW. 1920 S. 834 = GR. 1920 S. 102) und vom Österr. PA., Nichtigkeitsabt. 21. XII. 20 (Österr. PBl. 1921 S. 132 = Bl. 21 S. 186) und vom KG. 11. II. 22 (MW. XXIII 56). Das RG. nimmt an, daß der Inhalt des Prioritätsrechts des Art. 4 nichts weiter sei, als die Änderung des Datums für die Neuheitsprüfung in dem Zweitanmeldestaat. Vgl. Seligsohn, PG. S. 524 u. die dort angezogene Literatur; ferner Dunkhase, Patentr. Spaziergänge: MW. Bd. XX S. 81. *Dagegen*: Prop. ind. 1921 S. 122, 1922 S. 44. Vgl. Schweizerisches Bundes-Ges. betr. die Erfindungspatente usw. v. 21. VI. 1907 Art. 36 Abs. 3 u. Art. 8 (Bl. 07 S. 184) sowie das Schweiz. BundesGes. betr. Prioritätsrechte an Erfindungspatenten usw. v. 3. IV. 14 Art. 5 (Bl. 14 S. 343): keine Erwerbung eines Mitbenutzungsrechts während der Prioritätsfrist.

Dem geltenden deutschen Warenzeichenrecht ist ein Vorbenutzungsrecht unbekannt. Der Vorbehalt der Rechte Dritter hat insoweit für Wz. keine praktische Bedeutung. Der Prioritätsberechtigte hat die Priorität vor allen anderen, die das gleiche oder ein zum Verwechseln ähnliches Zeichen für gleiche oder gleichartige Waren innerhalb der Prioritätsfrist angemeldet oder in Gebrauch genommen haben. — Dies schließt nicht aus, daß bei *arglistiger* Ausnutzung der formalen Bestimmungen des UV. die allgemeinen Bestimmungen des bürgerlichen Rechts Platz greifen. Einem Anspruch aus § 826 BGB., § 1 Unl. Wz. gegenüber (vgl. Freund-Magnus S. 129 Ziff. 3; RG. 11. VI. 01: JW. 1909 S. 205; RG. 48 S. 236; RG. 23. III. 17: Bl. 17 S. 78) kann sich der Arglistige nicht auf Art. 4 Abs. b berufen. Die Prüfung dieses Gesichtspunktes steht den Gerichten zu. Das RPA. könnte aus diesem Gesichtspunkt einem formal Prioritätsberechtigten die Eintragung nicht versagen.

4. Über die *Form der Prioritätsbescheinigungen* bestimmt eine Bekanntmachung des Reichsministers der Justiz v. 22. Juli 1920 (Bl. 20 S. 102): Die Bescheinigung, daß die Abschrift einer bei dem RPA. eingereichten Anmeldung mit dieser übereinstimmt, ist mit dem Amtssiegel des RPA. in Form eines Durchschlagsstempels zu versehen. „Der Unterschrift des Präsidenten oder seines Stellvertreters bedarf es nicht." Diese erleichterte Förmlichkeit bezieht sich indessen — nach einer Mitteilung des RPA. vom 14. Oktober 1920 (Bl. 20 S. 118) — nur auf eigentliche Prioritätsbescheinigungen, also insbes. nicht auf Urkunden, die in Warenzeichensachen zum Nachweise des Heimatschutzes (§ 23 Abs. 3 Wbzg.) gebraucht werden.

Article 4 bis.

Les brevets demandés dans les différents pays contractants par

Artikel 4b.

Die Patente, deren Erteilung in den verschiedenen vertragschlie-

des personnes admises au bénéfice de la Convention aux termes des articles 2 et 3, seront indépendants des brevets obtenus pour la même invention dans les autres pays adhérents ou non à l'Union.

Cette disposition doit s'entendre d'une façon absolue, notamment en ce sens que les brevets demandés pendant le délai de priorité sont indépendants, tant au point de vue des causes de nullité et de déchéance, qu'au point de vue de la durée normale.

Elle s'applique à tous les brevets existant au moment de sa mise en vigueur.

Il en sera de même, en cas d'accession de nouveaux pays, pour les brevets existant de part et d'autre au moment de l'accession.

Article 5.

L'introduction, par le breveté, dans le pays où le brevet a été délivré, d'objets fabriqués dans l'un ou l'autre des pays de l'Union, n'entraînera pas la déchéance.

Toutefois, le breveté restera soumis à l'obligation d'exploiter son brevet conformément aux

ßenden Ländern von den zur Wohltat der Übereinkunft nach Maßgabe der Art. 2 und 3 verstatteten Personen beantragt wird, sollen von den für dieselbe Erfindung in anderen zum Verbande gehörenden oder nicht gehörenden Ländern erteilten Patenten unabhängig sein.

Diese Bestimmung ist ohne jede Einschränkung zu verstehen, insbesondere in dem Sinne, daß die während der Prioritätsfrist angemeldeten Patente sowohl hinsichtlich der Gründe der Nichtigkeit und des Verfalls als auch hinsichtlich der gesetzmäßigen Dauer unabhängig sind.

Sie findet auf alle zur Zeit ihres Inkrafttretens bestehenden Patente Anwendung.

Für den Fall des Beitritts neuer Länder soll es mit den im Zeitpunkt des Beitritts auf beiden Seiten bestehenden Patenten ebenso gehalten werden.

Artikel 5.

Die durch den Patentinhaber bewirkte Einfuhr von Gegenständen, welche in einem oder dem anderen Verbandsland hergestellt sind, in das Land, in welchem das Patent erteilt worden ist, soll den Verfall des letzteren nicht zur Folge haben.

Gleichwohl soll der Patentinhaber verpflichtet bleiben, sein Patent nach Maßgabe der Gesetze

lois du pays où il introduit les objets brevetés, mais avec la restriction que le brevet ne pourra être frappé de déchéance pour cause de non-exploitation dans un des pays de l'Union qu'après un délai de trois ans, compté à partir du dépôt de la demande dans ce pays, et seulement dans le cas où le breveté ne justifierait pas des causes de son inaction.

des Landes, in welches er die patentierten Gegenstände einführt, auszuüben, jedoch mit der Einschränkung, daß der Verfall eines Patents wegen Nichtausübung in einem Verbandsland erst nach Ablauf von drei Jahren seit der Hinterlegung des Gesuchs in diesem Lande und nur dann ausgesprochen werden kann, wenn der Patentinhaber Gründe für seine Untätigkeit nicht dartut.

Article 6.

Toute marque de fabrique ou de commerce régulièrement enregistrée dans le pays d'origine sera admise au dépôt et protégée telle quelle dans les autres pays de l'Union.

Toutefois, pourront être refusées ou invalidées:

1⁰ Les marques qui sont de nature à porter atteinte à des droits acquis par des tiers dans le pays où la protection est réclamée.

2⁰ Les marques dépourvues de tout caractère distinctif, ou bien composées exclusivement de signes ou d'indications pouvant servir, dans le commerce, pour désigner l'espèce, la qualité, la quantité, la destination, la valeur, le lieu d'origine des produits ou l'époque de production, ou devenus usuels dans le

Artikel 6.

Jede im Ursprungslande vorschriftsmäßig eingetragene Fabrik- oder Handelsmarke soll so wie sie ist in den anderen Verbandsländern zur Hinterlegung zugelassen und geschützt werden.

Es können jedoch zurückgewiesen oder für ungültig erklärt werden:

1. Marken, die geeignet sind, Rechte zu verletzen, die von Dritten in dem Lande, wo der Schutz banspruncht wird, erworben sind.

2. Marken, die jeder Unterscheidungskraft entbehren oder ausschließlich aus Zeichen oder Angaben zusammengesetzt sind, die im Verkehre zur Bezeichnung der Art, der Beschaffenheit, der Menge, der Bestimmung, des Wertes, des Ursprungsorts der Waren oder der Zeit der Erzeugung dienen

langage courant ou les habitudes loyales et constantes du commerce du pays où la protection est réclamée.

können, oder die in der üblichen Sprache oder in den redlichen und ständigen Verkehrsgepflogenheiten des Landes, wo der Schutz beansprucht wird, gebräuchlich geworden sind.

Dans l'appréciation du caractère distinctif d'une marque, on devra tenir compte de toutes les circonstances de fait, notamment de la durée de l'usage de la marque.

Bei der Würdigung der Unterscheidungskraft einer Marke sind alle Tatumstände zu berücksichtigen, insbesondere die Dauer des Gebrauchs der Marke.

3° Les marques qui sont contraires à la morale ou à l'ordre public.

3. Marken, die gegen die guten Sitten oder die öffentliche Ordnung verstoßen.

Sera considéré comme pays d'origine le pays où le déposant a son pricipal établissement.

Als Ursprungsland soll das Land angesehen werden, in welchem der Hinterlegende seine Hauptniederlassung hat.

Si ce principal établissement n'est point situé dans un des pays de l'Union, sera considéré comme pays d'origine celui auquel appartient le déposant.

Liegt die Hauptniederlassung nicht in einem der Verbandsländer, so soll als Ursprungsland dasjenige angesehen werden, welchem der Hinterlegende angehört.

1. **Ursprungsland.** Abs. 3 u. 4: Ein Reichsangehöriger, der seine Hauptniederlassung in Österreich hat, kann auf Art. 6 sich nur dann berufen, wenn seine Marke in Österreich registriert worden ist; hat er seine Hauptniederlassung in einem Lande, welches dem Abkommen nicht beigetreten ist, z. B. Rußland oder China, so muß er im Deutschen Reiche Zeichenschutz erlangt haben, um sich auf Art. 6 berufen zu können. Dabei steht ihm, was China anbelangt, mit dem nicht einmal die Gegenseitigkeit verbürgt ist, der § 23 Abs. 1 WbzG. nicht entgegen, da diese Vorschrift auf Reichsangehörige keine Anwendung findet (Art. I AusfGes. v. 31. III. 13, unten S. 127).

2. **Heimatsschutz.** Die Marke muß im Ursprungslande eingetragen (enrégistré) sein. Die Eintragung muß „vorschriftsmäßig (régulièrement)" erfolgt sein.

Maßgebend für die Beurteilung dieser Frage ist ausschließlich das Recht des Ursprungslandes (Entsch. d. österr. PA. 29. V. 11 u. 7. IV. 14: Österr. PBl. 1912 S. 144 u. 1914 S. 349 = Bl. 12 S. 155 u. 14 S. 364); ausreichen wird i. d. R. die Hinterlegungsbescheinigung der Behörde des Ursprungslandes (Finger S. 512). Über die Bewertung abgeleiteter Prioritäten deutscher Anmeldungen in Österreich siehe die vorangeführten Entscheidungen des österr. PA.

Andererseits entscheidet allein die Tatsache der Eintragung, nicht der materiellrechtliche Schutz, vgl. Kohler S. 210, Finger S. 512; wichtig für Länder, in denen nach angelsächsisch-romanischer Rechtsauffassung der Schutz dem gebührt, der die Marke zuerst benutzt (right of user) und in den Verkehr eingeführt hat, in denen also die Eintragung keine konstitutive, sondern im wesentlichen nur eine deklaratorische Wirkung hat und den prima facie Beweis liefert für das Recht des Eingetragenen auf die ausschließliche Benutzung der Handelsmarke: **Frankreich**: Pouillet, Traité des marques de fabrique, 6me éd. no. 140; **Belgien**: Loi du 1 avril 1879 concernant les marques de fabrique et de commerce, art. 3 (Braun et Capitaine, Marques de fabrique): **Schweiz**: Bundesgesetz vom 26. September 1890 Art. 4 u. 5 (Bl. 94/5 S. 213): **Niederlande**: Ges. v. 30. September 1893 betr. die Handels- u. Fabrikmarken Art. 3 (Bl. 01 S. 22) und VO. v. 29. August 1912 Art. 2¹ (Bl. 13 S. 25): **Luxemburg**: Ges. v. 28. März 1883, die Fabrik- und Handelsmarken betr. § 3 (Bl 00 S. 219): **Griechenland**: Ges. v. 10. Februar 1893 betr. den Schutz der Industrie- und Handelsmarken Art. 2 Abs. 2 (Bl. 99 S. 250): **Vereinigte Staaten von Amerika**: Ges. v. 20. Febr. 1905 betr. die Eintragung und den Schutz von Handelsmarken usw. Art. 16 (Bl. 05 S. 150): **Großbritannien**: Trade Mark Acts 1905 Sect. 40 (Bl. 06 S. 12) und Trade Mark Acts 1919 Ziff. 2¹ u. 4 (Bl 20 S. 143): **Australischer Bund**: Ges. betr. Handelsmarken v. 21. Dezember 1905 Art 50 (Bl 06 S 230): **Kolumbien**: Ges. betr. gewerbliches Urheberrecht usw. v. 10. Dezember 1914 Art. 6 (Bl. 20 S. 10): **Französisch-Marokko**: VO. betr. den Schutz des gewerblichen Eigentums v. 23. Juni 1906, Art. 80 u 81 (Bl. 21 S. 134); **Südafrikanische Union, Südwestafrika**: VO. des Administrators von Südwestafrika v. 17. Mai 1923, betr. Patente, Muster, Handelsmarken und Urheberrecht Ziff. 10 u. 12 (Bl 23 S. 137). Vgl. **Panamerikanischen Vertrag** v. 20. August 1910 Art 9 (unten S. 196). Die bloße Hinterlegung oder Antragstellung im Ursprungslande genügt nicht.

Das österr. Staatsamt für Handel und Gewerbe, Industrie und Bauten hat in einer Entscheidung vom 13. VII. 1920 (Österr. PBl. 1921 S. 19 = Bl. 21 S. 34) unter Berufung auf die Stellungnahme des Deutschen Reichs auf der Konferenz in Washington [1]) ausgesprochen, daß bei der Erwerbung — Erneuerung — von Markenrechten in Österreich seitens eines Angehörigen des Deutschen Reichs von dem Nachweise, daß dieselbe Marke für

---

[1]) Auf der Konferenz in Washington hatte das Deutsche Reich sich mit Nachdruck für die Beseitigung des Erfordernisses des Heimatsschutzes und für den Grundsatz der Unabhängigkeit des Markenschutzes unter Beseitigung der sog. akzessorischen Natur des Markenrechts eingesetzt. Es war vornehmlich Frankreich, das den deutschen Vorschlag zu Fall brachte (Osterrieth, Wash. Konf. S. 46 ff.; Prop. ind. 1922 S. 167. Vgl. auch Verhdlg. der deutschen Gruppe der Intern. Vereinigung für gewerbl. Rechtsschutz, GR. 1923 S. 155, Propr. ind. 1923 S. 82 ff.).

ihn im Deutschen Reich geschützt sei, abgegangen werden könne. Wünschenswert, daß Deutschland sich dieser zutreffenden Rechtsauffassung zugunsten österreichischer Staatsangehöriger anschließt!

3. **Zurückweisungsgründe.**

a) Allgemeines: Jede im Ursprungslande geschützte Marke muß so wie sie ist — telle quelle — in allen anderen Verbandsstaaten geschützt werden.

Die Klausel telle quelle betrifft nur die Form der Marke (Ziff. 4 Abs. 1 Paris. Schlußprot.: vgl. Denkschrift zur Zusatzakte Bl. 03 S. 127; Finger S. 127 u. 513; Seligsohn S. 302; Osterrieth-Axter, S. 136 ff.; Osterrieth S. 469; Rhenius S. 164; Allfeld S. 720; BA. 27. VI. 04: Bl. 04 S. 367; BA. 27. XII. 07: Bl. 08 S. 39 = MW. IX S. 176; ungar. Handelsminist. 4. X. 09: Bl. 10 S. 127). Aber wo ist die Grenze zwischen Form und Inhalt der Marke? vgl. BA. 27. VIII. 09: Bl. 10 S. 121 „Cordial Medoc" in bogenförmiger Anordnung mit darunter befindlicher kleiner Arabeske; RG. 11. III. 10: Bl. 11 S. 18. Die Fassung, die der Art. 6 in Washington erfahren hat, zieht diese Grenze. Im Abs. 2 des Art. 6 sind die materiellrechtlichen Gründe erschöpfend aufgeführt, aus denen eine ausländische Marke von der Eintragung ausgeschlossen oder wieder gelöscht werden kann. Daher keine Übernahme jener die Tragweite der telle-quelle-Klausel erläuternden Bemerkung des Paris. Schlußprotokolls in das Washingt. Schlußprotokoll

b) Zu den einzelnen Bestimmungen:

Nr. 1 läßt die Prüfung auf Übereinstimmung mit älteren Zeichen zu.

Nr. 2 faßt mehrere Gründe der Zurückweisung zusammen.

Zurückgewiesen können Marken werden,

a) die jeder Unterscheidungskraft entbehren,

b) die ausschließlich aus beschreibenden Angaben bestehen,

c) die ausschließlich aus solchen Angaben bestehen, die in den redlichen und ständigen Verkehrsgepflogenheiten des Landes, wo der Schutz beansprucht wird, „gebräuchlich" geworden sind, d. h. Freizeichen und freie Warennamen.

Nr. 3 endlich erkennt den Verstoß gegen die guten Sitten und die öffentliche Ordnung als Zurückweisungsgrund an. Dazu wird im Schlußprotokoll „Zu Art. 6" erläuternd bemerkt, daß der Gebrauch von öffentlichen Wappen, Abzeichen oder Ehrenzeichen, der nicht durch die zuständigen Stellen genehmigt wurde, sowie der Gebrauch von amtlichen Prüfungs- und Gewährzeichen und -Stempeln als gegen die öffentliche Ordnung verstoßend angesehen werden können, daß indessen, wenn die Genehmigung erteilt sei, eine ein Wappen oder Hoheitszeichen enthaltende Marke aus diesem Grunde in keinem Verbandslande zurückgewiesen werden dürfe (s. Übereinkommen mit Österreich und Ungarn v. 17. XI. 1908 — unten S. 138). Auch darf eine ausländische Marke um deswegen, weil sie einer Vorschrift der Markengesetzgebung eines Verbandslandes widerspricht, nicht unter dem Gesichtspunkt eines Verstoßes gegen die öffentliche Ordnung zurückgewiesen werden, es sei denn, daß diese Vorschrift selbst, neben ihrer rein markenrechtlichen Bestimmung, eine Forderung der öffentlichen Ordnung darstellt. Dahin gehören Bestimmungen wie im § 4 Ziff. 3 WbzG., § 7 des Ges. zum Schutze des Genfer Neutralitätszeichens v. 22. III. 1902, §§ 3—5 der Bekm. zum Schutze eiserner Gedenkstücke der Reichsbank

v. 3. VIII. 1916 (RGBl. 1916 S. 883 = Bl. 16. 91; dazu die Abbildungen der Gedenkstücke im Reichsanzeiger v. 14. VIII. 1916 Nr. 191 — Denkmünze — und v. 7. X 1916 Nr. 237 — Uhrketten —).

Im wesentlichen decken sich diese Zurückweisungsgründe mit denjenigen des deutschen Wzrechts. Nicht ausdrücklich aufgeführt sind Marken, die ausschließlich aus Zahlen oder Buchstaben bestehen. Solche Marken fallen indessen im Zweifel unter Nr. 2, weil sie „nicht unterscheidungskräftig" oder lediglich „beschreibend" sind. (Abw. Österr. Ministerium 31. V. 1918: Österr. PBl. 1920, 32.) Sie fallen also nur dann nicht darunter, wenn sie ihre Unterscheidungsfähigkeit im Verkehr durchgesetzt haben (s. Anm. 7).

Die Zulassung von Wortmarken ist durch Art. 6 in allen Verbandsstaaten gesichert.

4. **Weitere Löschungsgründe:** Art. 6 regelt nur die markenrechtlichen Löschungsgründe. Unberührt bleiben die Ansprüche derjenigen auf Löschung einer Marke, deren sonstige Rechte durch die Marke verletzt werden (Freund-Magnus, Exkurs zu § 9 WbzG.).

5. **Anerkennung im Verkehr.** Ein Gesichtspunkt von weittragender Bedeutung ist in dem Abs. 2 der Nr. 2 ausdrücklich ausgesprochen worden. Auf den Wunsch Schwedens, das befürchtete, es möchten seine Jahrhunderte alten, aus den einfachsten Formen bestehenden Eisenmarken wegen mangelnder Unterscheidungskraft zurückgewiesen werden, wurde die Bestimmung eingefügt, daß bei der Würdigung der Unterscheidungskraft einer Marke alle Tatumstände, insbes. die Dauer des Gebrauchs der Marke berücksichtigt werden müssen. Ein durchaus gesunder Gedanke, der auch der sich mit Recht immer mehr durchsetzenden Praxis der deutschen Gerichte in Sachen des deutschen Wzrechts entspricht (s. Anm. 7). Eine Marke, die vom Verkehr als Ursprungsbezeichnung tatsächlich aufgenommen worden ist, bei ihrer Anmeldung an dem Buchstaben des Gesetzes scheitern zu lassen, ist innerlich nicht gerechtfertigt. Um die Vorschrift im Abs. 2 voll zur Auswirkung kommen zu lassen, muß sie sogar über ihren Wortlaut hinaus ausgelegt werden: Während nämlich der erste Absatz der Nr. 2 neben Marken, die jeder Unterscheidungskraft entbehren, noch solche beschreibenden Inhalts erwähnt, spricht der Abs. 2 nur von der Unterscheidungskraft der Marke. Allein der Sinn der Vorschrift des Abs. 2 ist — worüber die in Washington geführten Verhandlungen keinen Zweifel lassen — ein umfassenderer (Osterrieth, Wash. Konf. S. 65/6). Sind die Voraussetzungen des Abs. 2 gegeben, müssen auch die Marken mit ausschließlich beschreibendem Inhalt und die lediglich aus Zahlen und Buchstaben bestehenden Marken zur Eintragung zugelassen werden (A. M. Österr. Ministerium f. öffentl. Arbeiten 7. VIII. 16: Österr. PBl. 1918 S. 79 = Bl. 18 S. 61; Österr. Verwaltungsgerichtsh. 16. II. 15 und 13. I. 22: Österr. PBl., 1916 S. 115 und 1922 S. 129 = Bl. 22 S. 167; vgl. Österr. Verwaltungsgerichtsh. 19. VI. 15: Österr. PBl. 1916 S. 185 = Bl. 16 S. 140 sowie Adler in Prop. ind. 1923 S. 88). Vgl. Finger: MW. XIII S. 10.

Der Gebrauch der Marke muß in demjenigen Verbandslande sich vollzogen haben, in welchem die Eintragung nachgesucht wird. Zweifelhaft kann sein, ob es ausreicht, daß sich die Kennzeichnung in Teilen des Deutschen Reichs durchgesetzt hat. (Für § 15 WbG. bejaht von RGSt. 11. 5. 06: JW. 06 S. 613 = Bl. 06 S. 338; 9. 7. 14: Bl. 16 S. 84; Freund-

Magnus S. 203.) Wichtig insbesondere für das „besetzte Gebiet", in dem wegen der eigenartigen Zollverhältnisse jetzt vielfach besondere Arten von W. im Handel sind als Auslandsware, die im unbesetzten Gebiet einem Einfuhrverbot unterliegen.

Die Verwendung der Marke im Ursprungslande reicht regelmäßig nicht aus, noch weniger die bloße Bescheinigung der Registrierung der Marke im Ursprungslande.

6. **Beachtung der Bestimmungen des Art. 6.** Ist der Heimatsschutz nachgewiesen, so wird Art. 6 sowohl im Prüfungsverfahren wie im Löschungsverfahren von Amts wegen berücksichtigt. Nur wird der Gebrauch einer Marke (Abs. 2 der Nr. 2) von dem Markeninhaber besonders geltend gemacht werden müssen, da er selten in ausreichendem Maße amtskundig sein dürfte.

Bei der Prüfung der Schutzfähigkeit ist RPA. an die Beurteilung der Marke durch die Auslandsbehörde nicht gebunden (BA. 7. 1 1911: Bl. 11 S. 129).

Die Dauer des Gebrauchs der Marke ist nur ein Beispiel und ein Anhaltspunkt für die Ursache der Durchsetzung im Verkehre. In der Regel wird dies nur bei langjährigem Gebrauch der Fall sein. Möglich ist es auch bei kürzerem Gebrauch, bei sehr intensiver Reklame (Saisonzeichen!).

7. **Rückwirkung auf das Inland.** Keine Berufung des Inländers auf die Vorschriften des Unionsvertrags: der UV. regelt nur den zwischenstaatlichen Rechtsverkehr. Das gilt von allen positiven Satzungen des UV.

Bestimmungen des UV., die weniger neue Rechtsregeln aufstellen als vielmehr den Niederschlag von bisher nur nicht erkannten und nicht ausgesprochenen Grundsätzen des allgemeinen Rechts geben, kommen auch im inneren Zeichenrecht zur Anwendung. So wurzelt die Gebrauchsklausel des Abs. 2 der Nr. 2 in der Natur und dem Zweck der Marke als eines Erkennungszeichens; sie hat auf allgemeine Anerkennung Anspruch (BA. 7. 5. 13: Bl. 13 S. 195 20. 1. 22: Bl. 22 S. 28/9). Aus dieser Auffassung heraus sind für deutsche Anmelder z. B. folgende Zeichen in die deutsche Zeichenrolle eingetragen worden:

206 680: Zahl 4711 für die „Eau de Cologne- u. Parfümerie-Fabrik „Glockengasse Nr. 4711" gegenüber der Pferdepost von Ferd. Mühlhens", Köln a. Rh.; ein auf Löschung des Zeichens gerichteter Antrag wurde abgelehnt (BA. 20. 3. 22: Bl. 22 S. 45/7; **219 207**: Wortzeichen „Harburg-Wien" für die „Vereinigten Gummiwaren-Fabriken Harburg-Wien vormals Menier = J. N. Reithoffer" in Harburg a. E.; **258 957**: bestehend aus den Worten „Köln-Rottweiler Vulkanfiber" in einer einfachen Ellipse für die „Köln-Rottweil Aktiengesellschaft" in Berlin; **267 717**: Wortzeichen „Deutz-Motor" für die „Motorenfabrik Deutz Aktiengesellschaft" in Köln-Deutz; **282 103**: Wortzeichen „Elberfelder Farben" für die „Farbenfabriken vorm. Friedr. Bayer & Co." in Leverkusen bei Köln.

Den Grundsatz, daß die Eintragung von Zeichen, die ausschließlich in Zahlen oder Buchstaben bestehen, nur zulässig ist, wenn die Zeichen sich im Verkehr durchgesetzt haben, bekämpft Elster (MW. XXII S. 35) mit der Ausführung: „. . . dieses Durchsetzen der Kennzeichnungskraft ist keine Voraussetzung für die Eintragungsfähigkeit . . ., denn die Eintragung ist ja dazu da, solches Bekanntwerden als Kennzeichnung anzubahnen und zu fördern." Er will unterscheiden zwischen „Zeichen, die in unterscheidungskräftigen Buchstaben oder Zahlen bestehen", ihre Kennzeichnungsfähigkeit sozusagen in sich tragen — und solchen Zeichen, bei denen „es sich wirklich um ‚bloße' Buchstaben und Zahlen handelt", deren Kennzeichnungseigenschaft sich erst erwiesen haben muß. Als kennzeichnungsfähige Zeichen sieht Elster an: HGDA = Handelsgesellschaft deutscher Apotheker, JGH = J. G. Hauswaldt, GEG = Großeinkaufsgesellschaft deutscher Konsumvereine, DMC = Dollfus-Mieg u. Cie, 4711 = s. o. Allein woraus schöpfen diese Zeichen ihre Kennzeichnungsfähigkeit? Doch einzig und allein aus dem Umstande, daß der Verkehr diese Zeichen als Hinweise auf bestimmte Herkunftsstätten zu bewerten im Laufe der Zeit sich gewöhnt, also ihre Kennzeichnungseigenschaft anerkannt hat! Mit der Elsterschen Theorie würde nicht nur das Buchstabenverbot des deutschen WbzG. einfach ausgeschaltet, sondern auch Art. 6 Ziff. 2 Abs. 2 UV. seines Inhalts entkleidet. Zutreffender die Darstellung von Elster: „Gewerbl. Rechtsschutz" (Walter de Gruyter, Leipzig-Berlin 1921) S. 215.

Beweisregeln: Für den Nachweis der Anerkennung des Zeichens im Verkehr reicht der Nachweis der Auffassung der eigenen Abnehmer des Anmelders nicht aus. Die Erkenntnis des Individualcharakters des Zeichens muß in weitere Kreise gedrungen sein (BA. 24. XI. 17 u. 7. II. 20: Bl. 18 S. 65 u. 20 S. 26).

Article 7.	Artikel 7.
La nature du produit sur lequel la marque de fabrique ou de commerce doit être apposé ne peut, dans aucun cas, faire obstacle au dépôt de la marque.	Die Natur des Erzeugnisses, auf welchem die Fabrik- oder Handelsmarke angebracht werden soll, darf in keinem Falle die Hinterlegung der Marke hindern.

Auch der Umstand, daß die Waren in einem Verbandslande monopolisiert sind, gibt diesem Lande kein Recht zur Beanstandung der Marke. Wichtig besonders für Tabak, Spiritus, Zündhölzer. (JB. in seinem rapport de gestion 1921 S. 11; Prop. ind. 1922 S. 95; Bl. 1922 S. 119.) Der Markeninhaber bleibt selbstverständlich den Beschränkungen unterworfen, die dem Gebrauch der Marke für monopolisierte Waren durch die Gesetze der Verbandsländer gesteckt sind! Desgl. den Vorschriften über bestimmte tatsächliche Angaben, z. B. Ursprungsangabe, wie § 100 Branntweinmonopolgesetz v. 8. 4. 22 (RGBl. S. 405). Dem dürfen Aufschriften auf den Marken nicht zuwider sein.

Article 7 bis.	Artikel 7b.
Les pays contractants s'engagent à admettre au dépôt et à protéger les marques appartenant à des collectivités dont l'existence n'est pas contraire à la loi du pays d'origine, même si	Die vertragschließenden Länder verpflichten sich, Marken, die Verbänden gehören, deren Bestehen dem Gesetze des Ursprungslandes nicht zuwiderläuft, auch dann zur Hinterlegung zuzulassen und zu

ces collectivités ne possèdent pas un établissement industriel ou commercial.

Cependant chaque pays sera juge des conditions particulières sous lesquelles une collectivité pourra être admise à faire protéger ses marques.

schützen, wenn diese Verbände eine gewerbliche oder Handelsniederlassung nicht besitzen.

Es steht jedoch jedem Lande zu, frei darüber zu bestimmen, unter welchen besonderen Bedingungen ein Verband zum Schutze seiner Marken zugelassen werden kann.

Verbandszeichen, Verbandsmarken: Durch Anbringung seiner Verbandsmarke auf den Waren seiner Mitglieder übernimmt der Verband die Gewähr für Güte und Beschaffenheit dieser Waren. Die widerrechtliche Benutzung einer Verbandsmarke stellt somit eine schwere Verletzung von Treu und Glauben dar. Die Verbandsmarke hat einen erhöhten Anspruch auf internationalen Schutz.

Das Abkommen verpflichtet die Verbandsländer allgemein zum Schutze der Verbandsmarke, indem es ihnen den Ausbau des Rechtsgebildes nach Maßgabe ihrer inneren Rechte überläßt.

Deutsches Ges. z. Ausf. der revid. Pariser Übereink. v. 2. Juni 1911. V. 31. März 1913 (RGBl. 1913 S. 236 ff. = Bl. 13 S. 155). Durch Art. III 2 dieses Ges. sind in das WbzG. die §§ 24 a—h neu eingestellt worden, nach denen rechtsfähige Verbände, die gewerbliche Zwecke verfolgen, auch wenn sie selbst einen auf Herstellung oder Vertrieb von Waren gerichteten Geschäftsbetrieb nicht besitzen, Warenzeichen anmelden können, die in den Geschäftsbetrieben ihrer Mitglieder zur Kennzeichnung der Waren dienen sollen (unten S. 129). In mehreren anderen Unionsländern ist die Verbandsmarke gleichfalls durch die Gesetzgebung ausdrücklich anerkannt: Schweiz, Bundesges. betr. den Schutz der Fabrik- u. Handelsmarken v. 26. IX. 1890 Art. 7 (Bl. 94/5 S. 213); Großbritannien, Handelsmarkengesetz v. 11. VIII. 1905 Art. 62 (Bl. 06 S. 230); Australien, Bundes-Markenschutzgesetz v. 21. XII 1905 Art. 22 u. 78 (Bl. 06 S. 230); Schweden, VO., betr. Abänderung von Vorschriften über den Schutz von gewissen ausländischen Patenten, Fabrikmarken und Modellen, v. 27. X 1916 § 2 Abs. 1 (Bl. 17 S. 31) und Ges., betr. die Abänderung gewisser Teile des Ges. v. 5. VII 1884 über den Schutz von Warenzeichen. V. 15. III 1918 §§ 1, 3 u. 8 (Bl. 18 S. 55); Dänemark, Ges. über den Schutz von Verbandszeichen v. 29. IV 1913 (Bl. 13 S. 258); Kanada, Ges. zur Abänderung des Handelsmarken- und Musterschutzgesetzes v. 13. Juni 1923 Art. 50 (Bl. 23 S. 140). In anderen Ländern ist die Verbandsmarke durch die Praxis eingeführt, so in Frankreich: Pouillet, Traité des marques de fabrique, 6. éd no 159, über Belgien vgl. Braun et Capitaine, Marques de fabrique no. 69, 69 bis.

Article 8.

Le nom commercial sera protégé dans tous les pays de l'Union sans obligation de dépôt, qu'il fasse ou non partie d'une

Artikel 8.

Der Handelsname soll in allen Verbandsländern, ohne Verpflichtung zur Hinterlegung, geschützt werden, gleichviel, ob er

marque de fabrique ou de commerce.

den Teil einer Fabrik- oder Handelsmarke bildet oder nicht.

Was unter „Handelsname" zu verstehen ist, bestimmt sich nach dem Rechte des Heimatlandes (§ 12 BGB., § 37 HGB., § 14 WbzG., § 16 UWG.; vgl. Kohler GR. 07 S. 221; Staub, Handesgesetzbuch vom 10. Mai 1897, Anm. 1 ff. zu § 17, Düringer-Hachenburg, Handelsgesetzbuch vom 10. Mai 1897, Anm. 1 § 17; Adler, Der Name im deutschen und österreichischen Recht S. 147.)

Die im Heimatslande geschützte Firma genießt in allen Unionsländern nach Maßgabe der inneren Gesetzgebungen ohne weiteres Schutz gegen Mißbrauch.

Article 9.

Tout produit portant illicitement une marque de fabrique ou de commerce, ou un nom commercial, sera saisi à l'importation dans ceux des pays de l'Union dans lesquels cette marque ou ce nom commercial ont droit à la protection légale.

Si la législation d'un pays n'admet pas la saisie à l'importation, la saisie sera remplacée par la prohibition d'importation.

La saisie sera également effectuée dans le pays où l'apposition illicite aura eu l'en, ou dans le pays où aura été importé le produit.

La saisie aura lieu à la requête soit du ministère public, soit de toute autre autorité compétente, soit d'une partie intéressée, particulier ou société, conformément à la législation intérieure de chaque pays.

Artikel 9.

Jedes widerrechtlich mit einer Fabrik- oder Handelsmarke oder mit einem Handelsnamen versehene Erzeugnis ist bei der Einfuhr in diejenigen Verbandsländer, in welchen diese Marke oder dieser Handelsname Recht auf gesetzlichen Schutz hat, zu beschlagnahmen.

Läßt die Gesetzgebung eines Landes die Beschlagnahme bei der Einfuhr nicht zu, ist die Beschlagnahme durch das Verbot der Einfuhr zu ersetzen.

Die Beschlagnahme ist auch in dem Lande vorzunehmen, wo die widerrechtliche Anbringung stattgefunden hat, oder in dem Lande, wohin das Erzeugnis eingeführt worden ist.

Die Beschlagnahme erfolgt gemäß der inneren Gesetzgebung jedes Landes auf Antrag entweder der Staatsanwaltschaft oder einer anderen zuständigen Behörde oder einer beteiligten Partei, sei diese eine Einzelperson oder eine Gesellschaft.

Les autorités ne seront pas tenues d'effectuer la saisie en cas de transit.

Si la législation d'un pays n'admet ni la saisie à l'importation, ni la prohibition d'importation, ni la saisie à l'intérieur, ces mesures seront remplacées par les actions et moyens que la loi de ce pays assurerait en pareil cas aux nationaux.

Die Behörden sollen nicht gehalten sein, die Beschlagnahme im Falle der Durchfuhr zu bewirken.

Läßt die Gesetzgebung eines Landes weder die Beschlagnahme bei der Einfuhr noch das Einfuhrverbot noch die Beschlagnahme im Inland zu, so sind diese Maßnahmen durch diejenigen Klagen und Rechtsbehelfe zu ersetzen, die das Gesetz dieses Landes im gleichen Falle den Staatsangehörigen sichert.

Vgl. § 17 WbzG. Bei der Neufassung dieses Artikels auf der Washingtoner Konferenz haben die Art. 1 u. 2 des Madr. Abk. betr. die Unterdrückung der falschen Herkunftsangaben auf Waren v. 14. IV. 1891 (unten S. 187) zum Vorbild gedient. Dem Ausländer stehen die Rechtsbehelfe des Inländers nach dessen heimischem Recht zu.

Article 10.

Les dispositions de l'article précédent seront applicables à tout produit portant faussement, comme indication de provenance, le nom d'une localité déterminée, lorsque cette indication sera jointe à un nom commercial fictif ou emprunté dans une intention frauduleuse.

Est réputé partie intéressée tout producteur, fabricant ou commerçant, engagé dans la production, la fabrication ou le commerce de ce produit, et établi soit dans la localité faussement indiquée comme lieu de provenance, soit dans la région où cette localité est située.

Artikel 10.

Die Bestimmungen des vorigen Artikels sollen auf jedes Erzeugnis anwendbar sein, welches als Bezeichnung der Herkunft fälschlich den Namen eines bestimmten Ortes trägt, wenn diese Bezeichnung einem erfundenen oder einem zum Zwecke der Täuschung entlehnten Handelsnamen beigefügt wird.

Als Beteiligter gilt jeder Produzent, Fabrikant oder Kaufmann, welcher die Produktion oder die Fabrikation des Erzeugnisses oder den Handel mit demselben betreibt und in dem fälschlich als Herkunftsort bezeichneten Orte oder in der Gegend, in der dieser Ort liegt, seine Niederlassung hat.

Vgl. Art. 2 des Madr. Abkommens betr. die Unterdrückung der falschen Herkunftsangaben auf Waren v. 14. IV. 1891 (unten S. 187); § 16 WbzG., § 13 UWG., Art. 275 FV.

Article 10 bis.	Artikel 10 b.
Tous les pays contractants s'engagent à assurer aux ressortissants de l'Union une protection effective contre la concurrence déloyale.	Alle vertragschließenden Länder verpflichten sich, den Angehörigen des Verbandes einen wirksamen Schutz gegen unlauteren Wettbewerb zu sichern.

Gesetze gegen den unl. Wettbewerb:

1. Deutsches Reich: Bereits am 27. Mai 1896 (RGBl. S. 145) war ein Gesetz zur Bekämpfung des unlauteren Wettbewerbes ergangen. Außer Kraft gesetzt durch das neue Gesetz gegen den unlauteren Wettbewerb v. 7. VI 09 (RGBl. S. 499 = Bl. 09 S. 174). Hierzu Kommentare von Rosenthal, Finger, Wassermann, Fuld, Pinner-Eyck, Remele, Kahn-Weiß; ferner Lobe: die Bekämpfung des unlauteren Wettbewerbes; Kohler, Der unlautere Wettbewerb. Gemäß § 28 dieses Reichsgesetzes hat derjenige, der im Inlande eine Hauptniederlassung nicht besitzt, nur insoweit Anspruch auf den Schutz des Gesetzes, als in dem Staate, in welchem seine Hauptniederlassung sich befindet, nach einer im RGBl. enthaltenen Bekanntmachung deutsche Gewerbetreibende einen entsprechenden Schutz genießen. Für Unionsangehörige hat der § 28 keine Bedeutung mehr (RG. 3. III. 05: Bd. 60 S. 217). Vgl. Art. 1 des Ges. z. Ausf. der revid. Pariser Übereink. v. 31. III. 1913 (unten S. 127), wonach die Anwendung des § 28 UWG. auf Reichsangehörige schlechthin ausgeschlossen und somit einer Schlechterstellung von Reichsangehörigen gegenüber fremden Unionsangehörigen vorgebeugt ist. Ferner §§ 14—16 WbzG. und § 826 BGB.

2. Schweden: Ges. v. 9. X. 1914 betr. Verbot des Anbringens einer unrichtigen Ursprungsbezeichnung auf Waren und des Verkaufs unrichtig bezeichneter Waren — und Ges. v. 9. X. 1914 betr. die Änderung des Gesetzes vom 4. VI. 1913 über das Verbot der Einfuhr von Waren mit unrichtiger Ursprungsbezeichnung (Bl. 14 S. 57; 16 S. 46; Österr. PBl. 1914 S. 31, 1916 S. 35; MW. XIII S. 126).

3. Dänemark: Ges. wider den unlauteren Wettbewerb und den Gebrauch unrichtiger Warenbezeichnungen v. 20. III. 1918 (Deutsch. Handelsarchiv 1918 S. 448 ff. = Bl. 18 S. 83).

4. Frankreich: Code civil art. 1382, Ges. betr. den Schutz der Ursprungsbezeichnungen v. 6. V. 1919 (Prop. ind. 1919 S. 61 = Bl. 19 S. 80).

5. Norwegen: Ges. betr. den unlauteren Wettbewerb v. 7. VII. 1922 (Bl. 22 S. 127).

6. In Österreich ist erst am 26. IX. 23 ein Bundesgesetz gegen den UW. ergangen (Österr. PBl. 1923 S. 81 ff. = Bl. 24 S. 31); s. zu demselben Abel: MW. XXIII S. 38, JW. 1924 S. 630. Kommentar v. Kiwa (dazu Lobe: JW. 1924 S. 651).

Eine ausführliche Zusammenstellung der Gesetzgebung des Auslandes bezl. der falschen Herkunftsangabe gibt Tahl, Die Gesetzgebung des

Auslandes über Ursprungsangaben auf Waren. Nach dem Stand vom 1. Januar 1914. Berlin, Carl Heymanns Verlag, 1914. Dazu, neben den oben angeführten Gesetzen, aus neuerer Zeit insbes.

Großbritannien: Ursprungszeichen bei der Einfuhr deutscher Waren nach Großbritannien (Nachrichten für Handel, Industrie und Landwirtschaft vom 3. November 1919 = Bl. 20 S. 29);

Vereinigte Staaten von Amerika: Bestimmungen über die Herkunftsangaben und die betrügerische Verwendung amerikanischer Marken — Sect. 304 und 526 des am 22. September 1922 in Kraft getretenen Zolltarifs (Fordney-Mac Cumber-Tarif) und VO. des Schatzamtes über die Fabrikmarken und Handelsnamen (Propr. ind. 1923 S. 14 = Bl. 23 S. 90).

Article 11.

Les pays contractants accorderont, conformément à leur législation intérieure, une protection temporaire aux inventions brevetables, aux modèles d'utilité, aux dessins ou modèles industriels, ainsi qu'aux marques de fabrique ou de commerce, pour les produits qui figureront aux expositions internationales officielles ou officiellement reconnues, organisées sur le territoire de l'un d'eux.

Artikel 11.

Die vertragschließenden Länder werden den patentfähigen Erfindungen, den Gebrauchsmustern, den gewerblichen Mustern oder Modellen sowie den Fabrik- oder Handelsmarken für Erzeugnisse, welche auf den im Gebiet eines von ihnen veranstalteten, amtlichen oder amtlich anerkannten internationalen Ausstellungen zur Schau gestellt werden, in Gemäßheit der Gesetzgebung jedes Landes einen zeitweiligen Schutz gewähren.

Reichsgesetz betr. den Schutz von Erfindungen, Mustern und Warenzeichen auf Ausstellungen v. 18. III. 1904 (unten S. 136).

Über Entstehung und Tragweite des Art. 11 sowie über die Abweichungen der auf Grund dieses Art. in den verschiedenen Verbandsländern erlassenen Gesetze vgl. Osterrieth-Axter, S. 229 und Propr. ind. 1923 S. 49 ff. und die synoptische Tabelle ebd. S. 101.

Article 12.

Chacun des pays contractants s'engage à établir un service spécial de la Propriété industrielle et un dépôt central pour la communication au public des brevets d'invention, des modèles d'utilité, des dessins ou modèles

Artikel 12.

Jedes der vertragschließenden Länder verpflichtet sich, eine besondere Behörde für das gewerbliche Eigentum und eine Zentral-Hinterlegungsstelle zur Mitteilung der Erfindungspatente, der Gebrauchsmuster, der gewerblichen

industriels et des marques de fabrique ou de commerce.

Ce service publiera, autant que possible, une feuille périodique officielle.

Muster oder Modelle und der Fabrik- oder Handelsmarken an das Publikum einzurichten.

Dieses Amt wird nach Möglichkeit eine amtliche Zeitschrift herausgeben.

Vgl. die Darstellung des Markenschutzes im internationalen Verkehr (Falttasche).

Article 13.

L'Office international institué à Berne sous le nom de Bureau international pour la protection de la Propriété industrielle est placé sous la haute autorité du Gouvernement de la Confédération suisse, qui en règle l'organisation et en surveille le fonctionnement.

Le Bureau international centralisera les renseignements de toute nature relatifs à la protection de la Propriété industrielle, et les réunira en une statistique générale, qui sera distribuée à toutes les Administrations. Il procédera aux études d'utilité commune intéressant l'Union et rédigera, à l'aide des documents qui seront mis à sa disposition par les diverses Administrations, une feuille périodique en langue française sur les questions concernant l'objet de l'Union.

Les numéros de cette feuille, de même que tous les documents

Artikel 13.

Das unter dem Namen „Internationales Büro zum Schutze des gewerblichen Eigentums" zu Bern errichtete internationale Amt ist der hohen Autorität der Regierung der Schweizerischen Eidgenossenschaft unterstellt, die seine Einrichtung regelt und seine Geschäftsführung überwacht.

Das internationale Büro hat die auf den Schutz des gewerblichen Eigentums bezüglichen Mitteilungen aller Art zu sammeln und in einer allgemeinen Statistik zu vereinigen, welche an alle Regierungen zu verteilen ist. Es hat sich mit gemeinnützigen Studien, welche für den Verband von Interesse sind, zu beschäftigen und mit Hilfe des ihm von den verschiedenen Regierungen zur Verfügung gestellten Aktenmaterials ein periodisches Blatt in französischer Sprache zu redigieren, welches die den Gegenstand des Verbandes betreffenden Fragen behandelt.

Die Nummern dieses Blattes sowie alle von dem internatio-

publiés par le Bureau international, seront répartis entre les Administrations des pays de l'Union, dans la proportion du nombre des unités contributives ci-dessous mentionnées. Les exemplaires et documents supplémentaires qui seraient réclamés, soit par lesdites Administrations, soit par des sociétés ou des particuliers, seront payés à part.

Le Bureau international devra se tenir en tout temps à la disposition des membres de l'Union, pour leur fournir, sur les questions relatives au service international de la propriété industrielle, les renseignements spéciaux dont ils pourraient avoir besoin. Il fera sur sa gestion un rapport annuel qui sera communiqué à tous les membres de l'Union.

La langue officielle du Bureau international sera la langue française.

Les dépenses du Bureau international seront supportées en commun par les pays contractants. Elles ne pourront, en aucun cas, dépasser la somme de Soixante mille francs par année.

Pour déterminer la part contributive de chacun des pays dans cette somme totale des frais, les pays contractants et ceux qui adhéreraient ultérieurement à l'Union seront divisés en

nalen Büro veröffentlichten Schriftstücke sind auf die Regierungen der Verbandsländer im Verhältnis der Zahl der unten erwähnten Beitragseinheiten zu verteilen. Die außerdem von den genannten Regierungen oder von Gesellschaften oder Privatpersonen etwa beanspruchten Exemplare und Schriftstücke sind besonders zu bezahlen.

Das internationale Büro hat sich jederzeit zur Verfügung der Verbandsmitglieder zu halten, um ihnen über die auf die internationale Verwaltung des gewerblichen Eigentums bezüglichen Fragen die besonderen Mitteilungen zu machen, deren sie bedürfen könnten. Über seine Amtsführung hat es jährlich einen Bericht zu erstatten, welcher den Mitgliedern des Verbandes mitzuteilen ist.

Die Amtssprache des internationalen Büros soll die französische Sprache sein.

Die Ausgaben des internationalen Büros werden gemeinsam von den vertragschließenden Ländern getragen. Sie dürfen in keinem Falle die Summe von 60 000 Franken jährlich übersteigen.

Um den Beitrag jedes Landes zu dieser Gesamtsumme der Kosten zu bestimmen, werden die vertragschließenden Länder und diejenigen, welche dem Verbande später beitreten möchten, in sechs

six classes, contribuant chacune dans la proportion d'un certain nombre d'unités, savoir:

1re classe	 25	unités.
2e „	 20	„
3e „	 15	„
4e „	 10	„
5e „	 5	„
6e „	 3	„

Ces coefficients seront multipliés par le nombre des pays de chaque classe, et la somme des produits ainsi obtenus fournira le nombre d'unités par lequel la dépense totale doit être divisée. Le quotient donnera le montant de l'unité de dépense.

Chacun des pays contractants désignera, au moment de son accession, la classe dans laquelle il désire être rangé.

Le Gouvernement de la Confédération suisse surveillera les dépenses du Bureau international, fera les avances nécessaires et établira le compte annuel, qui sera communiqué à toutes les autres Administrations.

Klassen geteilt, von denen jede im Verhältnis einer bestimmten Zahl von Einheiten beiträgt, nämlich:

die 1. Klasse	 25	Einheiten,
„ 2. „	 20	„
„ 3. „	 15	„
„ 4. „	 10	„
„ 5. „	 5	„
„ 6. „	 3	„

Diese Koeffizienten werden mit der Zahl der Länder jeder Klasse multipliziert, und die Summe der so erhaltenen Produkte bildet die Zahl von Einheiten, mit der die Gesamtausgabe zu dividieren ist. Der Quotient ergibt dann den Betrag der Ausgabeeinheit.

Jedes der vertragschließenden Länder wird bei seinem Beitritt die Klasse angeben, welcher es zugeteilt zu werden wünscht.

Die Regierung der Schweizerischen Eidgenossenschaft wird die Ausgaben des internationalen Büros überwachen, die nötigen Vorschüsse leisten und die Jahresrechnung aufstellen, welche allen anderen Regierungen mitgeteilt wird.

Das Büro hat seinen Sitz in Bern, Helvetiastr. Nr. 7. Es besteht seit 1884 und ist vereinigt mit dem durch die Berner Konvention vom 9. September 1886 eingerichteten Büro des Internationalen Urheberrechtsverbandes. Die vereinigten Büros tragen die Bezeichnung: **Bureaux internationaux réunis de la propriété industrielle, littéraire et artistique.** (Vgl. die Bekanntgabe des intern. Büro, oben S. 78.) Um Verwechslungen zwischen den Büros zu vermeiden, sind Anfragen in Angelegenheiten des gewerblichen Eigentums unter der Aufschrift: Au Bureau international de la propriété industrielle à Berne abzulassen (Propr. ind. 1923 S. 12).

Leiter des Büros ist z. Z. Prof. Dr. Röthlisberger.

Veröffentlichungen dieses Büros:

1. die Monatsschrift La propriété industrielle seit 1885;

2. Recueil général de la législation et des traités concernant la propriété industrielle, 7 Bände 1896 bis 1912;

3. Les Marques internationales in Monatsheften seit 1893;

4. Droit d'auteur organe mensuel du bureau intern. de l'union pour la propriété des oeuvres littéraires et artistiques, erscheint in Bern am 15. jeden Monats.

Das Deutsche Reich gehört zur 4. (früher zur 1.) Klasse des Abs. 7.

Article 14.

La présente Convention sera soumise à des revisions périodiques, en vue d'y introduire les améliorations de nature à perfectionner le système de l'Union.

A cet effet, des Conférences auront lieu, successivement, dans l'un des pays contractants entre les Délégués desdits pays.

L'Administration du pays où doit siéger la Conférence préparera, avec le concours du Bureau international, les travaux de cette Conférence.

Le directeur du Bureau international assistera aux séances des Conférences, et prendra part aux discussions sans voix délibérative.

Artikel 14.

Die vorliegende Übereinkunft soll periodischen Revisionen unterzogen werden, um Verbesserungen herbeizuführen, welche geeignet sind, das System des Verbandes zu vervollkommnen.

Zu diesem Zwecke werden der Reihe nach in einem der vertragschließenden Länder Konferenzen zwischen den Delegierten der genannten Länder stattfinden.

Die Regierung des Landes, in welchem die nächste Konferenz tagen soll, hat mit Hilfe des internationalen Büros die Arbeiten dieser Konferenz vorzubereiten.

Der Vorsteher des internationalen Büros hat den Sitzungen der Konferenzen beizuwohnen und an den Verhandlungen ohne beschließende Stimme teilzunehmen.

1. Bisherige Konferenzen: 1. Rom 1886, 2. Madrid 1891, 3. Brüssel 1900, 4. Washington 1911.

Die auf den beiden ersten Konferenzen gefaßten Beschlüsse über Abänderungen der Pariser Übereinkunft v. 20. III. 1883 sind nicht ratifiziert, die auf den Konferenzen in Brüssel und Washington beschlossenen Zusätze und Änderungen an entsprechenden Stellen der Pariser Übereinkunft eingeschaltet worden, so daß ein neues einheitliches Abkommen (mit dem oben wiedergegebenen Text) entstanden ist.

2. Auf der Madrider Konferenz wurden zwei Sonderabkommen getroffen:

a) betr. die internat. Registrierung von Fabrik- und Handelsmarken (oben S. 3), b) betr. die Unterdrückung der falschen Herkunftsangaben auf Waren (unten S. 187).

Das erstere Abkommen hat auf der Washingtoner Konferenz eine neue, den beschlossenen Änderungen entsprechende Fassung erhalten.

Article 15.

Il est entendu que les pays contractants se réservent respectivement le droit de prendre séparément, entre eux, des arrangements particuliers pour la protection de la Propriété industrielle, en tant que ces arrangements ne contreviendraient point aux dispositions de la présente Convention.

Artikel 15.

Man ist einverstanden, daß die vertragschließenden Länder sich das Recht vorbehalten, einzeln miteinander besondere Abmachungen zum Schutze des gewerblichen Eigentums zu treffen, sofern diese Abmachungen den Bestimmungen der vorliegenden Übereinkunft nicht zuwiderlaufen.

Durch die beiden, in Anm. 2 Art. 14 angeführten Madrider Abkommen sind solche engeren Verbände, unions restreintes, geschaffen worden.

In der Begrenzung des Art. 15 bleiben auch vorher geschlossene Staatsverträge in Geltung (s. die Verträge unter III. S. 138 ff).

Article 16.

Les pays qui n'ont point pris part à la présente Convention seront admis à y adhérer sur leur demande.

Cette adhésion sera notifiée par la voie diplomatique au Gouvernement de la Confédération suisse, et par celui-ci à tous les autres.

Elle emportera, de plein droit, accession à toutes les clauses et admission à tous les avantages stipulés par la présente Convention, et produira ses effets un mois après l'envoi de la notification faite par le Gouvernement de la Confédération suisse

Artikel 16.

Die Länder, welche an der vorliegenden Übereinkunft nicht teilgenommen haben, sollen auf ihren Antrag zum Beitritt zugelassen werden.

Dieser Beitritt ist auf diplomatischem Wege der Regierung der Schweizerischen Eidgenossenschaft und von dieser den übrigen anzuzeigen.

Er hat mit voller Rechtswirkung den Anschluß an alle Bestimmungen und die Zulassung zu allen Vorteilen zur Folge, welche in der vorliegenden Übereinkunft vereinbart sind und tritt einen Monat nach der Absendung der Anzeige durch die Regierung der Schwei-

aux autres pays unionistes, à moins qu'une date postérieure n'ait été indiquée par le pays adhérent.

zerischen Eidgenossenschaft an die übrigen Verbandsländer in Kraft, sofern das beitretende Land nicht einen späteren Zeitpunkt angibt.

Article 16 bis.

Les pays contractants ont le droit d'accéder en tout temps à la présente Convention pour leurs colonies, possessions, dépendances et protectorats, ou pour certains d'entre eux.

Ils peuvent à cet effet soit faire une déclaration générale par laquelle toutes leurs colonies, possessions, dépendances et protectorats sont compris dans l'accession, soit nommer expressément ceux qui y sont compris, soit se borner à indiquer ceux qui en sont exclus.

Cette déclaration sera notifiée par écrit au Gouvernement de la Confédération suisse, et par celui-ci à tous les autres.

Les pays contractants pourront, dans les mêmes conditions, dénoncer la Convention pour leurs colonies, possessions, dépendances et protectorats, ou pour certains d'entre eux.

Artikel 16 b.

Die vertragschließenden Länder haben das Recht, der gegenwärtigen Übereinkunft jederzeit für ihre Kolonien, Besitzungen, abhängigen Gebiete und Protektorate oder für einzelne von ihnen beizutreten.

Sie können zu diesem Zwecke entweder eine allgemeine Erklärung abgeben, durch die alle ihre Kolonien, Besitzungen, abhängigen Gebiete und Protektorate in den Beitritt einbegriffen werden oder ausdrücklich diejenigen nennen, welche darin einbegriffen sind, oder aber sich darauf beschränken, diejenigen anzugeben, welche davon ausgeschlossen sind.

Diese Erklärung soll schriftlich der Regierung der Schweizerischen Eidgenossenschaft und von dieser allen übrigen bekanntgegeben werden.

Die vertragschließenden Länder können in gleicher Weise die Übereinkunft für ihre Kolonien, Besitzungen, abhängigen Gebiete und Protektorate oder für einzelne von ihnen kündigen.

Vgl. Art. 26 der rev. Berner Übereinkunft für den Schutz der Werke der Literatur und Kunst v. 9. IX. 1886.

Article 17.

L'exécution des engagements

Artikel 17.

Die Ausführung der in der vor-

réciproques contenus dans la présente Convention est subordonnée, en tant que de besoin, à l'accomplissement des formalités et règles établies par les lois constitutionnelles de ceux des pays contractants qui sont tenus d'en provoquer l'application, ce qu'ils s'obligent à faire dans le plus bref délai possible.

liegenden Übereinkunft enthaltenen gegenseitigen Verbindlichkeiten unterliegt, soweit nötig, der Erfüllung der Förmlichkeiten und Vorschriften, welche die verfassungsmäßigen Gesetze derjenigen vertragschließenden Länder erfordern, die deren Anwendung herbeizuführen gehalten sind, was sie in möglichst kurzer Frist zu tun sich verpflichten.

Article 17 bis.

La Convention demeurera en vigueur pendant un temps indéterminé, jusqu'à l'expiration d'une année à partir du jour où la dénonciation en sera faite.

Cette dénonciation sera adressée au Gouvernement de la Confédération suisse. Elle ne produira son effet qu'à l'égard du pays qui l'aura faite, la Convention restant exécutoire pour les autres pays contractants.

Artikel 17b.

Die Übereinkunft soll auf unbestimmte Zeit bis zum Ablauf eines Jahres vom Tage der Kündigung ab in Kraft bleiben.

Diese Kündigung soll an die Regierung der Schweizerischen Eidgenossenschaft gerichtet werden. Sie erstreckt ihre Wirkung nur auf das Land, welches sie ausspricht; für die übrigen vertragschließenden Länder bleibt die Übereinkunft wirksam.

Anm. Wieder ausgeschieden sind Guatemala, Ecuador und Salvador.

Article 18.

Le présent Acte sera ratifié, et les ratifications en seront déposées à Washington au plus tard le 1er avril 1913. Il sera mis à exécution, entre les pays qui l'auront ratifié, un mois après l'expiration de ce délai.

Cet Acte, avec son Protocole de clôture, remplacera, dans les

Artikel 18.

Die gegenwärtige Akte soll ratifiziert und die Ratifikationen sollen in Washington spätestens am 1. April 1913 hinterlegt werden. Sie tritt in den Ländern, welche sie ratifiziert haben, einen Monat nach Ablauf dieser Frist in Kraft.

Diese Akte mit ihrem Schlußprotokoll tritt in den Beziehungen

rapports entre les pays qui l'auront ratifié: la Convention de Paris du 20 mars 1883; le Protocole de clôture annexé à cet Acte; le Protocole de Madrid du 15 avril 1891 concernant la dotation du Bureau international, et l'Acte additionnel de Bruxelles du 14 décembre 1900. Toutefois, les Actes précités resteront en vigueur dans les rapports avec les pays qui n'auront pas ratifié le présent Acte.

zwischen den Ländern, die sie ratifiziert haben, an Stelle folgender Akte: Pariser Übereinkunft vom 20. März 1883, Schlußprotokoll dazu, Madrider Protokoll vom 15. April 1891, betreffend die Ausstattung des Internationalen Büros, und Brüsseler Zusatzakte vom 14. Dezember 1900. Jedoch bleiben die angeführten Akte in den Beziehungen zu denjenigen Ländern in Kraft, welche die gegenwärtige Akte nicht ratifiziert haben.

Article 19.

Le présent Acte sera signé en un seul exemplaire, lequel sera déposé aux archives du Gouvernement des États-Unis. Une copie certifiée sera remise par ce dernier à chacun des Gouvernements unionistes.

En foi de quoi les Plénipotentiaires respectifs ont signé le présent Acte.

Fait à Washington, en un seul exemplaire, le deux juin 1911.

Artikel 19.

Die gegenwärtige Akte wird in einem einzigen Exemplar unterzeichnet, das im Archiv der Regierung der Vereinigten Staaten hinterlegt werden wird. Eine beglaubigte Abschrift wird von dieser den Regierungen der Verbandsländer übermittelt werden.

Zu Urkund dessen haben die betreffenden Bevollmächtigten die gegenwärtige Akte unterzeichnet.

Geschehen zu Washington in einem einzigen Exemplar am 2. Juni 1911.

(Folgen die Namen.)

Protocole de clôture.

Au moment de procéder à la signature de l'Acte conclu à la date de ce jour, les Plénipotentiaires soussignés sont convenus de ce qui suit:

Schlußprotokoll.

Im Begriffe, die Unterzeichnung der am heutigen Tage abgeschlossenen Akte zu vollziehen, sind die unterzeichneten Bevollmächtigten über Nachstehendes übereingekommen.

Ad Article premier.

Les mots „Propriété industrielle , doivent être pris dans leur acception la plus large; ils s'étendent à toute production du domaine des industries agricoles (vins, grains, fruits, bestiaux, etc.), et extractives (minéraux, eaux minérales, etc..)

Zu Artikel 1.

Die Worte „gewerbliches Eigentum" sollen in ihrer weitesten Bedeutung verstanden werden; sie umfassen jede Produktion auf dem Gebiete der Landwirtschaft (Wein, Getreide, Früchte, Vieh usw.) und der Gewinnung der Bodenschätze (Mineralien, Mineralwässer usw.).

Ad Article 2.

a) Sous le nom de brevet d'invention sont comprises les diverses espèces de brevets industriels admises par les législations des pays contractants, telles que brevets d'importations, brevets de perfectionnement, etc., tant pour les procédés que pour les produits.

b) Il est entendu que la disposition de l'article 2 qui dispense les ressortissants de l'Union de l'obligation de domicile et d'établissement a un caractère interprétatif, et doit, par conséquent, s'appliquer à tous les droits nés en raison de la Convention du 20 mars 1883, avant la mise en vigueur du présent Acte.

c) Il est entendu que les dispositions de l'article 2 ne portent aucune atteinte à la législation de chacun des pays contractants, en ce qui concerne la procédure suivie devant les tribunaux et la compétence de ces tribunaux, ainsi que l'élection de domicile ou la constitution d'un mandataire requises par les lois sur les brevets, les modèles d'utilité, les marques, etc.

Zu Artikel 2.

a) Unter der Bezeichnung „Erfindungspatente" sind die von den Gesetzgebungen der vertragschließenden Länder zugelassenen verschiedenen Arten gewerblicher Patente, wie Einführungs-, Verbesserungs- usw. Patente einbegriffen, und zwar sowohl für Verfahren als auch für Erzeugnisse.

b) Es besteht Einverständnis, daß die Bestimmung des Art. 2, welche die Verbandsangehörigen von der Verpflichtung eines Wohnsitzes und einer Niederlassung befreit, auslegender Art ist und daher auf alle Rechte Anwendung finden muß, die auf Grund der Übereinkunft v. 20. März 1883 vor dem Inkrafttreten der gegenwärtigen Akte entstanden sind.

c) Es besteht Einverständnis, daß die Gesetzgebung der vertragschließenden Länder über das Verfahren vor den Gerichten und die Zuständigkeit dieser Gerichte sowie die Vorschriften der Gesetze, betreffend Patente, Gebrauchsmuster, Marken usw. über die Wahl des Wohnsitzes oder die Bestellung eines Vertreters durch die Bestimmungen des Art. 2 in keiner Weise berührt werden.

Ad Article 4.

Il est entendu que, lorsqu'un dessin ou modèle industriel aura été déposé dans un pays en vertu d'un droit de priorité basé sur le dépôt d'un modèle d'utilité, le délai

Zu Artikel 4.

Es besteht Einverständis, daß, wenn in einem Lande ein gewerbliches Muster oder Modell unter Inanspruchnahme eines auf die Anmeldung eines Gebrauchsmusters ge-

de priorité ne sera que celui que l'article 4 a fixé pour les dessins et modèles industriels.

gründeten Prioritätsrechts hinterlegt wird, die Prioritätsfrist nur diejenige sein wird, die der Art. 4 für gewerbliche Muster und Modelle bestimmt hat.

Ad Article 6.

Il est entendu que la disposition du premier alinéa de l'article 6 n'exclut pas le droit d'exiger du déposant un certificat d'enregistrement régulier au pays d'origine, délivré par l'autorité compétente.

Il est entendu que l'usage des armoiries, insignes ou décorations publiques qui n'aurait pas été autorisé par les pouvoirs compétents, ou l'emploi des signes et poinçons officiels de contrôle et de garantie adoptés par un pays unioniste, peut être considéré comme contraire à l'ordre public dans le sens du n° 3 de l'article 6.

Ne seront, toutefois, pas considérées comme contraires à l'ordre public les marques qui contiennent, avec l'autorisation des pouvoirs compétents, la reproduction d'armoiries, de décorations ou d'insignes publics.

Il est entendu qu'une marque ne pourra être considérée comme contraire à l'ordre public pour la seule raison qu'elle n'est pas conforme à quelque disposition de la législation sur les marques, sauf le cas où cette disposition elle-même concerne l'ordre public.

Zu Artikel 6.

Es besteht Einverständnis, daß die Bestimmung des ersten Absatzes des Art. 6 nicht die Befugnis ausschließt, vom Hinterlegenden eine von der zuständigen Behörde ausgestellte Bescheinigung der ordnungsmäßigen Eintragung im Ursprungslande zu verlangen.

Es besteht Einverständnis, daß der Gebrauch von öffentlichen Wappen, Abzeichen oder Ehrenzeichen, der nicht durch die zuständigen Stellen gestattet wurde, oder der Gebrauch der in einem Verbandsland eingeführten amtlichen Prüfungs- und Gewährzeichen und -stempel [1]) als gegen die öffentliche Ordnung verstoßend im Sinne der Nr. 3 des Art. 6 angesehen werden kann.

Es sollen jedoch Marken nicht als gegen die öffentliche Ordnung verstoßend angesehen werden, wenn sie mit Ermächtigung der zuständigen Stellen die Darstellung von öffentlichen Wappen, Abzeichen oder Ehrenzeichen enthalten.

Es besteht Einverständnis, daß eine Marke nicht schon deshalb als gegen die öffentliche Ordnung verstoßend angesehen werden kann, weil sie einer Vorschrift des Markenrechts nicht entspricht, es sei denn, daß diese Bestimmung selbst die öffentliche Ordnung betrifft.

---

[1]) Gesetz über den Feingehalt von Gold- und Silbermünzen v. 16. VII. 1884 (RGBl. S. 120) und die dazu ergangene Bekanntmachung betr. die Bestimmung der Form des Stempelzeichens zur Angabe des Feingehalts auf goldenen und silbernen Geräten v. 7. I. 86 (RGBl. S. 1). Abbildungen der Stempelzeichen mit der Reichskrone in Brockhaus Konvers.-Lex., Jubiläumsausg. Bd. 8 S. 73.

Vgl. Cuba, Ges., das einen Stempel oder ein nationales Schutzband für den ausgeführten Tabak schafft, v. 16. VII. 12 (Propr. ind. 1916 S. 8 = Bl. 16 S. 85).

Le présent Protocole de clôture, qui sera ratifié en même temps que l'Acte conclu à la date de ce jour, sera considéré comme faisant partie intégrante de cet Acte, et aura même force, valeur et durée.

En foi de quoi, les Plénipotentiaires respectifs ont signé le présent Protocole.

Fait à Washington, en un seul exemplaire, le deux juin 1911.

Das gegenwärtige Schlußprotokoll, welches gleichzeitig mit der am heutigen Tage geschlossenen Akte ratifiziert werden soll, soll als wesentlicher Teil dieser Akte angesehen werden und dieselbe Kraft, Gültigkeit und Dauer haben.

Zu Urkund dessen haben die betreffenden Bevollmächtigten das gegenwärtige Protokoll unterzeichnet

Geschehen zu Washington in einem einzigen Exemplar am 2. Juni 1911.

(Folgen die Namen.)

B.

Gesetz

zur Ausführung der revidierten Pariser Übereinkunft v. 2. Juni 1911 zum Schutze des gewerblichen Eigentums. Vom 31. März 1913.

(RGBl. 1913 S. 236 ff.; Bl. 13 S. 155, Denkschrift S. 170, Begründung S. 176, Kommissionsbericht S. 181; MW. XI S. 516 u. 520, XII S. 462.)[1]

Artikel I.

Die Vorschriften im § 13 Abs. 1 des Gesetzes, betr. den Schutz von Gebrauchsmustern, vom 1. Juni 1891 (RGBl. S. 290), im § 23 Abs. 1 des Gesetzes zum Schutze der Warenbezeichnungen vom 12. Mai 1894 (RGBl. S. 441) und im § 28 des Gesetzes gegen den unlauteren Wettbewerb vom 7. Juni 1909 (RGBl. S. 499) finden auf Reichsangehörige keine Anwendung.

Anm. Gemäß Art. 2 der Washingtoner Akte darf den Verbandsangehörigen die Verpflichtung eines Wohnsitzes oder einer Niederlassung in dem Lande, wo der Schutz beansprucht wird, nicht auferlegt werden. Damit ist die Anwendbarkeit des § 23 Abs. 1 WbzG. auf Verbandsangehörige beseitigt. Durch obige Vorschrift sind auch die Reichsangehörigen für das innere Recht allgemein, also auch dann von der Schranke des § 23 Abs. 1 WbzG. befreit, wenn sie in einem Nichtverbandslande (z. B. Rußland, China) angesessen sind.

Reichsangehörig ist, wer die Staatsangehörigkeit eines deutschen Landes besitzt (Art. 110 Reichsverfassung).

Die Vorschriften in Abs. 2 u. 3 § 23 WbzG. bleiben unberührt.

---

[1]) Entwurf eines Gesetzes zur Ausführung usw. Mit Begründung Bl. 12 S. 211.

Artikel II.

Der Reichskanzler bestimmt, bis wann für die Anmeldung eines Patents, eines Gebrauchsmusters, eines Musters oder Modells, eines Warenzeichens die im Art. 4 Abs. d der revidierten Pariser Übereinkunft vom 2. Juni 1911 zum Schutze des gewerblichen Eigentums vorgesehene Prioritätserklärung über Zeit und Land der Voranmeldung abzugeben ist, und ob die dort bezeichneten Beweisurkunden gleichzeitig mit der Prioritätserklärung beigebracht werden müssen. Wenn die Erklärung oder die Beweisurkunden nicht zu dem bestimmten Zeitpunkt eingereicht werden, so wird der Prioritätsanspruch für die Anmeldung verwirkt.

Anm. Die Geltendmachung des Prioritätsrechts war bis zum Erlaß dieses Gesetzes an keine Frist gebunden. So konnte die Unionspriorität noch im Löschungsverfahren geltend gemacht werden. Auf Grund und in Ausführung des Art. 4 Abs. d der Wash. Akte hatte das Reich Bestimmungen darüber zu treffen, bis wann die dort vorgesehene Erklärung über Zeit und Land der Voranmeldung abzugeben ist, wann die dort bezeichneten Beweisurkunden beigebracht werden müssen, und welche Folgen eine Versäumung dieser Fristen nach sich ziehen würde. Die Festsetzung der Fristen ist dem Reichskanzler überlassen. Nach dessen Bekm. v. 8. April 1913 (unten S. 136) ist die Prioritätserklärung **gleichzeitig** mit der Anmeldung abzugeben, während die Beweisurkunden nachgebracht werden können. In der Prioritätserklärung muß **Zeit und Land** der ersten Hinterlegung angegeben werden; wird nur Zeit oder Land angegeben, so ist die Erklärung unwirksam und das Prioritätsrecht für diese Anmeldung verwirkt (BA. 25. IV. 14: Bl. 14 S. 219). Für Patente hat die BA. des RPA. 24. IX. 17 (Bl. 17 S. 121) ferner entschieden, daß die bloße Bezeichnung der Patentschrift nach Nummer und Jahrgang zur Wahrung des Prioritätsrechts nicht genügt — woraus zu folgern, daß für ein Wz. die Angabe der Nummer, unter welcher es im Lande der Voranmeldung registriert worden ist, nicht ausreicht.

Eine schärfere Rechtsfolge als der Verlust des Prioritätsanspruchs für die betreffende Anmeldung durfte nach Art. 4 Abs. d UV. nicht angedroht werden.

Artikel III.

Das Gesetz zum Schutze der Warenbezeichnungen vom 12. Mai 1894 (RGBl. S. 441) wird dahin abgeändert:

1. Der § 4 erhält folgende Fassung:

§ 4. Die Eintragung in die Rolle ist zu versagen für Freizeichen sowie für Warenzeichen,

1. welche ausschließlich in Zahlen, Buchstaben oder solchen Wörtern bestehen, die Angaben über Art, Zeit und Ort der

Herstellung, über die Beschaffenheit, über die Bestimmung, über Preis-, Mengen- oder Gewichtsverhältnisse der Ware enthalten;

2. welche Staatswappen oder sonstige staatliche Hoheitszeichen oder Wappen eines inländischen Ortes, eines inländischen Gemeinde- oder weiteren Kommunalverbandes enthalten;

3. welche Ärgernis erregende Darstellungen oder solche Angaben enthalten, die ersichtlich den tatsächlichen Verhältnissen nicht entsprechen und die Gefahr einer Täuschung begründen.

Die Vorschrift der Nr. 2 findet keine Anwendung, wenn der Anmelder befugt ist, das Wappen oder Hoheitszeichen in dem Warenzeichen zu führen.

Zeichen, welche gelöscht sind, dürfen für die Waren, für welche sie eingetragen waren, oder für gleichartige Waren zugunsten eines anderen als des letzten Inhabers erst nach Ablauf von zwei Jahren seit dem Tage der Löschung von neuem eingetragen werden.

Anm. Zeichen, die amtliche Prüfungs- und Gewährzeichen und -stempel enthalten und die nach Schlußprotokoll zu Art. 6 Abs. 2 UV. beanstandet werden könnten (Fußnote, Schlußprotokoll zu Art. 6, oben S. 126), sind durch das Ausf.Ges. in die Reihe der unzulässigen Zeichen nicht aufgenommen. Die Frage der Zulässigkeit oder Unzulässigkeit solcher Zeichen erledigt sich von selbst: sie sind für Waren, deren Zusammensetzung sie gewährleisten, deren stattgehabte Prüfung sie bescheinigen sollen, ohnehin nicht unterscheidungskräftig (Freund-Magnus S. 11) — für Waren anderer Gattung schutzfähig. (Denkschrift zu Art. III a. E.)

2. Als §§ 24 a bis 24 h werden folgende Vorschriften eingestellt:

§ 24 a. Rechtsfähige Verbände, die gewerbliche Zwecke verfolgen, können, auch wenn sie einen auf Herstellung oder Vertrieb von Waren gerichteten Geschäftsbetrieb nicht besitzen, Warenzeichen anmelden, die in den Geschäftsbetrieben ihrer Mitglieder zur Kennzeichnung der Waren dienen sollen (Verbandszeichen).

Die juristischen Personen des öffentlichen Rechtes stehen den bezeichneten Verbänden gleich.

Auf die Verbandszeichen finden die Vorschriften über Warenzeichen Anwendung, soweit nicht in §§ 24 a bis 24 h ein anderes bestimmt ist.

§ 24 b. Der Anmeldung des Verbandszeichens muß eine Zeichensatzung beigefügt sein, die über Namen, Sitz, Zweck und Vertretung des Verbandes, über den Kreis der zur Benutzung des Zeichens Berechtigten, die Bedingungen der Benutzung und die Rechte und

Pflichten der Beteiligten im Falle der Verletzung des Zeichens Auskunft gibt. Spätere Änderungen sind dem Patentamt mitzuteilen. Die Einsicht der Satzung steht jedermann frei.

§ 24 c. Über die Einrichtung der Rolle für die Verbandszeichen trifft das Patentamt Bestimmung.

§ 24 d. Das durch die Anmeldung oder Eintragung des Verbandszeichens begründete Recht kann als solches nicht auf einen anderen übertragen werden.

§ 24 e. Ein Dritter kann unbeschadet der Vorschriften im § 9 Nr. 1, 3 die Löschung des Verbandszeichens beantragen,

1. wenn der Verband, für den das Zeichen eingetragen ist, nicht mehr besteht;
2. wenn der Verband duldet, daß das Zeichen in einer den allgemeinen Verbandszwecken oder der Zeichensatzung widersprechenden Weise benutzt wird. Als eine solche mißbräuchliche Benutzung ist es anzusehen, wenn die Überlassung der Benutzung des Zeichens an andere zu einer Irreführung des Verkehrs Anlaß gibt.

In den Fällen der Nr. 1 findet § 9 Abs. 5 Anwendung.

§ 24 f. Der Anspruch des Verbandes auf Entschädigung wegen unbefugter Benutzung des Verbandszeichens (§ 14) umfaßt auch den einem Mitglied erwachsenen Schaden.

§ 24 g. Wird dem Patentamt nachgewiesen, daß ein eingetragenes Warenzeichen bis zum Inkrafttreten dieses Gesetzes von einem Verband als Verbandszeichen geführt wurde, so ist das Zeichen auf Antrag des Verbandes als Verbandszeichen in der Rolle umzuschreiben. Der Antrag muß innerhalb eines Jahres seit dem Inkrafttreten dieses Gesetzes gestellt werden und den für die Anmeldung eines Verbandszeichens bestehenden Vorschriften entsprechen. Mit dem Eingang des Antrags beginnt die Frist für die Erneuerung des Zeichens.

§ 24 h. Die Vorschriften über Verbandszeichen finden auf ausländische Verbandszeichen nur dann Anwendung, wenn nach einer im Reichs-Gesetzblatt enthaltenen Bekanntmachung die Gegenseitigkeit verbürgt ist.

Anm. Magnus: Zeitschrift f. d. ges. Handelsrecht 1913 S. 179; Fuld: JW 1913 S. 1049; Ephraim: MVdP. 1912 S. 119; Duchesne: Gewerbefleiß 1923 S. 118; Adler: S. 55; Mintz: GR. 1902 S. 283; Amar: Jahrb. d. int. Vereinigung f. d. gewerbl. Rechtsschutz 1901 S. 114; Pey: ebd. 1901 S. 118; De Ro: ebd. 1904 I S. 191; Vigouroux: ebd.

1904 I S. 209; Magnus u. Mintz: ebd. 1905 S. 151; Rauter: GR. 1907 S. 378; Stern: MW. XX S. 1–6; Wertheimer: LZ. 1912 S. 862ff., GR. Bd. 18 S. 77; Pinzger: GR. 1924 S. 6. Geschichte: Kohler: S. 23.

Art. 7 b UV. hatte den Verbandsländern die allgemeine Verpflichtung auferlegt, der Verbandsmarke als solcher Schutz zu gewähren, ihnen aber in der Ausgestaltung dieses Rechtsinstituts freie Hand gelassen. Der Erfüllung dieser Verpflichtungen dienen die §§ 24 a bis h.

In die deutsche Zeichenrolle sind bis Ende 1923 nur 113 Verbandszeichen eingetragen worden, darunter 8 für Ausländer: Dänemark 4, Freie Stadt Danzig 1, Frankreich 2, Niederlande 1.

Zu § 24 a. „Das Verbandszeichen dient hauptsächlich dem Zwecke, eine von dem Verbande gebotene Gewähr für Güte und sonstige Beschaffenheit der Ware durch das Zeichen nach außen hin kundzutun." (Denkschr.) Auch das Verbandzeichen dient wie jedes Warenzeichen gewerblichen Zwecken. Es soll in den Geschäftsbetrieben der Verbandsmitglieder Verwendung finden, deren Waren kennzeichnen und den Abnehmern für Wiedererlangung von Waren derselben Herkunft und damit derselben Güte und Beschaffenheit Gewähr leisten. Die Mitglieder müssen einen Geschäftsbetrieb haben. Hat der Verband selbst einen Geschäftsbetrieb und hat er für diesen Betrieb sich ein Zeichen schützen lassen, so ist das kein eigentliches Verbandszeichen (Pinzger a. a. O.).

Träger des Rechts ist allein der Verband; den Verbandsmitgliedern steht nur ein Benutzungsrecht zu (Lizenz). Die Verbände sind entweder

a) privatrechtliche Verbände,

welche sich der Überwachung der auf Erzeugung, Bearbeitung oder Vertrieb von Waren gerichteten Geschäftsbetriebe ihrer Mitglieder unterziehen und für die Güte der Ware Gewähr übernehmen. Kein Verbandszeichen für Vereine mit rein idealen Tendenzen oder politischen Zwecken. Die Verbände müssen Rechtsfähigkeit besitzen, weil sie Träger eines Rechts sind, „das weitgehende Wirkungen auch gegenüber Dritten besitzt und aktive und passive Prozeßlegitimation erfordert" (Begr. z. Ges.; in Betracht kommen insbes. §§ 21, 22 BGB.). Die Rechtsfähigkeit eines ausländischen Vereins ist nach dem Rechte seines Heimatstaates zu beurteilen.

b) oder öffentlich-rechtliche Verbände,

„die sich den Schutz gewerblicher Interessen ihrer Bezirkseingesessenen zur Aufgabe gemacht haben, z. B. Handels-, Handwerks-, Landwirtschaftskammern, Gemeinden und größere Kommunalverbände, in deren Bezirke Waren einer bestimmten Art und Eigenschaft gewonnen oder erzeugt werden" (Begr.) — Bezirks-, Regionalmarken. Keine Verbandszeichen für Kirchen- und Schulgemeinden.

Ein Verband kann sich mehrere Zeichen schützen lassen: für verschiedene Pferdeschläge, für verschiedene Gütegrade der gleichen Warenart (A. M. Rauter a. a. O.); er hat Anspruch auf Defensiv- und Vorratszeichen in den von der Rechtsprechung für gewöhnliche Warenzeichen zugelassenen Grenzen. Ausstellungsschutz kommt auch dem Verbandszeichen zugute (unten S. 136).

Hinsichtlich der Schutzfähigkeit, der Schutzdauer, Erneuerung, Berücksichtigung im Widerspruchsverfahren gelten für Verbandszeichen keine Besonderheiten. Ist ein Verbandszeichen gelöscht, so kann es nach Ablauf der Sperrfrist auch von einem einzelnen aufgegriffen werden. Es unterliegt aber der Löschung, wenn nach Lage des Falles — Inhalt des Zeichens — die Weiterbenutzung des ehemaligen Verbandszeichens durch eine Einzelperson die Gefahr einer Täuschung des Verkehrs in sich birgt (§§ 4³, 9³ WbzG.) oder die Aufnahme durch ein einzelnes Mitglied den inneren gesellschafts- oder vertragsrechtlichen Beziehungen zu dem Verband oder den übrigen Mitgliedern desselben zuwiderlaufen würde. Im Falle offensichtlicher Unrichtigkeit auch Beanstandung von Amts wegen nach §§ 4³ u. 8 Abs. 2 Ziff. 2. WbzG. Als **Freizeichen** ist ein von einem Verbande angemeldetes Zeichen nicht anzusehen, wenn die sämtlichen bisherigen Benutzer Verbandsmitglieder sind.

Zulässig sind **Wort- und Bildzeichen.**

Warenverzeichnis erforderlich, und zwar ist der Schutz eines Verbandszeichens auf einen, den Betrieben seiner Mitglieder entsprechenden Kreis von Waren beschränkt.

Zu § 24 b.

Die Verbandsstatuten können als Zeichensatzung i. S. des § 24 b gelten und zugelassen werden, wenn sie über die vorgeschriebenen Punkte Aufschluß geben. Entspricht die Satzung den gesetzlichen Erfordernissen nicht, so ist, wenn den Mängeln nicht abgeholfen wird, die Eintragung des Verbandszeichens abzulehnen. Die **Zweckmäßigkeit** der in der Zeichensatzung aufgenommenen Bestimmungen hat das RPA. nicht zu prüfen. Änderungen der Zeichensatzungen sind dem RPA. mitzuteilen, das die Rolle zu vervollständigen (§ 24ᵉ) und mit der Satzung auch deren Änderungen Einsichtbegehrenden vorzulegen hat. Zwangsmittel, um den Verband zur Anzeige von Satzungsänderungen anzuhalten, sind dem RPA. nicht eingeräumt.

Aus der Zeichensatzung ersehen die beteiligten Kreise, wie und von wem das Zeichen benutzt wird. Die Satzung kann vorsehen, daß das Verbandszeichen nur in Verbindung mit dem Namen oder der Firma der einzelnen Verbandsmitglieder gebraucht werden darf. Zweckmäßig trifft sie auch Bestimmung über die von dem Verbande auszuübende Aufsicht über die Verwendung des Zeichens und die Vorschriftsmäßigkeit der mit dem Zeichen versehenen Waren — über die Mittel und Wege zur Beilegung von Streitigkeiten, die zwischen einzelnen Mitgliedern oder zwischen einem Mitgliede und dem Verbande als solchem über die Zeichenbenutzung entstehen möchten — über den Ausschluß einzelner Mitglieder von der Benutzung des Zeichens u. dgl..

Der ursprüngliche, die Gebührenfrage regelnde Abs. 2 des § 24 b ist weggefallen (Bekm. über die Fassung des Patentgesetzes, des Ges. betr. den Schutz von Gebrauchsmustern, und des WbzG. v. 7. Dezember 1923 — RGBl. II S. 437 = Bl. 23 S. 166, unten S. 202). Nach der weiteren VO. über die patentamtlichen Gebühren v. 28. Februar 1924 (RGBl. II S. 45 = Bl. 24 S. 45) betragen die Gebühren in Goldmark:

a) für die Anmeldung eines Verbandszeichens

α) Anmeldegebühr 100, β) Klassengebühr 15,

b) für die Eintragung eines Verbandszeichens 100,
c) für die Erneuerung eines Verbandszeichens
α) Erneuerungsgebühr 500, β) Klassengebühr 15.

Dazu treten die von dem RPA. besonders zu berechnenden und einzufordernden Druckkosten-Beiträge für die Veröffentlichung der Verbandszeichen im Warenzeichenblatt (§ 6a WbzG., unten S. 205.)

Zu § 24 c.

Eine besondere Rolle ist für Verbandszeichen nicht eingerichtet worden. die Kennzeichnung eines Zeichens in der allgemeinen Rolle als Verbandszeichen geschieht in der Weise, daß

a) in Sp. 1 der Rolle unter der laufenden Nummer vermerkt wird: „Verbandszeichen",
b) in Sp. 4 an Stelle der Angabe des Geschäftsbetriebs ein — gesetzt und am Schlusse hinzugesetzt wird: „Zeichensatzung vom . . . ."

Zu § 24 d.

Einem Verbande wird regelmäßig ein größeres Maß von Vertrauen entgegengebracht. Der Verband soll sich der durch Erwirkung des Zeichenschutzes gegenüber dem Verkehr übernommenen Pflichten nicht durch Überlassung des Zeichens an einen anderen entziehen dürfen. Auch keine Übertragung auf einen anderen Verband. Umgehung des Übertragungsverbotes durch Neu-Anmeldung ist dann jedenfalls ausgeschlossen, wenn die Voraussetzungen des § 4 Ziff. 3 WbzG. gegeben sind, so wenn eine Einzelperson das Zeichen neu anmeldet, dieses sich aber äußerlich als ein Verbandszeichen darstellt (s. zu § 24 a unter b Abs. 3).

Zu § 24 e.

Ziff. 1 entspricht der Nr. 2 § 9 WbzG., deshalb wird auch Abs. 5 § 9 hier für anwendbar erklärt, wonach jedermann die Löschung des Verbandszeichens zunächst bei dem RPA. beantragen kann.

Die mißbräuchliche Benutzung kann von einem Dritten, aber auch von einem Verbandsmitgliede ausgehen.

Die Löschungsgründe des § 8 WbzG. gelten auch für Verbandszeichen.

Zu § 24 f.

Feststellungs- und Unterlassungsklage steht nur dem Verbande als Zeicheninhaber zu, nicht den einzelnen Mitgliedern. Hinsichtlich der Entschädigungsklage führt die Gesetzesbegründung aus: „Der Verband als solcher wird, da er keinen Geschäftsbetrieb hat, in der Regel nicht geschädigt sein, er wird also Entschädigungsansprüche nicht gelten machen können. Das einzelne Verbandsmitglied wiederum, das tatsächlich geschädigt ist, kann kraft Zeichenrechts keinen Schadenersatz verlangen, da es nur Lizenznehmer ist und kein eigenes Markenrecht besitzt." Das Gesetz löst die Schwierigkeit in dem Sinne, „daß die Geltendmachung des dem einzelnen Mitglied erwachsenen Schadens dem Verbande zufällt". Der Verband gilt als Verletzter, Beschädigter i. S. der §§ 14, 15, 17, 18, 19 WbzG. Das ist sachlich gerechtfertigt. Denn der Verband vermag den Wert des Zeichens, die Höhe des durch einen Eingriff verursachten Schadens zutreffender zu beurteilen als ein einzelnes Mitglied. Die Auseinandersetzung zwischen Verband und Mitglied zu regeln, ist Aufgabe der Satzung.

Auf der anderen Seite kann die Löschungsklage nur gegen den Verband als solchen angestrengt werden. Dem Anspruch auf Unterlassung der Benutzung ist jedes Mitglied unterworfen — allerdings erst nach Löschung des Zeichens (Freund-Magnus S. 186 γ). Verbindung der Löschungsklage gegen den Verband mit der Unterlassungsklage gegen das Mitglied — s. Pinzger a. a. O. KG. 17. XI. 1923; MW. XXIII 168.

Der Verzicht eines Verbandsmitgliedes auf Schadensersatz, der Vergleich, den ein Verbandsmitglied über die Höhe des Schadens eingeht, ist für den Verband unverbindlich, weil der Entschädigungsanspruch der Verfügung der Mitglieder entzogen ist (a. M. Pinzger a. a. O.).

Zu § 24 g.

Bis zum Erlasse dieses Gesetzes konnten Verbandszeichen als solche nicht eingetragen werden. Das unleugbar vorhandene wirtschaftliche Bedürfnis nach solchen Zeichen wurde vornehmlich auf dem Umwege befriedigt, daß ein Mitglied des Verbandes als sog. Treuhänder das Zeichen auf seinen Namen oder seine Firma und für seinen Geschäftsbetrieb eintragen ließ und den anderen Verbandsmitgliedern die Erlaubnis zur Benutzung des Zeichens in ihren Betrieben erteilte.

Eines der interessantesten Zeichen dieser Art ist das für Niels Pedersen in Ladelund bei Brörup (Dänemark) für dessen Geschäftsbetrieb „Meierei" und die Ware „Butter" eingetragene Zeichen 81417 (Wzbl. 1905 S. 1511). Es stellt die sog. „Lurmarke" (Hornmarke) dar und ist dasjenige Zeichen, das dazu diente, allgemein die in Dänemark aus pasteurisierter Sahne hergestellte Butter zu kennzeichnen (Dänisches Gesetz vom 30. März 1906 § 5, Kgl. dänische VO. v. 30. August 1906 § 1 [Bl. 07 S. 199 u. 201].) Das Zeichen wurde am 31. Januar 1914 als Verbandszeichen auf das Kgl. dänische Landwirtschaftsministerium in Kopenhagen umgeschrieben, wobei als Zeichensatzung das dänische Ges. betr. den Handel mit Butter usw. v. 12. April 1911 und die dänische VO. betr. die Bezeichnung von Butter usw. v. 17. November 1911 (Veröffentlichungen des deutschen Gesundheitsamts Bd. XXXVI S. 751, 756) bezeichnet wurden.

Dieser Umweg zur Erwirkung eines Verbandszeichens — durch Treuhänder — ist durch Erlaß des AusfGes. gesperrt (RPA. 22. September — 3. Dezember 1915: Bl. 15 S. 44).

Zu § 24 h.

Eine solche Bekanntmachung war hinsichtlich Dänemarks am 1. Oktober 1913 (RGBl. S. 709 = Bl. 13 S. 291) erlassen worden; sie ist hinfällig geworden, nachdem Dänemark mit Wirkung v. 26. 9. 14 ab die Wash. Akte ratifiziert hat (RGBl. S. 416 = Bl. 14 S. 319).

Auf Unionsländer findet § 24 h keine Anwendung (Art 2 UV oben S. 94).

Artikel IV.

Dieses Gesetz tritt gleichzeitig mit der revidierten Pariser Übereinkunft vom 2. Juni 1911 zum Schutze des gewerblichen Eigentums in Kraft.

Anm. Übereinkommen und Gesetz sind am 1. Mai 1913 in Kraft getreten.

C.

Bekanntmachung

betreffend die Geltendmachung des in Artikel 4 der revidierten Pariser Übereinkunft vom 2. Juni 1911 zum Schutze des gewerblichen Eigentums vorgesehenen Prioritätsrechts. Vom 8. April 1913.

(RGBl. Nr. 24 S. 241; Bl. 13 S. 157; MW. XII S. 463.)

Auf Grund des Art. II des Ges. z. Ausf. der revid. Pariser Übereinkunft vom 2. Juni 1911 zum Schutze des gewerblichen Eigentums, vom 31. März 1913 (Reichsgesetzbl. S. 236) wird bestimmt:

Die in Art. 4 Abs. d der genannten Übereinkunft vorgesehene Prioritätserklärung über Zeit und Land der Voranmeldung ist bei der Anmeldung des Patents, des Gebrauchsmusters, des Musters oder Modells, des Warenzeichens abzugeben. Die gleichzeitige Beibringung der Beweisurkunden ist bis auf weiteres nicht erforderlich.

Berlin, den 8. April 1913.

Der Reichskanzler.
i. V.: Delbrück.

D.

Gesetz

betr. den Schutz von Erfindungen, Mustern und Warenzeichen auf Ausstellungen. Vom 18. März 1904.

(RGBl. 1904 S. 141; Bl. 04 S. 181–183, vgl. GR. 04 S. 30–31.)

Erfindungen, Gebrauchsmustern, Mustern und Modellen, die auf einer inländischen oder ausländischen Ausstellung zur Schau gestellt werden, sowie Warenzeichen, die auf einer daselbst zur Schau gestellten Ware angebracht sind, wird ein zeitweiliger Schutz in Gemäßheit der nachfolgenden Bestimmungen gewährt:

1. Durch eine Bekanntmachung des Reichskanzlers im Reichs-Gesetzblatte wird im einzelnen Falle die Ausstellung bestimmt, auf die der zeitweilige Schutz Anwendung findet.
2. Der zeitweilige Schutz hat die Wirkung, daß die Schaustellung oder eine anderweitige spätere Benutzung oder eine spätere Veröffentlichung der Erfindung, des Musters oder des Warenzeichens der Erlangung des gesetzlichen Patent-, Muster- oder Zeichenschutzes nicht entgegenstehen, sofern die Anmeldung

zur Erlangung dieses Schutzes von dem Aussteller oder dessen Rechtsnachfolger binnen einer Frist von sechs Monaten nach der Eröffnung der Ausstellung bewirkt wird. Die Anmeldung geht anderen Anmeldungen vor, die nach dem Tage des Beginns der Schaustellung eingereicht worden sind.

Anm.

1. Das Gesetz ist ergangen in Erfüllung der im Art. 11 UV. übernommenen Verpflichtung. Es geht insoweit über diese Verpflichtung hinaus, als es schlechthin von inländischen oder ausländischen, nicht bloß von „amtlichen oder amtlich anerkannten internationalen" Ausstellungen spricht.

Kein selbständiger Rechtsschutzanspruch — nur Unschädlichmachung eines bestimmten Zeitabschnittes zugunsten der Anmeldung eines gewerblichen Schutzrechts! Der „zeitweilige Schutz" sichert den Aussteller gegen die mit der Bekanntgabe der Erfindung usw. verbundenen Rechtsnachteile und räumt ihm von dem Zeitpunkt der Schaustellung ab ein Prioritätsrecht gegenüber Anmeldungen anderer ein; die Wirkung einer amtlichen Bekanntmachung der Anmeldung oder gar einer Eintragung in die Rolle hat der zeitweilige Schutz nicht.

Der „zeitweilige Schutz" beginnt mit der Schaustellung, die mit dem Beginn der öffentlichen Ausstellung nicht notwendig zusammen zu fallen braucht. Der Zeitpunkt der Schaustellung kann sogar vor dem Zeitpunkt der Eröffnung der Ausstellung liegen, wenn nämlich der zum Zwecke demnächstiger Ausstellung an den Ausstellungsort geschaffte Gegenstand dort von anderen besichtigt werden konnte. Bzgl. des Nachweises der erfolgten Schaustellung entscheidet das freie Ermessen (§ 286 ZPO.). In der Art und Wahl der Beweisstücke ist der Aussteller und spätere Anmelder nicht beschränkt. Es empfiehlt sich, daß er sie sich rechtzeitig sichert. Hauptsächlich kommt naturgemäß der Urkundenbeweis (Bescheinigung der Leitung der Ausstellung) in Frage.

Keine Einschränkung des Unionsprioritätsrechts (Art. 4 UV.) durch die Ausstellungspriorität (Prop. ind. 1923 S. 80 u. 97). Für die Geltendmachung dieser Priorität ist eine von der Eröffnung der Ausstellung laufende Frist von sechs Monaten gesetzt; auf sie findet die Bekanntmachung vom 8. IV. 1913 (oben S. 135) keine Anwendung; sie braucht also nicht mit der Anmeldung geltend gemacht zu werden.

Von der Vergünstigung des zeitweiligen Ausstellungsschutzes ist nur verschwindend geringer Gebrauch gemacht worden. Für das Wzrecht — keine Neuheitsprüfung! — ist er überhaupt kaum von Bedeutung. Als einen von dem Gesetz getroffenen zeichenrechtlichen Fall führt die Gesetzesbegründung an, „daß das auf der zur Schau gestellten Ware verwendete Zeichen — hier ist namentlich an Wortzeichen zu denken — dadurch seine Schutzfähigkeit verliert, daß es vor der Anmeldung zur Zeichenrolle von den beteiligten Kreisen in Besitz genommen wird und sich zum Freizeichen entwickelt."

2. Im Gegensatz zu den Ausstellungen, die dadurch, daß das Gesetz auf sie angewandt wird, gewissermaßen staatlich anerkannt werden, stehen

die sog. Winkelausstellungen, d. h. solche Ausstellungen, die ohne wirtschaftliche Bedeutung sind und nur eigennützigen Zwecken der Veranstalter dienen. Die auf solchen Ausstellungen verteilten Medaillen sind geeignet, das kaufende Publikum zu täuschen. Anwendbarkeit des § 4 Ziff. 3 WbzG. auf Wz. mit solchen Medaillen. Hierzu

Allg. Verfügung des Preuß. Justizministers, betr. die Bekämpfung des unlauteren Wettbewerbs auf dem Gebiete der Winkelausstellungen. Vom 8. April 1910.

(J. M. Bl. S. 139; Bl. 10, S. 202. GR. 1910 S. 124; MW. IX S. 165.)

.... Über die Verhältnisse der einzelnen Ausstellungsunternehmungen wird in den meisten Fällen die von industriellen Zentralverbänden ins Leben gerufene „Ständige Ausstellungskommission für die deutsche Industrie" [1]), welche sich die Bekämpfung der Mißstände im Ausstellungswesen zu einer ihrer hauptsächlichsten Aufgaben gemacht hat, unterrichtet sein. Sie ist zur kostenlosen Auskunftserteilung an die Behörden sowie zur Bezeichnung geeigneter Sachverständigen in Ausstellungsangelegenheiten bereit.

Anm. Vgl. RG St. 6. III. 08: Bd. 41 S. 163 JW 1908 S. 603; Lienau, Medaillenunwesen und Ausstellungsschwindel: MW. VI S. 93; Rosenthal, Reichsgesetz gegen den unlauteren Wettbewerb: 5. Aufl. S. 168; Kahn und Weiß, Ges. gegen den unlaut. Wettbewerb 2. Aufl. S. 96.

III. Sonderverträge.

A.

Übereinkommen

zwischen dem Deutschen Reich und Österreich sowie zwischen dem Deutschen Reich und Ungarn über den gegenseitigen Patent-, Muster- und Markenschutz. Vom 17. November 1908.

(RGBl. 1908 S. 655 u. 659; Bl. 1908 S. 285; GR. 1908 S. 357; Bl. 1909 S. 6; Öst. PBl. 1909 S. 25 u. 89.)

Vorbemerkung. Angesichts des am 1. Jan. 1909 erfolgten Beitritts der Staaten Österreich und Ungarn zum Unionsvertrage (vgl. Bekm. v. 24. XII. 1908 RGBl. 654; Mitt. d. Präs. des RPA. v. 9. I 1909 Bl. 09 S. 6), dem Deutschland seit dem 1. Mai 1903 angehört, hatte sich die Umgestaltung des bisher zwischen dem Deutschen Reiche einer-

[1]) Jetzt Ausstellungs- und Messeamt der deutschen Industrie, Berlin W 10, Königin Augustastr. 28 (JMBl. 22 S. 553 = Bl. 23 S. 86 u. 104).

seits und Österreich und Ungarn anderseits in Kraft befindlichen Übereinkommens über den gegenseitigen Patent-, Muster- und Markenschutz v. 6. Dez. 1891 (RGBl. 92 S. 289) als notwendig erwiesen. Gleichzeitig wurden einige Fragen neu geregelt. Im Hinblick auf die seit dem Abk. v. 6. Dez. 1891 eingetretenen Änderungen in der inneren Gesetzgebung der beiden Länder wurde mit jedem derselben der Abschluß je eines Sondervertrages erforderlich. Dem ungarischen Abkommen ist ein Schlußprotokoll beigefügt. Die beiden Übereinkommen gelten in den von Österreich und Ungarn durch die FV. von St. Germain und Trianon abgetrennten Gebieten nicht weiter, da keiner der sog. Nachfolgestaaten von der Befugnis des Art. 289 FV. Versailles (vgl. FV. St. Germain Art. 241, Trianon Art. 224) Gebrauch gemacht hat.

Der Wortlaut dieser beiden Übereinkommen ist bis auf wenige Worte der gleiche. Um daher hier bei dem Abdruck dieser Übereinkommen nicht unnötige Wiederholungen zu bringen, ist im folgenden nur der Text des österreichischen Abkommens gedruckt und an den in Betracht kommenden Stellen in den Artikeln I, III, IV, VII und VIII der in dem Abk. mit Ungarn veränderte Wortlaut in Klammern [ ] mitgeteilt.

Zwischen den deutschen Behörden (Gerichte, RPA.) einerseits und den österr. Behörden (Gerichte PA., Patentgerichtshof) anderseits besteht unmittelbarer Geschäftsverkehr (Bekm. des PA.: Bl. 1900 S. 100). Dies gilt für die österr. Republik weiter.

Über das Österreichische Markenrecht vgl. Pirko, Lehrbuch des österr. Handelsrechts S. 72–81; Abel: System des österr. Markenrechts 1908; Adler: System des österr. Markenrechts 1909; Geller: Österr. und internationales Markenrecht 1913.

1. Das Übereinkommen mit Österreich v. 17. November 1908.

(RGBl. 1908 S. 655.)

Art. 1. Im gegenseitigen Verkehre zwischen dem Deutschen Reiche und Österreich [Ungarn] finden nach Beitritt Österreichs [Ungarns] zur Intern. Übereinkunft z. Schutze des gewerbl. Eigentums v. 20. März 1883 und der diese Übereinkunft ergänzenden oder abändernden Zusatzakte in bezug auf den gewerblichen Rechtsschutz neben den Bestimmungen dieser Übereinkunft nachstehende Bestimmungen Anwendung.

Anm.: Die Zulässigkeit derartiger Sonderverträge ist in Art. 15 des UV. ausdrücklich vorgesehen. Die Bestimmungen des alten Übereinkommens v. 6. Dez. 1891 betr. Gegenseitigkeit des Rechtsschutzes, Eintragsfähigkeit der Wz. und Prioritätsrecht sind durch die entsprechenden Vorschriften des Unionsrechts ersetzt worden.

Art. 2. Die Einfuhr einer in den Gebieten eines der vertragschließenden Teile hergestellten Ware in die Gebiete des anderen Teiles soll in den letzteren den Verlust des für diese Waren erworbenen Schutzrechts, auch soweit es ein Muster oder Modell betrifft, nicht zur Folge haben.

Anm.: Vgl. Art. 5 des UV. Durchbrechung des im § 16 des Gesetzes betr. das Urheberrecht an Mustern und Modellen v. 11. I. 1876 aufgestellten Grundsatzes.

Art. 3. Öffentliche Wappen aus den Gebieten des einen vertragschließenden Teiles werden in den Gebieten des anderen Teiles nicht als Freizeichen angesehen werden. Dies gilt auch für solche Ausführungen der Wappen, welche Abweichungen von der amtlichen Ausführungsform aufweisen, sofern trotz dieser Abweichungen Verwechslungen im Verkehre zu erwarten sind.

Warenzeichen, welche solche Wappen als Bestandteile enthalten, soll, sofern diese Wappen nachweisbar berechtigterweise von dem Anmelder in dem Warenzeichen geführt werden, in den Gebieten des anderen Teiles die Eintragung in die Zeichenrolle [das Markenregister] wegen Führung solcher Wappen nicht versagt werden können.

Außer demjenigen, welcher die Berechtigung zur Führung solcher Wappen besitzt, hat niemand Anspruch auf Schutz dieser zusammengesetzten Warenzeichen.

Diese Bestimmungen finden insbes. auch auf das österreichische Erblandswappen [die ungarische Sankt-Stephanskrone] Anwendung.

Warenzeichen, welche in den Gebieten eines der vertragschließenden Teile als Kennzeichen der Waren von Angehörigen eines bestimmten gewerblichen Verbandes, eines bestimmten Ortes oder Bezirkes Schutz genießen, sind, sofern die Anmeldung dieser Warenzeichen vor dem 1. Oktober 1875 in den Gebieten des anderen Teiles erfolgt ist, hier von der Benutzung als Freizeichen ausgeschlossen.

Außer den Angehörigen eines solchen Verbandes, Ortes oder Bezirkes hat niemand Anspruch auf Schutz dieser Warenzeichen.

Anm.: Art. 3 (vgl. Art. 7 des früheren Übereink.) führt seinen Ursprung auf die Beschwerden der österr. Sensenfabrikanten wegen mißbräuchlicher Benutzung ihrer berühmten Marken im Gebiet des Deutschen Reichs zurück (Roge, GR. 1900 S. 265; vgl. RG. 19. X. 89: Bd. 24 S. 74).

Abs. 1: Aus den Gebieten (nicht dem Gebiet) des anderen Teils; daher alle öffentlichen Wappen, auch die der einzelnen Gebietsteile: Staats-, Provinzial- und Gemeindewappen. In Abs. 4 ist ausdrücklich ausgesprochen, daß hierunter insbes. auch das österr. Erblandswappen und die ungarische Sankt-Stephanskrone fallen (vgl. BA. 22. III. 02: Bl. 03 S. 12).

Über die Frage, was als „öffentliches" Wappen anzusehen ist, entscheidet das einheimische Recht, das in dem in Frage kommenden Landesteile gilt.

In Abs. 2 wird die Eintragung für solche Wz., welche Staatswappen (und die nach Abs. 4 diesen gleichstehenden Wappen) enthalten, zugelassen, sofern diese Wappen nachweisbar berechtigterweise von dem Anmelder in dem Wz. geführt werden. Diese Zulassung bedeutete eine Durchbrechung der Rechtsprechung des RPA., der zufolge auch der Nachweis der Genehmigung zur Führung des Wappens durch die berechtigte Stelle die Eintragung nicht ermöglichte (Mitt. d. Abt. f. Wz.: Bl. 95 S. 208; RG 10. XI. 88: Bl. 95 S. 211, vgl. Freund-Magnus S. 72). Durch § 4 Abs. 2 WbzG. in der Fassung des Ges. zur Ausf. der revid. Pariser Übereink. usw. v. 31. März 1913 (s. oben S. 127) ist Abs. 2 für Deutschland gegenstandslos geworden.

Durch Abs. 4 soll verhindert werden, daß der öffentliche Charakter dieses von den österr. Sensenschmieden gebrauchten, ursprünglich unstreitig öffentlichen Wappens angezweifelt werden kann.

Der ungarischen Sankt-Stephanskrone ist besondere Erwähnung getan, weil sie zwar ein staatliches Hoheitszeichen, aber nicht ein Wappen im engeren Sinne darstellt. (S. Schlußprotokoll zum Übereinkommen mit Ungarn.)

Für Abs. 5 u. 6 kommen insbes. diejenigen zusammengesetzten österreichischen Zeichen in Betracht, die aus dem Meisterzeichen des einzelnen Fabrikanten, dem Erblandswappen, in Verbindung mit dem Beischlag der Anfangsbuchstaben des Ortes bestehen, wo der Verband usw. seinen Sitz hat. Auf die einzelnen Bestandteile solcher Zeichen – insbes. das Meisterzeichen allein – bezieht sich die Bestimmung nicht (BA 14. I. 98: Bl. 98 S. 89).

Art. 4. Muster und Modelle sowie Warenzeichen, für welche deutsche Angehörige in Österreich [Ungarn] einen Schutz erlangen wollen, sind bei der Handels- und Gewerbekammer in Wien [Budapest] oder bei der künftig an deren Stelle tretenden Registrierungsbehörde anzumelden.

Art. 5. Jeder der vertragschließenden Teile wird, soweit dies noch nicht geschehen ist, Bestimmungen gegen den Verkauf und das Feilhalten solcher Waren treffen, welche zum Zwecke der Täuschung in Handel und Verkehr unbefugterweise mit öffentlichen Wappen aus den Gebieten des anderen vertragschließenden Teiles oder mit Namen bestimmter, in den Gebieten des anderen Teiles gelegenen Orte oder Bezirke behufs Bezeichnung des Ursprunges versehen sind.

Anm.: Vgl. § 16 WzG., §§ 1 u. 4 UW.

Österr. Bundesgesetz v. 19. XII 1922 betr. die Durchführung von zwischenstaatlichen Vereinbarungen über Herkunftsbezeichnungen usw. (Österr. PBl. 1923 S. 1 = Bl. 23, S. 16); Österr. Bundesgesetz v. 26. IX. 1923 gegen den unlauteren Wettbewerb (Österr. PBl. 1923 S. 81 = Bl. 24 S. 19).

Art. 6. Im Falle einer der vertragschließenden Teile aus dem Verbande der Intern. Union zum Schutze des gewerbl. Eigentums austreten sollte, hat er über die erfolgte Kündigung dem anderen Teile sofort Mitteilung zu machen und gleichzeitig die Verhandlungen behufs Revision des gegenwärtigen Übereinkommens einzuleiten.

Sollten diese Verhandlungen bis zu dem Zeitpunkt, in welchem laut Art. 18 der Intern. Übereink. v. 20. März 1883 der Austritt wirksam wird, nicht zum Abschlusse gelangen, so haben bis zum Zustandekommen eines neuen Übereinkommens auch weiterhin die Bestimmungen jener Übereinkunft nebst den sie ergänzenden oder abändernden Zusatzakten im gegenseitigen Verkehre der vertragschließenden Teile in Anwendung zu bleiben.

Anm.: Jetzt Art 17 b der Washinton-Akte (oben S. 123).

Art. 7. Für die im Deutschen Reiche als Gebrauchsmuster, in Österreich [Ungarn] hingegen als Erfindungen angemeldeten Gegenstände wird die im Art. 4 der durch die Zusatzakte vom 14. Dezember 1900 abgeänderten Intern. Übereink. v. 20. März 1883 gewährleistete Prioritätsfrist, wenn die Anmeldung zuerst im Deutschen Reiche erfolgte, auf vier Monate, wenn die Anmeldung zuerst in Österreich [Ungarn] erfolgte, auf zwölf Monate bemessen.

Anm.: Vgl. Art. 4 Abs. c UV. und Schlußprotokoll zu Art. 4 (oben S. 98 u. 125).

Art. 8. Das gegenwärtige Übereinkommen tritt mit dem Zeitpunkt in Kraft, zu welchem der Beitritt Österreichs [Ungarns] zu der Intern. Union zum Schutze des gewerbl. Eigentums wirksam wird. Mit diesem Zeitpunkte treten vorbehaltlich der Bestimmung im Art. 9 Abs. 1 des gegenwärtigen Übereinkommens die auf den gegenseitigen Patent-, Muster- und Markenschutz Bezug habenden bisherigen Vereinbarungen außer Kraft.

Dieses Übereinkommen bleibt bis zum Ablauf eines Jahres nach erfolgter Kündigung von seiten eines der vertragschließenden Teile in Kraft.

Anm.: Der Beitritt Österreichs und Ungarns zum Unionsvertrage ist am 1. Januar 1909 wirksam geworden (s. Vorbemerkg. oben S. 137).

Art. 9. Diejenigen Erfindungen, Muster und Modelle, sowie Warenzeichen, welche vor dem Zeitpunkte des Inkrafttretens des gegenwärtigen Übereinkommens in den Gebieten des einen vertragschließenden Teiles angemeldet sind und innerhalb der Frist von drei Monaten nach diesem Zeitpunkt in den Gebieten des anderen Teiles angemeldet werden, genießen ein Vorrecht entweder nach Maßgabe der Art. 3 und 4 des Übereink. v. 6. Dezember 1891 oder nach Maßgabe des Art. 4 der durch die Zusatzakte vom 14. Dezember 1900 abgeänderten Internationalen Übereinkunft v. 20. März 1883, je nachdem die eine oder die andere Vereinbarung dem Anmelder günstiger ist.

Die Bestimmungen des Art. 3 finden auch auf diejenigen Warenzeichen Anwendung, für welche im Zeitpunkte des Inkrafttretens des gegenwärtigen Übereinkommens eine noch nicht endgültig erledigte Anmeldung zur Eintragung in die Zeichenrolle [das Markenregister] vorliegt.

Anm.: Übergangsbestimmungen für die zur Zeit des Inkrafttretens des Übereinkommens schwebenden Anmeldungen.

Art. 10. Dieses Übereinkommen soll ratifiziert und die Ratifikationsurkunden sollen sobald als möglich in Berlin ausgewechselt werden.

Zu Urkund dessen haben die beiderseitigen Bevollmächtigten das gegenwärtige Übereinkommen unterzeichnet und ihre Siegel beigedrückt.

2. Schlußprotokoll zum Übereinkammen mit Ungarn v. 17. November 1908.

(RGBl. 1908 S. 659.)

Bei der Unterzeichnung des Übereinkommens, betreffend den gewerblichen Rechtsschutz im gegenseitigen Verkehre zwischen dem Deutschen Reiche und Ungarn, ist Einverständnis über nachstehendes festgestellt worden:

Zu Art. 3.

Zu Abs. 1 bis 4.

Durch die Bestimmungen des Art. 3 werden die Vorschriften der inneren Gesetzgebungen über die mißbräuchliche Verwendung staatlicher Embleme zu Täuschungszwecken nicht berührt.

Zu Abs. 4.

Der besondere Schutz, welcher hier der ungarischen Sankt-Stephanskrone mit Rücksicht auf ihre charakteristische Ausgestaltung zugesichert wird, kann für sonstige Kronenbilder nicht beansprucht werden.

Eine Abbildung der ungarischen Sankt-Stephanskrone wird seitens der Königlich Ungarischen Regierung beim Kaiserlichen Deutschen Patentamt in Berlin niedergelegt.

Anm.: Kronenbilder werden im deutschen Warenzeichenverkehr außerordentlich häufig verwendet, für gewisse Waren sind sie sogar Freizeichen. Deshalb ist der der ungarischen Sankt-Stephanskrone zugesicherte Schutz ausdrücklich auf ihre eigentümliche Ausgestaltung beschränkt. Die

Eigentümlichkeit besteht darin, daß bei dieser Krone das Kreuz nicht senkrecht auf dem Kronenträger ruht (s. die Abbildung in Brockhaus Konvers.-Lexikon, Jubiläums-(14.)Ausgabe Bd. 10, Tafel hinter S. 750, Nr. 15; Kl. Hdb. d. Wissens 1922 Bd. 3 hinter S. 388; Meyer, Konvers.-Lexikon 6. Aufl. Bd. 18 S. 938.)

B.

Vertrag

zwischen dem Deutschen Reich und der Österreichisch-Ungarischen Monarchie wegen Beglaubigung der von öffentlichen Behörden und Beamten ausgestellten oder beglaubigten Urkunden. Vom 25. Februar 1880.

(RGBl. 1881 S. 4; s. auch Patentbl. 1881 S. 43.)

Nach diesem Vertrage bedürfen die von Gerichten ausgestellten und die von staatlichen oder kirchlichen höheren Verwaltungsbehörden ausgestellten oder beglaubigten Urkunden, wenn sie mit dem Amtssiegel versehen sind, keiner weiteren Beglaubigung (Legalisation durch Gesandten oder Konsul). Von Notaren oder Gerichtsvollzieher ausgefertigte Urkunden bedürfen der gerichtlichen Beglaubigung.

C.

1. Bekanntmachung,

betr. die Wiederinkraftsetzung einer Reihe von zwischen Deutschland oder einzelnen deutschen Ländern und Österreich oder Österreich-Ungarn abgeschlossenen Verträgen und Übereinkommen im Verhältnis zur Tschecho-Slowakei .... Vom 5. Mai 1921.

(RGBl. S. 504; Bl. 21 S. 106; vgl. Bl. 22 S. 136.)

Auf Grund einer nach Maßgabe des Art. 289 des Friedensvertrages von Versailles vom 28. Juni 1919 (Reichs-Gesetzbl. S. 687 ff.) ergangenen Mitteilung der Tschechoslowakischen Regierung sind die nachstehend aufgeführten Verträge . . . im Verhältnis zur Tschechoslowakei am 9. Juli 1920 wieder in Kraft gesetzt worden:

. . . . .

22. Vertrag zwischen dem Deutschen Reich und der Österreichisch-Ungarischen Monarchie wegen Beglaubigung der von öffentlichen Behörden und Beamten ausgestellten oder beglaubigten Urkunden. Vom 25. Februar 1880 (Reichs-Gesetzbl. 1881 S. 4).

. . . .

Berlin, den 5. Mai 1921.

Der Reichsminister des Auswärtigen.
gez. Dr. Simons.

Anm. Inhalt dieses Vertrages vorstehend unter B.

2. Bekanntmachung

über die obersten und diejenigen höheren Verwaltungsbehörden des Deutschen Reichs sowie der deutschen Länder, deren Urkunden im Verhältnis zur Tschecho-Slowakei einer Beglaubigung nicht bedürfen. Vom 10. November 1923.

(RGBl. II S. 412; Bl. 23 S. 165.)

Das Verzeichnis der obersten und derjenigen höheren Verwaltungsbehörden des Deutschen Reichs sowie der deutschen Länder, deren Urkunden nach dem im Verhältnis zur Tschecho-Slowakei wieder in Kraft gesetzten Vertrage zwischen dem Deutschen Reich und der Österreichisch-Ungarischen Monarchie wegen Beglaubigung der von öffentlichen Behörden und Beamten ausgestellten oder beglaubigter Urkunden vom 25. Februar 1880 (Reichs-Gesetzbl. 1881 S. 4 und 1921 S. 504) keiner weiteren Beglaubigung bedürfen, ist neu zusammengestellt worden und wird nachstehend veröffentlicht.

Diese Bekanntmachung schließt sich an die Bekanntmachung vom 16. September 1922 (Reichs-Gesetzbl. II S. 760) an.

Berlin, den 10. November 1923.

Der Reichsminister des Auswärtigen.

J. V.

gez. Freiherr v. Maltzan.

A. Reichsbehörden.

19. Der Reichsminister der Justiz.
20. Der Präsident des Reichspatentamts.

D.

1. Übereinkommen

zwischen dem Reiche und Italien über den gegenseitigen Patent-, Muster- und Markenschutz. Vom 18. Januar 1892.

(RGBl. S. 293; Bl. 95 S. 68.)

und

2. Abkommen

zwischen dem Deutschen Reiche und Italien zur Abänderung des Übereinkommens vom 18. Januar 1892, betreffend den gegenseitigen Patent-, Muster- und Markenschutz. Vom 4. Juni 1902.

(RGBl. 1903 S. 178; Bl. 1903 S. 130.)

sind nach Beendigung des Weltkrieges nicht wieder in Kraft getreten; Italien hat von der im Art. 289 des Versailler Vertrages vorgesehenen Befugnis keinen Gebrauch gemacht. Wichtig aus dem früheren Abkommen war der Art. 7, der bestimmte, daß Handels- und Fabrikmarken, welche in dem Ursprungslande im freien Gebrauch stehen, auch in den Gebieten des anderen Teils nicht den Gegenstand ausschließlicher Benutzung bilden könnten.

E.

1. Übereinkommen

zwischen dem Deutschen Reiche und der Schweiz, betreffend den gegenseitigen Patent-, Muster- und Markenschutz. Vom 13. April 1892.

(RGBl. 1894 S. 511; Bl. 1895 S. 70, 1903 S. 114.)

Vorbemerkung. Die Art. 1 bis 4, 6, 8 und 9 dieses Übereinkommens sowie das Schlußprotokoll und das Zusatzprotokoll sind durch das nachfolgende Abk. v. 26. Mai 1902 aufgehoben.

Art. 5. Die Rechtsnachteile, welche nach den Gesetzen der vertragschließenden Teile eintreten, wenn eine Erfindung, ein Muster oder Modell, eine Handels- oder Fabrikmarke nicht innerhalb einer bestimmten Frist ausgeführt, nachgebildet oder angewendet wird, sollen auch dadurch ausgeschlossen werden, daß die Ausführung, Nachbildung oder Anwendung in dem Gebiete des anderen Teiles erfolgt.

Die Einfuhr einer in dem Gebiete des einen Teiles hergestellten Ware in das Gebiet des anderen Teiles soll in dem letzteren nachteilige Folgen für das auf Grund einer Erfindung, eines Musters oder Modells oder einer Handels- oder Fabrikmarke gewährte Schutzrecht nicht nach sich ziehen.

Anm.: Abs. 1 ist wichtig wegen des Art. 9 des Schweizer. Gesetzes v. 26. Sept. 1890:

„Wenn der Inhaber einer Marke während dreier aufeinanderfolgenden Jahren keinen Gebrauch von derselben gemacht hat, so geht er des Schutzes verlustig" (Gebrauchszwang, der dem deutschen Recht fremd ist, s. Freund-Magnus S. 14, 124, 253.)

Zu Abs. 2: RG. 23. III 98 „durch das Abkommen mit der Schweiz vom 13. IV. 1892 ist das Erfordernis des § 16 Ges. v. 11. I. 1876, daß die nach den Mustern und Modellen hergestellten Erzeugnisse im Inlande verfertigt sein müssen, zugunsten der Schweizer beseitigt (Bl. 98 S. 108).

Art. 7 interessiert für das Wz.recht nicht.

2. Abkommen

zwischen dem Deutschen Reiche und der Schweiz zur Abänderung des Übereinkommens vom 13. April 1892, betr. den gegenseitigen Patent-, Muster- und Markenschutz[1]). Vom 26. Mai 1902.

(RGBl. 1903 S. 181 Bl. 1903 S. 132.)

Art. I. Die Art. 1 bis 4, 6, 8 und 9 des Übereinkommens betr.

[1]) Um, mit Rücksicht auf den Beitritt des Deutschen Reiches zur Intern. Union, das Übereink. v. 13. April 1892 den Bestimmungen des Unionsvertrages und der Brüsseler Zusatzakte anzupassen.

den gegenseitigen Patent-, Muster- und Markenschutz, v. 13. April 1892, sowie das Schlußprotokoll und das Zusatzprotokoll zu diesem Übereinkommen werden aufgehoben.

Art. II. Dem Art. 5 des Übereinkommens werden folgende Absätze hinzugefügt:

„Vorstehende Bestimmungen finden auf diejenigen Erfindungen nicht Anwendung, welche nach den Gesetzen eines der vertragschließenden Teile vom Patentschutz ausgeschlossen sind. Jedoch bleiben die Vergünstigungen, welche dem Inhaber eines Patents im Art. 2 der Zusatzakte vom 14. Dez. 1900 zur internationalen Konvention zum Schutze des gewerblichen Eigentums v. 20. März 1883 zugesichert sind, unberührt.

Rechtsnachteile, welche nach den Gesetzen der vertragschließenden Teile bei Erfindungspatenten im Falle der Lizenzverweigerung eintreten, werden durch die im 2. Absatz enthaltenen Bestimmungen nicht ausgeschlossen."

Art. III. Das vorliegende Abkommen tritt mit dem Zeitpunkt in Kraft, zu welchem der Beitritt des Deutschen Reichs zu der in Paris am 20. März 1883 geschlossenen intern. Konvention zum Schutze des gewerblichen Eigentums nebst der Brüsseler Zusatzakte vom 14. Dezember 1900 wirksam wird.

Anm.: Der Beitritt ist am 1. Mai 1903 wirksam geworden.

Art. IV. Für diejenigen Erfindungen, Muster und Modelle, Fabrik- und Handelsmarken, welche vor dem in dem Art. 3 bezeichneten Zeitpunkt angemeldet worden sind, kommt eine Prioritätsfrist entweder nach Maßgabe der Art. 3 und 4 des Übereink. v. 13. April 1892 oder nach Maßgabe des revid. Art. 4 der Pariser Konv. zur Geltung, je nachdem die eine oder die andere dem Anmeldenden günstiger ist.

Anm.: Nach den Art. 3 und 4 des Übereinkommens v. 13. April 1892 betrug die Prioritätsfrist für Wz. 3 Monate von dem Zeitpunkt ab, in welchem die erste Anmeldung erfolgt war. Der UV. gewährt eine viermonatige Frist.

Art. V. Das gegenwärtige Abkommen soll ratifiziert und die Ratfikationsurkunden sollen sobald als möglich in Bern ausgewechselt werden.

F.

Vertrag

zwischen dem Deutschen Reiche und der Schweiz über die Beglaubigung öffentlicher Urkunden. Vom 14. Februar 1907.

(RGBl. S. 411; Bl. 07 S. 203.)

Nach dem Vertrage bedürfen gerichtlich oder von einer obersten oder höheren Verwaltungsbehörde aufgenommene, ausgestellte oder beglaubigte Urkunden, wenn sie mit Siegel oder Stempel des Gerichts bzw. der Behörde versehen sind, keiner Beglaubigung (Legalisation). Dazu gehören auch die von dem Gerichtsschreiber innerhalb seiner Zuständigkeit aufgenommenen Urkunden.

Verzeichnis der zuständigen Verwaltungsbehörden: Bl. 07 S. 204; 11 S. 265; 12 S. 321.

G.

Handels- und Schiffahrtsvertrag

zwischen Deutschland und Portugal. Vom 30. November 1908, ratifiziert am 21. Mai 1910.

(RGBl. 1910 S. 679, Bl. 10 S. 202.)

Schlußprotokoll.

. . . . . .

4. Um im inneren Verkehr des Deutschen Reiches zu verhindern, daß Weine unter der Bezeichnung „Portwein" oder „Madeirawein" zum Verkauf kommen, die nicht Erzeugnisse der betreffenden portugiesischen Bezirke des Douro und der Insel Madeira und nicht über die Häfen von Porto und Funchal mit Ursprungs- und Reinheitszeugnissen der zuständigen portugiesischen Behörden verschifft worden sind, sollen für den inneren deutschen Verkehr die Namen Porto (Oporto, Portwein oder ähnliche Zusammensetzungen) und Madeira (Madeirawein oder ähnliche Zusammensetzungen) für die oben genannten und in den betreffenden portugiesischen Bezirken des Douro und der Insel Madeira erzeugten Weine als Ursprungsbezeichnungen im strengen Sinne anerkannt werden. Es wird folglich im inneren Verkehr des Reichs der Verkauf von Weinen, die nicht Erzeugnisse der betreffenden portugiesischen Bezirke sind, unter der Bezeichnung Porto (Oporto, Portwein und ähnliche Zusammensetzungen) und Madeira (Madeirawein und ähnliche Zusammensetzungen) nach Maßgabe der deutschen Gesetze als Zuwiderhandlung angesehen und verfolgt.

Anm.: Portugal hat von der ihm durch Art. 289 des F.V. zustehenden Befugnis, den Handels- und Schiffahrtsvertrag mit Deutschland wieder in Kraft zu setzen, keinen Gebrauch gemacht. Über die Rechtsprechung des RPA. vor Inkrafttreten des Vertrages: BA. 16. Febr. 1910 (Bl. 10 S. 203). Siehe jetzt Gesetz zur Änderung des Weingesetzes v. 1. Febr. 1923 (Anm. zu Art. 275 F.V., unten S. 154; vgl. Propr. ind. 1293 S. 73).

H.

Handelsvertrag

zwischen den Staaten des Deutschen Zoll- und Handelsvereins und Frankreich. Vom 2. Aug. 1862.

(GS. 1865 S. 333.)

Art. 28. In betreff der Bezeichnung oder Etikettierung der Waren oder deren Verpackung, der Muster und der Fabrik- oder Handelszeichen sollen die Untertanen eines jeden der vertragschließenden Staaten in dem anderen denselben Schutz wie die Inländer genießen.

Wegen des Gebrauchs der Fabrikzeichen des einen Landes in dem anderen soll eine Verfolgung nicht stattfinden, wenn die erste Anwendung dieser Fabrikzeichen in dem Lande, aus welchem die Ausfuhr der Erzeugnisse erfolgt, in eine frühere Zeit fällt, als die durch Niederlegung oder auf andere Weise bewirkte Aneignung dieser Zeichen in dem Lande der Einfuhr.

Anm. Nach Beendigung des deutsch-französischen Krieges wurde dieser Art. 28 des Handelsvertrages durch Art. 11 der „Zusätzlichen Übereinkunft" zum Frankfurter Friedensvertrage vom 12. Okt. 1871 (RGBl. S. 363) wieder in Kraft gesetzt. (Vgl. Deklaration des Art. 11 der Zusätzlichen Übereinkunft vom 12. Okt. 1871, vom 8. Okt. 1873, RGBl. S. 365).

Nach Beendigung des Weltkrieges hat Frankreich gemäß Art. 289 Abs. 1 des Versailler Vertrages das Wiederinkrafttreten obiger Bestimmung gefordert (RGBl. 1920 S. 946). Die Bestimmung ist geltendes Recht (Art. 15 UV.).

Der Gebrauch eines Fabrikzeichens in Frankreich begründet somit gegenüber einem erst später im Deutschen Reich eingetragenen Zeichen ein Recht auf Weiterbenutzung. Es ist dies der einzige Fall eines Vorbenutzungsrechts im deutsch. Wz.recht. Ein Recht auf Eintragung eines in Frankreich vorbenutzten Wz. in die deutsche Zeichenrolle oder ein Anspruch auf Löschung des übereinstimmenden und in der deutschen Zeichenrolle eingetragenen Zeichens ist dadurch nicht gegeben. (RG. 20. Nov. 1906 und 19. 22. Nov. 07: Bl. 07 S. 166 u. 08 S. 170.)

I.

Vertrag

zwischen dem Deutschen Reiche und der Tschechoslowakischen Republik über Rechtsschutz und Rechtshilfe in bürgerlichen Angelegenheiten. Vom 20. Januar 1922.

Das Deutsche Reich und die Tschechoslowakische Republik sind übereingekommen, zur Sicherstellung des bürgerlichen Rechtsschutzes der Angehörigen des Deutschen Reichs in der Tschechoslowakischen Republik und der Angehörigen der Tschechoslowakischen Republik im Deutschen Reich sowie zur Regelung der Rechtshilfe zwischen den beiderseitigen Gerichtsbehörden in bürgerlichen Angelegenheiten einen Vertrag zu schließen.

Zu diesem Zwecke . . . .

1. Abschnitt.

Rechtsschutz in bürgerlichen Angelegenheiten.

Art. 1. In bürgerlichen Angelegenheiten genießen die Angehörigen des einen vertragschließenden Teils in Ansehung des gesetzlichen und gerichtlichen Schutzes ihrer Person und ihres Eigentums im Gebiete des anderen Teiles, unbeschadet der dort geltenden Sprachengesetze, die gleiche Behandlung wie die Landesangehörigen.

Sie haben zu diesem Zwecke freien und ungehinderten Zutritt zu den Gerichten und können dort unter denselben Bedingungen wie die Landesangehörigen auftreten.

Art. 2. Die Rechte und Pflichten aus der Pariser Verbandsübereinkunft vom 20. März 1883 zum Schutze des gewerblichen Eigentums, revidiert in Brüssel am 14. Dezember 1900 und in Washington am 2. Juni 1911, werden im Verhältnis der vertragschließenden Teile zueinander von der am 28. Oktober 1918 vollzogenen Errichtung des unabhängigen Tschechoslowakischen Staates an als verbindlich anerkannt.

Art. 3. Keine Sicherheitsleistung oder Hinterlegung, unter welcher Benennung es auch sei, darf den Angehörigen des einen vertragschließenden Teiles, die vor den Gerichten des anderen Teiles als Kläger oder Intervenierende auftreten, wegen ihrer Eigenschaft als Ausländer oder wegen Mangels eines inländischen Wohnsitzes oder Aufenthalts auferlegt werden.

Die gleiche Regel findet Anwendung auf die Vorauszahlungen,

die von den Klägern oder Intervenierenden zur Deckung der Gerichtskosten einzufordern wären.

Art. 4. Die Angehörigen des einen vertragschließenden Teiles werden im Gebiete des anderen Teiles zur Wohltat des Armenrechts unter denselben Bedingungen wie die Angehörigen dieses Teiles zugelassen.

Anm. Diesem Vertrage hat das Reich durch Gesetz vom 7. Februar 1923 zugestimmt. — (RGBl. II S. 57; Bl. 23 S. 19.)

IV. Friedensverträge.

A.

Gesetz

über den Friedensschluß zwischen Deutschland und den alliierten und assoziierten Mächten. Vom 16. Juli 1919 [1]).

(RGBl. 1919 S. 687. Bl. 1919 S. 62ff.)

Die verfassunggebende Deutsche Nationalversammlung hat das folgende Gesetz beschlossen, das nach Zustimmung des Staatenausschusses hiermit verkündet wird:

Artikel 1.

Dem am 28. Juni 1919 unterzeichneten Friedensvertrage zwischen Deutschland und den alliierten und assoziierten Mächten und dem dazugehörenden Protokolle sowie der am gleichen Tage unterzeichneten Vereinbarung über die militärische Besetzung der Rheinlande wird zugestimmt.

Der Friedensvertrag, das Protokoll und die Vereinbarung werden nachstehend veröffentlicht.

Artikel 2.

Dieses Gesetz tritt mit dem Tage der Verkündigung in Kraft.

Berlin, den 16. Juli 1919.

Der Reichspräsident.
gez. Ebert.

Der Präsident des Reichsministeriums.
gez. Bauer.

[1]) Auszugsweise, soweit der gewerbliche Rechtsschutz in Frage kommt.

Vertrag von Versailles.
(F. V.)

Die Vereinigten Staaten von Amerika[1]), das Britische Reich, Frankreich, Italien und Japan,

die in dem gegenwärtigen Vertrage als die alliierten und assoziierten Hauptmächte bezeichnet sind,

Belgien, Bolivien, Brasilien, China, Cuba, Ecuador, Griechenland, Guatemala, Haiti, Hedschas, Honduras, Liberia, Nicaragua, Panama, Peru, Polen, Portugal, Rumänien, der serbisch-kroatisch-slovenische Staat, Siam, die Tschecho-Slowakei und Uruguay,

die mit den oben bezeichneten Hauptmächten die alliierten und assoziierten Mächte bilden,

einerseits[2])

und Deutschland

andererseits,

in Anbetracht,

daß auf den Antrag der Kaiserlich Deutschen Regierung am 11. November 1918 Deutschland von den alliierten und assoziierten Hauptmächten ein Waffenstillstand mit dem Ziel demnächstigen Friedensschlusses bewilligt worden ist,

daß die alliierten und assoziierten Mächte gleichfalls den Wunsch haben, an die Stelle des Krieges, in den sie nacheinander unmittelbar oder mittelbar verwickelt worden sind und der in der Kriegserklärung Österreich-Ungarns an Serbien vom 28. Juli 1914, in den Kriegserklärungen Deutschlands an Rußland vom 1. August 1914 und an Frankreich vom 3. August 1914 sowie in dem Einfall in Belgien seinen Ursprung hat, einen festen, gerechten und dauerhaften Frieden treten zu lassen:

---

[1]) Hinsichtlich der Vereinigten Staaten von Amerika s. Vertrag v. 25. August 1921, unten S. 172.

[2]) Von einer ausführlichen Erläuterung der Bestimmungen des F.V. wird abgesehen. Vgl. die Friedensvertragsnummer Jur. Wochenschrift 1919 Nr. 13, insbes. S. 865 ff. Hillig: Das Urheberrecht S. 882 ff.; Kent: Das gewerbliche Eigentum S. 885; Wassermann: Unl. Wettbewerb und Markenrecht S. 890. Ferner: Isay: Die privaten Rechte und Interessen im Friedensvertrag, 3. Auflage 1924; Osterrieth: Gewerblicher Rechtsschutz und Urheberrecht im Friedensvertrage von Versailles; Edw. Katz: Die Friedensbedingungen über gewerbliches und geistiges Urheberrecht (Recht u. Wirtschaft 1919 S. 148); Kloeppel: Gewerblicher Rechtsschutz und Friedensvertrag („Die chemische Industrie" 1920); Lutter: Der gewerbliche Rechtsschutz nach Inkrafttreten des Friedensvertrages (MBdP. 1920 S. 69).

Zu diesem Zweck sind die Hohen vertragschließenden Teile, die, wie folgt, vertreten sind: . . . . . **über folgende Bestimmungen übereingekommen:**

Mit dem Inkrafttreten des gegenwärtigen Vertrags nimmt der Kriegszustand ein Ende. Von diesem Augenblick an werden unter Vorbehalt der Bestimmungen des gegenwärtigen Vertrags die amtlichen Beziehungen der alliierten und assoziierten Mächte mit Deutschland und dem einen oder anderen der deutschen Staaten wieder aufgenommen.

Teil III.

Politische Bestimmungen über Europa.

Abschnitt V.

Elsaß-Lothringen.

Artikel 76.

Die Fragen des gewerblichen, literarischen und künstlerischen Eigentums der Elsaß-Lothringer regeln sich nach den allgemeinen Bestimmungen des Abschnitts VII Teil X (Wirtschaftliche Bestimmungen) des gegenwärtigen Vertrages, und zwar mit der Maßgabe, daß die Elsaß-Lothringer, denen derartige Rechte nach der deutschen Gesetzgebung zustehen, den vollen und unbeschränkten Genuß dieser Rechte im deutschen Gebiete behalten.

(Mettetal, Die deutschen Patente und Warenzeichen in Elsaß-Lothringen: GR. 1924 S. 56. — Über die allgemeine Rechtslage in Elsaß-Lothringen vgl. Schwalb: JW. 1924 S. 625.)

Teil X.

Wirtschaftliche Bestimmungen.

Kapitel III.

Unlauterer Wettbewerb.

Artikel 274.

Deutschland verpflichtet sich, alle erforderlichen Gesetzgebungs- oder Verwaltungsmaßnahmen zu treffen, um die Roh- oder Fertigerzeugnisse einer jeden allierten oder assoziierten Macht gegen jede Art von unlauterem Wettbewerb im Handelsverkehr zu schützen.

Deutschland verpflichtet sich, durch Beschlagnahme und durch alle anderen geeigneten Rechtsbehelfe die Ein- und Ausfuhr sowie für das Inland die Herstellung, den Umlauf, den Verkauf und das Feilbieten aller Erzeugnisse oder Waren zu unterdrücken und zu verhindern, die auf dem betreffenden Gegenstand selbst oder seiner unmittelbaren Aufmachung oder seiner äußeren Verpackung irgendwelche Marken, Namen, Aufschriften oder Zeichen tragen, welche unmittelbar oder mittelbar falsche Angaben über Ursprung, Gattung, Art oder charakteristische Eigenschaften dieser Erzeugnisse oder Waren darstellen.

Anm. Die in diesem Art. Deutschland einseitig auferlegten Verpflichtungen, den Waren der alliierten und assoziierten Mächte einen wirksamen Schutz gegen unlauteren Wettbewerb zu gewähren, beruhen auf einer unvollkommenen Vorstellung vom Stande der deutschen Gesetzgebung und Rechtsprechung. Die bestehenden gesetzlichen Bestimmungen werden nicht nur dem im Abs. 1 aufgestellten allgemeinen Grundsatz, sondern — wenn man von der praktisch minder bedeutsamen Beschlagnahme der Ware bei der Ausfuhr absieht (vgl. Madr. Abk. betr. die Unterdrückung falscher Herkunftsangaben auf Waren, unten S. 187) — auch den Einzelforderungen des Abs. 2 gerecht. (Vgl. Lobe, Die Bekämpfung des unlauteren Wettbewerbes und die Friedensbedingungen: Deutscher Außenhandel 1919 S. 160; Hoffmann, Die Friedensbedingungen und ihre Bestimmungen wider den unlauteren Wettbewerb: ZfJ. 1919 S. 75; Wertheimer, Versailler Friedensvertrag: MW. XVIII S. 171; Lutter, Die Regelung des gewerblichen Rechtsschutzes und des unlauteren Wettbewerbs im Friedensvertrage: MW. XIX S. 2; Wassermann, Die Behandlung des unlauteren Wettbewerbs im Friedensvertrage: JW. 1919 S. 890, MW. XIX S. 35; Fuld, Herkunftsangaben und Friedensvertrag: MVDP. 1920 S. 17; s. RG. 29. Oktober 1920 „Gervaiskäse" Bl. 21 S. 120).

Eines der am häufigsten angewendeten Mittel, unlauteren Wettbewerb zu treiben, ist die Verwendung fremder Sprachen zur Bezeichnung von Waren. Diese ist schon nach früherem deutschen Recht unerlaubt, wenn das Land, dessen Sprache benutzt wird, für die betreffende Ware einen besonderen Ruf genießt, z. B. französische Sprache bei Erzeugnissen der Parfümerie, nicht dagegen für Farbstoffe (§ 4³, 16 WbzG., §§ 1, 3, 4 UW.; Freund-Magnus S. 77). Auch hierin ist durch Art. 274 nichts geändert: er mißbilligt nicht schlechthin die Verwendung einer fremden Sprache zur Bezeichnung deutscher Waren, sondern nur für den Fall, daß die Verwendung unmittelbar oder mittelbar eine falsche Angabe über Ursprung, Gattung, Art, Eigenschaften der Ware darstellt (BA. 23. X. 1922: Bl. 22 S. 164).

Artikel 275.

Deutschland verpflichtet sich unter der Bedingung der Gegenseitigkeit auf diesem Gebiet, die in einem alliierten oder assoziierten Lande geltenden und durch die zuständigen Behörden Deutschland gehörig bekanntgegebenen Gesetze und in Übereinstimmung mit diesen Gesetzen ergangenen Verwaltungs- oder Gerichtsentscheidungen zu beobachten, wodurch das Recht auf eine Lagebezeichnung für die in dem betreffenden Lande erzeugten Weine oder geistigen Getränke bestimmt oder geregelt wird oder wodurch die Bedingungen bestimmt oder geregelt werden, an welche die Erlaubnis zum Gebrauch einer Lagebezeichnung geknüpft ist. Die Ein- und Ausfuhr, die Herstellung, der Umlauf, der Verkauf oder das Feilbieten von Erzeugnissen oder Waren, die den obengenannten Gesetzen oder Entscheidungen zuwiderlaufende Lagebezeichnungen tragen, sind von Deutschland zu untersagen und durch die im vorigen Artikel vorgeschriebenen Maßnahmen zu unterdrücken.

Anm.: Gegenseitigkeitserklärungen sind abgegeben von Frankreich und Portugal. (Reichstagsdrucksachen Nr. 5458 I 1920/22.)

Vgl. Weingesetz v. 7. April 1909 (RGBl. S. 393 = Bl. 09 S. 165) und Gesetz zur Änderung des Weingesetzes v. 1. Februar 1923 (RGBl. I S. 107 = Bl. 23 S. 13). Letzteres ersetzt das Wort „Kognak" durch „Weinbrand" und schaltet die Geltung des § 6 Abs. 2 Satz 2 (Benutzung der Namen einzelner Gemarkungen und Weinbergslagen zur Bezeichnung gleichartiger oder gleichwertiger Erzeugnisse benachbarter oder nahegelegener Gemarkungen oder Lagen) und des § 7 (Benennung eines Verschnittes aus Erzeugnissen verschiedener Herkunft nach einem der Anteile) für die Verwendung von französischen und portugiesischen geographischen Bezeichnungen aus. Für französische und portugiesische Weine verbleibt es dennoch bei der Bestimmung im 6 Abs. 1 des Weingesetzes v. 1909, daß im gewerblichen Verkehr mit Wein geographische Bezeichnungen nur zur Kennzeichnung der Herkunft verwendet werden dürfen.

Frankreich: Ges. betr. den Schutz von Ursprungsbezeichnungen V. 6. Mai 1919 (B. 19 S. 80).

Österreich: VO. des Bundesministeriums für Handel und Gewerbe, Industrie und Bauten im Einvernehmen mit dem Bundesministerium für Land- und Forstwirtschaft v. 26. Februar 1923 über französische Herkunftsbezeichnungen für Weine und gebrannte geistige Getränke zur Durchführung des Art. 227 des Staatsvertrages von Saint Germain. (Bundesgesetzbl. v. 3 .März 1923 = Österr. PBl. 1923 S. 21 = Propr. ind. 1923 S. 76).

Tschechoslowakei: Gesetz über die Bezeichnung des Ursprungs von Waren vom 20. Dezemb. 1923 (Nr. 5 Slgex 1924, dazu Gellner: MW. XXIII 142).

Kapitel V.

Allgemeine Bestimmungen.

Abschnitt II.

Staatsverträge.

Artikel 286.

Das internationale Pariser Übereinkommen vom 20. März 1883 zum Schutze des gewerbl. Eigentums, revidiert in Washington am 2. Juni 1911, und das internationale Berner Übereinkommen vom 9. September 1886 zum Schutze von Werken der Literatur und Kunst, revidiert in Berlin am 13. November 1908 und vervollständigt durch das Berner Zusatzprotokoll vom 20. März 1914, erlangen vom Inkrafttreten des gegenwärtigen Vertrags ab erneute Geltung und Wirksamkeit, soweit sie nicht durch die in letzterem vorgesehenen Ausnahmen und Einschränkungen betroffen und abgeändert werden.

Anm.: Entgegen der während des Krieges betätigten und hier deutlich zum Ausdruck gekommenen Auffassung der alliierten und assoziierten Mächte, daß die internat. Verträge mit dem Kriegsausbrauch im Verhältnis jener Mächte zu dem Deutschen Reich aufgehoben seien, wodurch unter Verletzung des Art. 2 UV. eine Schlechterstellung der Reichsangehörigen herbeigeführt wurde, hatte das RG. in der Entsch. v. 26. Okt. 1914 (Bd. 85 S. 374 = JW. 1914 S. 145 = Bl. 14 S. 342) den UV. als trotz Kriegsausbruchs weiter zu Recht bestehend erklärt. Dieser Auffassung hatte sich der österr. oberste Gerichts- und Kassationshof in der Entsch. v. 4. Dez. 1916 (Österr. PBl. 1917 S. 49 = Bl. 17 S. 46ff.) angeschlossen. Den entgegengesetzten Standpunkt hat das Japanische Reichsgericht eingenommen, Entsch. v. 2. Juni 1915: Bl. 15 S. 234. Vgl. auch RGSt: JW. 1923 S. 19 und 1924, S. 706.

Vgl. KG. 28. Januar 1915 (Bl. 15 S. 120 = DJZ. 1915 S. 317) und 15. Februar 1915 (MW. XIV S. 237), OLG, Dresden 8. Juni 1916 (Bl. 16, S. 134), Hanseat. OLG. 11. Juni 1915 (MW. XI S. 405): Haager Zivilprozeßabkommen v. 17. Juli 1905 gegenüber den mit dem Deutschen Reiche kriegführenden Staaten außer Kraft getreten;

Hanseat. OLG. 14. Juli 1917 (MW. XVII S. 86 = GR. 1918 S. 79 u. 130 = DJZ. 1917 S. 907): Berner Literatur-Übereinkunft gegenüber Italien durch den Krieg nicht außer Kraft gesetzt;

RG. 27. Mai 1918 (MW. XVII S. 206): Fortdauer des deutsch-amerik. Vertrages v. 23. Februar 1909 (Ausführungszwang) während des Krieges;

Hanseat. OLG. 17. September 1917 (MW. XVII S. 172): Geltendmachung des Warenzeichenschutzes durch einen Engländer;

OLG. Dresden 20. Mai 1916 (Bl. 16 S. 100): während des Krieges kein Anspruch eines Angehörigen Großbritanniens auf Musterschutz.

Ferner: Osterrieth, D. gewerbl. Rechtsschutz und der Krieg: GR. 1914 S. 289; Seligsohn, D. gewerbl. Rechtsschutz und der Krieg: DJZ. 1916 S. 61; Rathenau, D. Internat. Union zum Schutze des gewerbl. Eigentums nach deutschem Recht während des Krieges: Ztschr. f. Völkerrecht Bd. IX S. 63, Gewerbliche Schutzrechte während des Krieges: Weltwirtschaftl. Archiv 1916 S. 53, Der gewerbliche Rechtsschutz in Deutschland während des Krieges: Recht und Wirtschaft 1914 S. 242; Abel, Allgem. österreich. Gerichtszeitung 1914 S. 377.

Abschnitt IV.

Güter, Rechte und Interessen.

(Art. 297, 298.)

Artikel 297.

Die Frage der privaten Güter, Rechte und Interessen in Feindesland findet ihre Lösung gemäß den Grundsätzen dieses Abschnittes und den Bestimmungen der beigefügten Anlage.

Anlage.

§ 5. Hatte eine in einem allierten oder assoziierten Staate gesetzlich zugelassene Gesellschaft unmittelbar vor dem Beginn des Krieges gemeinschaftlich mit einer von ihr abhängigen und in Deutschland gesetzlich zugelassenen Gesellschaft Verwertungsrechte mit Bezug auf Fabrik- und Handelsmarken für andere Länder oder befand sie sich zusammen mit dieser Gesellschaft im Besitz ausschließlicher Herstellungsverfahren für Waren oder Verkaufsgegenstände für andere Länder, so hat ohne Rücksicht auf die Bestimmungen des Artikel 297 künftig die erste Gesellschaft unter Ausschluß der deutschen Gesellschaft allein das Recht, diese Fabrikmarken in anderen Ländern zu verwerten. Die gemeinschaftlichen Herstellungsverfahren werden der ersten Gesellschaft überlassen, ungeachtet entgegenstehender, auf der deutschen Kriegsgesetzgebung beruhender Maßnahmen in Ansehung der zweiten Gesellschaft oder ihrer Interessen, ihres Geschäftsvermögens oder ihrer Aktien. Jedoch hat die erste Gesellschaft, wenn sie darum angegangen wird, der zweiten Gesellschaft die Modelle zu übergeben, die die weitere Herstellung der Waren im Umfang des Verbrauchs in Deutschland ermöglichen.

§ 15. Erstreckt sich die in Anwendung der außerordentlichen Kriegsgesetzgebung durch die alliierten oder assoziierten Mächte oder die in Anwendung der Bestimmungen des Artikel 297 Absatz b) vorgenommene Liquidation von Gütern, Rechten, Interessen, Gesellschaften und Unternehmungen auf Rechte des gewerblichen, literarischen oder künstlerischen Eigentums, so finden die Bestimmungen des Artikel 297 und dieser Anlage Anwendung.

Abschnitt VII.

Gewerbliches Eigentum.

Artikel 306.

Die gewerblichen, literarischen und künstlerischen Eigentumsrechte im Sinne der im Artikel 286 bezeichneten internationalen Abkommen von Paris und Bern werden unter Vorbehalt der Bestimmungen des gegenwärtigen Vertrags zugunsten der Personen, die bei Beginn des Kriegszustandes in ihrem Genuß standen, oder zugunsten ihrer Rechtsnachfolger mit dem Inkrafttreten des gegenwärtigen Vertrags in den Gebieten der Hohen vertragschließenden

Teile wieder in Kraft gesetzt oder wiederhergestellt. Desgleichen werden Rechte, die, wenn es nicht zum Kriege gekommen wäre, während des Krieges zufolge eines Gesuchs um Schutz gewerblichen Eigentums oder zufolge der Veröffentlichung eines literarischen oder künstlerischen Werkes hätten erlangt werden können, mit dem Inkrafttreten des gegenwärtigen Vertrags zugunsten der Personen, die sie zu beanspruchen gehabt hätten, anerkannt und begründet.

Sind indes während des Krieges durch eine gesetzgebende, ausführende oder verwaltende Stelle einer alliierten oder assoziierten Macht hinsichtlich der Rechte deutscher Reichsangehöriger auf dem Gebiete des gewerblichen, literarischen oder künstlerischen Eigentums Sondermaßnahmen ergriffen worden, so behalten die auf Grund derselben getroffenen Anordnungen weiterhin ihre Gültigkeit und volle Wirksamkeit.

Wegen der Ausnutzung von gewerblichen, literarischen oder künstlerischen Eigentumsrechten, die während des Krieges durch die Regierung einer alliierten oder assoziierten Macht oder durch irgendeine Person für Rechnung oder mit Zustimmung dieser Regierung erfolgt ist, sowie wegen des Verkaufs, des Feilbietens und des Gebrauchs irgendwelcher Erzeugnisse, Geräte, Sachen oder Gegenstände, die unter diese Rechte fielen, stehen Deutschland und deutschen Reichsangehörigen keinerlei Ersatzansprüche oder Klagen zu.

Geldbeträge, die auf Grund irgendeiner in Ausführung der in Absatz 1 dieses Artikels genannten Sondermaßnahmen getroffenen Anordnung oder Maßregel geschuldet werden oder gezahlt worden sind, werden, falls die bei Unterzeichnung des gegenwärtigen Vertrags geltende Gesetzgebung einer der alliierten oder assoziierten Mächte nicht anders darüber verfügt hat, in gleicher Weise wie die anderen Forderungen der deutschen Reichsangehörigen nach den Bestimmungen des gegenwärtigen Vertrags verwendet; die Geldbeträge, die durch besondere, von der deutschen Regierung hinsichtlich der gewerblichen, literarischen oder künstlerischen Eigentumsrechte von Staatsangehörigen der alliierten oder assoziierten Mächte ergriffene Maßnahmen aufgebracht worden sind, werden wie alle übrigen Schulden der deutschen Reichsangehörigen angesehen und behandelt.

Haben deutsche Reichsangehörige nach der Gesetzgebung einer alliierten oder assoziierten Macht vor dem Kriege oder in seinem Verlaufe gewerbliche, literarische oder künstlerische Eigentumsrechte erworben oder erwerben sie solche künftig, so bleibt der betreffenden alliierten oder assoziierten Macht die Befugnis vorbehalten, diese Rechte (soweit es sich dabei nicht um Fabrik- oder Handelsmarken handelt) in der für notwendig erachteten Weise zu begrenzen, an Bedingungen zu knüpfen oder einzuschränken. Solche Beschränkungen dürfen im Interesse der Landesverteidigung oder um des Gemeinwohls willen oder zu dem Zweck auferlegt werden, auf deutscher Seite eine gerechte Behandlung der gewerblichen, literarischen oder künstlerischen Eigentumsrechte der betreffenden fremden Staatsangehörigen auf deutschem Gebiet sicherzustellen; ferner auch zu dem Zwecke, die vollständige Erfüllung aller Verpflichtungen aus diesem Vertrage durch Deutschland zu verbürgen. Die gedachten Beschränkungen erfolgen in der Form, daß die betreffende alliierte und assoziierte Macht die eingangs bezeichneten deutschen Rechte entweder selbst ausübt oder Lizenzen für ihre Ausübung erteilt oder die Ausübung weiterhin unter ihrer Überwachung hält oder in sonst einer anderen Form. Bei den nach Inkrafttreten des gegenwärtigen Vertrags erworbenen gewerblichen, literarischen oder künstlerischen Eigentumsrechten darf die vorstehend den alliierten und assoziierten Mächten vorbehaltene Befugnis nur ausgeübt werden, wenn die Begrenzungen, Bedingungen und Einschränkungen im Interesse der Landesverteidigung oder des Gemeinwohls notwendig erscheinen.

Gelangen die vorstehenden Bestimmungen seitens der alliierten und assoziierten Mächte zur Anwendung, so werden angemessene Entschädigungen oder Vergütungen gewährt, die in der gleichen Weise wie alle anderen den deutschen Reichsangehörigen geschuldeten Summen gemäß den Bestimmungen des gegenwärtigen Vertrags verwendet werden.

Jede der alliierten oder assoziierten Mächte behält sich die Befugnis vor, jede seit dem 1. August 1914 vollzogene und jede künftige Abtretung oder Teilabtretung oder jede Einräumung gewerblicher, literarischer oder künstlerischer Eigentumsrechte, die die Anwendung der Bestimmungen dieses Artikels vereiteln könnte, als null und nichtig anzusehen.

Die Bestimmungen dieses Artikels finden auf die gewerblichen, literarischen oder künstlerischen Eigentumsrechte von Gesellschaften oder Unternehmungen, deren Liquidation von den alliierten oder assoziierten Mächten entsprechend den Kriegsausnahmegesetzen vorgenommen worden ist oder auf Grund des Artikel 297 Absatz b noch vorgenommen wird, keine Anwendung.

Anm. 1: Daß auch das Warenzeichenrecht zu den „Rechten des gewerblichen Eigentums" (i. S. des F. V.) gehört, ist zweifellos. RG. 20. 3. 1923: JW. 1924, 701 = MW. XXII 40.

2. Die den deutschen Reichsangehörigen im Abs. 5 auferlegte Beschränkung verletzt den obersten Grundsatz des UV. (Art. 2), daß unionsberechtigte Ausländer nicht schlechter behandelt werden dürfen als die Einheimischen. Zur Rechtfertigung dieser Bestimmung verweist das auf die deutschen Gegenvorschläge ergangene Ultimatum der alliierten und assoziierten Mächte auf die innere deutsche Gesetzgebung. Zu Unrecht! Der § 5 Abs. 2 des Patentges. v. 7. April 1891 trifft auch deutsche Reichsangehörige, also kein privilegium odiosum für Ausländer!

3. Zu Abs. 6:

England: treaty of peace order § 20 (Anm. = Ausf.Ges. z. FV., unten S. 171);

Frankreich: VO. v. 31. Oktober 1922 über die Behandlung von Patenten oder Patentanmeldungen deutscher Reichsangehöriger (Journ. off. 6. XI 1922 = Propr. ind. 1923 S. 27 = Bl. 23 S. 7);

Vereinigte Staaten von Amerika. Ges. betr. die Verlängerung der Fristen für die Einreichung von Patentanmeldungen, für die Vornahme von darauf bezüglichen Handlungen, für das Wiederaufleben und die Wiederherstellung von Anmeldungen und für andere Zwecke. Vom 3. März 1921. (Nolan Act: Off. Gazette vol. 284 no 2 = Bl. 21 S. 97). Mitteilung des commissioner of patents vom 21. Oktober 1921: Gegenseitigkeit mit dem Deutschen Reich, (Off. Gaz. 1921 S. 677 = Bl. 22 S. 19).

Italien: Deutsche Patente, Muster und Warenzeichen in Italien nach dem FV. (Auslandsrecht 1920 S. 91).

4. Zur Rückumschreibung eines nach Kriegsrecht auf einen anderen umgeschriebenen Zeichens eines ehemaligen feindlichen Ausländers auf diesen Ausländer bedarf es weder der Einwilligung des gegenwärtig eingetragenen Zeicheninhabers noch der Mitübertragung des Geschäftsbetriebes; § 7 WbzG. in solchem Falle durch FV. ausgeschaltet (RA. 19. V 23: Bl. 23 S. 88).

5. Wiederaufleben deutscher Warenzeichen in Griechenland: Bl. 22 S. 167, 23 S. 44.

Artikel 307.

Soweit Staatsangehörige eines jeden der Hohen vertragschließenden Teile bereits vor dem 1. August 1914 gewerbliche Eigentumsrechte besaßen oder solche, wenn es nicht zum Kriege gekommen wäre, auf Grund eines vor oder im Verlauf des Krieges angebrachten Gesuches seitdem hätten erwerben können, wird ihnen zur Erhaltung oder zum Erwerb dieser Rechte eine Mindestfrist von einem Jahre nach Inkrafttreten des gegenwärtigen Vertrags gewährt, um ohne jeden Aufschlag oder irgendwelche Strafgebühr jede Handlung nachzuholen, jede Förmlichkeit zu erfüllen, jede Gebühr zu entrichten, überhaupt jeder Verpflichtung zu genügen, die die Gesetze oder Verwaltungsverordnungen des einzelnen Staates vorschreiben. Das gleiche gilt für die Geltendmachung eines Widerspruchs gegen solche Rechte. Indessen verleiht dieser Artikel kein Recht auf die Wiedereröffnung eines Interferenzverfahrens in den Vereinigten Staaten von Amerika, in dem die Schlußverhandlung stattgefunden hat.

Gewerbliche Eigentumsrechte, die infolge der Nichtvornahme einer Handlung, der Nichterfüllung einer Förmlichkeit oder der Nichtbezahlung einer Gebühr verfallen sind, treten wieder in Kraft. Haben jedoch dritte Personen Patente oder Muster, während sie verfallen waren, verwertet oder benutzt, so bleibt jeder alliierten oder assoziierten Macht die Befugnis vorbehalten, die Anordnungen zu treffen, die sie zur Wahrung der Rechte dieser dritten Personen billigerweise für geboten erachtet. Ferner unterliegen die Patente und Muster, welche deutschen Reichsangehörigen zustehen und hiernach wieder in Kraft treten, hinsichtlich der Lizenzbewilligung auch weiterhin den Vorschriften, die während des Krieges auf sie Anwendung fanden, sowie allen Bestimmungen des gegenwärtigen Vertrages.

Der Zeitraum zwischen dem 1. August 1914 und dem Inkrafttreten des gegenwärtigen Vertrags wird auf die für die Ausübung eines Patents oder für den Gebrauch von Fabrik- oder Handelsmarken oder von Mustern vorgesehene Frist nicht angerechnet; auch wird vereinbart, daß ein Patent, eine Fabrik- oder Handelsmarke oder ein Muster, das am 1. August 1914 noch in Kraft war, wegen bloßer Nichtausübung oder bloßen Nichtgebrauchs nicht vor Ablauf einer Frist von zwei Jahren nach Inkrafttreten des gegenwärtigen Vertrags verfällt oder für ungültig erklärt werden darf.

Anm. 1. Abs. 1 hat keine praktische Bedeutung mehr. Fristen, die schon vor dem 1. August 1914 abgelaufen waren oder erst nach Inkrafttreten des Friedensvertrages begonnen haben, waren nicht verlängert. Im übrigen ließ die Vorschrift des Abs. 1 nur die Nachholung solcher Handlungen zu, die innerhalb einer gesetzlichen Frist vorzunehmen waren. Fristen, deren Setzung dem freien Ermessen des RPA. unterliegt, wurden von Abs. 1 nicht getroffen (BA. 26. VI 20: Bl. 21 S. 4).

Für die Prioritätserklärung über Zeit und Land der Voranmeldung (Bekm. v. 8. IV 1913, oben S. 136) galten die Art. 307 u. 308 nicht (BA. 8. IX 21: Bl. 21 S. 202; Österr. PA. BA. 13. I 21: Österr. PBl. 21 S. 66 = Bl. 21 S. 140).

Über das Verhältnis der Ausschlußfrist des § 28 PG. zu Art. 307: RG. 28 IX 21; MW. XXI S. 126/7).

2. Nach Abs. 2 sind die verfallenen Rechte ohne weiteres wieder in Kraft getreten, so auch die mangels Erneuerung gelöschten Warenzeichen.

Von einer Wiedereintragung solcher Zeichen hat das RPA. regelmäßig — wenn kein Antrag vorlag — abgesehen, so daß eine Zeitlang neben das rollenmäßige Zeichen das lediglich durch Gesetz (FV.) begründete getreten war. Ein Übelstand, der mit Ablauf der Frist des Abs. 1 (und des § 15 Ausf.-Ges. — unten S. 170) sich von selbst wegräumte: bei Nachholung der Erneuerung Wiederherstellung der Rolleneintragung, sonst Endgültigwerden der Löschung.

3. Abs 2 Satz 2 u. 3. Die hier vorgesehenen Benachteiligungen deutscher Reichsangehöriger sind auf Zeichenrechte nicht erstreckt.

4. Abs. 3. Diese Vergünstigung kam deutschen Reichsangehörigen in denjenigen alliierten und assoziierten Staaten zugute, nach deren Gesetzgebung der tatsächliche Gebrauch der Marke eine rechtlich erhebliche Rolle spielt (Anm. 2 Art. 6 UV., oben S. 107).

Artikel 308.

Die Prioritätsfristen, die im Artikel 4 des im Jahre 1911 in Washington revidierten internationalen Pariser Abkommens vom 20. März 1883 oder in irgendeinem anderen geltenden Abkommen oder Gesetze für die Einreichung oder Eintragung der Gesuche um Verleihung von Patenten, um Schutz von Gebrauchsmustern, Fabrik- oder Handelsmarken, Mustern und Modellen vorgesehen sind und die am 1. August 1914 noch nicht abgelaufen waren, sowie diejenigen, die während des Krieges begonnen haben oder, wenn es nicht zum Kriege gekommen wäre, hätten beginnen können, werden durch jeden der Hohen vertragschließenden Teile zugunsten der Staatsangehörigen der anderen Hohen vertragschließenden Teile bis zum Ablauf einer Frist von sechs Monaten nach Inkrafttreten des gegenwärtigen Vertrags verlängert.

Diese Fristverlängerung läßt jedoch die Rechte jedes Hohen vertragschließenden Teils oder jeder Person unberührt, die sich bei Inkrafttreten des gegenwärtigen Vertrags im gutgläubigen Besitze von gewerblichen Eigentumsrechten befindet, welche mit den unter Beanspruchung der Priorität nachgesuchten Rechten in Widerspruch stehen; sie behalten den Genuß ihrer Rechte für ihre Person oder in der Person von Vertretern oder Lizenzinhabern, denen sie diese Rechte vor dem Inkrafttreten des gegenwärtigen Vertrags eingeräumt haben, und dürfen dieserhalb in keiner Weise als Nachahmer in Anspruch genommen oder verfolgt werden.

Anm. 1. Die Bestimmungen dieses Art. gelten nicht nur zwischen den alliierten und assozierten Mächten einerseits und Deutschland andererseits, sondern auch zwischen den alliierten und assoziierten Mächten selbst (vgl. Entsch. d. Großbrit. Comptroller general vom 17. I — 15. III 1922: Reports of patent etc. XXXIX S. 146 = Bl. 22 S. 60).

2. „Prioritätsfristen . . die hätten beginnen können" — diese Voraussetzung entspricht der auch sonst im FV. vertretenen Auffassung, daß der UV. zwischen den Kriegführenden außer Kraft gesetzt war (Anm. zu Art. 286).

3. Abs. 2 ermöglicht es, daß gleiche oder verwechslungsfähige Zeichen für die gleichen Waren für verschiedene Personen geschützt sind.

Artikel 309.

Deutsche Reichsangehörige oder in Deutschland wohnende oder dort ihr Gewerbe treibende Personen einerseits und Staatsangehörige der alliierten oder assoziierten Mächte oder im Gebiete dieser Mächte wohnende oder dort ihr Gewerbe treibende Personen andererseits sowie Dritte, denen die bezeichneten Persönlichkeiten etwa während des Krieges ihre Rechte abgetreten haben, können auf Grund von Vorgängen auf dem Gebiete des anderen Teils in der Zeit zwischen der Kriegserklärung und dem Inkrafttreten des gegenwärtigen Vertrags, in denen Verletzungen der zu irgend einem Zeitpunkt während des Krieges geltenden oder der gemäß den vorstehenden Artikeln 307 und 308 wiederhergestellten, gewerblichen, literarischen oder künstlerischen Eigentumsrechte erblickt werden könnten, keine Klage erheben und keinerlei Anspruch geltend machen.

Sind des ferneren in der Zeit zwischen der Kriegserklärung und der Unterzeichnung des gegenwärtigen Vertrags Erzeugnisse oder Gegenstände hergestellt oder literarische oder künstlerische Werke veröffentlicht worden, so gibt weder ihr Erwerb noch ihre Benutzung oder Verwendung durch Dritte den vorbezeichneten Personen jemals ein Klagerecht wegen Verletzung von gewerblichen oder künstlerischen[1]) Eigentumsrechten: auch der Verkauf und das Feilbieten begründet ein solches Klagerecht nicht, wenn dieser Verkauf und dieses Feilbieten während eines Jahres nach der Unterzeichnung des gegenwärtigen Vertrags in den Gebieten der alliierten und assoziierten Mächte einerseits oder Deutschlands andererseits stattfindet. Diese Bestimmung findet jedoch keine Anwendung, wenn die Berechtigten ihren Wohnsitz oder ihre gewerbliche oder Handelsniederlassung in den von Deutschland im Laufe des Krieges besetzten Gebieten hatten.

Dieser Artikel gilt nicht im Verhältnis zwischen den Vereinigten Staaten von Amerika einerseits und Deutschland andererseits.

Anm. Art. 309 betrifft nur solche Rechtsverletzungen, die zwischen Angehörigen der kriegführenden Mächte sich ereignet haben, Verletzter muß

[1]) Englischer Text: industrial, literary or artistic property rights.

ein ehemaliger Feind sein (RG. 30. Mai 1922: RG. 104 S. 376 = Bl. 22 S. 132, JW. 1923 S. 180 mit Anm. Wassermann).

Vor dem Kriegsausbruch begangene Rechtsverletzungen fallen nicht unter Art. 309; bzl. der nach Inkrafttreten des FV. begangenen s. Abs. 2.

Artikel 310.

Lizenzverträge über Ausübung von Rechten des gewerblichen Eigentums oder über Vervielfältigung von literarischen oder künstlerischen Werken [1]), die vor der Kriegserklärung zwischen Staatsangehörigen der alliierten oder assoziierten Mächte oder in ihrem Gebiete wohnenden oder dort ihr Gewerbe treibenden Personen einerseits und deutschen Reichsangehörigen andererseits geschlossen sind, gelten vom Zeitpunkt der Kriegserklärung zwischen Deutschland und der alliierten oder assoziierten Macht ab als aufgelöst. In allen Fällen hat jedoch der auf Grund eines solchen Vertrags ursprünglich Lizenzberechtigte das Recht, binnen einer Frist von sechs Monaten nach Inkrafttreten des gegenwärtigen Vertrags von dem Inhaber der Rechte die Einräumung einer neuen Lizenz zu verlangen. Die Bedingungen der neuen Lizenz werden mangels einer Einigung zwischen den Parteien von dem zuständigen Gerichte des Landes, unter dessen Gesetzgebung die Rechte erworben sind, festgesetzt, es sei denn, daß die Lizenzen auf Rechten beruhen, die unter deutscher Gesetzgebung erworben sind; in diesem Fall werden die Bedingungen durch den in Abschnitt VI dieses Teiles vorgesehenen Gemischten Schiedsgerichtshof festgesetzt. Der Gerichtshof kann alsdann gegebenenfalls den Betrag der ihm angebracht erscheinenden Vergütung für die Ausnutzung der Rechte während des Krieges festsetzen.

Lizenzen für gewerbliche, literarische oder künstlerische Eigentumsrechte, die kraft der besonderen Kriegsgesetzgebung einer alliierten oder assoziierten Macht verliehen sind, werden von der Fortdauer einer schon vor dem Kriege bestehenden Lizenz nicht berührt, sondern behalten ihre volle Gültigkeit und Wirksamkeit. Ist eine solche Lizenz dem auf Grund eines vor dem Kriege abgeschlossenen Lizenzvertrags ursprünglich Lizenzberechtigten verliehen, so gilt sie als an die Stelle der früheren Lizenz getreten.

Sind auf Grund eines vor dem Krieg abgeschlossenen, auf Ausübung von Rechten des gewerblichen Eigentums oder Vervielfältigung oder Aufführung literarischer, dramatischer oder künstlerischer Werke

[1]) Englischer Text: Licences in respect of industrial, literary or artistic property.

gerichteten Vertrags oder auf Grund einer vor dem Krieg erteilten Lizenz solchen Inhalts während des Krieges Geldsummen gezahlt worden, so finden sie die gleiche Verwendung wie dem gegenwärtigen Vertrag zufolge die sonstigen Schulden oder Forderungen der deutschen Reichsangehörigen.

Dieser Artikel gilt nicht im Verhältnis zwischen den Vereinigten Staaten von Amerika einerseits und Deutschland andererseits.

Gemischte Schiedsgerichte. Prozeßordnungen der gemäß Art. 304 nebst Anhang und Art. 305 eingesetzten gemischten Schiedsgerichte:

RGBl. 1920 S. 526–556 Frankreich, 1742–1771 Griechenland, 1872–1898 Britisches Reich, 1921 S. 96–106 Japan, 108–134 Belgien, 346–368 Siam, 693–710 Kgr. der Serben, Kroaten und Slowenen, 1541–1556 Tschechoslowakei, 1557–1576 und 1923 II S. 44 u. 262 Polen, 1922 S. 157–183 Italien, II S. 87–102 Rumänien; s. JW. 1924 S. 593.

Artikel 311.

Die Einwohner der auf Grund des gegenwärtigen Vertrags von Deutschland abgetrennten Gebiete behalten ungeachtet dieser Trennung und des sich daraus ergebenden Wechsels der Staatsangehörigkeit in Deutschland den vollen, uneingeschränkten Genuß aller gewerblichen, literarischen und künstlerischen Eigentumsrechte, deren Inhaber sie nach der deutschen Gesetzgebung zur Zeit dieser Trennung waren.

Die gewerblichen, literarischen und künstlerischen Eigentumsrechte, die in den nach Maßgabe des gegenwärtigen Vertrags von Deutschland abgetrennten Gebieten zur Zeit der Abtrennung dieser Gebiete von Deutschland in Kraft sind oder zufolge Artikel 306 des gegenwärtigen Vertrags wiederhergestellt werden oder in Kraft treten, werden von dem Staate, auf den das Gebiet übergeht, anerkannt, und bleiben in diesem Gebiete solange in Kraft, wie dies nach deutschem Rechte der Fall ist.

Anm. 1. Abs. 1 setzt voraus

a) Wohnsitz oder Niederlassung im abgetrennten Gebiet zur Zeit der Abtrennung,

b) Wechsel der Staatsangehörigkeit infolge der Abtrennung (vgl. Art. 36, 84, 90, 105).

Er findet also Anwendung nur auf deutsche Reichsangehörige, die in dem abgetrennten Gebiet Wohnsitz oder Niederlassung hatten. Ihnen wird die Weitergeltung ihrer deutschen Schutzrechte in Deutschland gewährleistet. Zu diesen Rechten gehören auch schwebende Anmeldungen, da sie, wenn auch noch kein Recht, so doch eine Anwartschaft auf ein solches begründen. (Andere Regelung im Abs. 2, wo „Inkraftsein" gefordert ist; s. Anm. 2.) Ausländervorschriften des deutschen Rechts, die geeignet wären, den Bestand jener Rechte in Frage zu stellen, unterliegen die Rechte nicht. Abzusehen ist demnach von dem Erfordernis der Gegenseitigkeit zwischen dem Deutschen Reich und dem übernehmenden Staat (§ 26 Abs. 1 WbzG.) und von dem Nachweise des Heimatschutzes (§ 26 Abs. 3 das.).

Dagegen sind jene ehemaligen Reichsangehörigen wie alle Ausländer dem Vertreterzwange unterworfen (§ 26 Abs. 2 das.), denn diese Vorschrift berührt nicht den Bestand, Inhalt und Umfang des Rechts, sondern nur die Form seiner Geltendmachung: zur Zeit der Abtrennung schwebende Anmeldungen können nur durch einen im Inlande bestellten Vertreter weiter verfolgt, Widersprüche gegen die Eintragung eines Warenzeichens nur durch einen solchen Vertreter erhoben, Ansprüche aus §§ 12, 14, 15 WbzG. nur durch einen solchen Vertreter geltend gemacht werden (Seligsohn PG., 6. Aufl. S. 584; Wertheimer, MW. Bd. XX S. 68; a. M. Osterrieth a. a. O. S. 51). Änderungen der inneren deutschen Gesetzgebung, wie Einführung neuer oder Erhöhung bestehender Gebühren, finden auf die durch Abs. 1 geregelten Schutzrechte Anwendung. Das RG. hat am 20. März 1923 (MW. XXIII S. 40) dahin erkannt, daß auf die Fälle des Art. 311 Abs. 1 die Vorschrift über das Erfordernis der Bestellung eines Inlandvertreters zur Geltendmachung zeichenrechtlicher Ansprüche nicht zur Anwendung komme, weil „den abgetrenntеu Gebieten für die zur Zeit der Abtrennung bestehenden Schutzrechte der fraglichen Art einschließlich ihrer Geltendmachung für die Dauer ihres Bestehens der Charakter als Inland beigelegt" sei. Diese Begründung unterliegt schweren Bedenken. Die Annahme, daß die abgetrennten Gebiete in irgendwelcher, wenn auch nur prozeßrechtlicher Hinsicht, als deutsches Inland zu behandeln seien, läuft dem Geiste zuwider, in dem der FV. von den alliierten und assoziierten Mächten diktiert worden ist. (Vgl. Mettetal a. a. O.; Lutter a. a. O.)

Wegen Elsaß-Lothringens vgl. Art. 76 FV. und Dekret v. 10. II. 20 (aufrechterhalten durch Ges. v. 17. VII. 22 unten S. 167.) Im Art. 76 FV. ist nicht von den „Bewohnern" Elsaß-Lothringens, sondern von den „Elsaß-Lothringern" die Rede (Anfang zu Abschnitt 5 Teil III). Praktisch kein Unterschied.

Einen Anspruch auf Schutz gegen unlauteren Wettbewerb gewährt Abs. 1 nicht, d. h. er befreit nicht von der Beschränkung des § 28 UV. (OLG. Marienwerder 11. Oktober 1920; Bl. 21 S. 51 = MW. XX 168). Auch an der Verpflichtung, für die Prozeßkosten Sicherheit zu leisten, wird durch Abs. 1 für die zu Ausländern gewordenen ehemaligen Reichsangehörigen nichts geändert (s. Tabelle in der Falttasche!).

2. Abs. 2. Erhaltung der Schutzrechte unabhängig von Staatsangehörigkeit, Wohnsitz oder Niederlassung der Schutzberechtigten.

Die Schutzrechte müssen „in Kraft", Warenzeichen also e i n g e t r a g e n gewesen sein (Anders Abs. 1, s. Anm. 1). Wz., die nach der Abtrennung auf Grund vorher bewirkter Anmeldungen eingetragen werden, gehören nicht dazu – vgl. Mettetal a. a. O. (s. indessen Freie Stadt Danzig unten S. 167). Die Möglichkeit, auf Grund einer zur Zeit der Abtrennung schwebenden Anmeldung eine Priorität geltend zu machen, ist für das Warenzeichenrecht von geringerer Bedeutung.

„zur Zeit der Abtrennung": Stichtag im allgemeinen der 10. Januar 1920; für Elsaß-Lothringen der 11. November 1918 (Art. 51); für die Abstimmungsgebiete die besonders festgesetzten Tage.

Die Zeichenrechte bleiben in Kraft, ohne daß der erwerbende Staat Bedingungen oder Vorbehalte daran knüpfen darf. Sie bleiben den Bestimmungen des deutschen Zeichenrechts unterworfen, auch wenn der erwerbende Staat sonst seine Markengesetzgebung in die abgetrennten Gebiete einführt (vgl. **Röthlisberger**, Die Wahrung der Rechte an Geistesgütern bei Abtretung von Staatsgebieten, Bern 1919). Verlangt ein erwerbender Staat eine Anmeldung der Schutzrechte bei seiner zuständigen Behörde, so ist darin nur eine Ordnungsvorschrift zu sehen, ohne daß damit der erwerbende Staat den Anspruch erhebt, die Anerkennung des Schutzrechtes in dem erworbenen Gebiete von einer Nachprüfung abhängig zu machen. Formelle Neuanmeldung nach Maßgabe der Gesetze des erwerbenden Staates erforderlich, wenn das Schutzrecht Geltung für das ganze Gebiet des erwerbenden Staates erlangen soll (s. unten Tschecho-Slowakei).

Die Erneuerung der Anmeldung eines Zeichens bei dem RPA. wirkt nicht über die durch den FV. gesteckten Grenzen des Deutschen Reichs hinaus (s. unten Frankreich).

Die Gerichtsbarkeit hinsichtlich dieser Schutzrechte geht auf die erwerbenden Staaten über, die aber in ihren Entscheidungen zwar nicht an die Bestimmungen der deutschen Gesetze im allgemeinen, wohl aber an die Sondervorschriften des WbzG. § 9 gebunden sind (**Taillefer**, Propr. ind. 1919 S. 119). Die Sonderzuständigkeit des RPA. (§ 8) bleibt unberührt (**Osterrieth** a. a. O. S. 52).

Polen:

„Erläuterungen in Sachen der auf Grund von im Auslande erworbenen Rechten zustehenden Schutzrechte". (Monitor Polski v. 22. Okt. 1920 = Bl. 20 S. 176.)

1. Anmeldung beim PA. in Warschau der sich auf Patente, Gebrauchsmuster sowie industrielle Muster und Modelle beziehenden Rechte nur erforderlich, wenn es sich um Erlangung des Schutzes für ganz Polen handelt;
2. Anmeldung der sich auf Warenzeichen beziehenden Rechte regelmäßig erwünscht, damit sie bei Prüfung neu angemeldeter Zeichen nicht übersehen werden. (Vgl. Mitteilung in Bl. 22 S. 128 u. Schlußprotokoll zu dem deutsch-polnischen Abkommen über Oberschlesien s. unten S. 185).

Tschecho-Slowakei:

Gesetz v. 30. Juni 1921, S.G. u. V. Nr. 261, mit welchem die Gültigkeit der Vorschriften über den Markenschutz erweitert wird usw. (Österr. PBl. 1921 S. 140 = Bl. 21 S. 199.)

1. Aufhebung des deutschen WbzG. für das vom Deutschen Reich abgetrennte Gebiet und Einführung der tschecho-slowakischen Vorschriften über den Markenschutz.

„Schutzmarken, die nach den bisherigen dort gültigen Vorschriften eingetragen worden sind, werden anerkannt und bleiben in Geltung für das bedingungslos einverleibte Gebiet (Art. 311 des FV. von Versailles), falls sie innerhalb einer Frist angemeldet werden, die durch eine Verordnung bestimmt werden wird.

In dem ganzen Gebiet der Tschecho-Slowakischen Republik werden diese Marken — jedoch in dem Gebiete, wo sie bisher keine Geltung gehabt haben, bloß vorbehaltlich der Rechte dritter Personen — nach vorausgegangener Prüfung ihrer Eintragbarkeit mit der ursprünglichen

Priorität nach den hiesigen Gesetzen geschützt werden, wenn darum unter gleichzeitiger Erfüllung der Bedingungen der §§ 13—16 des Markenschutzgesetzes vom 6. Januar 1890, Rg. Bl. Nr. 19. bezw. Art. V Abs. 4 des Gesetzes v. 24. Juli 1919, S.G. u. V. Nr. 471, angesucht werden wird."

Abs. 1: „anmelden": d. i. die einfache Anzeige der bestehenden deutschen Zeichenrechte. So spricht auch die VO. der Regierung der Tschecho-Slowakischen Republik v. 18. Mai 1922 (SG. u. V. 1922 S. 873 = Bl. 22 S. 100), welche als letzten Tag der Anmeldefrist den 31. Oktober 1922 festsetzt, von einem Geltendmachen der Rechte aus Schutzmarken, erkennt also die Rechte als solche in den erworbenen Gebietsteilen an.

Abs. 2: „ansuchen": nämlich um Gewährung des Schutzes für das ganze Gebiet der Tschecho-Slowakischen Republik.

Belgien:

VO., betr. die Erfindungspatente, die Fabrik- und Warenzeichen und die gewerblichen Zeichnungen und Modelle in den Kreisen Eupen-Malmedy. V. 29. Juli 1921 (Bl. 21 S. 225).

Einführung der belgischen Gesetze unter Aufhebung der mit ihnen im Widerspruch stehenden deutschen gesetzlichen Bestimmungen.

Freie Stadt Danzig:

Gesetz, betr. Erfindungen und Warenzeichen. V. 14. Juli 1921 (Gesbl. f. d. Freie Stadt Danzig 1921 Nr. 19 = Bl. 21 S. 165).

§ 34. „Die Rechte und Rechtsverhältnisse, welche aus einer bis zum Inkrafttreten dieses Gesetzes im Deutschen Reich erfolgten Anmeldung sich ergeben, werden als in der Freien Stadt nach Maßgabe der deutschen Gesetzgebung anerkannt".

Beschluß des Landgerichts Danzig vom 24. Mai 1922: „Für die Geltung der im § 34 . . . erwähnten Rechte und Rechtsverhältnisse ist die Eintragung in die Danziger Patentrolle weder erforderlich noch zulässig." (Bl. 22 S. 146.)

Danzig hat auch die Rechte aus bloßen Anmeldungen anerkannt, und zwar aller Anmeldungen, die bis zum Inkrafttreten des Danziger Gesetzes, d. i. 20. VII. 1921 — nicht nur bis zum Inkrafttreten des FV. — im Deutschen Reich erfolgt waren.

Frankreich:

Erlaß betr. Einführung der französischen Gesetze über das künstlerische und literarische, gewerbliche und kaufmännische Eigentum in die Departements Mosel, Niederrhein und Oberrhein. V. 10. Februar 1920. Genehmigt durch Ges. v. 17. Juli 1922. (Journal officiel 15. II. 1920 p. 2479 = Propr. ind. 1920 S. 26 = Bl. 20 S. 84, 22 S. 146 = Österr. PBl. 1922 S. 122).

Art. 1. Einführung der französischen Gesetze über gewerbliches Eigentum.

Art. 4. „Les marques des établissements situés dans les territoires réintégrés seront considérées comme des marques françaises à dater du 11. XI. 1918.

Les établissements n'en garderont pas moins la faculté d'invoquer dans les territoires réintégrés les droits qu'ils tenaient de l'enregistrement en Allemagne, conformément à l'alinéa 2 de l'article 311 du Traité de paix."

„Marken französischen Rechts" vom 11. XI. 1918 ab (Art. 51 F.V.) – denen aber die aus der Eintragung in der deutschen Zeichenrolle fließenden Wirkungen bis zum Ablauf der beim Inkrafttreten des F.V. schwebenden zehnjährigen deutschen Schutzfrist zustehen. Eine nach dem Inkrafttreten des F. V bei dem RPA. vorgenommene Erneuerung der Anmeldung hat Wirkung nur für das Deutsche Reich, nicht mehr für Elsaß-Lothringen: Aufrechterhaltung des Schutzrechts in Elsaß-Lothringen nach Ablauf der zehnjährigen deutschen Schutzfrist bedingt eine neue Anmeldung der „französischen Marke" nach französischem Recht bei der zuständigen französischen Behörde. (Vgl. Mettetal a. a. O.)

Dänemark.

Ges. v. 28. Juni 1920. § 16 verlangt Anmeldung der bestehenden deutschen Ausschließungsrechte (Auslandsrecht Bd. 2 S. 102).

Siehe auch die in den ehemals feindlichen Ländern ergangenen Ausführungsbestimmungen zum F.V. in der Anm. zum deutschen Ausf. Ges. (unten S. 171).

Über den Wechsel der Staatsangehörigkeit nach dem Versailler Frieden s. Schätzel, L. Z. 1920 S. 213.

Vgl. Italien: VO. 19. Juli 1923, Ausdehnung der Gesetze über industrielles Eigentum auf die neuen Provinzen (Prop. ind. 1923 S. 142).

Teil XV.

Verschiedene Bestimmungen.

Der gegenwärtige Vertrag, dessen französischer und englischer Wortlaut beide maßgebend sind, soll ratifiziert werden.

Die Niederlegung der Ratifikationsurkunden soll so bald wie möglich in Paris erfolgen.

Den Mächten mit Regierungssitz außerhalb Europas steht es frei, sich auf die Mitteilung an die Regierung des französischen Freistaats durch ihren diplomatischen Vertreter in Paris zu beschränken, daß ihre Ratifikation erteilt ist. In diesem Falle sollen sie die Ratifikationsurkunde darüber so schnell wie möglich übermitteln.

Ein erstes Protokoll über die Niederlegung der Ratifikationsurkunden wird errichtet, sobald der Vertrag von Deutschland einerseits und von drei alliierten und assoziierten Hauptmächten andererseits ratifiziert ist.

Mit der Errichtung dieses ersten Protokolls tritt der Vertrag zwischen den Hohen vertragschließenden Teilen, die ihn auf diese Weise ratifiziert haben, in Kraft. Dieser Zeitpunkt gilt zugleich als der Zeitpunkt des Inkrafttretens bei Berechnung aller in dem gegenwärtigen Vertrag vorgesehenen Fristen.

In jeder anderen Hinsicht tritt der Vertrag für jede Macht mit der Niederlegung ihrer Ratifikationsurkunde in Kraft.

Geschehen zu Versailles am 28. Juni 1919.

Anm. Das erste Protokoll über die Niederlegung von Ratifikationsurkunden (Deutsches Reich, Großbritannien, Frankreich, Italien, Japan, Belgien, Bolivien, Brasilien, Guatemala, Peru, Polen, Siam, Tschecho-Slowakei, Uruguay) ist am **10. Januar 1920** errichtet worden (RGBl. S. 31 u. 95 = Bl. 20 S. 1); **an diesem Tage ist der FV. zwischen dem Deutschen Reich und den genannten Staaten in Kraft getreten** (Art. 440; RGBl. S. 31 u. 95 = Bl. 20 S. 1). Ferner haben den FV. ratifiziert: Kuba am 8. März 1920 (RGBl. S. 339 = Bl 20 S. 48); Serbisch-Kroatisch-Slovenischer Staat am 10. Februar 1920 (RGBl. S. 390 = Bl 20 S. 48); Griechenland am 20. März 1920, Portugal am 8. April 1920 (RGBl. S. 622 = Bl. 20 S. 74); Haiti und Liberia am 30. Juni 1920 (RGBl. 1440 = Bl. 20 S. 102); Rumänien am 14. Dezember 1920 (RGBl. S. 1440 = Bl. 20 S. 149); Honduras und Nicaragua am 3. November 1920, Panama am 25. November 1920 (RGBl. 1921 S. 54 = Bl. 21 S. 2).

Nicht ratifiziert hatten Hedschas, Ecuador und — die Vereinigten Staaten von Amerika, mit denen am 25. August 1921 (unten S. 172) ein besonderer Vertrag geschlossen worden ist — sowie China (s. Ges. v. 5. Juli 1921 unten S. 176).

Vom Tage der ersten Protokoll-Errichtung, 10. Januar 1920, laufen die im Vertrage vorgesehenen Fristen, auch gegenüber den erst später ratifizierenden Staaten (vgl Unterzeichnungsprotokoll Abs. 3 zum Berner Abkommen v. 30. Juni 1920, unten S. 180; a. M. Seligsohn PG. 6. Aufl. S. 548). Anders Art. II 5 FV. mit V. St. A., unten S. 174.

B.

1. Ausführungsgesetz zum Friedensvertrage. Vom 31. August 1919.

(RGBl. S. 1530 ff.; Bl. 1919 S. 67 ff.)

Die verfassunggebende Deutsche Nationalversammlung hat das folgende Gesetz beschlossen, das mit Zustimmung des Reichsrats hiermit verkündet wird:

Ausführungsgesetz zum Friedensvertrage.

I. Abschnitt pp.

II. Abschnitt pp.

III. Abschnitt.
Gewerbliche Schutzrechte.

§ 15. Die gesetzlichen Fristen für die Vornahme der zur Begründung oder Erhaltung gewerblicher Schutzrechte erforderlichen Handlungen werden, soweit sie nicht schon am 1. August 1914 abgelaufen sind oder erst nach Inkrafttreten des Friedensvertrags begonnen haben, bis zum Ablauf eines Jahres nach Inkrafttreten des Friedensvertrags verlängert. Zuschlags- oder Nachholungsgebühren sind bei Zahlungen, die hiernach rechtzeitig geleistet werden, nicht zu entrichten.

Gewerbliche Schutzrechte, die nach den bisher geltenden Vorschriften infolge Nichtvornahme einer Handlung in der Zeit vom 1. August 1914 bis zum Inkrafttreten des Friedensvertrags erloschen sind, treten wieder in Kraft.

§ 16. Der Zeitraum zwischen dem 1. August 1914 und dem Inkrafttreten des Friedensvertrags wird auf die im § 11 Abs. 3 des Patentgesetzes vorgesehene Frist für die Zurücknahme eines Patents nicht angerechnet. Vor Ablauf von zwei Jahren nach Inkrafttreten des Friedensvertrags können Patente, die am 1. August 1914 in Kraft waren, nicht zurückgenommen werden.

Anm. Durch § 2 des Gesetzes v. 3. August 1920 betr. das Berner Abkommen vom 30. Juni 1920 sind in §§ 15 u. 16 die Worte: „des Friedensvertrages" überall ersetzt durch die Worte: „des Berner Abkommens vom 30. Juni 1920" (s. unten S. 182).

§ 17. Die Vorschriften der §§ 15, 16 finden zugunsten von Angehörigen ausländischer Staaten nur Anwendung, wenn in diesen Staaten nach einer im Reichs-Gesetzblatt enthaltenen Bekanntmachung den deutschen Reichsangehörigen gleichartige Vorteile gewährt werden.

Anm. 1. Zweck dieser Bestimmungen: Die Vergünstigungen des FV. auch den Inländern und anderen Ausländern als Angehörigen der alliierten und assoziierten Mächte zukommen zu lassen. Vgl. Bekm. v. 3. Mai 1920 — Österreich — RGBl. 1920 S. 1118 und v. 12. Mai 1920 — Schweiz — RGBl. 1920 S. 947 — Bl. 20 S. 76.

2. In Abweichung von Art. 307 Abs. 1 Satz 2 FV. ist für das innere Recht im § 15 Abs. 1 die Wiederaufnahme formell abgeschlossener Verfahren (so eines Widerspruchsverfahrens nach § 5 WbzG.) nicht vorgesehen.

Über das Verhältnis des § 28 PG. s. RG. 6. VII 21: MW XXI S. 216.

3. Nach Art. 307 Abs. 2 Satz 1 FV. gelangen deutsche Reichsangehörige ohne weiteres wieder in den Genuß ihrer während des Krieges in den feindlichen Ländern verfallenen gewerblichen Schutzrechte. Der § 15 Abs. 2 gewährt ihnen den gleichen Vorteil in Ansehung ihrer deutschen Schutzrechte.

IV. bis IX. Abschnitt pp.

X. Abschnitt.

Schlußvorschrift.

§ 29. Dieses Gesetz tritt, soweit nicht im § 3 ein anderes bestimmt ist, gleichzeitig mit dem Friedensvertrag in Kraft.

Dresden, den 31. August 1919.

Der Reichspräsident.
gez. Ebert.

Der Reichsminister des Auswärtigen.
gez. Müller.

Anm.: Vgl. England, Ges. v. 18. August 1919: treaty of peace order (Propr. ind. 1920 S. 17 = Bl. 20 S. 81), Patentrechtliche Ausführungsbestimmungen zum FV. v24. Juli 1920–14. Februar 1921 (Bl. 20 S. 150, 21 S. 157), VO. des Board of Trade v. 19. Juli 1920 u. 12. März 1921 (Bl. 21 S. 94 u. 97);

Frankreich, VO. v. 15. Januar 1920 (Prop. ind. 1920 S. 16) u. 27. Januar 1920 (Propr. ind. 1920 S. 15);

Italien, VO. betr. die Ausführung der Friedensverträge v. Versailles und St. Germain. V. 7. März 1920 (Prop. ind. 1920 S. 39 = Bl. 20 S. 82, 21 S. 3), Dekret v. 19. Juli 1923: Ausdehnung der Gesetze über das gewerbliche Eigentum auf die neuen Provinzen (Österr. PBl. 1923 S. 94 = Bl. 24 S. 11);

Japan, Ges. betr. Ausführung des Friedensvertrages von Versailles. V. 3. März 1920 (Propr. ind. 1920 S. 88 = Bl. 20 S. 152);

Portugal, Erlaß betr. die Beendigung der Anwendung der vorübergehenden Bestimmungen in Sachen des gewerblichen Eigentums. V. 22. Mai 1920 (Prop. ind. 1921 S. 2 = Bl. 21 S. 57);

Kanada, VO. v. 1920 betr. den Frieden mit Deutschland (Patent and Trade Mark Review vol. 18 S. 263 = Bl. 21 S. 75);

Belgien, Ges. zur Regelung gewisser Fragen auf dem Gebiete des gewerblichen Eigentums. V. 11. Oktober 1919 (Propr. ind. 1919 S. 111 u. 133, Bl. 20 S. 21).

2. Bekanntmachung

betr. die Verlängerung der Prioritätsfristen. Vom 2. März 1920.

(RGBl. S. 280; Bl. 20 S. 47.)

Auf Grund des § 27 Abs. 2, 3 des Ausführungsgesetzes zum Friedensvertrage vom 31. August 1919 (Reichsgesetzbl. S. 1530) wird als der Zeitpunkt, mit dem im Sinne des § 1 der Bekanntmachung, betr. die Verlängerung der im Art. 4 der revidierten Pariser Übereinkunft zum Schutze des gewerbl. Eigentums vom 2. Juni 1911 vorgesehenen Prioritätsfristen, vom 7. Mai 1915 (Reichsgesetzbl. 1915

S. 272, 1916 S. 259) der Kriegszustand als beendet anzusehen ist, der 10. Januar 1920 bestimmt.

Berlin, den 2. März 1920.

Der Reichsminister der Justiz.
In Vertretung
gez. Dr. Joël.

C.

1. Gesetz,

betr. den am 25. August 1921 unterzeichneten Vertrag zwischen Deutschland und den Vereinigten Staaten von Amerika. Vom 20. Oktober 1921.

(RGBl. 1921 S. 1317, Bl. 1921 S. 217.)

Der Reichstag hat das folgende Gesetz beschlossen, das mit Zustimmung des Reichsrats hiermit verkündet wird:

Artikel 1.

Dem am 25. August 1921 unterzeichneten Vertrage zwischen Deutschland und den Vereinigten Staaten von Amerika wird zugestimmt.

Der Vertrag wird nachstehend veröffentlicht.

Artikel 2.

Dieses Gesetz tritt mit dem Tage der Verkündung in Kraft.

Berlin, den 20. Oktober 1921.

Der Reichspräsident.
gez. Ebert.

Der Reichsminister des Auswärtigen.
gez. Dr. Rosen.

Deutschland und die Vereinigten Staaten von Amerika.

In der Erwägung, daß die Vereinigten Staaten gemeinschaftlich mit ihren Mitkriegführenden am 11. November 1918 einen Waffenstillstand mit Deutschland vereinbart haben, damit ein Friedensvertrag abgeschlossen werden könne;

In der Erwägung, daß der Vertrag von Versailles am 28. Juni 1919 unterzeichnet wurde und gemäß den Best. des Art. 440 in Kraft getreten, aber von den Vereinigten Staaten nicht ratifiziert worden ist;

In der Erwägung, daß der Kongreß der Vereinigten Staaten einen gemeinsamen Beschluß gefaßt hat, der von dem Präsidenten am 2. Juli 1921 genehmigt worden ist und im Auszug wie folgt lautet:

Beschlossen vom Senat und dem Repräsentantenhaus der Vereinigten Staaten von Amerika, die zum Kongreß versammelt sind, daß der durch den am 6. April 1917 genehmigten gemeinsamen Beschluß des Kongresses erklärte Kriegszustand zwischen der Kaiserlich Deutschen Regierung und den Vereinigten Staaten von Amerika hiermit für beendet erklärt wird.

Sektion 2. Daß durch Abgabe dieser Erklärung und als ein Teil davon den Vereinigten Staaten von Amerika und ihren Staatsangehörigen jedwede und alle Rechte, Privilegien, Entschädigungen, Reparationen oder Vorteile einschl. des Rechts, sie zwangsweise durchzuführen, ausdrücklich vorbehalten werden, auf welche die Vereinigten Staaten von Amerika oder ihre Staatsangehörigen nach den am 11. November 1918 unterzeichneten Waffenstillstandsbedingungen sowie irgendwelchen Erweiterungen oder Abänderungen derselben einen Anspruch erworben haben; oder die von den Vereinigten Staaten von Amerika infolge ihrer Beteiligung am Kriege erworben worden sind oder sich in ihrem Besitz befinden; oder auf die ihre Staatsangehörigen dadurch rechtmäßig einen Anspruch erworben haben; oder die in dem Vertrage von Versailles zu ihren oder ihrer Staatsangehörigen Gunsten festgesetzt worden sind; oder auf die sie als eine der alliierten und assoziierten Hauptmächte oder kraft irgendeines vom Kongreß beschlossenen Gesetzes oder sonstwie einen Anspruch haben.

. . . . .

Sektion 5. Alles Eigentum der Kaiserlich Deutschen Regierung oder ihres Nachfolgers oder ihrer Nachfolger und das Eigentum aller deutschen Staatsangehörigen, das sich am 6. April 1917 im Besitz oder in der Gewalt der Vereinigten Staaten von Amerika oder eines ihrer Beamten, Vertreter oder Angestellten befand oder seit diesem Tage in deren Besitz oder Gewalt gelangt oder Gegenstand einer Forderung seitens derselben gewesen ist, gleichviel aus welchem Ursprunge oder aus welcher Tätigkeit, ... soll von den Vereinigten Staaten von Amerika zurückbehalten und darüber keine Verfügung getroffen werden, soweit nicht gesetzlich darüber bereits verfügt ist oder im einzelnen künftig darüber verfügt wird. Dies gilt bis zu dem Zeitpunkt, wo die Kaiserlich Deutsche Regierung . . . . . oder ihr Nachfolger oder ihre Nachfolger angemessene Vorkehrungen zur Befriedigung aller Forderungen gegen eine der genannten Regierungen seitens aller Personen ohne Rücksicht auf ihren Wohnsitz getroffen haben, die zu den Vereinigten Staaten von Amerika in einem dauernden Treuverhältnis stehen, und die durch Handlungen der Kaiserlich Deutschen Regierung oder ihrer Vertreter . . . . seit dem 31. Juli 1914 Verlust, Nachteil oder Schaden an ihrer Person oder ihrem Eigentum unmittelbar oder mittelbar, sei es durch den Besitz von Anteilen deutscher, ... amerikanischer oder anderer Körperschaften oder infolge von Feindseligkeiten oder irgendwelchen Kriegshandlungen oder auf andere Weise erlitten haben, ferner solchen Personen, die zu den Vereinigten Staaten von Amerika in einem dauernden Treuverhältnis stehen, das Meistbegünstigungsrecht in allen Angelegenheiten betreffend Niederlassung, Geschäftsbetrieb, Berufsausübung, Verkehr, Schiffahrt, Handel und gewerbliche Schutzrechte, zugestanden haben, einerlei, ob dieses Recht auf die Nationalität abgestellt oder sonstwie bestimmt ist; endlich bis die Kaiserlich Deutsche Regierung . . . . oder ihr Nachfolger oder ihre Nachfolger den Vereinigten Staaten von Amerika gegenüber alle von diesen während des Krieges auferlegten oder verfügten Strafgelder, Verwirkungen, Bußen und Beschlagnahmen bestätigt haben, gleichviel ob diese Eigentum der Kaiserlich Deutschen Regierung oder deutscher Staatsangehöriger . . . betreffen, und bis sie auf allen und jeden Geldanspruch gegen die Vereinigten Staaten von Amerika verzichtet haben.

Art. I. Deutschland verpflichtet sich, den Vereinigten Staaten zu gewähren und die Vereinigten Staaten sollen besitzen und genießen alle Rechte, Privilegien, Entschädigungen, Reparationen oder Vorteile, die in dem vorgenannten gemeinschaftlichen Beschlusse des Kongresses der Vereinigten Staaten vom 2. Juli 1921 näher bezeichnet sind, mit Einschluß aller Rechte und Vorteile, die zugunsten der Vereinigten Staaten in dem Vertrag von Versailles festgesetzt sind und die die Vereinigten Staaten in vollem Umfange genießen sollen, ungeachtet der Tatsache, daß dieser Vertrag von den Vereinigten Staaten nicht ratifiziert worden ist.

Art. II. In der Absicht, die Verpflichtungen Deutschlands gemäß dem vorhergehenden Artikel mit Beziehung auf gewisse Bestimmungen des Vertrags von Versailles näher zu bestimmen, besteht Einverständnis und Einigung zwischen den Hohen vertragschließenden Teilen darüber:

1. daß die Rechte und Vorteile, die in jenem Vertrage zugunsten der Vereinigten Staaten festgesetzt sind und die die Vereinigten Staaten besitzen und genießen sollen, diejenigen sind, die in Abschnitt 1 des Teiles IV und in den Teilen V, VI, VIII, IX, X, XI, XII, XIV und XV aufgeführt sind.

Wenn die Vereinigten Staaten die in den Bestimmungen jenes Vertrags festgesetzten und in diesem Paragraphen erwähnten Rechte und Vorteile für sich in Anspruch nehmen, werden sie dies in einer Weise tun, die mit den Deutschland nach diesen Bestimmungen zustehenden Rechten im Einklang steht.

5. daß die im Art. 440 des Vertrags von Versailles erwähnten Fristen, soweit sie sich auf eine Maßnahme oder Entschließung der Vereinigten Staaten beziehen, mit dem Inkrafttreten des gegenwärtigen Vertrags zu laufen beginnen sollen.

Art. III. Der gegenwärtige Vertrag soll gemäß den verfassungsrechtlichen Formen der Hohen vertragschließenden Teile ratifiziert werden und soll sofort mit Austausch der Ratifikationsurkunden, der sobald als möglich in Berlin stattfinden wird, in Kraft treten.

Zu Urkund dessen haben die beiderseitigen Bevollmächtigten diesen Vertrag unterzeichnet und ihre Siegel beigefügt.

Ausgefertigt in doppelter Urschrift in Berlin am 25. August 1921.

Anm.: Wichtig wegen des Art. II, durch welchen die Vorschriften des Teil X des Versailler Vertrages aufgenommen sind. Teil X enthält im Abschn. 7 das „gewerbliche Eigentum". Allein der deutsch-amerikanische Vertrag gibt den Vereinigten Staaten nur die Option, die im Teil X des Versailler Vertrages bezeichneten Rechte und Vorteile ihrerseits sich zunutze zu machen. Die Regierung der Vereinigten Staaten hat diese Option nicht ausgeübt. Ein einzelner Angehöriger der Vereinigten Staaten kann sich daher auf Art. 307 des Versailler Vertrages nicht berufen: (Art. II Ziff. 1 Abs. 2: RPA. Nichtigkeitsabt. v. 3. November 1922, Bl. 23 S. 33; RG. v. 2. Juni 1923: Bd. 107 S. 50 = MW. XXIII S. 165).

2. Bekanntmachung,

betr. Wiederinkraftsetzung des Abkommens zwischen dem Deutschen Reiche und den Vereinigten Staaten von Amerika, betr. den gegenseitigen gewerblichen Rechtsschutz, vom 23. Februar 1909. Vom 11. Mai 1922.

(RGBl. II S. 132; Bl. 22 S. 59.)

Auf Grund einer nach Maßgabe des Art. 289 des Friedensvertrages von Versailles vom 28. Juni 1919 (Reichs-Gesetzbl. S. 687) und des Art. II Nr. 1 u. 5 des Vertrages zwischen Deutschland und den Vereinigten Staaten von Amerika vom 25. August 1921 (Reichs-Gesetzbl. S. 1317) ergangenen Mitteilung der Regierung der Vereinigten Staaten von Amerika ist das Abkommen zwischen dem Deutschen Reiche und den Vereinigten Staaten von Amerika, betr. den gegenseitigen gewerblichen Rechtsschutz, vom 23. Februar 1909 (Reichs-Gesetzbl. S. 895) am 8. Mai 1922 wieder in Kraft getreten.

Berlin, den 11. Mai 1922.

Der Reichsminister des Auswärtigen.

J. V.:

gez. von Haniel.

Anm. Das Abkommen vom 23. Februar 1909 bezieht sich nur auf Patente, Gebrauchsmuster, Muster und Modelle.

D.

Gesetz,

betr. die Beendigung des Kriegszustandes zwischen Deutschland und Costa Rica. Vom 15. Mai 1921.

(RGBl. 1921 S. 691; Bl. 1921 S. 106.)

Die verfassunggebende Deutsche Nationalversammlung hat das folgende Gesetz beschlossen, das mit Zustimmung des Reichsrats hiermit verkündet wird:

Art. 1. Der Kriegszustand zwischen Deutschland und Costa Rica wird für beendet erklärt.

Art. 2. Dieses Gesetz tritt mit dem Tage der Verkündung in Kraft.

Berlin, den 15. Mai 1921.

Der Reichspräsident.
gez. Ebert.

Der Reichsminister des Auswärtigen.
gez. Dr. Wirth.

E.

Gesetz,

betr. die deutsch-chinesischen Vereinbarungen über die Wiederherstellung des Friedenszustandes. Vom 5. Juli 1921.

(RGBl. S. 829.)

Die Vereinbarungen betreffen unter anderem:

1. Die Abschaffung der Konsulargerichtsbarkeit in China;

2. das Recht der beiderseitigen Staatsangehörigen, die im Gebiete des anderen Teiles sich aufhalten, in Übereinstimmung mit den Gesetzen und Verordnungen des Landes zu reisen, sich niederzulassen und Handel oder Industrie zu betreiben an allen Orten, wo Staatsangehörige einer anderen Nation es tun können;

3. die Unterwerfung der beiderseitigen Staatsangehörigen betr. ihrer Person und ihres Vermögens unter die Gerichtsbarkeit der örtlichen Gerichte, sowie deren steuerliche Gleichbehandlung;

4. die Aufhebung der chinesischen Bestimmungen über den Handel mit dem Feinde, insbes. die Wiederinkraftsetzung der früher beim Seezollamt eingetragenen deutschen Handelsmarken, die Einstellung der Liquidation deutschen Eigentums sowie die Zurückgabe der Liquidationserlöse und des einbehaltenen Eigentums an die Eigentümer.

Die Vereinbarungen sind am 1. Juli 1921 in Kraft getreten.

(aus Bl. 21 S. 152.)

Nach Wiederherstellung des Friedenszustandes mit China erlangen, wie eine Erklärung des Auswärtigen Amtes in Peking vom 8. Nov. 1921 besagt, deutsche Handelsmarken, die unter den früheren Registernummern wieder eingetragen werden, dadurch ihre frühere Wirksamkeit mit Geltung vom Tage der ursprünglichen Eintragung wieder.

(aus Bl. 22 S. 33.)

Gemäß den deutsch-chinesischen Vereinbarungen vom 20. Mai 1921 — RGBl. S. 837 Ziff. 4 Abs. 3 — bedarf es der erneuten Eintragung durch den ursprünglichen Eigentümer unter abermaliger Entrichtung der Gebühr von 5 Haikuan Taels, um den vor dem Kriege bei dem chinesischen Seezollamt eingetragenen deutschen Handelsmarken ihre frühere Wirkungskraft wiederzugeben.

(aus Bl. 22 S. 92.)

Nach einer Mitteilung des Seezolldirektors in Tientsin hat die Chinesische Regierung verordnet, daß die vor dem Kriege beim Zollamt erfolgte sogenannte vorläufige Eintragung (provisonel registration) einer Handelsmarke durch eine deutsche Firma für sich oder durch einen deutschen Vertreter für einen nicht in China ansässigen Eigentümer beliebiger Nationalität als erloschen angesehen wird, wenn die Handelsmarke durch jene Firma oder jenen Vertreter nicht innerhalb zweier Jahre vom Tage des Erlasses der Verordnung (20. Februar 1923) von neuem eingetragen wird.

(aus Bl. 23 S. 90.)

F.

Abkommen

über die Erhaltung oder Wiederherstellung der durch den Weltkrieg betroffenen gewerblichen Eigentumsrechte. Vom 30. Juni 1920.

(Propr. ind. 1920 S. 102; RGBl. 1920 S. 1557; Bl. 20 S. 103.)

Art. 1.

Die Prioritätsfristen, die im Art. 4 der im Jahre 1911 in Washington revidierten intern. Pariser Übereinkunft vom 20. März 1883 für die Einreichung oder Eintragung der Gesuche um Verleihung von Patenten, um Schutz von Gebrauchsmustern, Fabrik- oder Handelsmarken, Mustern und Modellen vorgesehen sind und die am 1. August 1914 noch nicht abgelaufen waren, sowie diejenigen, die während des Krieges begonnen haben oder, wenn es nicht zum Kriege gekommen wäre, hätten beginnen können, werden durch jeden der Hohen vertragschließenden Teile zugunsten der Inhaber der in der vorbezeichneten Übereinkunft anerkannten Rechte oder ihrer Rechtsnachfolger bis zum Ablauf von sechs Monaten nach dem Inkrafttreten des gegenwärtigen Abkommens verlängert.

Diese Fristverlängerung läßt jedoch die Rechte jeder der Hohen vertragschließenden Mächte oder jeder Person unberührt, die sich beim Inkrafttreten des gegenwärtigen Abkommens im gutgläubigen Besitze von gewerblichen Eigentumsrechten befindet, welche mit den unter Beanspruchung der Priorität nachgesuchten Rechten in Widerspruch stehen. Sie behalten den Genuß ihrer Rechte für ihre Person oder in der Person von Vertretern oder Lizenzinhabern, denen sie diese Rechte vor dem Inkrafttreten des gegenwärtigen Abkommens eingeräumt haben, und dürfen dieserhalb in keiner Weise als Nachahmer in Anspruch genommen oder verfolgt werden.

Art. 2.

Soweit Inhaber der in der Übereinkunft anerkannten Rechte solche bereits vor dem 1. August 1914 besaßen oder, wenn es nicht zum Kriege gekommen wäre, auf Grund eines vor Beginn oder im Verlaufe des Krieges angebrachten Gesuchs seitdem hätten erwerben können, wird ihnen zur Erhaltung oder zum Erwerbe dieser Rechte eine Jahresfrist vom Inkrafttreten des gegenwärtigen Abkommens an gewährt, um ohne jeden Aufschlag oder irgendwelche Strafgebühr jede Handlung nachzuholen, jede Förmlichkeit zu erfüllen, jede Gebühr zu entrichten, überhaupt jeder Verpflichtung zu genügen, die die Gesetze oder Verwaltungsverordnungen des einzelnen Staates vorschreiben.

Gewerbliche Eigentumsrechte, die infolge der Nichtvornahme einer Handlung, der Nichterfüllung einer Förmlichkeit oder der Nichtbezahlung einer Gebühr verfallen sind, treten vorbehaltlich der von dritten Personen in bezug auf Patente, Gebrauchsmuster oder gewerbliche Muster und Modelle im guten Glauben erworbenen Rechte wieder in Kraft.

Art. 3.

Der Zeitraum zwischen dem 1. August 1914 und dem Inkrafttreten des gegenwärtigen Abkommens wird auf die für die Ausübung eines Patents oder für den Gebrauch von Fabrik- oder Handelsmarken oder die Ausübung von gewerblichen Mustern und Modellen vorgesehene Frist nicht angerechnet; auch wird vereinbart, daß ein Patent, eine Fabrik- oder Handelsmarke oder ein gewerbliches Muster oder Modell, das am 1. August 1914 noch in Kraft war, wegen bloßer Nichtausübung oder bloßen Nichtgebrauchs nicht vor Ablauf einer Frist von zwei Jahren nach dem Inkrafttreten des gegenwärtigen Abkommens verfällt oder für ungültig erklärt werden darf.

Art. 4.

Die Bestimmungen dieses Abkommens sichern nur ein Mindestmaß von Schutz; sie stehen der Anwendung weitergehender Vorschriften nicht entgegen, die etwa durch die innere Gesetzgebung eines der Vertragsländer erlassen werden; sie lassen in gleicher Weise günstigere und nicht widerstreitende Vereinbarungen fortbestehen, welche die Regierungen der Signatarländer in der Form von Sonderverträgen oder Gegenseitigkeitsbestimmungen getroffen haben oder etwa treffen werden.

Art. 5.

Die Bestimmungen des Abkommens berühren in keiner Weise die Abmachungen der kriegführenden Länder in den am 28. Juni 1919 in Versailles und am 10. September 1919 in St. Germain unterzeichneten Friedensverträgen, soweit diese Abmachungen Vorbehalte, Ausnahmen oder Einschränkungen enthalten.

Das gegenwärtige Abkommen soll ratifiziert werden, und die Ratifikationsurkunden sollen innerhalb einer Frist von längstens drei Monaten in Bern hinterlegt werden. Das Abkommen soll unter den Hohen vertragschließenden Teilen, die es auf diese Weise ratifiziert haben, an dem Tage, an dem das Protokoll über die Niederlegung der Ratifikationsurkunden errichtet werden wird, für jede andere Macht am Tage der Niederlegung ihrer Ratifikationsurkunde in Kraft treten.

Die Länder, die das gegenwärtige Abkommen nicht unterzeichnet haben, können ihm auf ihren Antrag beitreten. Dieser Beitritt soll schriftlich der Regierung der Schweizerischen Eidgenossenschaft und von dieser allen übrigen Ländern angezeigt werden. Er hat mit voller Rechtswirkung und ohne Aufschub den Anschluß an alle Bestimmungen und die Zulassung zu allen Vorteilen zur Folge, die in dem gegenwärtigen Abkommen vereinbart sind.

Das Abkommen soll dieselbe Kraft wie die allgemeine Übereinkunft haben und durch einfachen Beschluß einer Konferenz (Art. 14 der allgemeinen Übereinkunft) außer Kraft gesetzt werden, sobald es seine vorübergehende Aufgabe erfüllt hat.

Das gegenwärtige Abkommen soll in einem einzigen Exemplar unterzeichnet werden, das im Archiv der Regierung der Schweizerischen Eidgenossenschaft niedergelegt werden soll. Eine beglaubigte

Abschrift soll von letzterer den Regierungen der Signatarmächte übermittelt werden.

Geschehen in Bern, am 30. Juni 1920.

Unterzeichnungsprotokoll.

Die unterzeichneten, zu diesem Zwecke gehörig beauftragten Bevollmächtigten haben sich heute vereinigt, um zur Unterzeichnung des Abkommens über die Erhaltung oder Wiederherstellung der durch den Weltkrieg betroffenen gewerblichen Eigentumsrechte zu schreiten.

Vor der Unterzeichnung haben sie von der folgenden erläuternden Erklärung Kenntnis genommen, die durch den Bevollmächtigten der Schweiz verlesen worden ist:

Auf den an den Schweizerischen Bundesrat gerichteten Wunsch mehrerer Regierungen wird förmlich festgestellt, daß, wie dieser in seiner Note vom 29. Mai 1920 ausgeführt hat, der Zeitpunkt des ersten Austausches der Ratifikationsurkunden für alle Staaten, die dem gegenwärtigen Abkommen beitreten oder in Zukunft beitreten werden, als Ausgangspunkt der darin vorgesehenen Fristen angesehen werden soll.

Der Bevollmächtigte Schwedens hat darauf folgende Erklärung verlesen:

„Schweden tritt dem gegenwärtigen Abkommen nur insoweit es sich auf die Erfindungspatente und die Gebrauchsmuster bezieht, mit Ausschluß der Fabrik- oder Handelsmarken und der gewerblichen Muster und Modelle, bei, und zwar mit folgenden Einschränkungen:

1. Nach der in Schweden geltenden Gesetzgebung, die nicht ohne Mitwirkung der Volksvertretung geändert werden kann, erlischt die Prioritätsfrist, von der in Art. 1 des gegenwärtigen Abkommens die Rede ist, am 30. Juni 1920.

2. Gemäß einem soeben angenommenen schwedischen Gesetze muß der Antrag auf erneute Prüfung eines verfallenen oder zurückgewiesenen Gesuchs um ein Erfindungspatent vor dem 1. Januar 1921 oder, wenn die Verfalls- oder Zurückweisungserklärung nach dem 30. Juni 1920 erfolgt ist, in den auf die Entscheidung folgenden sechs Monaten vorgebracht werden.

Nach den gleichen Gesetzen muß der Antrag auf Wiederherstellung eines Erfindungspatents vor dem 1. Januar 1921 vorgebracht werden.

Es ist indessen vorgesehen, daß durch eine allgemeine Anordnung diese Fristen um sechs Monate verlängert werden können."

Zu Urkund dessen haben die unterzeichneten Bevollmächtigten das gegenwärtige Protokoll angenommen.

Anm. 1. Ratifikationsurkunden sind am 30. September 1920 niedergelegt worden von: Deutschland, Frankreich, Niederlande, Polen, Schweden, Schweiz, Tschecho-Slowakei, Tunis.

Nachträglich beigetreten sind: Marokko (Gebiet des französischen Protektorats); Großbritannien (nebst Ceylon und Trinidad) mit dem Vorbehalt:

„Die erweiterten Fristen, welche in den Art. 1 und 2 des Abkommens vorgesehen sind, erlöschen, soweit das Vereinigte Königreich in Frage kommt, am 10. Januar 1921";

ferner Japan; Norwegen; Spanien; Brasilien; Österreich; Belgien; Dänemark, aber nur für Erfindungspatente und Gebrauchsmuster unter Ausschluß der Fabrik- und Handelsmarken und der gewerblichen Muster und Modelle, und auch nur unter gewissen Vorbehalten für Patente; Königreich der Serben, Kroaten und Slovenen; Neu-Seeland; Ungarn; Freie Stadt Danzig; Portugal (RGBl. 1920 S. 1788 u. 2015; 1921 S. 83, 174, 446, 479, 493, 1532; 1922 II S. 103; — Bl. 20 S. 121, 176; Bl. 21 S. 4, 33, 91, 92, 114, 222; Bl. 22 S. 59).

2. Zweck des Abkommens: Den durch die Folgen des Weltkrieges betroffene Zeitraum vom 1. August 1914 bis zum Inkrafttreten des Abkommens, d. h. bis zum 30. September 1920, für alle am Abkommen beteiligten Staaten in einheitlicher Weise unschädlich zu machen. Das Abkommen gilt zwischen Deutschland und seinen Kriegsgegnern, soweit diese dem Abkommen beigetreten sind — zwischen den früheren Feinden Deutschlands untereinander — zwischen den ehemaligen Neutralen untereinander und gegenüber den ehemaligen Kriegsgegnern.

3. Ein Beschluß auf Außerkraftsetzung des Abkommens (Art. 5 Abs. 4) ist bislang nicht ergangen.

G.

Gesetz,

betr. das Berner Abkommen vom 30. Juni 1920 über die Erhaltung oder Wiederherstellung der durch den Weltkrieg betroffenen gewerblichen Eigentumsrechte. Vom 3. August 1920.

(RGBl. 1920 S. 1557; Bl. 20 S. 103.)

Der Reichstag hat das folgende Gesetz beschlossen, das mit Zustimmung des Reichsrats hiermit verkündet wird:

§ 1. Dem am 30. Juni 1920 in Bern unterzeichneten zwischenstaatlichen Abkommen über die Erhaltung oder Wiederherstellung der durch den Weltkrieg betroffenen gewerblichen Eigentumsrechte wird zugestimmt.

Das Abkommen wird nachstehend veröffentlicht.

§ 2. In den §§ 15, 16 des Ausführungsgesetzes zum Friedensvertrage vom 31. August 1919 (Reichs-Gesetzbl. S. 1530)*), werden die Worte „des Friedensvertrags" überall ersetzt durch die Worte „des Berner Abkommens vom 30. Juni 1920".

§ 3. Unberührt bleiben die Rechte desjenigen, der vor dem Wiederinkrafttreten eines gewerblichen Schutzrechts (Art. 2 Abs. 2 des Abkommens, § 15 Abs. 2 des Ausführungsgesetzes zum Friedensvertrage) den Gegenstand in guten Glauben im Inland in Benutzung genommen hat. Der Benutzung steht es gleich, wenn die zur Benutzung einer Erfindung erforderlichen Veranstaltungen getroffen sind. Die Vorschriften im § 5 Abs. 1 Satz 2, 3 des Patentgesetzes vom 7. April 1891 (Reichsgesetzbl. S. 79) finden Anwendung.

Im Sinne des Abs. 1 gehören Warenzeichenrechte nicht zu den gewerblichen Schutzrechten.

§ 4. Der § 1 dieses Gesetzes tritt mit der Verkündung, im übrigen tritt das Gesetz mit demjenigen Tage in Kraft, an dem nach einer im Reichs-Gesetzblatt enthaltenen Bekanntmachung das Berner Abkommen in Kraft getreten ist**).

Berlin, den 3. August 1920.

Der Reichspräsident.
gez. Ebert.

Der Reichsminister des Auswärtigen.
gez. Dr. Simons.

H.

Gesetz

über das am 15. Mai 1922 in Genf geschlossene deutsch-polnische Abkommen über Oberschlesien. Vom 11. Juni 1922.

(RGBl. II S. 237; Bl. 22 S. 74.)

Der Reichstag hat das folgende Gesetz beschlossen, das mit Zustimmung des Reichsrats hiermit verkündet wird:

Art. 1. Dem am 15. Mai 1922 unterzeichneten deutsch-polnischen Abkommen über Oberschlesien sowie dem dazugehörigen Schlußprotokoll vom gleichen Tage wird zugestimmt. Das Ab-

---

*) S. oben S. 169).
**) 30. September 1920.

kommen und das Schlußprotokoll werden nebst einer deutschen Übersetzung nachstehend veröffentlicht.

Art. 2. Die zur Ausführung des Abkommens und des Schlußprotokolls erforderlichen Rechtsverordnungen und allgemeinen Verwaltungsvorschriften erläßt die Reichsregierung, die dazu der Zustimmung des Reichsrats bedarf, wenn die Ausführung den Landesbehörden zusteht. Die Landesregierung erläßt sie, soweit das Abkommen und das Schlußprotokoll sich ausschließlich auf Gegenstände der Landesgesetzgebung beziehen.

Diese Ermächtigung kann auf nachgeordnete Behörden übertragen werden.

Art. 3. Dieses Gesetz tritt mit dem Tage der Verkündung in Kraft.

Freudenstadt, den 11. Juni 1922.

Der Reichspräsident.
gez. Ebert.
Der Minister des Auswärtigen.
gez. Dr. Rathenau.

Deutsch-polnisches Abkommen über Oberschlesien vom 15. Mai 1922.

Teil I.

Allgemeine Bestimmungen.

Titel I.

Das geltende Recht.

Artikel 1.

§ 1. (1) Soweit sich nicht aus dem Wechsel der Staatshoheit ein anderes ergibt, bleiben in dem an Polen fallenden Teile des Abstimmungsgebietes die dort zur Zeit des Überganges der Staatshoheit geltenden materiellrechtlichen Bestimmungen mit den aus dem Wechsel der Staatshoheit folgenden Abweichungen während eines Zeitraums von fünfzehn Jahren in Kraft

(2) Die Vorschrift des Abs. 1 gilt insbesondere für die Bestimmungen, die sich auf das Bergwesen, das Gewerbe, den Handel oder das Arbeitsrecht, einschließlich des Überwachungssystems beziehen.

§ 2. (1) Polen ist jedoch berechtigt, während des erwähnten Zeitraums von fünfzehn Jahren die geltenden materiell-rechtlichen Bestimmungen durch andere Bestimmungen zu ersetzen, wenn diese in seinem ganzen Lande zur Anwendung kommen. . . .

Titel II.
Schutz der erworbenen Rechte.
Artikel 4.

§ 1. (1) Unbeschadet der Bestimmungen des Art. 256 des Friedensvertrags von Versailles werden Deutschland und Polen die Rechte aller Art und insbesondere die Konzessionen und Privilegien, die vor dem Übergange der Staatshoheit von natürlichen Personen, Gesellschaften oder juristischen Personen erworben worden sind, auf ihrem Teile des Abstimmungsgebiets nach Maßgabe der für sie geltenden Gesetze und der nachfolgenden Bestimmungen anerkennen und achten.

§ 2. Die Anerkennung und Achtung der erworbenen Rechte schließt insbesondere die Einhaltung folgender Grundsätze in sich:

1. Maßnahmen außerhalb der allgemeinen Gesetzgebung sind unzulässig, wenn sie nicht auch auf die eigenen Staatsangehörigen Anwendung finden.
2. Die Rechtsverfolgung, d. h. die Anrufung der Gerichte, der Verwaltungsgerichte oder der im Instanzenzuge zuständigen Verwaltungsbehörden darf durch eine Änderung der Gesetzgebung nicht ausgeschlossen werden.
3. Werden Konzessionen oder Privilegien, die für im Abstimmungsgebiete gelegene oder zu errichtende Anlagen, Betriebe, Anstalten oder Unternehmungen erteilt worden sind, oder die sich auf einen im Abstimmungsgebiete belegenen Gegenstand beziehen (örtlich gebundene Konzessionen oder Privilegien), oder werden nicht auf Verleihung beruhende subjektive Rechte, einschließlich Forderungen, bei denen auch nur einer der im § 269 des Deutschen Bürgerlichen Gesetzbuchs genannten Erfüllungsorte im Abstimmungsgebiete liegt, durch Anwendung allgemeiner Gesetze oder Anordnungen aufgehoben oder beeinträchtigt, so ist der Staat, der die Gesetze anwendet oder die Anordnungen trifft, zur vollen Entschädigung verpflichtet. Dies gilt nicht für vorübergehende Beschränkungen, die nach dem geltenden Recht jeder Rechtsinhaber dulden muß.

Teil VI.
Die gemischte Kommission und das Schiedsgericht für Oberschlesien.
Artikel 563.

§ 1. (1) Das Schiedsgericht hat seinen Sitz in Beuthen; es

besteht aus einem deutschen und einem polnischen Schiedsrichter sowie aus einem Präsidenten fremder Staatsangehörigkeit.

Kapitel II.
Das Schiedsgericht.

Artikel 587.

(1) Die Parteien können sich vor dem Schiedsgerichte durch einen bei einem deutschen oder einem polnischen Gerichte zugelassenen Rechtsanwalt oder einen Professor oder Privatdozenten einer deutschen oder polnischen Hochschule, sowie in Angelegenheiten des gewerblichen Rechtsschutzes durch einen deutschen oder polnischen Patentanwalt vertreten lassen. Die Geschäftsordnung des Schiedsgerichts bestimmt, inwieweit sie sich durch andere geeignete Personen vertreten lassen dürfen.

(2) Ist der Staat Partei, so kann er sich durch den Staatsvertreter vertreten lassen.

Schlußprotokoll.

V. Zu den subjektiven Rechten im Sinne des Art. 4 § 2 Ziff. 2 gehören auch Patente und andere gewerbliche Schutzrechte. Polen wird diese Rechte nach Maßgabe der Bestimmnngen dieses Artikels anerkennen und achten, ohne daß es einer neuen Anmeldung oder einer neuen Eintragung bedarf.

Anm. Bzl. der Schiedsgerichtsordnung vgl. Schneider: JW. 1924, S. 600–602.

I.

Gesetz

zur Sicherung von gewerblichen Schutzrechten deutscher Reichsangehöriger im Ausland. Vom 6. Juli 1921.

(RGBl. S. 828; Bl. 21 S. 151.)

Der Reichstag hat das folgende Gesetz beschlossen, das mit Zustimmung des Reichsrats hiermit verkündet wird:

§ 1. Den Angehörigen eines ausländischen Staates können hinsichtlich der Begründung, Erhaltung oder Wiederherstellung gewerblicher Schutzrechte zur Behebung nachteiliger Folgen des Krieges Vergünstigungen, die über die Vorschriften der §§ 15 bis 17 des Ausführungsgesetzes zum Friedensvertrage vom 31. August 1919 (Reichs-Gesetzbl. S. 1530) in der Fassung des § 2 des Gesetzes, betreffend das Berner Abkommen, vom 3. August 1920 (Reichs-Gesetzbl. S. 1557) hinausgehen, gewährt werden, wenn und soweit es erforderlich ist, um den deutschen Reichsangehörigen den Genuß gleichartiger Vergünstigungen in dem ausländischen Staate zu verschaffen. Die Bestimmung darüber wird von der Reichsregierung getroffen.

§ 2. Die den Angehörigen eines ausländischen Staates gemäß § 1 gewährten Vergünstigungen stehen auch den deutschen Reichsangehörigen zu, die zu der Zeit, als ihre Rechte durch den Krieg betroffen wurden, in dem Gebiete dieses Staates ihren Wohnsitz oder ihre dauernde gewerbliche Niederlassung oder unfreiwillig ihren Aufenthalt hatten.

Das gleiche gilt für deutsche Reichsangehörige, die Rechtsnachfolger einer Person sind, in der die Voraussetzungen für den Anspruch auf solche Vergünstigungen vorliegen.

§ 3. Dieses Gesetz tritt mit dem Tage der Verkündigung in Kraft.

Berlin, den 6. Juli 1921.

Der Reichspräsident.
gez. Ebert.

Der Reichsminister der Justiz.
gez. Schiffer.

Hierzu Bekanntmachungen vom

6. Juli 1921 — Vereinigte Staaten von Amerika (RGBl. S. 844 = Bl. 21 S. 151); vgl. Entsch. d. OLG. Frankfurt a. M. 22. Febr. 1923 (Bl. 23 S. 60);
23. September 1921 — Frankreich und Schweiz (RGBl. S. 1268 = Bl. 21 S. 182);
23. September 1921 — Ungarn; Königreich der Serben, Kroaten und Slovenen (RGBl. S. 1269 = Bl. 21 S. 184);
22. Januar 1922 — Ungarn (RGBl. S. 185 = Bl. 22 S. 21);
4. März 1922 — Norwegen (RGBl. S. 236 = Bl. 22 S. 39),
13. März 1922 — Österreich (RGBl. S. 270 = Bl. 22 S. 51);
10. April 1922 — Belgien (RGBl. S. 74 = Bl. 22 S. 58);
10. August 1922 — Kanada (RGBl. S. 734 = Bl. 22 S. 98);
5. September 1922 — Polen (RGBl. S. 757 = Bl. 22 S. 105);
19. September 1922 — Schweden (RGBl. S. 763 = Bl. 22 S. 125).

V. Anhang.

A.

Arrangement de Madrid

du 14. avril 1894

concernant

la répression des fausses indications de provenance sur les marchandises

revisé à Washington le 2 juin 1911.

Propr. ind. 1911 S. 100.

Article premier.

Tout produit portant une fausse indication de provenance, dans laquelle un des pays contractants ou un lieu situé dans l'un d'entre eux, serait directement ou indirectement indiqué comme pays ou comme lieu d'origine, sera saisi à l'importation dans chacun desdits pays.

La saisie sera également effectuée dans le pays où la fausse indication de provenance aura été apposée, ou dans celui où aura été introduit le produit muni de cette fausse indication.

Si la législation d'un pays n'admet pas la saisie à l'importation, cette saisie sera remplacée par la prohibition d'importation.

Si la législation d'un pays n'admet pas la saisie à l'intérieur, cette saisie sera remplacée par les

Madrider Abkommen,

betr. die Unterdrückung der falschen Herkunftsangaben auf Waren. Vom 14. April 1891, revidiert in Washington am 2. Juni 1911.

Art. 1.

Jedes Erzeugnis, das eine falsche Herkunftsangabe trägt, in welcher einer der Vertragsstaaten oder ein in einem derselben gelegener Ort direkt oder indirekt als Ursprungsland oder Ursprungsort angegeben wird, ist bei der Einfuhr in jeden der genannten Staaten zu beschlagnahmen.

Die Beschlagnahme kann auch in dem Staate erfolgen, in dem die falsche Herkunftsangabe angebracht, oder in demjenigen, in den das mit dieser falschen Angabe versehene Erzeugnis eingeführt worden ist.

Wenn die Gesetzgebung eines Staates die Beschlagnahme bei der Einfuhr nicht zuläßt, so ist diese Beschlagnahme durch die Verhinderung der Einfuhr zu ersetzen.

Wenn die Gesetzgebung eines Staates die Beschlagnahme im Innern des Landes nicht zuläßt,

actions et moyens que la loi de ce pays assure en parail cas aux nationaux.

so ist diese Beschlagnahme durch die Akte und Mittel zu ersetzen, die das Gesetz dieses Staates in solchem Falle den Staatsangehörigen gewährt.

Art. 2.

La saisie aura lieu à la reqnète soit du ministère public, soit de toute autorité compétente. par exemple l'Administration douanière, soit d'une partie intéressée, particulier ou société, conformément à la législation intérieure de chaque pays.

Les autoritées ne seront pas tenues d'effectuer la saisie en cas de transit.

Art. 2.

Die Beschlagnahme hat entsprechend der inneren Gesetzgebung jedes Staates auf Ansuchen entweder der Staatsanwaltschaft oder einer beteiligten Partei, Einzelperson oder Gesellschaft zu erfolgen.

Die Behörden sind nicht gehalten, die Beschlagnahme im Falle einer Durchfuhr zu bewirken.

Art. 3.

Les présentes dispositions ne font pas obstacle à ce que le vandeur indique son nom ou son adresse sur les produits provenant d'un pays différent de celui de la vente; mais dans ce cas, l'adresse ou le nom doit être accompagné de l'indication précise, et en caractères apparants, du pays ou du lieu de fabrication ou de production.

Art. 3.

Die vorliegenden Bestimmungen bilden kein Hindernis dafür, daß der Verkäufer auf den aus einem anderen als dem Verkaufslande stammenden Erzeugnissen seinen Namen oder seine Adresse angibt; in diesem Falle muß aber der Adresse oder dem Namen noch das Land oder der Ort der Herstellung oder Erzeugung genau und in deutlichen Buchstaben beigefügt sein.

Art. 4.

Les tribunaux de chaque pays auront à décider quelles sont les appellations qui, en raison de leur caractère générique, échappent aux dispositions du présent

Art. 4.

Die Gerichte eines jeden Landes haben zu entscheiden, welche Benennungen wegen ihres allgemeinen Charakters den Bestimmungen der vorliegenden Ver-

Arrangement, les appellations régionales de provenance des produits vinicoles n'étant cependant pas comprises dans la réserve spécifiée par cet article.

einbarung nicht unterliegen. Die Lagenbezeichnungen, betreffend die Herkunft von Erzeugnissen des Weinbaues, sind jedoch in dem durch diesen Artikel gegebenen Vorbehalte nicht einbegriffen.

Art. 5.

Les Etats de l'Union pour la protection de la propriété industrielle qui n'ont pas pris part au présent Arrangement seront admis à y adhérer sur leur demande, et dans la forme prescrite par l'article 16 de la Convention générale.

Art. 5.

Die der Union für den Schutz des gewerblichen Eigentums angehörigen Staaten, welche dem gegenwärtigen Abkommen nicht beigetreten sind, werden auf ihren Antrag, und zwar in der durch den Art. 16 der Übereinkunft zum Schutze des gewerblichen Eigentums vom 20. März 1883 festgesetzten Form, zum Beitritt zugelassen.

Art. 6.

Le présent Arangement sera ratifié, et les ratifications en seront deposées à Washington au plus tard le 1er avril 1913.

Il entrera en vigneur un mois à partir de l'expiration de ce délai, et aura la même force et durée que la Convention générale.

Art. 6.

Das gegenwärtige Abkommen soll ratifiziert und die Ratifikationsurkunden sollen in Washington spätestens am 1. April 1913 hinterlegt werden

Es tritt einen Monat nach Ablauf dieser Frist in Kraft und soll dieselbe Geltung und Dauer haben wie die Hauptübereinkunft.

Zur Zeit gehören diesem engeren Verbande an:

Lfd. Nr.	Staaten	Zeitpunkt des Beitritts
1	Brasilien	3. Oktober 1896
2	Cuba	1. Januar 1905
3	Frankreich und Algerien nebst Kolonien	15. Juli 1892
4	Freie Stadt Danzig	20. März 1923
5	Großbritannien nebst	15. Juli 1892
	Neuseeland	20. Juni 1913

Lfd. Nr.	Staaten	Zeitpunkt des Beitritts
6	Marokko (mit Ausnahme der spanischen Zone)	30. Juli 1917
7	Portugal nebst Azoren und Madeira......	31. Oktober 1893
8	Schweiz	15. Juli 1892
9	Spanien..............................	15. Juli 1892
10	Tschecho-Slowakei.....................	30. September 1921
11	Tunis	15. Juli 1892

Das Deutsche Reich ist diesem Abkommen noch nicht beigetreten.

B.

Gesetz

zum Schutze des Genfer Neutralitätszeichens. Vom 22. März 1902.

(RGBl. S. 125; Bl. 1902 S. 134; GR. 1902 S. 217.)

§ 1. Das in der Genfer Konvention zum Neutralitätszeichen erklärte Rote Kreuz auf weißem Grunde sowie die Worte „Rotes Kreuz" dürfen, unbeschadet der Verwendung für Zwecke des militärischen Sanitätsdienstes, zu geschäftlichen Zwecken sowie zur Bezeichnung von Vereinen oder Gesellschaften oder zur Kennzeichnung ihrer Tätigkeit nur auf Grund einer Erlaubnis gebraucht werden.

Die Erlaubnis wird von den Landes-Zentralbehörden nach den vom Bundesrate festzustellenden Grundsätzen für das Gebiet des Reichs erteilt. Die Erlaubnis darf Vereinen, oder Gesellschaften, welche sich im Deutschen Reiche der Krankenpflege widmen und für den Kriegsfall zur Unterstützung des militärischen Sanitätsdienstes zugelassen sind, nicht versagt werden.

Die von dem Bundesrate festgestellten Grundsätze sind dem Reichstag alsbald zur Kenntnis mitzuteilen.

Anm. 1: Zweck des Gesetzes. Die zu dem Zwecke, die vom Kriege unzertrennlichen Leiden zu mildern, am 22. Aug. 1864 zu Genf abgeschlossene und am 6. Juli 1906 revidierte intern. Übereinkunft — Genfer Konvention — hatte die verwundeten und erkrankten Soldaten sowie die zu ihrer Pflege bestimmten Sanitätspersonen und Anstalten unter den Schutz eines internationalen Neutralitätszeichens gestellt. Vgl. Boethke: Begriff und Wesen des Roten Kreuzes JW. 1916. S. 703 und „Das Rote Kreuz" Leipzig, Reklam, 1916. Das Reich hat das revidierte Abkommen im Jahre 1907 ratifiziert (Bekanntm. v. 29. V. 1907, RGBl. S. 303); Preußen hatte sich bereits 1865 dem Abkommen angeschlossen. Das Abzeichen besteht aus einem Roten Kreuz auf weißem Grunde. „Dieses Bild und die darauf hindeutenden Worte „Rotes Kreuz" haben im Lauf der Zeit mehr und mehr eine Verwendung gefunden, bei welcher die ursprüngliche Bedeutung als eines völkerrechtlich geschützten Neutralitätszeichens außer acht gelassen wird. Gewerbetreibende benutzen das Rote Kreuz mit Vorliebe zur Kennzeichnung von Geschäftsbetrieben und Waren, welche Zwecken der allgemeinen Krankenpflege sowie Zwecken anderer Art dienen, und Vereine und Gesellschaften legen sich das Rote Kreuz beliebig als Abzeichen bei." (Begr. zu obigem Gesetz.) Einem solchen, der Ordnung des Kriegssanitätsdienstes abträglichen Gebrauche des Abzeichens tritt das Gesetz v. 22. März 1902 entgegen.

Vgl. revidierte Übereinkunft:

Art. 23. „Das Wahrzeichen des Roten Kreuzes auf weißem Grunde und die Worte „Rotes Kreuz" oder „Genfer Kreuz" sollen sowohl in Friedens- als auch in Kriegszeiten nur zum Schutze und zur Bezeichnung von Sanitätsformationen und -anstalten, Personal- und Ausrüstung, die durch dieses Abkommen geschützt sind, gebraucht werden."

Art. 27. „Die an der Unterzeichnung teilnehmenden Regierungen, deren Gesetzgebung zur Zeit nicht ausreichend sein sollte, verpflichten sich die erforderlichen Maßnahmen zu treffen oder ihren gesetzgebenden Körperschaften vorzuschlagen, um jederzeit den Gebrauch des Wahrzeichens oder der Worte „Rotes Kreuz" oder „Genfer Kreuz" durch Privatpersonen oder von seiten anderer als der nach diesem Abkommen berechtigten Gesellschaften, namentlich zu Handelszwecken in Fabrik- oder Handelszeichen, zu verhindern."

Bestimmungen zum Schutze des Genfer Neutralitätszeichens sind ferner durch Gesetz oder im Verwaltungswege ergangen in

Österreich: Ges v. 15. Nov. 1867, wodurch die Gesellschaft vom Roten Kreuz als ein zu Recht bestehender Verein anerkannt wird. Verwaltungsmaßnahmen zum Schutze ihres Namens und Abzeichens.

Ungarn: Ministerial-VO. v. 1. Juli 1889, Ministerial-Zirkular v. 6. Juni 1898.

Belgien: Ges. v. 30. März 1891, betr. die Verleihung der juristisch Persönlichkeit an die belgische Gesellschaft vom Roten Kreuz.

Dänemark: Ges. v. 7. April 1894, betr. Strafen für den Gebrauch von unrichtigen Warenbezeichnungen.

Rumänien: Ges. v. 3./15. März 1895 über die Beschränkung des Anwendungsrechts der Abzeichen des Roten Kreuzes.

Serbien: Ges. v. 12. Januar 1896 betr. die Rechte und Privilegien des serbischen Roten Kreuzes.

Portugal: Ges. v. 21. Mai 1896 über den Gebrauch des Zeichens vom Roten Kreuz.

Rußland: Art. 7 des Reglements der Russischen Gesellschaft vom Roten Kreuz.

Spanien: Ministerial-Erlaß v. 7. November 1899. (Bl. 02 S. 138.)

Argentinien: Ges. Nr. 2976 betr. Verbot der unerlaubten Verwendung der Abzeichen des Roten Kreuzes v. 12. September 1893 (Bl. 13 S. 288).

Vereinigte Staaten von Nordamerika: Ges. v. 5. Januar 1905 und Novelle vom 23. Juni 1910 (Propr. ind. 1905 p. 178 u. 1910 p. 138; Bl. 06 S. 64 u. 11 S. 240).

Schweiz: Bundesgesetz betr. den Schutz des Zeichens und des Namens des Roten Kreuzes v. 14. April 1910 (Bl. 11 S. 34).

Schweden: Ges. betr. den Schutz des Zeichens und des Namens des Roten Kreuzes v. 2. Juni 1911 (Bl. 14 S. 286).

Italien: Ges. betr. den Schutz des Zeichens und Namens des Roten Kreuzes v. 17. Juni 1912 (Bl. 14 S. 242).

Neuseeland: Markenbestimmungen von 1912 Ziff. 9 c (Patent and Trade Mark Review XI p. 76 = Bl. 14 S. 327).

Frankreich: Verbot des Gebrauchs des Zeichens des Roten Kreuzes. Ges. v. 24. Juli 1913 und Verordnung v. 29. Oktober 1913 (Buletin officiel de la Propriété Industrielle et Commerciale 1913 p. 56; Bl. 14 S. 146).

Tschecho-Slowakei: Ges. betr. den Schutz der Darstellung und der Bezeichnung „Rotes Kreuz" v. 19. Dez. 1921 (Prop. ind. 1922 p. 71; Bl. 22 S. 135).

2. Die allgemein übliche Form des Abzeichens besteht aus fünf gleichen, roten und in Kreuzform zusammengefügten regelmäßigen Vierecken auf weißem Grunde. (Vgl. § 3.)

Art. 18 rev. Übereink.: „Zu Ehren der Schweiz wird das heraldische Abzeichen des Roten Kreuzes auf weißem Grunde, das durch die Umkehrung der eidgenössischen Landesfarben gebildet ist, als Wahrzeichen und Abzeichen des Sanitätsdienstes der Heere beibehalten."

Wappen der Schweiz: ein schwebendes silbernes Kreuz im roten Felde; Landesfarben: Rot und Weiß.

3. Umfang der Beschränkung des Gebrauchs. Dem Zwecke des Gesetzes entsprechend scheidet die Verwendung des Roten Kreuzes für Zwecke des militärischen Sanitätsdienstes von der gesetzlichen Regelung aus. Getroffen wird dagegen jeder Gebrauch

a) zu geschäftlichen Zwecken; zu anderen (z. B. wissenschaftlichen, belehrenden, künstlerischen) Zwecken ist der Gebrauch, weil dem Ziele des Gesetzes nicht zuwiderlaufend, erlaubt;

b) zur Bezeichnung von Vereinen oder Gesellschaften oder zur Kennzeichnung ihrer Tätigkeit — und zwar schlechthin, auch wenn ein geschäftlicher Zweck damit nicht verfolgt wird. An sich fallen also auch die „Vereine vom Roten Kreuz" unter die Beschränkung (s. Anm. 4).

4. Die Erteilung der Erlaubnis begründet keine Verpflichtung zur Führung des Roten Kreuzes. Besondere Vereinsabzeichen können auch neben dem Roten Kreuz benutzt werden. Der zweite Satz des Abs. 2 ist vom Reichstag eingeschaltet worden und trifft in erster Linie die „Vereine vom Roten Kreuz", die an sich dem Erlaubniszwange unterliegen, denen aber beim Vorliegen der gesetzlichen Voraussetzungen die Erlaubnis nicht versagt werden darf. Vgl. Bekanntmachung, betr. die Grundsätze für die Erteilung der Erlaubnis zum Gebrauche des Roten Kreuzes v. 7. Mai 1903 (RGBl. S. 215 = Bl. 03 S. 23), deren Nr. 1 lautet: „Die Erlaubnis ist denjenigen Vereinen oder Gesellschaften, einschließlich der Ritterorden, sowie der geistlichen Orden und Kongregationen zu erteilen, welche sich im Deutschen Reiche der Krankenpflege widmen und durch eine Bescheinigung des zuständigen Kriegsministeriums nachweisen, daß sie für den Kriegsfall zur Unterstützung des militärischen Sanitätsdienstes zugelassen sind."

§ 2. Wer den Vorschriften dieses Gesetzes zuwider das Rote Kreuz gebraucht, wird mit Geldstrafe bis zu 150 M. oder mit Haft bestraft.

Anm.: Vgl. Geldstrafengesetz v. 27. April 1923 (RGBl. I S. 254 = Bl. 23 S. 57); Gesetz über Vermögensstrafen und Bußen v. 13. Okt. 1923 (RGBl. I S. 943 = Bl. 23 S. 142); VO. über Vermögensstrafen und Bußen v. 6. Februar 1924 (RGBl. I 1924 S. 44 = Bl. 24 S. 41).

§ 3. Die Anwendung der Vorschriften dieses Gesetzes wird durch Abweichungen nicht ausgeschlossen, mit denen das im § 1 erwähnte Zeichen wiedergegeben wird, sofern ungeachtet dieser Abweichungen die Gefahr einer Verwechslung vorliegt.

Anm. 1. Nötig, um eine Umgehung des Gesetzes zu verhüten. Die Abweichungen können die Farben oder die Form des Kreuzes betreffen; sie schalten die Anwendung des Gesetzes nicht aus, wenn sie den Gesamteindruck nicht wesentlich beeinflussen.

Der § 3 ist dem § 20 WbzG. nachgebildet; es fehlen hinter „Verwechslung" die Worte: im Verkehr. Die Weglassung ist wohlbedacht erfolgt: ist doch der Gebrauch des Roten Kreuzes zu Vereinszwecken schlechthin verboten, auch wenn das Vereinszeichen nicht zu geschäftlichen Zwecken ausgenutzt, nicht in Verkehr gebracht wird.

2. Anwendungsfälle:

a) verwechselbar: dunkelrotes Kreuz auf mattrosa Grund; rotes Kreuz auf Goldgrund; Kreuz, dessen Balken nicht genaue Quadrate sind (BA. 1. III. 04: Bl. 04 S. 227; Abt. f. Wz. 21. III. 04: Bl. 04 S. 348); nicht eintragungsfähig ferner: Wortzeichen „Rote Kreuzband-Marke" (BA. 22. III. 12: MW. XI. S. 551);

b) nicht verwechselbar: rotes Kreuz, in dessen Fläche ein weißes Johanniterkreuz ausgespart ist (BA. 4. VII. 04: Bl. 05 S. 30).

§ 4. Dieses Gesetz tritt am 1. Juli 1903 in Kraft.

§ 5. Die Vorschriften dieses Gesetzes finden keine Anwendung auf den Vertrieb der bei der Verkündung des Gesetzes mit dem Roten Kreuze bezeichneten Waren, sofern die Waren oder deren Verpackung oder Umhüllung nach näherer Bestimmung des Reichskanzlers mit einem amtlichen Stempelabdrucke versehen werden.

Anm.: Die Abstempelung soll den Vertrieb von Waren verhindern, die erst später, d. h. nach Verkündung des Gesetzes mit dem Roten Kreuz versehen werden sollten. Vgl. Bekanntmachung betr. die Stempelung der bei der Verkündung des Gesetzes zum Schutze des Genfer Neutralitätszeichens vom 22. März 1902 mit dem Roten Kreuz bezeichneten Waren. V. 8. Mai 1903 (RGBl. S. 216 = Bl. 03 S. 234—235).

§ 6. Bis zum 1. Juli 1906 darf das Rote Kreuz fortgeführt werden:

1. in Warenzeichen, die auf Grund einer vor dem 1. Juli 1901 erfolgten Anmeldung in die Zeichenrolle eingetragen worden sind;

2. in Firmen, die auf Grund einer vor dem 1. Juli 1901 erfolgten Anmeldung in das Handels- oder Genossenschaftsregister eingetragen worden sind;
3. im Namen rechtsfähiger Vereine, sofern die Vereine nach ihren Satzungen bereits vor dem 1. Juli 1901 das Rote Kreuz in ihren Namen geführt haben.

Änderungen, die sich infolge dieses Gesetzes an den unter Nr. 2, 3 bezeichneten Firmen- und Vereinsnamen erforderlich machen, werden gebührenfrei in das Handelsregister und das Vereinsregister eingetragen, sofern sie vor dem 1. Juli 1906 zur Eintragung angemeldet werden.

Anm. Übergangsbestimmungen (heute kaum noch praktisch!) Dem Ziele des Gesetzes, den Gebrauch des Neutralitätszeichens ausschließlich auf die in der Genfer Konvention festgelegten Zwecke zu beschränken, mußten die durch Eintragung in die Zeichenrolle, das Handels-Genossenschafts- und Vereinsregister erworbenen Sonderrechte auf Führung des Roten Kreuzes — unter Gewährung einer Übergangsfrist — weichen. Dabei ist auf den 1. Juli 1901 zurückgegriffen worden, um zu verhindern, daß die Kenntnis von dem bevorstehenden Erlasse des Gesetzes zur Begründung neuer Berechtigungen ausgenutzt wird.

Keine Gebührenfreiheit für die Anmeldung geänderter Warenzeichen, weil hier eine Änderung des Rolleneintrags nicht nötig, die Weiterbenutzung der alten Zeichen vielmehr zulässig ist, wofern — was zeichenrechtlich erlaubt — für das Bild des Kreuzes eine die Gefahr der Verwechslung mit dem Neutralitätszeichen ausschließende Darstellung gewählt wird (Rhenius S. 118), z. B. Kreuz nicht in roter Farbe oder nicht in Form von fünf gleichmäßigen Rechtecken, auch nicht in einer hiermit verwechslungsfähigen Form oder Farbe.

Deshalb ist auch die Erneuerung älterer, das Rote Kreuz enthaltender Warenzeichen zulässig (Begr. u. Kommiss.-Bericht zum Ges.: Bl. 02 S. 135, 141). Ebenso findet von Amts wegen (§ 8 WbzG.) keine Löschung der das Neutralitätszeichen enthaltenden Zeichen statt.

§ 7. Warenzeichen, welche das Rote Kreuz enthalten, sind von der Verkündung des Gesetzes ab von der Eintragung in die Zeichenrolle ausgeschlossen, sofern nicht die Anmeldung vor dem 1. Juli 1901 erfolgt ist.

Anm.: Ergänzung des § 4 WbzG. Die Eintragung eines das Rote Kreuz oder ein damit verwechslungsfähiges Bild enthaltenden Zeichens ist schlechthin verboten, auch wenn dem Anmelder die Erlaubnis zur Führung des Kreuzes gemäß § 1 erteilt ist.

C.

Japan.

Mitteilung, betr. die Erhaltung und Erwerbung von Rechten an Patenten, Gebrauchsmustern, Geschmacksmustern und Warenzeichen in Japan, im Anschluß an die durch die Erdbebenkatastrophe erfolgte Vernichtung der Akten des Patentamts in Tokio.

(Bl. 23 S. 151.)

Infolge der Erdbebenkatastrophe in Tokio sind die im Patentamt befindlich gewesenen Rollen (Patentrollen usw.) und Antragschriften nahezu restlos verbrannt. Zur Wiederherstellung der vernichteten Dokumente und als einschlägige Wiedergutmachungs-Maßregeln sind verschiedene Verordnungen erlassen worden. Die wichtigsten Punkte lassen sich folgendermaßen zusammenfassen:

1. Diejenigen, auf Grund der vor dem 1. September 1923 getroffenen Verfügungen der Verwaltungsbehörden in dem von der Erdbebenkatastrophe heimgesuchten Gebiete erworbenen Rechte oder Interessen, die zwischen dem 1. September 1923 und dem 31. März 1924 ablaufen sollten, werden angesehen als am 31. März 1924 abgelaufen, es sei denn, daß über den Ablauf ihrer Dauer eine besondere Anordnung getroffen worden ist. Die erwähnte Dauer kann durch Verwaltungsmaßregel verkürzt werden.

2. In dem Falle, wo man wegen der Erdbebenkatastrophe Anträge oder dergleichen Verfahren bezüglich Patentrecht, Gebrauchsmusterrecht, Geschmacksmusterrecht oder Warenzeichenrecht, welche zwischen dem 1. September und dem 30. Dezember 1923 an den Minister für Landwirtschaft und Handel oder an das Patentamt zu richten gewesen wären, versäumen mußte, kann man durch die zuständige Behörde von den Folgen der Versäumung befreit werden, wenn das in Frage kommende Verfahren bis zum 31. Dezember 1923 stattfindet.

3. Für Geltendmachung der Vorrechte auf Grund eines völkerrechtlichen Vertrages gilt der 30. März 1924 statt des 30. Dezember 1923, und der 31. März 1924 statt des 31. Dezember 1923.

4. . . . .

5. Wer am 1. September 1923 Schutzeintragungen, betr. Patente, Gebrauchsmuster, Geschmacksmuster oder Warenzeichen je in der entsprechenden Rolle genossen hatte, hat die Wiedereinsetzung der Eintragungen bis zum 31. Oktober 1924 zu beantragen. Durch diesen

Antrag wird das Recht auf die entsprechende Reihenfolge in der vorigen Rolle erhalten.

6. Im übrigen müssen alle Verfahren, welche von im Auslande befindlichen Antragstellern an das Patentamt gerichtet werden, gemäß den Vorschriften des Patentgesetzes durch Vertreter, welche in Japan Wohnsitz haben, stattfinden.

D.

Mitteilung,

betr. die Legalisierung von Urkunden, die vom R P A. ausgestellt sind und in den Vereinigten Staaten von Amerika im Bereiche der Abteilung des Innern, namentlich dem Patentamt in Washington überreicht werden sollen.

(Aus Bl. 23 S. 146.)

Die Legalisierung ist vereinfacht worden. Die Konsularbehörden der Vereinigten Staaten in Deutschland sind bereit und ermächtigt, Unterschrift und Siegel des RPA. unmittelbar, ohne vorgängige Zwischenbeglaubigung durch das Auswärtige Amt, zu beglaubigen. Der Umweg über das Auswärtige Amt fällt daher für die Beteiligten weg, sie können die patentamtlichen Urkunden unmittelbar bei dem zuständigen amerikanischen Konsulat zur Beglaubigung vorlegen.

E.

Verträge,

vereinbart auf dem IV. Panamerikanischen Kongreß zu Buenos Aires zwischen den Vereinigten Staaten von Amerika, der Argentinischen Republik, Brasilien, Chile, Columbien, Costa-Rica, Cuba, der Dominikanischen Republik, Ecuador, Guatemala, Haiti, Honduras, Mexiko, Nicaragua, Panama, Paraguay, Peru, Salvador, Uruguay und Venezuela.

(Bl. 12 S. 299.)

II. Vertrag vom 20. August 1910, betreffend die Fabrik- und Handelsmarken.

Art. 1. Die unterzeichneten Staaten nehmen diesen Vertrag an zum Schutze der Fabrik- und Handelsmarken und der Handelsnamen.

Art. 2. Jede in einem der Vertragsstaaten gehörig eingetragene Marke ist als auch in den übrigen Staaten der Union eingetragen anzusehen, unbeschadet der Rechte dritter Personen und der Vorschriften der Markengesetze jedes Staates.

Jeder Fabrikant oder Kaufmann, der die vorstehend festgesetzte Vergünstigung genießen will, muß außer den im Ursprungslande gesetzlich festgelegten Gebühren und Kosten die Summe von 50 Gold-Dollars zahlen, welche zur Deckung aller Kosten der beiden Bureaus für die internationale Eintragung in allen Vertragsstaaten dienen sollen.

Art. 3. Die Hinterlegung einer Handelsmarke in einem der Vertragsstaaten gewährt dem Hinterleger ein Prioritätsrecht für die Dauer von 6 Monaten, um den Hinterleger in den Stand zu setzen, die Marke auch in den anderen Staaten zu hinterlegen.

Daher kann die demnächst und vor Ablauf dieser Frist bewirkte Hinterlegung nicht durch inzwischen vorgenommene Hinterlegungen, wie namentlich durch eine andere Hinterlegung, durch Veröffentlichung oder durch den Gebrauch der Marke, unwirksam gemacht werden.

Art. 4. Als Handelsmarke ist anzusehen: jedes Zeichen, Sinnbild oder besondere Bezeichnung, die der Fabrikant oder Kaufmann annimmt oder auf seinen Waren und Erzeugnissen anbringt, um sie von denen anderer Fabrikanten oder Kaufleute, die Waren derselben Art herstellen oder vertreiben, zu unterscheiden.

Art. 5. Nicht als Handelsmarken angenommen oder verwendet werden können: nationale, provinziale oder städtische Flaggen oder Wappen; unmoralische oder anstößige Darstellungen; solche unterscheidungskräftigen Marken, welche bereits von anderen Personen erlangt worden sind, oder welche infolge ihrer Ähnlichkeit mit anderen Marken zu Verwechslungen Anlaß geben können; die allgemein üblichen Benennungen von Waren, um deren Arten und Klassen zu unterscheiden; Bilder oder Namen von Personen ohne deren Genehmigung; Zeichen, welche als ein Sinnbild von einer brüderlichen oder Humanitäts-Gesellschaft angenommen worden sind.

Die vorstehenden Bestimmungen sind unbeschadet der besonderen Vorschriften eines jeden Staates auszulegen.

Anm. Zu Abs. 1. Genfer Neutralitätszeichen: rotes Kreuz auf weißem Grunde.

Art. 6. Alle Streitigkeiten, welche hinsichtlich der Priorität der Hinterlegung oder der Annahme einer Handelsmarke entstehen, sind nach dem Datum der Hinterlegung in dem Ursprungsstaate zu beurteilen.

Art. 7. Das Eigentum an einer Handelsmarke umfaßt die Befugnis, sie zu benutzen und das Recht, das Eigentum oder das Benutzungsrecht unter Beachtung der gesetzlichen Vorschriften der betreffenden Staaten ganz oder zum Teil zu übertragen.

Art. 8. Die Fälschung, Nachahmung oder der unberechtigte Gebrauch einer Fabrik- oder Handelsmarke, auch die falsche Angabe über den Ursprung eines Produkts, sind von der verletzten Person auf Grund der Vorschriften desjenigen Staates zu verfolgen, auf dessen Gebiet das Vergehen begangen ist.

Im Sinne dieses Artikels ist unter „verletzter Person“ jeder Produzent, Fabrikant oder Kaufmann, der sich mit der Produktion, Fabrikation oder dem Handel des genannten Produkts befaßt, im Falle einer falschen Ursprungsangabe jeder, der in der fälschlich als Ursprungsort bezeichneten Ortschaft oder auf dem Gebiete, in dem die genannte Ortschaft liegt, Geschäfte treibt, zu verstehen.

Art. 9. Jede in einem der Vertragsstaaten ansässige Person soll das Recht haben, bei der zuständigen gerichtlichen Behörde eines jeden Staates die Beseitigung der Eintragung einer Handelsmarke zu beantragen und zu erlangen, wenn sie die Eintragung der gleichen oder einer verwechslungsfähigen Marke in dem betreffenden Staate beantragt und den Nachweis erbringt,

a) daß die Marke, deren Eintragung sie nachsucht, in dem betreffenden Lande bereits vor der Benutzung oder dem Gebrauch der eingetragenen Marke durch diejenige Person, auf deren Antrag die Eintragung erfolgt ist, oder durch diejenigen Personen, von welchen sie ihr Recht herleitet, benutzt oder gebraucht worden ist;

b) daß der Inhaber der zu löschenden Marke Kenntnis davon gehabt hat, daß vor dem Gebrauch der Marke durch ihn oder seine Rechtsvorgänger der Antragsteller in einem der Vertragsstaaten die Marke zu Eigentum besessen, gebraucht oder benutzt hat;

c) daß der Inhaber der Marke zur Zeit ihrer Hinterlegung kein Recht auf das Eigentum, den Gebrauch oder die Benutzung der eingetragenen Marke gehabt hat;

d) daß die eingetragene Marke von dem ursprünglichen Inhaber oder seinen Rechtsnachfolgern nicht innerhalb der durch die Gesetze des Staates, in dem die Eintragung erfolgt ist, vorgeschriebenen Frist benutzt oder gebraucht gorden ist.

Art. 10. Handelsnamen sollen in allen Unionsstaaten ohne Hinterlegung oder Eintragung Schutz genießen, gleichgültig, ob sie einen Bestandteil einer Handelsmarke bilden, oder nicht.

Art. 11. Zum Zwecke der Durchführung der Bestimmungen dieses Vertrags wird hiermit eine Union von Amerikanischen Staaten gebildet, welche ihre Tätigkeit durch zwei internationale Ämter ausübt, von denen das eine in der Stadt Habana (Cuba), das andere in Rio de Janeiro (Brasilien) errichtet wird; beide Ämter haben ihre Tätigkeit in vollständiger Übereinstimmung auszuüben.

Art. 12. Die internationalen Ämter sollen folgende Obliegenheiten haben:

1. ein Register der von den einzelnen Vertragsstaaten erteilten Bescheinigungen über die Eintragung von Fabrik- und Handelsmarken zu führen;
2. die auf den Schutz des geistigen und gewerblichen Eigentums bezüglichen Berichte und Nachrichten zu sammeln, zu veröffentlichen und unter den Vertragsstaaten in Umlauf zu setzen, den letzteren auch jede gewünschte besondere Auskunft über diesen Gegenstand zu erteilen;
3. das Studium und Bekanntwerden von Fragen zu fördern, die sich auf den Schutz des geistigen und gewerblichen Eigentums beziehen, und zu diesem Zwecke ein oder mehrere amtliche Blätter herauszugeben, worin die ihnen von den Behörden der Vertragsstaaten übersandten Urkunden vollinhaltlich oder im Auszug veröffentlicht werden.

   Die Regierungen der Vertragsstaaten haben den Internationalen Amerikanischen Ämtern ihre amtlichen Veröffentlichungen zu übersenden, welche sich auf die Eintragungen von Handelsmarken und Handelsnamen, sowie die Erteilung von Patenten und Privilegien, auch auf die von den verschiedenen Gerichten über die Unwirksamkeit von Handelsmarken und Patenten erlassenen Entscheidungen beziehen;
4. den Regierungen der Unionsstaaten von allen Schwierigkeiten oder Hemmnissen Mitteilung zu machen, welche die wirksame Anwendung dieses Vertrags verhindern oder verzögern;
5. die Regierungen der Vertragsstaaten bei den Vorbereitungen für das Stattfinden von Internationalen Beratungen zum Studium der das gewerbliche Eigentum betreffenden Gesetzgebung zu unterstützen, auch solche Abänderungen vorzubereiten,

deren Aufnahme in die Unionsvorschriften oder in die in Kraft befindlichen Verträge zum Schutze des gewerblichen Eigentums angezeigt erscheint. Finden solche Beratungen statt, so haben die Leiter der Ämter das Recht, an den Sitzungen teilzunehmen und dort ihre Ansichten vorzutragen; an der Abstimmung nehmen sie aber nicht teil;

6. den Regierungen von Cuba und den Vereinigten Staaten von Brasilien jährliche Berichte über ihre Arbeiten zu überreichen, die allen Regierungen der übrigen Unionsstaaten mitzuteilen sind;

7. Verbindungen mit ähnlichen Ämtern sowie wissenschaftlichen und gewerblchen Vereinngungen und Instituten anzubahnen und zu befestigen zum Zwecke des Austausches von Veröffentlichungen, Nachrichten und Anreguggen, welche der weiteren Ausdehnung des Schutzes des gewerblichen Eigentums förderlich sein können;

8. diejenigen Fälle zu untersuchen, in denen Handelsmarken, Mustern und industriellen Modellen die in diesem Vertrage vorgesehene Anerkennung der Eintragung von den Behörden eines Unionsstaates versagt worden ist, und die Tatsachen und Gründe der Regierung des Ursprungslandes und den beteiligten Personen mitzuteilen;

9. als Vertreter für jede der Regierungen der Vertragsstaaten vor den bezüglichen Behörden behufs der zweckmäßigeren Ausführung einer Handlung mitzuwirken, die dazu beiträgt, die Ziele dieses Vertrags zu verbessern und zu erhöhen.

Art. 13. Dem in der Stadt Habana (Cuba) errichteten Amt wird die Eintragung derjenigen Handelsmarken übertragen, die aus den Vereinigten Staaten von Amerika, Mexiko, Cubo, Haiti, der Dominikanischen Republik, Salvador, Honduras, Nicaragua, Costa-Rica, Guatemala und Panama herrühren.

Dem in Rio de Janeiro errichteten Amt liegt die Eintragung der aus Brasilien, Uruguay, der Argentinischen Republik, Paraguay Bolivia, Chile, Peru, Ecuador, Venezuela und Columbien stammenden Handelsmarken ob.

Art. 14. Die beiden internationalen Ämter sind als ein Amt anzusehen, und zu dem Zwecke der Einheitlichkeit der Eintragungen wird bestimmt:

a) beide führen die gleichen Bücher und legen nach denselben Grundsätzen Rechenschaft ab;
b) jede Woche tauschen sie Abschriften aller Anmeldungen, Eintragungen, Mitteilungen und sonstigen Urkunden aus, welche die Anerkennung der Rechte von Eigentümern von Handelsmarken berühren.

Art. 15. Die internationalen Ämter werden nach den gleichen Grundsätzen geleitet, welche von den Regierungen der Republik Cuba und der Vereinigten Staaten von Brasilien aufzustellen und von allen übrigen Vertragsstaaten zu genehmigen sind.

Die Kosten ihrer Unterhaltung werden nach der Anerkennung durch die genannten Regierungen von allen Vertragsstaaten in demselben Verhältnis bestritten, wie es für das internationale Amt der Amerikanischen Republiken in Washington festgesetzt ist; in dieser Beziehung werden die Ämter der Aufsicht derjenigen Regierungen unterstellt, auf deren Gebiet sie ihren Sitz haben.

Die internationalen Ämter können solche, mit dem Inhalte dieses Vertrags nicht in Widerspruch stehende, Ausführungs- und Verfahrensvorschriften erlassen, die sie für geeignet und nötig erachten, um den Bestimmungen dieses Vertrags Wirksamkeit zu verleihen.

Art. 16. Die Regierungen der Republik Cuba und der Vereinigten Staaten von Brasilien sollen mit der Einrichtung der in diesem Vertrage vorgesehenen Ämter der Internationalen Union beginnen, sobald dieser Vertrag wenigstens von zwei Dritteln der zu jeder Gruppe gehörenden Staaten ratifiziert worden ist.

Die gleichzeitige Einrichtung der beiden Ämter soll nicht nötig sein; es kann eines von ihnen errichtet werden, wenn die vorstehend festgesetzte Anzahl von Regierungen dem Vertrage beigetreten ist.

Art. 17. Die von den Vertragsstaaten untereinander früher abgeschlossenen Verträge über Handelsmarken werden vom Tage seiner Ratifikation ab durch den gegenwärtigen Vertrag ersetzt, soweit die Beziehungen zwischen den Vertragsstaaten in Betracht kommen.

Art. 18. Die Ratifikationen oder der Beitritt der amerikanischen Staaten zu diesem Vertrage ist der Regierung der Argentinischen Republik mitzuteilen, die sie ihrerseits den anderen Unionsstaaten mitteilt. Diese Mitteilungen sollen an die Stelle eines Austausches von Ratifikationen treten.

Art. 19. Wünscht einer der Vertragsstaaten von diesem Vertrage zurückzutreten, so hat er seine Absicht der Argentinischen Republik mitzuteilen, welche diese Tatsache wiederum den übrigen Unionsstaaten mitteilt. Die Wirkungen dieses Vertrags erlöschen alsdann für den betreffenden Staat mit dem Ablaufe eines Jahres nach Empfang der erwähnten Mitteilung.

Zu Urkund dessen haben die Bevollmächtigten und Abgeordneten diesen Vertrog unterzeichnet und ihm das Siegel der IV. Internationalen Amerikanischen Konferenz beigefügt.

Geschlossen und unterzeichnet in Buenos Aires am 20. August 1910 in spanischer, englischer, portugiesischer und französischer Sprache und niedergelegt im Ministerium des Äußern der Argentinischen Republik, welches beglaubigte Abschriften zum Zwecke der Übermittlung auf diplomatischem Wege an jeden Vertragsstaat anfertigen lassen wird.

Anm. Auf dem panamerikanischen Kongreß zu Santiago 1923 (über dens. vgl. v. Rauchhaupt: JW. 1924 S. 638) ist der Vertrag in mehrfacher Hinsicht abgeändert worden. Von den Änderungen [1]) interessiert für Reichsangehörige die Bestimmung, daß nur noch „les personnes domiciliées dans l'un des Etats contractants" Rechte aus dem Vertrage geltend machen können (Propr. ind. 1923 S. 175).

F.

1. Bekanntmachung

über die Fassung des Patentgesetzes, des Gesetzes, betreffend den Schutz von Gebrauchsmustern und des Gesetzes zum Schutze der Warenbezeichnungen. Vom 7. Dezember 1923.

(RGBl. II 1923 S. 437, Bl. 23 S. 166; GR. 1924 Heft 2, Beilage; MW. XXIII S. 61.)

Auf Grund des Artikel VIII des Gesetzes über die patentamtlichen Gebühren vom 9. Juli 1923 (Reichsgesetzbl. II S. 297) und des Artikel VI der Verordnung über die patentamtlichen Gebühren vom 29. Oktober 1923 (Reichsgesetzbl. II S. 399) wird der Wortlaut der drei in der Überschrift genannten Gesetze nachstehend bekanntgemacht.

Berlin, den 7. Dezember 1923.

Der Reichsminister der Justiz.
In Vertretung.
gez. Dr. Joël.

Gesetz

zum Schutze der Warenbezeichnnngen.

§ 1. Wer in seinem Geschäftsbetriebe zur Unterscheidung seiner

[1]) Inzwischen veröffentlicht im Bl. 24 S. 104.

Waren von den Waren anderer eines Warenzeichens sich bedienen will, kann dieses Zeichen zur Eintragung in die Zeichenrolle anmelden.

§ 2. Die Zeichenrolle wird bei dem Patentamt geführt. Die Anmeldung eines Warenzeichens hat schriftlich bei dem Patentamt zu erfolgen. Jeder Anmeldung muß die Bezeichnung des Geschäftsbetriebs, in welchem das Zeichen verwendet werden soll, ein Verzeichnis der Waren, für welche es bestimmt ist, sowie eine deutliche Darstellung und, soweit erforderlich, eine Beschreibung des Zeichens beigefügt sein.

Das Patentamt erläßt Bestimmungen über die sonstigen Erfordernisse der Anmeldung.

Bei der Anmeldung jedes Zeichens ist eine Anmeldegebühr und für jede Klasse oder Unterklasse der in der Anlage beigefügten Warenklasseneinteilung, für die der Schutz begehrt wird[1]), eine Klassengebühr nach Maßgabe des Tarifs zu entrichten. Werden in einer Anmeldung mehr als zwanzig Klassen oder Unterklassen in Anspruch genommen, so ist für die über zwanzig hinausgehende Zahl von Klassen oder Unterklassen eine Gebühr nicht zu zahlen.

Führt die Anmeldung aus einem Grunde nicht zur Eintragung der für alle angemeldeten Waren ohne Unterschied der in Anspruch genommenen Klassen oder Unterklassen zutrifft, so wird die für mehr als eine Klasse oder Unterklasse gezahlte Gebühr erstattet. Diese Vorschrift findet keine Anwendung, wenn die Eintragung wegen Übereinstimmung des angemeldeten Zeichens mit einem für dieselben oder gleichartige Waren früher angemeldeten Zeichen versagt wird.

Bei jeder Erneuerung der Anmeldung ist eine Erneuerungsgebühr und für jede Klasse oder Unterklasse, für welche die Erneuerung begehrt wird, eine Klassengebühr nach Maßgabe des Tarifs zu entrichten. Satz 2 des Abs. 3 gilt entsprechend.

Die amtliche Festsetzung der Anzahl der durch eine Anmeldung betroffenen Klassen und Unterklassen ist unanfechtbar.

Die Reichsregierung kann mit Zustimmung des Reichsrats die Warenklasseneinteilung ändern.

§ 3. Die Zeichenrolle soll enthalten:

1. den Zeitpunkt des Eingangs der Anmeldung;
2. die nach § 2 Abs. 1 der Anmeldung beizufügenden Angaben;
3. Namen und Wohnort des Zeicheninhabers und seines etwaigen

---

[1]) oben S. 65.

Vertreters sowie Änderungen in der Person, im Namen oder im Wohnort des Inhabers oder des Vertreters;
4. den Zeitpunkt einer Erneuerung der Anmeldung;
5. den Zeitpunkt der Löschung des Zeichens.

Die Einsicht der Zeichenrolle steht jedermann frei.

Jede Eintragung, soweit sie nicht nur die im Abs. 1 Nr. 3 bezeichneten Änderungen betrifft, und jede Löschung wird vom Patentamt in regelmäßig erscheinenden Übersichten veröffentlicht (Warenzeichenblatt).

§ 4. Die Eintragung in die Rolle ist zu versagen für Freizeichen sowie für Warenzeichen,
1. welche ausschließlich in Zahlen, Buchstaben oder solchen Wörtern bestehen, die Angaben über Art, Zeit und Ort der Herstellung, über die Beschaffenheit, über die Bestimmung, über Preis-, Mengen- oder Gewichtsverhältnisse der Ware enthalten;
2. welche Staatswappen oder sonstige staatliche Hoheitszeichen oder Wappen eines inländischen Ortes, eines inländischen Gemeinde- oder weiteren Kommunalverbandes enthalten;
3. welche Ärgernis erregende Darstellungen oder solche Angaben enthalten, die ersichtlich den tatsächlichen Verhältnissen nicht entsprechen und die Gefahr einer Täuschung begründen.

Die Vorschrift der Nr. 2 findet keine Anwendung, wenn der Anmelder befugt ist, das Wappen oder Hoheitszeichen in dem Warenzeichen zu führen.

Zeichen, welche gelöscht sind, dürfen für die Waren, für welche sie eingetragen waren, oder für gleichartige Waren zugunsten eines anderen als des letzten Inhabers erst nach Ablauf von zwei Jahren seit dem Tage der Löschung von neuem eingetragen werden.

§ 5. Erachtet das Patentamt, daß ein zur Anmeldung gebrachtes Warenzeichen mit einem anderen, für dieselben oder für gleichartige Waren auf Grund des Gesetzes über Markenschutz vom 30. November 1874 (Reichsgesetzbl. S. 143) oder auf Grund des gegenwärtigen Gesetzes früher angemeldeten Zeichen übereinstimmt, so macht es dem Inhaber dieses Zeichens hiervon Mitteilung. Erhebt derselbe nicht innerhalb eines Monats nach der Zustellung Widerspruch gegen die Eintragung des neu angemeldeten Zeichens, so ist das Zeichen einzutragen. Im anderen Falle entscheidet das Patentamt durch Beschluß, ob die Zeichen übereinstimmen. Hinsichtlich der durch eine

Anhörung oder eine Beweisaufnahme verursachten Kosten gilt § 25 Abs. 2 des Patentgesetzes entsprechend.

Aus dem Unterbleiben der im ersten Absatz vorgesehenen Mitteilung erwächst ein Ersatzanspruch nicht.

§ 6. Wird durch den Beschluß (§ 5 Abs. 1) die Übereinstimmung der Zeichen verneint, so ist das neuangemeldete Zeichen einzutragen.

Wird durch den Beschluß die Übereinstimmung der Zeichen festgestellt, so ist die Eintragung zu versagen. Sofern der Anmelder geltend machen will, daß ihm, ungeachtet der durch die Entscheidung des Patentamts festgestellten Übereinstimmung, ein Anspruch auf die Eintragung zustehe, hat er diesen Anspruch im Wege der Klage gegenüber dem Widersprechenden zur Anerkennung zu bringen. Die Eintragung auf Grund einer zu seinen Gunsten ergehenden Entscheidung wird unter dem Zeitpunkt der ursprünglichen Anmeldung bewirkt.

§ 6a. Für jedes Zeichen ist vor der Eintragung eine Eintragungsgebühr nach Maßgabe des Tarifs und zur Deckung der durch die vorgeschriebenen Veröffentlichungen (§ 3 Abs. 3) entstehenden Kosten ein Druckkostenbeitrag zu entrichten. Die Höhe des Beitrags wird nach Stufen berechnet, die das Patentamt nach dem Umfang der Veröffentlichungen allgemein festsetzt. Die Berechnung ist unanfechtbar.

§ 7. Das durch die Anmeldung oder Eintragung eines Warenzeichens begründete Recht geht auf die Erben über und kann durch Vertrag oder durch Verfügung von Todes wegen auf andere übertragen werden. Das Recht kann jedoch nur mit dem Geschäftsbetriebe, zu welchem das Warenzeichen gehört, auf einen anderen übergehen. Der Übergang wird auf Antrag des Rechtsnachfolgers in der Zeichenrolle vermerkt, sofern die Einwilligung des Berechtigten in beweisender Form beigebracht wird. Ist der Berechtigte verstorben, so ist der Nachweis der Rechtsnachfolge zu führen.

Solange der Übergang in der Zeichenrolle nicht vermerkt ist, kann der Rechtsnachfolger sein Recht aus der Eintragung des Warenzeichens nicht geltend machen.

Verfügungen und Beschlüsse des Patentamts, welche einer Zustellung an den Inhaber des Zeichens bedürfen, sind stets an den eingetragenen Inhaber zu richten. Ergibt sich, daß derselbe verstorben ist, so kann das Patentamt nach seinem Ermessen die Zustellung als bewirkt ansehen oder zum Zwecke der Zustellung an die Erben deren Ermittlung veranlassen.

§ 8. Auf Antrag des Inhabers wird das Zeichen jederzeit in der Rolle gelöscht.

Von Amts wegen erfolgt die Löschung:

1. wenn seit der Anmeldung des Zeichens oder seit ihrer Erneuerung zehn Jahre verflossen sind;
2. wenn die Eintragung des Zeichens hätte versagt werden müssen. Wird von einem Dritten aus diesem Grunde die Löschung beantragt, so ist gleichzeitig eine Gebühr nach Maßgabe des Tarifs zu entrichten; sie kann, falls der Antrag für berechtigt befunden wird, erstattet werden.

Soll die Löschung ohne Antrag des Inhabers erfolgen, so gibt das Patentamt diesem zuvor Nachricht. Widerspricht er innerhalb eines Monats nach der Zustellung nicht, so erfolgt die Löschung. Widerspricht er, so faßt das Patentamt Beschluß. Ist die Löschung von einem Dritten beantragt, so gilt hinsichtlich der durch eine Anhörung oder eine Beweisaufnahme verursachten Kosten § 25 Abs. 2 des Patentgesetzes entsprechend.

Soll infolge Ablaufs der zehnjährigen Frist die Löschung erfolgen, so ist von ihr abzusehen, wenn der Inhaber des Zeichens bis zum Ablauf eines Monats nach der Zustellung unter Zahlung der tarifmäßigen Nachholungsgebühr neben der Erneuerungs- und Klassengebühr (§ 2 Abs. 5) die Erneuerung der Anmeldung nachholt; die Erneuerung gilt dann als an dem Tage des Ablaufs der früheren Frist geschehen.

§ 9. Ein Dritter kann die Löschung eines Warenzeichens beantragen:

1. wenn das Zeichen für ihn auf Grund einer früheren Anmeldung für dieselben oder für gleichartige Waren in der Zeichenrolle oder in den nach Maßgabe des Gesetzes über den Markenschutz vom 30. November 1874 geführten Zeichenregistern eingetragen steht;
2. wenn der Geschäftsbetrieb, zu welchem das Warenzeichen gehört, von dem eingetragenen Inhaber nicht mehr fortgesetzt wird;
3. wenn Umstände vorliegen, aus denen sich ergibt, daß der Inhalt des Warenzeichens den tatsächlichen Verhältnissen nicht entspricht und die Gefahr einer Täuschung begründet.

Hat ein nach dem Gesetz über Markenschutz vom 30. November 1874 von der Eintragung ausgeschlossenes Warenzeichen bis zum Erlasse des gegenwärtigen Gesetzes innerhalb beteiligter Verkehrskreise als

Kennzeichen der Waren eines bestimmten Geschäftsbetriebs gegolten, so kann der Inhaber des letzteren, falls das Zeichen nach Maßgabe des gegenwärtigen Gesetzes für einen anderen in die Zeichenrolle eingetragen wird, bis zum 1. Oktober 1895 die Löschung beantragen. Wird dem Antrag stattgegeben, so darf das Zeichen für den Antragsteller schon vor Ablauf der im § 4 Abs. 2 bestimmten Frist in die Zeichenrolle eingetragen werden.

Der Antrag auf Löschung ist im Wege der Klage geltend zu machen und gegen den eingetragenen Inhaber oder, wenn dieser gestorben, gegen dessen Erben zu richten.

Hat vor oder nach Erhebung der Klage ein Übergang des Warenzeichens auf einen anderen stattgefunden, so ist die Entscheidung in Ansehung der Sache auch gegen den Rechtsnachfolger wirksam und vollstreckbar. Auf die Befugnis des Rechtsnachfolgers, in den Rechtsstreit einzutreten, finden die Bestimmungen der §§ 66 bis 69 und 76 der Zivilprozeßordnung entsprechende Anwendung.

In den Fällen des Abs. 1 Nr. 2 kann der Antrag auf Löschung zunächst bei dem Patentamt angebracht werden. Das Patentamt gibt dem als Inhaber des Warenzeichens Eingetragenen davon Nachricht. Widerspricht derselbe innerhalb eines Monats nach der Zustellung nicht, so erfolgt die Löschung. Widerspricht er, so wird dem Antragsteller anheimgegeben, den Anspruch auf Löschung im Wege der Klage zu verfolgen.

§ 10. Anmeldungen von Warenzeichen, Anträge auf Übertragung und Widersprüche gegen die Löschung derselben werden in dem für Patentangelegenheiten maßgebenden Verfahren durch Vorbescheid und Beschluß erledigt. In den Fällen des § 5 Abs. 1 wird ein Vorbescheid nicht erlassen.

Gegen den Beschluß, durch welchen ein Antrag zurückgewiesen wird, kann der Antragsteller, und gegen den Beschluß, durch welchen Widerspruchs ungeachtet die Löschung angeordnet wird, der Inhaber des Zeichens innerhalb eines Monats nach der Zustellung bei dem Patentamt Beschwerde einlegen.

Zustellungen, welche die Eintragung die Übertragung oder die Löschung eines Warenzeichens betreffen, erfolgen mittels eingeschriebenen Briefes. Kann eine Zustellung im Inlande nicht erfolgen, so wird sie durch Aufgabe zur Post nach Maßgabe der §§ 175, 213 der Zivilprozeßordnung bewirkt.

Anm. S. Bekanntmachung über Vereinfachungen im Patentamt. V. 9. März 1917 (unten S. 213).

§ 11. Das Patentamt ist verpflichtet, auf Ersuchen der Gerichte über Fragen, welche eingetragene Warenzeichen betreffen, Gutachten abzugeben, sofern in dem gerichtlichen Verfahren voneinander abweichende Gutachten mehrerer Sachverständigen vorliegen.

§ 12. Die Eintragung eines Warenzeichens hat die Wirkung, daß dem Eingetragenen ausschließlich das Recht zusteht, Waren der angemeldeten Art oder deren Verpackung oder Umhüllung mit dem Warenzeichen zu versehen, die so bezeichneten Waren in Verkehr zu setzen sowie auf Ankündigungen, Preislisten, Geschäftsbriefen, Empfehlungen, Rechnungen oder dergleichen das Zeichen anzubringen.

Im Falle der Löschung können für die Zeit, in welcher ein Rechtsgrund für die Löschung früher bereits vorgelegen hat, Rechte aus der Eintragung nicht mehr geltend gemacht werden.

§ 13 Durch die Eintragung eines Warenzeichens wird niemand gehindert, seinen Namen, seine Firma, seine Wohnung sowie Angaben über Art, Zeit und Ort der Herstellung, über die Beschaffenheit, über die Bestimmung, über Preis-, Mengen- oder Gewichtsverhältnisse von Waren, sei es auch in abgekürzter Gestalt, auf Waren, auf deren Verpackung oder Umhüllung anzubringen und derartige Angaben im Geschäftsverkehr zu gebrauchen.

§ 14 Wer wissentlich oder aus grober Fahrlässigkeit Waren oder deren Verpackung oder Umhüllung, oder Ankündigungen, Preislisten, Geschäftsbriefe, Empfehlungen, Rechnungen oder dergleichen mit dem Namen oder der Firma eines andern oder mit einem nach Maßgabe dieses Gesetzes geschützten Warenzeichen widerrechtlich versieht oder dergleichen widerrechtlich gekennzeichnete Waren in Verkehr bringt oder feilhält, ist dem Verletzten zur Entschädigung verpflichtet.

Hat er die Handlung wissentlich begangen, so wird er außerdem mit Geldstrafe[1]) oder mit Gefängnis bis zu sechs Monaten bestraft. Die Strafverfolgung tritt nur auf Antrag ein. Die Zurücknahme des Antrags ist zulässig.

§ 15. Wer zum Zwecke der Täuschung in Handel und Verkehr Waren oder deren Verpackung oder Umhüllung, oder Ankündigungen, Preislisten, Geschäftsbriefe, Empfehlungen, Rechnungen oder dergleichen mit einer Ausstattung, welche innerhalb beteiligter Verkehrs-

---

[1]) Bis zu 1000 Goldmark (VO. über Vermögensstrafen und Bußen v. 6. Februar 1924, RGBl. I S. 44 = Bl. 24 S. 41.)

kreise als Kennzeichen gleichartiger Waren eines andern gilt, ohne dessen Genehmigung versieht, oder wer zu dem gleichen Zwecke derartig gekennzeichnete Waren in Verkehr bringt oder feilhält, ist dem Verletzten zur Entschädigung verpflichtet und wird mit Geldstrafe[1]) oder mit Gefängnis bis zu drei Monaten bestraft. Die Strafverfolgung tritt nur auf Antrag ein. Die Zurücknahme des Antrags ist zulässig.

§ 16. Wer Waren oder deren Verpackung oder Umhüllung oder Ankündigungen, Preislisten, Geschäftsbriefe, Empfehlungen, Rechnungen oder dergleichen fälschlich mit einem Staatswappen oder mit dem Namen oder Wappen eines Ortes, eines Gemeinde- oder weiteren Kommunalverbandes zu dem Zwecke versieht, über Beschaffenheit und Wert der Waren einen Irrtum zu erregen, oder wer zu dem gleichen Zwecke derartig bezeichnete Waren in Verkehr bringt oder feilhält, wird mit Geldstrafe[2]) oder mit Gefängnis bis zu sechs Monaten bestraft.

Die Verwendung von Namen, welche nach Handelsgebrauch zur Benennung gewisser Waren dienen, ohne deren Herkunft bezeichnen zu sollen, fällt unter diese Bestimmung nicht.

§ 17. Ausländische Waren, welche mit einer deutschen Firma und Ortsbezeichnung oder mit einem in die Zeichenrolle eingetragenen Warenzeichen widerrechtlich versehen sind, unterliegen bei ihrem Eingang nach Deutschland zur Einfuhr oder Durchfuhr auf Antrag des Verletzten und gegen Sicherheitsleistung der Beschlagnahme und Einziehung. Die Beschlagnahme erfolgt durch die Zoll- und Steuerbehörden, die Festsetzung der Einziehung durch Strafbescheid der Verwaltungsbehörden (§ 459 der Strafprozeßordnung).

§ 18. Statt jeder aus diesem Gesetze entspringenden Entschädigung kann auf Verlangen des Beschädigten neben der Strafe auf eine an ihn zu erlegende Buße[3]) erkannt werden. Für diese Buße haften die zu derselben Verurteilten als Gesamtschuldner.

Eine erkannte Buße schließt die Geltendmachung eines weiteren Entschädigungsanspruchs aus.

§ 19. Erfolgt eine Verurteilung auf Grund der §§ 14 bis 16, 18, so ist bezüglich der im Besitze des Verurteilten befindlichen Gegenstände auf Beseitigung der widerrechtlichen Kennzeichnung, oder,

---

[1-2]) Bis zu 1000 — [3]) 10000 Goldmark (VO. über Vermögensstrafen und Bußen v. 6. Februar 1924, RGBl. I S. 44 = Bl. 24 S. 41).

wenn die Beseitigung in anderer Weise nicht möglich ist, auf Vernichtung der damit versehenen Gegenstände zu erkennen.

Erfolgt die Verurteilung im Strafverfahren, so ist in den Fällen der §§ 14 und 15 dem Verletzten die Befugnis zuzusprechen, die Verurteilung auf Kosten des Verurteilten öffentlich bekanntzumachen. Die Art der Bekanntmachung sowie die Frist zu derselben ist in dem Urteil zu bestimmen.

§ 20. Die Anwendung der Bestimmungen dieses Gesetzes wird durch Abweichungen nicht ausgeschlossen, mit denen fremde Namen, Firmen, Zeichen, Wappen und sonstige Kennzeichnungen von Waren wiedergegeben werden, sofern ungeachtet dieser Abweichungen die Gefahr einer Verwechslung im Verkehr vorliegt.

§ 21. In bürgerlichen Rechtsstreitigkeiten, in welchen durch Klage oder Widerklage ein Anspruch auf Grund dieses Gesetzes geltend gemacht ist, wird die Verhandlung und Entscheidung letzter Instanz im Sinne des § 8 des Einführungsgesetzes zum Gerichtsverfassungsgesetze dem Reichsgericht zugewiesen.

§ 22. Wenn deutsche Waren im Ausland bei der Einfuhr oder Durchfuhr der Verpflichtung unterliegen, eine Bezeichnung zu tragen, welche ihre deutsche Herkunft erkennen läßt, oder wenn dieselben bei der Zollabfertigung in Beziehung auf die Warenbezeichnungen ungünstiger als die Waren anderer Länder behandelt werden, so ist der Reichsrat ermächtigt, den fremden Waren bei ihrem Eingang nach Deutschland zur Einfuhr oder Durchfuhr eine entsprechende Auflage zu machen, und anzuordnen, daß für den Fall der Zuwiderhandlung die Beschlagnahme und Einziehung der Waren erfolge. Die Beschlagnahme erfolgt durch die Zoll- und Steuerbehörden, die Festsetzung der Einziehung durch Strafbescheid der Verwaltungsbehörden (§ 459 der Strafprozeßordnung).

§ 23. Wer im Inland eine Niederlassung nicht besitzt, hat auf den Schutz dieses Gesetzes nur Anspruch, wenn in dem Staate, in welchem seine Niederlassung sich befindet, nach einer im Reichsgesetzblatt enthaltenen Bekanntmachung deutsche Warenbezeichnungen zum gesetzlichen Schutze zugelassen werden.

Der Anspruch auf Schutz eines Warenzeichens und das durch die Eintragung begründete Recht können nur durch einen im Inland bestellten Vertreter geltend gemacht werden. Der letztere ist zur Vertretung in dem nach Maßgabe dieses Gesetzes vor dem Patentamt stattfindenden Verfahren sowie in den das Zeichen betreffenden bürgerlichen Rechtsstreitigkeiten und zur Stellung von Strafanträgen befugt. Für die das Zeichen betreffenden Klagen gegen den eingetragenen Inhaber ist das Gericht zuständig, in dessen Bezirk der Vertreter seinen Wohnsitz hat, in dessen Ermangelung das Gericht, in dessen Bezirk das Patentamt seinen Sitz hat.

Wer ein ausländisches Warenzeichen zur Anmeldung bringt, hat damit den Nachweis zu verbinden, daß er in dem Staate, in welchem seine Niederlassung sich befindet, für dieses Zeichen den Markenschutz nachgesucht und erhalten hat. Die Eintragung ist, soweit nicht Staatsverträge ein anderes bestimmen, nur dann zulässig, wenn das Zeichen den Anforderungen dieses Gesetzes entspricht.

§ 24. Auf die in Gemäßheit des Gesetzes über Markenschutz vom 30. November 1874 in die Zeichenregister eingetragenen Warenzeichen finden bis zum 1. Oktober 1898 die Bestimmungen jenes Gesetzes noch ferner Anwendung. Die Zeichen können bis zum 1. Oktober 1898 jederzeit zur Eintragung in die Zeichenrolle nach Maßgabe des gegenwärtigen Gesetzes angemeldet werden und unterliegen alsdann dessen Bestimmungen. Die Eintragung darf nicht versagt werden hinsichtlich derjenigen Zeichen, welche auf Grund eines älteren landesgesetzlichen Schutzes in die Zeichenregister eingetragen worden sind. Die Eintragung geschieht unentgeltlich und unter dem Zeitpunkt der ersten Anmeldung. Über den Inhalt der ersten Eintragung ist ein Zeugnis der bisherigen Registerbehörde beizubringen.

Mit der Eintragung in die Zeichenrolle oder, sofern eine solche nicht erfolgt ist, mit dem 1. Oktober 1898 erlischt der den Warenzeichen bis dahin gewährte Schutz.

§ 24 a. Rechtsfähige Verbände, die gewerbliche Zwecke verfolgen, können, auch wenn sie einen auf Herstellung oder Vertrieb von Waren gerichteten Geschäftsbetrieb nicht besitzen, Warenzeichen anmelden, die in den Geschäftsbetrieben ihrer Mitglieder zur Kennzeichnung der Waren dienen sollen (Verbandszeichen).

Die juristischen Personen des öffentlichen Rechtes stehen den bezeichneten Verbänden gleich.

Auf die Verbandszeichen finden die Vorschriften über Warenzeichen Anwendung, soweit nicht in §§ 24 a bis 24 h ein anderes bestimmt ist.

§ 24 b. Der Anmeldung des Verbandszeichens muß eine Zeichensatzung beigefügt sein, die über Namen, Sitz, Zweck und Vertretung des Verbandes, über den Kreis der zur Benutzung des Zeichens

Berechtigten, die Bedingungen der Benutzung und die Rechte und Pflichten der Beteiligten im Falle der Verletzung des Zeichens Auskunft gibt. Spätere Anmeldungen sind dem Patentamt mitzuteilen. Die Einsicht der Satzung steht jedermann frei.

§ 24 c. Über die Einrichtung der Rolle für die Verbandszeichen trifft das Patentamt Bestimmung.

§ 24 d. Das durch die Anmeldung oder Eintragung des Verbandszeichens begründete Recht kann als solches nicht auf einen anderen übertragen werden.

§ 24 e. Ein Dritter kann unbeschadet der Vorschriften im § 9, Nr. 1, 3 die Löschung des Verbandszeichens beantragen,

1. wenn der Verband, für den das Zeichen eingetragen ist, nicht mehr besteht;
2. wenn der Verband duldet, daß das Zeichen in einer den allgemeinen Verbandszwecken oder der Zeichensatzung widersprechenden Weise benutzt wird. Als eine solche mißbräuchliche Benutzung ist es anzusehen, wenn die Überlassung der Benutzung des Zeichens an andere zu einer Irreführung des Verkehrs Anlaß gibt.

In den Fällen der Nr. 1 findet § 9 Abs. 5 Anwendung.

§ 24 f. Der Anspruch des Verbandes auf Entschädigung wegen unbefugter Benutzung des Verbandszeichens (§ 14) umfaßt auch den einem Mitglied erwachsenen Schaden.

§ 24 g. Wird dem Patentamt nachgewiesen, daß ein eingetragenes Warenzeichen bis zum Inkrafttreten dieses Gesetzes von einem Verband als Verbandszeichen geführt wurde, so ist das Zeichen auf Antrag des Verbandes als Verbandszeichen in der Rolle umzuschreiben. Der Antrag muß innerhalb eines Jahres seit dem Inkrafttreten dieses Gesetzes gestellt werden und den für die Anmeldung eines Verbandszeichens bestehenden Vorschriften entsprechen. Mit dem Eingang des Antrags beginnt die Frist für die Erneuerung des Zeichens.

§ 24 h. Die Vorschriften über Verbandszeichen finden auf ausländische Verbandszeichen nur dann Anwendung, wenn nach einer im Reichsgesetzblatt enthaltenen Bekanntmachung die Gegenseitigkeit verbürgt ist.

§ 25. Die zur Ausführung dieses Gesetzes erforderlichen Bestimmungen über die Einrichtung und den Geschäftsgang des Patentamts sowie über das Verfahren vor demselben werden durch Verordnung des Reichspräsidenten unter Zustimmung des Reichsrats getroffen.

2. Bekanntmachung

über Vereinfachungen im Patentamt. Vom 9. März 1917.

(RGBl S. 221; Bl. 17 S. 26.)

Der Bundesrat hat auf Grund des § 3 des Gesetzes über die Ermächtigung des Bundesrats zu wirtschaftlichen Maßnahmen usw. vom 4. August 1914 (RGBl. S. 327) folgende Verordnung erlassen:

§ 1. Die Geschäfte des Vorprüfers und der Anmeldeabteilung im Patentamt werden, soweit es sich um die Prüfung der Anmeldungen und die Erteilung der Patente handelt, einer Prüfungsstelle übertragen. Die Obliegenheiten der Prüfungsstelle werden von einem technischen Mitglied der Anmeldeabteilung wahrgenommen (Prüfer).

Entsprechendes gilt für die Prüfung und Eintragung der Warenzeichen.

Der Präsident des Patentamts regelt die Bildung, den Geschäftskreis und den Geschäftsgang der Prüfungsstellen.

§ 2. Die Beschwerdeabteilungen entscheiden in der Besetzung mit drei Mitgliedern. Unter diesen müssen sich bei der Entscheidung über Beschwerden gegen die Beschlüsse der Prüfungsstellen in Patentsachen zwei technische Mitglieder befinden.

§ 3. In dem Verfahren vor der Prüfungsstelle wird ein Vorbescheid nicht erlassen. Die Prüfungsstelle hat, solange nicht die Bekanntmachung der Anmeldung beschlossen ist, auf Antrag den Patentsucher anzuhören.

Die Vorschrift des § 26 Abs. 3 Satz 3 des Patentgesetzes vom 7. April 1891 (RGBl. S. 39) fällt fort.

§ 4. Diese Verordnung tritt am 20. März 1917 in Kraft. Der Reichskanzler bestimmt den Zeitpunkt des Außerkrafttretens.

Berlin, den 9. März 1917.

Der Stellvertreter des Reichskanzlers.

gez. Dr. Helfferich.

3. Bekanntmachung

betreffend vorübergehende Erleichterungen auf dem Gebiete des Patent-, Gebrauchsmuster- und Warenzeichenrechts.

(RGBl. 1914 S. 403 = Bl. 14 S. 290 = MW. XIV S. 6.)

Der Bundesrat hat auf Grund des § 3 des Gesetzes über die Ermächtigung des Bundesrats zu wirtschaftlichen Maßnahmen usw.

vom 4. August 1914 (RGBl. S. 327) folgende Verordnung erlassen:

§ 1. . . .

§ 2. Wer durch den Kriegszustand verhindert worden ist, dem Patentamt gegenüber eine Frist einzuhalten, deren Versäumung nach gesetzlicher Vorschrift einen Rechtsnachteil zur Folge hat, ist auf Antrag wieder in den vorigen Stand einzusetzen.

(Die Wiedereinsetzung muß innerhalb einer Frist von zwei Monaten beantragt werden; im übrigen sind die Bestimmungen der §§ 233 ff. der Zivilprozeßordnung entsprechend anzuwenden.) Vgl. Nr. 4.

§ 3. . . .

§ 4. Diese Verordnung tritt mit dem Tage der Verkündung in Kraft.

Berlin, den 10. September 1914.

Der Stellvertreter des Reichskanzlers.

gez. Delbrück.

4. Bekanntmachung

über Erleichterungen im Patent-, Gebrauchsmuster- und Warenzeichenrechte. Vom 13. April 1916.

(RGBl. S. 278 = Bl. 16 S. 50.)

Der Bundesrat hat auf Grund des § 3 des Gesetzes über die Ermächtigung des Bundesrats zu wirtschaftlichen Maßnahmen usw. vom 4. August 1914 (RGBl. S. 327) folgende Verordnung erlassen:

§ 1. In § 2 der Verordnung, betreffend vorübergehende Erleichterungen auf dem Gebiete des Patent-, Gebrauchsmuster- und Warenzeichenrechts, vom 10. September 1914 (RGBl. S. 403) wird Satz 2 gestrichen und folgender Absatz 2 angefügt:

Die Wiedereinsetzung muß innerhalb der Frist von zwei Monaten nach dem Wegfall des Hindernisses beantragt werden. Der Reichskanzler bestimmt[1]), von welchem Zeitpunkt an der Antrag nicht mehr zuläsiig ist. Im übrigen sind die Bestimmungen der §§ 236 ff. der Zivilprozeßordnung entsprechend anzuwenden.

§ 2. . . .

---

[1]) Solche Bestimmung ist bisher nicht ergangen.

§ 3. Diese Verordnung tritt mit dem Tage der Verkündung in Kraft Der Reichskanzler bestimmt[1]) den Zeitpunkt des Außerkrafttretens.

Berlin, den 13. April 1916.

Der Stellvertreter des Reichskanzlers.

gez. Delbrück.

5. Gesetz,

betr. eine verlängerte Schutzdauer bei Patenten und Gebrauchsmustern sowie die Wiedereinsetzung in den vorigen Stand im Verfahren vor dem Reichspatentamt. Vom 27. April 1920.

(RGBl. 1920 S. 675 = Bl. 20. S. 74 = MW. XIX S. 160.)

Die verfassunggebende Deutsche Nationalversammlung hat das folgende Gesetz beschlossen, das mit Zustimmung des Reichsrats hiermit verkündet wird:

Art. II. Wiedereinsetzung.

Im § 2 Abs. 1 der Verordnung betreffend vorübergehende Erleichterungen auf dem Gebiete des Patent-, Gebrauchsmuster- und Warenzeichenrechts vom 10. September 1914 (RGBl. S. 403) werden hinter den Worten „durch den Kriegszustand" folgende Worte eingefügt:

„oder durch Naturereignisse oder andere unabwendbare Zufälle".

Berlin, den 27. April 1920.

Der Reichspräsident.

gez. Ebert.

Der Reichsminister der Justiz.

gez. Dr. Blunck.

[1]) Solche Bestimmung ist bisher nicht ergangen.

6. Amtsbezeichnung des Patentamts.

(Bl. 19 S. 17).

Das Patentamt hat die Amtsbezeichnung

Reichspatentamt

erhalten.

Berlin, den 24 März 1919.

Der Präsident.

gez Robolski.

Sachregister.

Die Zahlen verweisen auf die Seiten.

A.

Abänderungen der Ausf.O. zum MMA. 47; intern. registrierter Marken 48.

Abführung der intern. Abgabe an JB. 26, 39, 51, 58, 63, 81.

Abgabe, internationale für Erneuerungen 25, 46, 52, 59, 90; für Registrierung 26, 39, 58, 84; Abführung an JB. 26, 39, 51, 58, 63; Kenntlichmachung der Geldsendung 26 f., 58; bei gleichzeitiger Registrierung mehrerer Marken 27, 58, 62, 84; Schecks, Tratten 26, 58, 63, 81; Zahlung an Kasse des RPA. unwirksam 51; Glaubhaftmachung der Entrichtung 39, 51, 58, 82.

Abgeleitete Prioritäten deutscher Anmeldungen in Österreich 107.

Abgetrennte Gebiete, Weitergeltung gewerblicher Schutzrechte 164; Ausdehnung ihrer Geltung auf das ganze Gebiet des erwerbenden Staats 166 ff.; Gegenseitigkeit 165; Heimatsschutz 165; Erneuerung von Warenzeichen nach Abtrennung 166; Gerichtsbarkeit über die fortbestehenden Schutzrechte 166; Vertreterzwang 165; Unlauterer Wettbewerb 165; Sicherheitsleistung für Prozeßkosten 165; Stichtag der Abtrennung 165. — Einführung der Markengesetzgebungen der erwerbenden Staaten 166 ff.; Sonderzuständigkeit des RPA. 166.

Abhängigkeit des intern. Markenschutzes 23, 24, 28, 39.

Ablauf der intern. Schutzfrist 24; Anmahnung des JB. 25, 45.

Abnehmer, eigene des Anmelders: Verkehrsauffassung 111.

Abschriften aus dem intern. Register 23, 44, 60, 80; beglaubigte A. der prioritätsbegründenden Hinterlegung 98.

Abstimmungsgebiete, oberschlesische, Inkraftbleiben der in dem an Polen fallenden Teile geltenden materiell-rechtlichen Bestimmungen 183; Anerkennung u. Achtung erworbener Rechte, Privilegien u. Konzessionen 184.

Abtretung in fraudem Art. 306 FB. 158.

Abweichungen, Gefahr einer Verwechslung im Verkehr trotz A. 210; Rotes Kreuz 193, 194.

Abzeichen öffentliche, unbefugter Gebrauch 108, 126; des Roten Kreuzes Form 192.

Aktive Seite des Beitritts zum MMA. 3, 61.

Amerikanische Union, Eintragung einer Marke, Wirkung 196, 198; Gebühr 197; Prioritätsrecht, Datum der Hinterlegung im Ursprungsstaat 197; Wesen der Marke 197; Unzulässige Marken 197; Verfolgung von Fälschungen, Nachahmungen, unbefugtem Gebrauch 198; Beseitigung der Eintragung, Gründe 198; Schutz der Handelsnamen 199; Internationale Ämter in Habana u. Rio de Janeiro 199 ff.; Ältere Verträge der Vertragsstaaten 201; Ratifikation, Rücktritt 201 f.; Wohnsitz in einem der Vertragsstaaten 202.

Amtsbezeichnung des deutschen Patentamts 215.

Androhung der Schutzversagung bei Nichtbestellung eines Vertreters 21, 22.

Anerkennung der in den abgetrennten Gebieten bestehenden Schutzrechte durch den erwerbenden Staat 164; einer Marke im Verkehr 109, 111; Berücksichtigung von Amts wegen 110; Dauer des Gebrauchs der Marke 110; Beweisregeln 111.

Angabe des Geschäftsbetriebes 53; ausländische, lediglich aus beschreibenden oder gebräuchlichen A. bestehende Marken 105, 108; Anerkennung im Verkehr 109; Wz, die lediglich aus beschreibenden Angaben bestehen 128, 204; Freihaltung solcher Angaben für den Verkehr 208.

Angehörige der Verbandsländer: Vergünstigungen des MMA. 6, 61; Übertragung des Markenrechts auf A. eines anderen Verbandslandes 29, 30, 45, 54.

Angehörige eines ausländischen Staates, Gewährung besonderer Vergünstigungen zwecks Sicherung gewerbl. Schutzrechte deutscher Reichsangehöriger 185.

Angelegenheiten der intern. Markenregistrierung, Anwendung der Vorschriften des WbzG. über Geschäftsgang und Verfahren 49.

Anhörung im Widerspruchsverfahren, Kosten 205; des Patentsuchers durch die Prüfungsstellen 213.

Anmahnung des IB. wegen Ablaufs der Schutzfrist 24, 25, 45; Vordrucke dazu 88 ff.

Anmeldegebühr für Wz. 203.

Anmeldetag, Vermerk im intern. Register 39, 42, 75; keine Zurückverlegung zufolge Unionspriorität 101.

Anmeldung der Marke durch den Erwerber im neuen Ursprungsland 30, 54; rechtzeitige Erneuerung der deutschen A. 24, 59; Begründung der Unionspriorität: erste Anmeldung 77, 100; Wiederholung einer Anmeldung mit Prioritätserklärung 101; Verbandszeichen 129, 211; Muster u. Modelle, Wz: Handels- u. Gewerbekammer Wien, Budapest 140; schwebende, Einwirkung der Gebietsabtrennungen 164 ff.; der Schutzrechte in dem das abgetrennte Gebiet erwerbenden Lande 166; eines Wz., Erfordernisse 203; Gebühr, Klassengebühr 203.

Anschrift des IB. 76, 78, 79, 81; Änderungen der A. des Zeicheninhabers 85.

Anspruch auf Eintragung trotz patentamtlicher Feststellung der Zeichenübereinstimmung 205.

Antrag auf intern. Registrierung 3, 4, 6, 36, 47, 49, 56, 77, 80 — von vor dem Beitritt eingetragenen Wz. 47, 48 — bei Veränderungen im Bestande des Markenrechts 28; Erfordernisse des Antrages 57; auf Erneuerung der intern. Registrierung 24, 25, 52, 59, 90; Behandlung mehrerer Wz. in einem Registrierungsantrage 46, 57, 62; auf intern. Registrierung eines noch nicht angemeldeten Zeichens 51, 57; Beschreibung der beanspruchten Farbe 58; Zuständigkeit des RPA. 6, 61; Beifügung eines Wbz. in französischer Sprache 64;

auf Beschlagnahme widerrechtlich mit einer Marke od. einem Handelsnamen versehener Waren 113; auf Beschlagnahme von Waren mit falschen Herkunftsangaben 114, 188; auf Löschung eines Wz. 206 f.: auf Strafverfolgung wegen widerrechtlicher Kennzeichnung von Waren 208; wegen unbefugter Benutzung einer fremden Ausstattung 208 f.; auf Beschlagnahme ausländischer Waren 209.

Antragsteller s. Antrag; Aushändigung der Registrierungsbescheinigung des IB. 42, 59; Beschlagnahme widerrechtlich mit einer Marke od. einem Handelsnamen versehener Waren 113 f.; Beschlagnahme von W. mit falschen Herkunftserzeugnissen 114, 188.

Anwendungsfälle des Art. 2 MMA. 6; des Art. 4 b MMA. 14; des Art. 9 b MMA. 30; des Art. 11 MMA. 35; Rotes Kreuz, verwechselbare u. nicht verwechselbare Abweichungen 193.

Anzeige eines Zweitlandes von der Versagung des Schutzes 15, 17 ff., 43; Registrierungs-A. des IB., Beispiel 86.

Arbeitsrecht, Geltende Bestimmungen in dem an Polen fallenden Teile des Abstimmungsgebiets 183.

Ärgernis erregende Darstellungen in Wz. 129, 204.

Arglist bei Benutzung der Bestimmungen des UV. 103.

Armenrecht, Unionsangehörige 96; Tschechoslowakische Republik 149, 150.

Aufschlag, verlängerte Fristen des F. V. 159; Nachholungsfrist des Berner Abk. 178.

Aufschriften auf Marken: Verstoß gegen Gesetze der Verbandsländer 111.

Aufwertung, Zurückzahlung der Reichsgebühr 51.

Auseinandersetzung zwischen Verband u. Mitglied über Schadensansprüche 133.

Ausfertigung, dreifache des Versagungsbeschlusses eines Zweitlandes 17, 43; in französischer Sprache 44.

Ausfuhr von Waren mit falschen Ursprungsangaben 152; von Erzeugnissen unter falschen Lagebezeichnungen 154.

Ausführung des MMA. 31, 36; Vorschriften zur A. des Beitrittsgesetzes 49.

Ausführungsordnung s. intern. A.

Ausgaben des IB., ihre Deckung 118 f.; Überwachung durch Schweizerische Eidgenossenschaft 119.

Aushändigung der Registrierungsbescheinigung an Antragsteller 42, 58.

Auskunftserteilung IB. 60, 78, 79; Ausstellungs- u. Messeamt 137.

Ausland, Sicherung gewerblicher Schutzrechte deutscher Reichsangehöriger 185.

Ausländervorschuß auf Gerichtskosten, Unionsangehörige 96; Tschechoslowakische Republik 149 f.

Ausländische Waren, widerrechtliches Versehen mit einer deutschen Firma und Ortsbezeichnung oder mit einem eingetragenen Wz. 209; Beschlagnahme und Einziehung 209 — zur Vergeltung 210.

Auslegehalle, Einsicht in Wzblatt u. Les marques internationales 74.

Auslegestellen für Wzblatt und Les marques internationales 71; Gebühr für Einsicht 74.

Auslegung des Art. 4 MMA. 9, 52; des deutschen Markenregisters, der intern. Zeitschrift u. des Wzbl. zur Einsicht 61, 63.

Ausnahmen F. V. gegenüber dem Berner Abk. 179.

Ausnutzung gewerblicher Eigentumsrechte deutscher Reichsangehöriger während des Krieges 157.

Außerkraftsetzung des Berner Abk. 179, 181; der Bekm. über Vereinfachungen im RPA. 213.
Ausstattung, Schutz gegen unbefugte Benutzung 208 f.
Ausstellungs- u. Messeamt der deutschen Industrie, Sitz, Aufgaben 137.
Ausstellungsschutz, internationale Bindung 116; Gesetzgebung der Verbandsländer 116; zeitweiliger 135 f.; Verbandszeichen 131; Wirkung des Schutzes 135 f.; Beginn 136; Nachweis 136; Unionsprioritätsrecht 136.
Ausstellungswesen, Schutz von Patenten, Gebrauchsmustern u. Warenzeichen 135; Ausstellungsschwindel 137; Ausstellungs- u. Messeamt der deutschen Industrie 137; Auskunftserteilung, Bezeichnung von Sachverständigen 137; Ausstellungs- u. Unionspriorität 136.
Ausübung, unterlassene, eines Patentes, gewerblichen Musters während der Kriegszeit 160, 170, 178.
Ausübungszwang, Verfall des Patentes, dreijährige Frist 77, 105; gegenüber der Schweiz 145; VStA. 175.
Auswärtige Staaten, Vergeltungsrecht gegen deren Maßnahmen 210.
Auszüge aus dem intern. Register 23, 44, 60, 80, 85.

B.

Bank, Auftragsschreiben an B. als Mittel der Glaubhaftmachung der Entrichtung der intern. Abgabe 51.
Beanspruchung der Vergünstigungen des MMA. 6, 61, 77, 80; des UV. 77, 95 — durch mehrere Personen 100.
Beanstandung, vorläufige, Art. 5 MMA. 17; Zusammenfassung mehrerer B. 20; Übermittlung an JB. durch Markenstelle 44; Fehlen der Bezeichnung des Geschäftsbetriebes in intern. Registrierungen 53; einer Marke für monopolisierte Waren 111.
Bedeutung des Unionsprioritätsrechts im Wz.wesen 101.
Befugnis zur Führung von Wappen u. Hoheitszeichen in Wz. 204.
Befugnisse der Markenstelle 50; des JB. 5, 18, 40 f., 76.
Beglaubigung öffentlicher Urkunden im Verkehr mit Österreich, Ungarn, Tschecho-Slowakei 143; — mit der Schweiz 147 — mit VStA. 196.
Behörde des Ursprungslandes, Antrag auf intern. Registrierung 6, 36; Gebühr für den Antrag 26; refus tardif eines Zweitlandes 18; besondere, für gewerbliches Eigentum 116.
Beispiel (s. Anwendungsfälle) einer Registrierungsanzeige des JB. 86; einer Veröffentlichung des JB. betr. Erneuerung 87.
Beitritt des Deutschen Reichs zum MMA. 5, 32 f., 47, 55, 74; Form des B. zum MMA. 32; Wirksamwerden 32, 34; zu einem Vertrage 34; intern. Registrierung von vor dem B. eingetragenen Wz. 47, 48; Vorschriften zur Ausführung des Beitrittsgesetzes 49; Vorteile u. Nachteile des Beitritts zum MMA. 2; Wirkungen des Beitritts, aktive, passive 3 — hinsichtlich der Übergangsmarken 35, 52, 74; neuer Länder zum UV., Unabhängigkeit der bestehenden Patente 104; zum Madrider Abkommen betr. falsche Herkunftsbezeichnungen 189; zum UV., Form, Inkrafttreten 121 f.; zum Berner Abk. 179 ff.
Bekanntmachung, öffentliche, einer Verurteilung im Strafverfahren 210.
Belgien, im einverleibten Gebiet bestehende deutsche Schutzrechte 166 f.
Benachrichtigung des JB., Ur-

sprungslandes u. Markeninhabers von Beanstandungen eines Zweitlandes 17, 43, 85; des Markeninhabers vom Ablauf der Schutzfrist durch JB. 24, 45, 85; der Verbandsländer von den Eintragungen im intern. Register 7, 41, 42, 45; des JB. von Übertragungen, Löschungen, Veränderungen, Verzichten 27, 28, 59, 85; der Verbandsländer von den Veröffentlichungen des JB. 8, 77.

Benennungen, die nicht als Herkunftsangaben zu gelten haben 188 f.

Benutzung, unbefugte, eines Verbandszeichens 130, 133, 134, 212; eines verfallenen Wz. durch Dritte vor Wiederinkrafttreten des Wz. 160, 161, 182.

Benutzungsrecht, ausschließliches des eingetragenen Zeicheninhabers 208.

Berechnung der Fristen des FB. 169; des Berner Abk. 180; Druckkostenbeiträge 205.

Berechtigung zur Inanspruchnahme der Vergünstigungen des MMA. 6, 61, 77, 80; des UB. 77, 95 — durch mehrere Personen 95.

Bergwesen, geltende Bestimmungen in dem an Polen fallenden Teile des Abstimmungsgebiets 183.

Berichtigung der Zeichenrolle: Vorbedingung für B. des intern. Registers 28.

Berner Abk., Ratifizierung 179 ff.; Vorbehalte bei der Ratifizierung 180 f.; Zweck u. Geltung des Abkommens 181.

Berner Zeitschrift „Les marques internationales", Veröffentlichung der intern. Marken 7, 22, 41; der Erneuerungen u. Nachträge 28, 40, 45, 63; Verbreitung im Deutschen Reich 23, 43, 60; Lieferung an die Verbandsländer 8, 42; Einsichtnahme 23, 50, 61; Bezug u. Preis 60, 63, 79; Verzeichnis der Auslegestellen 71, 74; Herausgabe durch JB. 7, 42, 78, 79, 80.

Berücksichtigung aller Tatumstände bei Würdigung der Unterscheidungskraft einer Marke 109; des Art. 6 UB. von Amts wegen 110.

Beschaffenheit, lediglich aus Angaben über B. der Ware bestehende Wz. 128 f., 204; Freihaltung solcher Angaben für den Verkehr 208.

Bescheide, Rechtsmittel gegen B. des JB. 5, 18, 30, 31; gegen B. der Markenstelle 50, 51, 85.

Bescheinigung der intern. Registrierung auf den Gesuchen 41, 62, 83; Aushändigung an Antragsteller 42, 59; Gebühr des JB. 44; über Zeit der prioritätsbegründenden Hinterlegung 99; der ordnungsmäßigen Eintragung im Ursprungslande 126.

Beschlagnahme zugunsten einer intern. Marke 50; widerrechtlich mit einer Marke od. einem Handelsnamen versehener Waren 113 f.; Land der Vornahme 113, 187; auf Antrag 113, 114, 188; bei Durchfuhr 113, 188; von Erzeugnissen mit falschen Herkunftsbezeichnungen bei Einfuhr 187; von Erzeugnissen u. Waren mit falschen Angaben über Ursprung, Gattung, Art, Eigenschaften: Einfuhr, Ausfuhr, Inland 152 f.; von Erzeugnissen des Weinbaus mit falschen Lagebezeichnungen 154; von den VStA. verfügte 174; ausländischer Waren 209 — zur Vergeltung 210.

Beschränkung des Wvz. bei Erneuerung der intern. Registrierung 90.

Beschränkungen des gewerblichen Eigentums deutscher Reichsangehöriger 157; des Wz.rechts im Verkehrsinteresse 208.

Beschreibende Angaben, lediglich aus B. A. bestehende Marken 105, 108, 109; Warenzeichen 129; Anerkennung im Verkehr 109; Freihaltung für den Verkehr 208.

Beschreibung der beanspruchten

Farbe 38, 58, 84; des angemeldeten Wz. 203.
Beschwerde gegen Versagungsbeschluß der Prüfungsstelle 17, 44, 60, 85; gegen Bescheide der Markenstelle 50, 51; Einlegung der B. gegen Versagungsbeschlüsse der Zweitländer 60, 80; im patentamtlichen Verfahren 207.
Beschwerdeabteilungen des RPA., Besetzung 213.
Beschwerdefrist, Lauf 22, 44.
Beseitigung des intern. Markenschutzes, Mittel 86; der widerrechtlichen Kennzeichnung von Waren 209.
Besetztes Gebiet, Gebrauch einer Marke 110.
Besitz, gutgläubiger Besitz von gewerblichen Eigentumsrechten gegenüber verlängerten Prioritätsfristen 161, 178.
Besitzungen der Unionsländer, Beitritt zum UV. 122.
Bestimmung, lediglich aus Angaben über B. der Ware bestehende Wz. 129, 204; Freihaltung solcher Angaben für den Verkehr 208.
Beweisaufnahme im Widerspruchsverfahren, Kosten 205.
Beweisende Form, Einwilligung des Berechtigten in die Umschreibung eines Wz. 205.
Beweisurkunden für Unionspriorität 128, 135.
Bezirks-, Regionalmarken, Verbandszeichen 131; Österreich, Ungarn 139, 140.
Bezug der Zeitschrift Les marques internationales 60; des Merkblattes 63.
Bodenschätze gewerbl. Eigentum 125.
Brüsseler Konferenz 13, 120.
Buchstaben, Marken, die ausschließlich aus B. bestehen 109; Warenzeichen 129, 204; Anerkennung im Verkehr 109, 110 f.
Bußen, von den VStA. verfügte 174; statt Entschädigung 209.

C.

China, Wiederherstellung des Friedenszustandes 176; Abschaffung der Konsulargerichtsbarkeit 176; Freizügigkeit 176; Gerichtsbarkeit 176; Wiederinkraftsetzung der deutschen Handelsmarken 176 f.; Einstellung der Liquidation deutschen Eigentums 176.
Commerce, als Bezeichnung des Geschäftsbetriebes 53.
Costa Rica, Beendigung des Kriegszustandes 175.
Cuba, nationales Schutzband für Tabak 126.

D.

Dänemark, Anmeldung der bestehenden deutschen Ausschließungsrechte 168; Einschränkungen des Beitritts zum Berner Abk. 181.
Danzig, Rechte aus im deutschen Reich bewirkten Anmeldungen 167.
Darstellung, der Marke, farbige 7, 38; der kollidierenden älteren Marke 43; des angemeldeten Wz. 203; ärgerniserregende in Wz. 129, 204.
Dauer des intern. Schutzes 23, 59, 85.
Defensivzeichen, Verbandszeichen 131.
Denkmünzen s. Gedenkstücke.
Deutsches Reich, Beitritt zum MMA. 5, 47, 55, 57, 74; Wirksamwerden des Beitritts zum MMA. 32 f., 55; Klasse 4 der Unionsländer 120; Zustimmung zum Berner Abk. 181; Abschluß des UV. 91; Ratifizierung der Genfer Konvention 190.
Dienststellen des Amtes, Zuständigkeit neben Markenstelle 50.
Dienststunden, des RPA. 50.
Domizilprinzip, Ablehnung im UV. 95.
Druckkosten, Beiträge, Wz. 205 — Verbandszeichen 133; Berechnung nach Stufen 205.

Druckstock für FV. 7, 39, 58 — Abmessung 37, 58, 62, 84 — Rückgabe oder Vernichtung 38, 58, 84, 90; Anfertigung eines Galvanos 62.
Durchfuhr, keine intern. Bindung zur Beschlagnahme widerrechtlich gekennzeichneter Waren 114, 188; ausländischer Waren: Beschlagnahme 209 — zur Vergeltung 210.

E.

Ehrenzeichen, öffentliche, unbefugter Gebrauch 108, 126.
Eidgenossenschaft s. Schweizerische E.
Eigentum, der deutschen Regierung u. der deutschen Staatsangehörigen in V. St. A. 173.
Eigentumsrechte s. gewerbliche.
Einfuhr des patentierten Gegenstandes 77, 104; Verbot der Einfuhr widerrechtlich gekennzeichneter Waren 113 f., 187.; ohne Verlust des Schutzrechts: Österreich, Ungarn, Schweiz 138, 145; von Waren mit falschen Ursprungsangaben 152 f.; ausländischer Waren: Beschlagnahme 209 — zur Vergeltung 210.
Einführung der Markengesetzgebung des erwerbenden Staates in die abgetrennten Gebiete 166.
Einrichtung u. Geschäftsgang des RPA., VO. des Reichspräsidenten 212.
Einschränkung des Vertreterzwanges 50; der Veröffentlichung der Rollenvermerke 52, 203.
Einschränkungen in den FV. gegenüber dem Berner Abk. 179; Schwedens beim Beitritt zum Berner Abk. 180; Dänemarks desgl. 181; Großbritanniens desgl. 181.
Einsicht in das deutsche Markenregister 50, 61, 63; in Les marques internationales 23, 50, 61, 63, 74; in Wzblatt 61, 63, 71, 74; in Zeichenrolle 204.
Eintragung, keine E. der intern. Marken 11, 50, 53; konstitutive u. deklaratorische Wirkung 107; ausländische Marken: Versagungsgründe 105, 108; Bescheinigung der ordnungsmäßigen E. im Ursprungslande 126; erneute, deutscher Handelsmarken in China 177; Anmeldung zur E. in die Zeichenrolle 202; Versagung der Eintragung, Gründe 204; bei unterbliebenem Widerspruch 204; bei Verneinung der Übereinstimmung 205; Versagung bei Feststellung der Übereinstimmung 205; Klage auf E., E. unter dem Zeitpunkt der ursprünglichen Anmeldung 205; Gebühr u. Druckkostenbeitrag 205; Wirkung der Eintragung 208.
Einwilligung des Berechtigten in die Umschreibung eines Wz. 205.
Einziehung zu Gunsten einer intern. Marke 50; ausländischer Waren 209 — zur Vergeltung 210.
Eisenmarken Schwedens 109.
Elsaß-Lothringer, Aufrechterhaltung ihrer Rechte im deutschen Gebiet 152, 165.
Embleme, mißbräuchliche Verwendung staatlicher 142.
Engerer Verband (Sonderabkommen) MMA. 1, 4, 5, 57, 121 — Zweck 1, 56; Madrider Abk. zur Unterdrückung falscher Herkunftsangaben auf Waren 121, 187.
Entfallen der Wirkung der intern. Registrierung 52.
Entschädigung deutscher Reichsangehöriger wegen Beschränkung ihrer gewerblichen Schutzrechte 158; keine E. wegen Verletzung gewerblicher Eigentumsrechte während des Krieges 162; wegen unbefugter Benutzung eines Verbandszeichens 130, 133, 134, 212; wegen widerrechtlicher Kennzeichnung von Waren 208; wegen unbefugter Benutzung einer fremden Ausstattung 208 f.; Buße statt Entschädigung 209.

Entziehung des Zeichenschutzes statt Löschung 33, 54 — rückwirkende Kraft 53, 54; Schutzentziehung-Schutzversagung 53; Vermerk über Entziehung des Zeichenschutzes im Nebenregister 22, 54 — in der Zeichenrolle: Art. 4b 54; Veröffentlichung der E. des Zeichenschutzes 54, 60.

Erben, Ermittlung zum Zwecke der Zustellung 205; Klage auf Löschung eines Wz. 207.

Erbübergang des durch Anmeldung oder Eintragung eines Wz. begründeten Rechts 205.

Erfindungen, vom Patentschutz ausgeschlossene 146.

Erfindungspatente verschiedener Arten 125.

Erfüllungsorte, im oberschlesischen Abstimmungsgebiet gelegene 184.

Ergänzung des intern. Registers im Falle § 6, Abs. 2 WbzG. 29.

Erhaltung der durch den Weltkrieg betroffenen Schutzrechte 78, 159, 170, 178.

Erhöhung der Gebühr für Antrag auf intern. Registrierung 47, 48.

Erklärung über Zeit und Land der beanspruchten Unionspriorität 98, 128, 135 — Aufnahme in die behördlichen Veröffentlichungen 98.

Erlöschen des intern. Markenschutzes 24, 86.

Ermäßigung der Gebühr für Antrag auf intern. Registrierung 47, 48; der intern. Abgabe bei gleichzeitiger Registrierung mehrerer Marken 27, 62 — bei Erneuerungen 90.

Erneuerung gelöschter u. wieder in Kraft gesetzter Warenzeichen 160; abgetrennte Gebiete, Wirkung 166; Löschung eines Wz. wegen unterbliebener E. 205; Nachholung 206; Fortsetzung des bestehenden oder Neubegründung eines erloschenen Markenschutzes 25, 49, 88; E. der intern. Registrierung nach Löschung des Zeichens unzulässig 24, 59, 85; der Zeichenanmeldung — der Markenregistrierung 15; intern. ausländischer Marken: keine Eintragung in die Rolle, keine Veröffentlichung im Wzbl. 60; rechtzeitige Erneuerung des Zeichenschutzes 24, 59, 88, 90; Beschränkung des Wwz. bei E. der intern. Registrierung 90; Verbandszeichen 131; älterer, das Rote Kreuz enthaltender Wz. 194; von Wz., Gebühr u. Klassengebühr 203; der intern. Registrierung 23, 24, 45, 59, 85, 88 ff. — wie ursprüngliche Hinterlegung 45, 85, 90 — Anmahnung des JB. 24, 45, 88 ff. — Antrag des Inhabers 24, 25, 52, 59, 90; Gebühr des Reiches 25, 46, 52, 59; intern. Abgabe 25, 26, 46, 52, 90; Registrierung, Veröffentlichung des JB. 25, 63, 87; Feststellung rechtzeitiger E. einer Registrierung 25; keine Prüfung der erneuerten intern. Marken, auch nicht der Übergangsmarken 25, 49; intern. Registrierung unter neuer Nummer 41; Tag der letzten E. als Tag der Eintragung im Deutschen Reich 41, 42; Vordrucke des JB. 88 ff.

Erneuerungsgebühr, Wz. 203; Verbandszeichen 133; intern. Registrierung 24, 25, 45, 58, 59.

Errichtung der Markenstelle 50.

Ersatz eines Erzeugnisses durch ein anderes im Wbz 28.

Ersatzanspruch, kein E. wegen unterlassener Einleitung des Widerspruchverfahrens 205.

Erstanmeldung, Unionspriorität 77, 100; keine Unionspriorität im Lande der Erstanmeldung 99; E. in einem anderen als dem Heimatlande 101.

Erstattung der Gebühr für einen Löschungsantrag 206.

Ersuchen des RPA. um intern. Registrierung 8, 37, 58, 62, 64 — um Vermerkung der Erneuerung 25 — eingetretener Änderungen im Bestande des Rechts 28; in französischer Sprache 37, 64; Vermerk

wegen der Farbe der Marke in dem Ersuchen 38, 84; Vordruck 38, 82; zwei Ausfertigungen 39, 84 — deren Verwendung 41; Angabe des deutschen Anmeldetages 39; Bescheinigung der intern. Registrierung auf den Ausfertigungen 41, 83; für jedes Z. ein besonderes E. 62; Vermerk über Entrichtung der intern. Abgabe 84.
Erweiterung des Wvz. 28, 29.
Erzeugnisse, Ersatz durch andere im Wvz. 28; Verkürzung ihrer Liste 28; des Weinbaues, Lagebezeichnungen 153 f., 189.
Exceptio de jure tertii 31.

F.

Fabrik- u. Handelsmarken, Gleichstellung der Verbands- u. Staatsangehörigen 94, 114; Priorität 97 (s. Unionspriorität).; Heimatsschutz 106 f.; Ausländische, Zurückweisungs- u. Löschungsgründe 106, 108; Ursprungsland 4, 23, 61, 106; intern. Wirkung der Eintragung 105; Vorschriftsmäßigkeit der Hinterlegung 106; telle quelle: Form u. Inhalt der Marke 108; Natur des Erzeugnisses: keine Hinderung der Hinterlegung 111; widerrechtliche Benutzung: Beschlagnahme, Einfuhrverbot, andere Rechtsbehelfe 113 f.; Zentral-Hinterlegungsstelle 116; Verlängerung der Verfallsfrist 160, 178.
Fabrikation als Bezeichnung des Geschäftsbetriebes 53.
Fälligkeit der Reichsgebühr 51.
Farbe als unterscheidendes Merkmal 7; farbige Darstellungen der Marke 38, 58, 62, 84; Vermerk im Registrierungsersuchen 38, 84; Bekanntgabe an die Verbandsländer 42; kurze Beschreibung 38, 58, 62, 84.
Feilbieten von Waren mit falschen Ursprungsangaben 140, 152.
Feingehalt von Gold- u. Silbermünzen 126, 129.
Festsetzung der Anzahl der durch eine Anmeldung betroffenen Klassen 203.
Feststellung der Zuerkennung des Markenschutz 22, 85; rechtzeitiger Erneuerung einer Registrierung 25.
Feststellungsklage des Verbandes wegen unbefugter Benutzung seines Zeichens 133.
Firma, intern. Schutz 113; Mißbrauch fremder Firmen zur Kennzeichnung von Waren 208; widerrechtliches Versehen ausländischer Waren mit einer deutschen Firma und Ortsbezeichnung 209; fremde, Gefahr der Verwechselung trotz Abweichungen 210.
Form der Prioritätsbescheinigungen 103; der Urkunden zum Nachweise des Heimatschutzes 103.
Förmlichkeiten u. Bedingungen der einzelnen Unionsländer 94, 95; bei Geltendmachung der Unionspriorität 99; erleichterte Förmlichkeiten bei Prioritätsbescheinigungen 103; Nachholung der zum Erwerb od. zur Erhaltung gewerbl. Eigentumsrechte vorgeschriebenen F.: FB. 159 — Berner Abk. 178.
Frankreich, Handhabung des Art. 4 MMA. 11; Vorbenutzung von Wz. im Verhältnis zum Deutschen Reich 148; im einverleibten Gebiet bestehende deutsche Schutzrechte 167 f.
Französische Gesetze über gewerbliches Eigentum, Einführung in die Departements Mosel, Nieder- u. Oberrhein 167.
Französische Sprache, Registrierungsersuchen 37, 64; Mitwirkung des Zeicheninhabers bei Übersetzungen 39, 64; in den für JB. bestimmten Ausfertigungen von Bescheiden 44; Übersetzung der Warenklasseneinteilung 65 ff.; französischer Text des UV. maßgebend 94; Amtssprache des JB. 118.

Freizeichen, Versagung der Eintragung 18, 204; Verbandszeichen 12; Ausstellungsschutz 136; ausländische, lediglich aus Frz. bestehenden Marken 105, 108; öffentliche Wappen: Österreich, Ungarn 139; Versagung der Eintragung 204.

Freizügigkeit, China 176.

Fremde Sprachen, unlauterer Wettbewerb 153.

Friedensverträge von St. Germain und Triano 138; von St. Germain 154; Inkrafttreten des FV. v. Versailles 169; Fristen, Berechnung des FV. v. Versailles 169; Vorbehalte, Ausnahmen und Einschränkungen der ... gegenüber dem Berner Abk. 179; französischer u. englischer Wortlaut des Versailler Vertrages 168; Ausführungsbestimmungen zum FV. 170 f.; Niederlegung der Ratifikationsurkunden zum Versailler Vertrag 168.

Frist, Einhaltung der Jahresfrist Art. 5 MAA. 17, 32; Konflikte bei Nichteinhaltung 18 f; Beschwerdefrist 22, 44; Unionspriorität 98, 100; Ausnuung eines Patentes 105; Geltendmachung des Ausstellungsschutzes 136; Lauf der im FV. vorgeseenen Fr. 169; Verlängerung gesetzlicher Fristen 170; Nachholungsfrist des FV. 159; Zurücknahme von Patenten 170; Lauf der im Berner Abk. vorgesehenen Fristen 180; Widerspruch wegen Zeichenübereinstimmung 204; Widerspruch des Zeicheninhabers gegen Löschung 206; Wiedereinsetzung in den vorigen Stand wegen Fristversäumung 214 f.

Fristversäumung bei Erlaß des Versagungsbeschlusses 18; Wiedereinsetzung in den vorigen Stand 214 f.

Früchte, gewerl. Eigentum 125.

G.

Galvano vom Druckstock des RPA. 62.

Gebietszugehörigkeit, Merkmal des Ursprungslandes 6, 45.

Gebrauch des Roten Kreuzes, Beschränkung 192.

Gebrauch der Marke, Gesetze der Verbandsländer 107; Heimatsschutz: Formalakt der Eintragung 107; Dauer des G., Berücksichtigung bei Würdigung der Unterscheidungskraft 109, 110; Land des G. 109; im Ursprungsland 110; in Teilen des Deutschen Reichs 109; unterlassener, während der Kriegszeit 160, 161, 178; amerikanische Unionsstaaten 198.

Gebrauchsklausel des Art. 6 UV.: Inland 110.

Gebrauchsmuster, Gleichstellung der Verbandsangehörigen mit den Staatsangehörigen 94; Unionspriorität 97.

Gebrauchszwang bei Warenzeichen gegenüber der Schweiz 145; Gesetzgebung der Verbandsländer 107.

Gebühr (s. auch Abgabe) des IB. für Abschriften, Auszüge aus dem Register, Nachforschungen 23, 44, 60, 80; des Reiches für Registrierungsanträge 26, 47, 48, 51, 57, — bei Erneuerungen 25, 46, 52, 59; Erhöhung, Ermäßigung der Reichsg. 47, 48; bei Behandlung mehrerer Wz. in einem Registrierungsantrage 48, 62; Fälligkeit, Zurückzahlung der Reichsg. 51, 57; Gebühr für Einsicht der ausgelegten Zeitschriften 74; Verbandszeichen 132 f.; Anmeldung, Erneuerung von Wz. 203; Antrag auf Löschung eines Wz. 206; Nachholungsgebühr 206.

Gedenkstücke, eiserne, der Reichsbank 108; Abbildungen 109.

Gefahr, Angaben, die die G. einer Täuschung begründen 129, 204 — Löschungsgrund 206; der Ver-

wechslung von Warenkennzeichnungen im Verkehr trotz Abweichungen 210.
Gefahren der Übergangsmarken 33; bei Weiterbenutzung eines ehemaligen Verbandszeichens durch Einzelperson 132.
Gegenseitigkeit, Reichsangehörige 106, 127; Verbandszeichen 130, 134, 212; abgetrennte Gebiete 165; Signatarländer des Berner Abk. 179; intern. Marken 17; Unionsangehörige 95; nichtunionsangehörige Ausländer 95; Schutz der Lagebezeichnungen 153 f.; Verlängerung gesetzlicher Fristen, Wiederherstellung verfallener Schutzrechte 170; Anspruch auf Schutz des WbzG. 210.
Geldbeträge, durch Sondermaßnahmen der Kriegführenden aufgebrachte 157; während des Krieges für Lizenzen gezahlte 164.
Gelöschte Zeichen, zweijährige Sperrfrist 204.
Geltendmachung, Unionsprioritätsrecht 98, 101, 135; Ausstellungspriorität 136; neben Buße keine G. weiterer Entschädigungsansprüche 209.
Genehmigung zur Führung öffentlicher Wappen 108, 126, 129, 139 f.
Genfer Konvention, Erklärung des Roten Kreuzes auf weißem Grunde zum Neutralitätszeichen 190; Ratifizierung durch das Reich 190.
Genfer Neutralitätszeichen, Rotes Kreuz auf weißem Grunde, Worte „Rotes Kreuz" 190; Erlaubnis zum Gebrauch 190, 192; Gesetzgebungen 191; „Vereine vom Roten Kreuz" 192; unbefugter Gebrauch: Verstoß gegen die öffentliche Ordnung 108.
Gerichte der Unionsländer: Verfahren, Zuständigkeit 125; unmittelbarer Geschäftsverkehr mit österreich. Behörden 138.
Gerichtsbarkeit über die in den abgetrennten Gebieten fortbestehenden Schutzrechte 166; in China 176.
Gerichtskostenvorschuß, Unionsangehörige 96; Tschechoslowakische Republik 149, 150.
Geschäftsbereich der Markenstelle 50; des JB., Markenregistrierung 5, 18, 40 f., 76.
Geschäftsbetrieb, Marke als Zubehör 29, 31; Verzicht auf die Bezeichnung des G. bei intern. Registrierungen 50; Fehlen der Bezeichnung in intern. Registrierungen kein Beanstandungsgrund 53; unbestimmte Bezeichnungen: Handel, Fabrikation u. ä. 53; Verbandszeichen 129, 211; des Anmelders eines Wz. 202; Angabe des G. in der Anmeldung 203; Übertragung des Zeichenrechts nur mit Geschäftsbetrieb 205; Nichtfortsetzung: Löschungsgrund 206, 207.
Geschäftsgang, Anwendung der Vorschriften des WbzG. in Angelegenheiten der intern. Markenregistrierung 49; des RPA., VO. des Reichspräsidenten 212.
Geschäftsverkehr, unmittelbarer, zwischen deutschen u. österreichischen Behörden 138.
Gesetzliche Fristen, Verlängerung 170.
Gesuch s. Ersuchen.
Getreide, gewerbl. Eigentum 125.
Gewährszeichen, amtliche, unbefugter Gebrauch 108, 126; Unterscheidungskraft 129.
Gewährung des Zeichenschutzes an intern. registrierte ausländ. Marken 11, 22, 48.
Gewerbe, geltende Bestimmungen in dem an Polen fallenden Teile des Abstimmungsgebiets 183.
Gewerbliche Eigentumsrechte, Erhaltung u. Wiederherstellung der durch den Weltkrieg betroffenen 78, 156, 177, 178; Kriegsmaß-

nahmen der alliierten u. assoziierten Mächte 157; keine Entschädigung deutscher Reichsangehöriger wegen Verletzung ihrer Rechte 157; Beschränkungsbefugnis der alliierten u. assoziierten Mächte hinsichtlich der Rechte deutscher Reichsangehöriger 158; Nachholung von Handlungen zur Erhaltung oder zum Erwerb von G. E. 159 f., 178: während des Krieges verfallene, Wiederinkrafttreten 160, 170, 178, 182; Nichtgebrauch, Nichtausübung während des Krieges 160, 178; Verletzungen während des Krieges 162; der Einwohner der abgetrennten Gebiete, Weitergeltung im Deutsch. Reich 164 f.; Weitergeltung in den abgetrennten Gebieten 164 f.; Rechte Dritter bei verlängerter Unionspriorität 160, 161, 178, bei Wiederherstellung 160, 161, 170, 178, 182.

Gewerbliche Niederlassung der Nichtverbandsangehörigen in einem Verbandslande: Vergünstigungen des MMA. 6, 61, 77, 80; des UV. 77, 95; als Merkmal des Ursprungslandes 7, 61.

Gewerbliche Schutzrechte 185; s. Schutzrechte, gewerbliche Eigentumsrechte.

Gewerblicher Rechtsschutz, Gesetze der Unionsländer über Patente, Gebrauchsmuster, Marken 125; Sondervereinbarungen mit Österreich u. Ungarn 138 — mit der Schweiz 145.

Gewerbliches Eigentum, Verband zum Schutze des g. E. 92; Begriff 93, 125; Erzeugnisse der Landwirtschaft 94, 125; industrielle Rohstoffe 94, 125; besondere Behörde für g. E. 116; im FV. 156 ff.

Gewichtsverhältnisse der Ware s. Preisverhältnisse.

Glaubhaftmachung der Entrichtung der intern. Abgabe 39, 51, 58 — bei Erneuerungen 52; Mittel der G. 51.

Gleichberechtigung der Verbandsangehörigen mit den Staatsangehörigen 79, 94; Durchbrechung des Grundsatzes im F. V. 96, 155, 159.

Goldene Geräte: Stempelzeichen zur Angabe des Feingehalts 126, 129.

Gold- u. Silbermünzen, Feingehalt 126.

Griechenland, Wiederaufleben deutscher Warenzeichen 159.

Grobe Fahrlässigkeit, widerrechtliche Kennzeichnung von Waren 208.

Großbritannien, Vorbehalte beim Beitritt zum Berner Abk. 181.

Gutachten, Verpflichtung des RPA. zur Abgabe von G. 208.

Gute Sitten, ausländische Marken, die gegen die g. S. verstoßen 105, 108.

Guter Glaube, im g. Gl. erworbene Rechte an wieder in Kraft getretenen gewerblichen Schutzrechten 178, 182.

Gutgläubiger Besitz von gewerblichen Eigentumsrechten gegenüber verlängerter Unionspriorität 178.

H.

Haager Abk. über den Zivilprozeß, Unionsangehörige 96.

Handel als Bezeichnung des Geschäftsbetriebes 53; Geltende Bestimmungen in dem an Polen fallenden Teile des Abstimmungsgebietes 183.

Handelsname, intern. Schutz ohne Hinterlegung 77, 79, 112 f.; amerik. Union 199; Gleichstellung der Verbandsangehörigen mit den Staatsangehörigen 94; Widerrechtliche Benutzung: Beschlagnahme, Einfuhrverbot, andere Rechtsbehelfe 113 f.; Beifügung eines erfundenen oder entlehnten H. zu einem falschen Ortsnamen 114.

Handelsniederlassung der Nichtver-

bandsangehörigen in einem Verbandslande: Inanspruchnahme der Vergünstigungen des MMA. 6, 61, 77, 80 — des UV. 77, 95; als Merkmal des Ursprungslandes 7, 61.
Hauptniederlassung, Merkmal des Ursprungslandes 4, 6, 57, 61.
Heimatschutz, Abgetrennte Gebiete 165; intern. Marken 17; Unionsangehörige 95; Nachweis, Form der Urkunden 103; Grundlagen für die Vergünstigungen des UV. 106; Formalakt der Eintragung, materiellrechtlicher Schutz, bloße Hinterlegung 107; Österreich: Angehörige des deutschen Reichs 107: Markenschutz im Ursprungslande: Vorbedingung für Zeichenschutz 211.
Herkunftsangaben, Schutz gegen falsche H. 77, 114, 187 ff.; Gleichstellung der Verbands- u. Staatsangehörigen 94; Benennungen, die nicht als Herkunftsangaben zu gelten haben 188 f.; falsche Ortsangaben unter Beifügung eines erfundenen oder entlehnten Handelsnamens 114; Verkauf u. Feilbieten von Waren mit falschen H. 140; Bezeichnung von Waren mit einer falschen örtlichen Herkunft 209.
Herstellung, Art, Zeit u. Ort 129; Waren mit falschen Ursprungsangaben 152; lediglich aus Angaben über Art, Zeit u. Ort der H. bestehende Wz. 204; Freihaltung solcher Angaben für den Verkehr 208; Angabe des Landes oder des Ortes der Herstellung oder Erzeugung auf den aus einem anderen als dem Verkaufslande stammenden Waren (Madrider Abk.) 188.
Hinterlegung einer Marke im Ursprungslande, Wirkung 105; Vorschriftsmäßigkeit der H. 106 f.; Heimatsschutz: Formalakt der Eintragung 107; Natur des Erzeugnisses: kein Hindernis 111.
Hinterlegungsstelle, zentrale, für Patente, Muster, Marken 116.
Hinweis des JB. auf Ablauf der Schutzfrist 24, 45, 85; auf die älteren Registrierungen bei Erneuerungen 25, 87.
Hoheitszeichen in Wz., Prüfung 76; unbefugter Gebrauch in Wz. 129, 204; ungarische Sankt-Stephanskrone 140.

J.

Jahresberichte (rapports de gestion) des JB. 118.
Jahresertrag aus intern. Registrierungen 26 — Berechnung u. Verteilung 46.
Jahresfrist des Art. 5 MM. 17, 32; bei Übergangsmarken 32, 35, 74.
Jahresrechnung des JB. 119.
Japan, Erdbebenkatastrophe, Ablauf der Schutzrechte, Nachholung von Anträgen, Prioritätsfristen, Wiedereinsetzung 195.
Inbenutzungnahme, gutgläubige, eines wiederinkraftgetretenen gewerblichen Schutzrechts 182.
Inkraftbleiben der in dem an Polen fallenden Teile des Abstimmungsgebiet geltenden materiellrechtlichen Bestimmungen 183.
Inkrafttreten des MMA. 36; der intern. Ausf.O. zum MMA. 46; des Beitrittsgesetzes 49, 55; der Ausführungsvorschriften 55; des UV. 123; des Ausführungsgesetzes 134; verfallener Schutzrechte 160, 170; des FV. 169 — mit den Vereinigten Staaten 174; des Berner Abk. 179 ff.
Inland, Herstellung, Umlauf, Verkauf, Feilbieten von Waren mit falschen Ursprungsangaben 152, 153 — unter falschen Lagebezeichnungen 154.
Inlandsvertreter s. Vertreter.
Internationale Abgabe s. Abgabe.
Internationale Ämter in Habana u. Rio de Janeiro 199.

Internationale Registrierung, Antrag 3, 4, 36, 47, 49, 57, 80, 85; Grundlage 4, 57, 62, 77; Ersuchen der Behörde des Ursprungslandes 8, 37, 58, 85; in französ. Sprache 37, 64; Wirkung 9, 12, 33, 52, 53, 78, 85; einer national bereits registrierten ausländischen Marke 13, 52; einer Erneuerung 25, 41, 52; Abgabe an JB. 26, 51, 52; Reichsgebühr 26, 48, 51, 52; Verteilung des Jahreserträgnisses 26; nachträglich beanspruchter Waren 29; Übertragungen 29 f.; Tag der deutschen Anmeldung 39; Bescheinigung auf den Gesuchsstücken 41, 62, 83; Bekanntgabe an die Verbandsländer 7, 41, 42, 45; Tag u. Nummer, Vermerk in der Zeichenrolle 42, 51; Gesamtzahl Ende 1923 47; von Wz., die vor dem Beitritt eingetragen worden 47, 48; Anwendung der Vorschriften des WbzG. 49; Wz., die noch nicht angemeldet 51; Zeitpunkt des Eintretens der Wirkung 52; Entfallen der Wirkung 52; Bewirkung durch JB. 7, 40, 56; Dauer des Schutzes 23, 59; keine Erneuerung nach Löschung des Zeichens 24, 59; Zusammenfassung mehrerer Zeichen in einem Antrage 48, 62; besonderes Registrierungsgesuch für jedes Zeichen 62; besondere Registernummer für jedes Zeichen 62; ohne Prüfung 7, 40, 80, 85; Registrierungsanzeige des JB. 86.

Internationale Ausführungsordnung, verbindliche Rechtsquelle für das Reichsgebiet 55.

Internationale Marken, Registrierungsakt 7; farbige Darstellungen 7, 38; Veröffentlichung 7, 8, 11; keine Eintragung in die Register der Zweitländer 11, 60; Wirksamwerden ihres Schutzes in den Zweitländern 12; jüngere — ältere nationale Registrierung 14, 15; Prüfung der Zweitländer (s. Prüfung) 16; keine Prüfung des JB. 7, 40; Versagung des Zeichenschutzes 17, 43; Begründung des Zeichenschutzes 11, 22; Dauer des intern. Schutzes 23 — Erneuerung 25 f. — Übertragung 29 f.; Sammelanzeige des JB. 32; ungeprüfte 33; Löschung 33; Wirksamwerden des Schutzes in den Zweitländern 12; Antrag auf Registrierung 3, 4, 6, 36, 47, 49, 57; Veränderungen im Bestande des Rechts 28; Übertragung mit Wechsel des Ursprungslandes 29, 30; Zubehör des Geschäftsbetriebes 29, 31; Übersendung eines Abdrucks an die Verbandsländer 41; intern. registrierte ausländ. M., Prüfung 48; Abänderungen des Markenbildes 48; Beschlagnahme u. Einziehung zugunsten i. M. 50; Sperrfrist (§ 4 Abs. 2 WbzG) 50; Zusammenstellung zu einem besonderen Prüfungsmaterial 50; Schutzversagung — Schutzentziehung 53; Übertragung unter Beschränkung auf einzelne Verbandsländer unzulässig 14, 59.

Internationale Zeitschrift s. Berner Zeitschrift.

Internationaler Schutz s. Markenschutz.

Internationales Büro, Errichtung 117; Sitz 119; Hinterlegungsstelle 3; Zuständigkeit, Umfang der Geschäfte 5, 18, 40 f., 56, 76, 77, 78, 80, 117, 118; Machtbefugnisse 5; Überwachung: Schweiz. Eidgenossenschaft 5, 117, 119; Registerführung 7, 40, 56, 77, 80; Druckstock 7, 39, 58; Veröffentlichung der registrierten Marken 7, 8, 42, 77; Abgabe an JB. bei Erneuerungen 25, 45, 52; Registrierung, Veröffentlichung der Erneuerungen 25, 87; Bekanntgabe von Verzichten 27; Registrierung, Mitteilung u. Veröffentlichung von Veränderungen 28, 44, 45, 85 — von Übertragungen 29 f.; Unanfechtbarkeit der Maßnahmen des IB. 5, 18, 30, 31; Sammelanzeige über die intern. Marken 32, 55, 56, 77; Kundgebungen über Priorität der Übergangsmarken 34 f., 75; Lieferung von Vordrucken für Registrierungsgesuche 39; Bescheinigung der erfolgten Registrierung auf den Gesuchen 41, 59; Übersendung der Registrierungsveröffentlichungen an die Verbandsländer 42; jährliche Jahresübersichten der registrierten Marken 43; Mitteilung der Veröffentlichungen an die Verbandsländer 8, 77; Bekanntgabe der Registrierungen an die Verbandsländer 7, 41; Abschriften, Auszüge aus dem Register, Nachforschungen, Auskünfte 23, 44, 60, 78, 79, 80; Hinweis auf Ablauf der Schutzfrist 24, 44, 88 ff.; Jahresrechnung über intern. Registrierungen 46; Schriftverkehr mit IB. in Markensachen 50; Übermittlung der Registrierungsanträge an IB. 56; Rückgabe, Vernichtung des Druckstockes 38, 58, 84; Registrierungsersuchen der Behörden des Ursprungslandes 8, 37, 58; Benachrichtigung des IB. von Übertragungen, Löschungen, Änderungen, Verzichten 27, 28, 59, 85; Abgabe an IB. für Registrierungen 26, 39, 51, 58, 63; Vollständige Anschrift 76, 78, 79, 81, 119; Registrierung ohne Prüfung 7, 40, 80, 85; Veröffentlichungen des IB. 80, 120; Vorstellung bei IB. wegen Übereinstimmung von Marken unnütz 85; Beispiel einer Registrierungsanzeige 86; einer Veröffentlichung betr. Erneuerung 87; Monatsschrift La Propr. ind. 117; Jahresberichte (rapports de gestion) 118; französische Sprache 118; Ausgaben, Deckung 118 f.; bureaux internationaux réunis de la propriété industrielle, littéraire et artistique 119; Teilnahme des Vorstehers an den Konferenzen 120.

Internationales Register, Eintragung 7, 40; Aufzunehmende Angaben 8, 40; Vermerk über Erneuerung 25; Ergänzung im Fall § 6 Abs. 2 WbzG. 29; Übertragungen 29 f.; Aufnahme des Tages der deutschen Anmeldung 39, 42; Abschriften u. Auszüge 23, 44; Veränderungen in den Eigentumsverhältnissen 45.

Italien, Außerkrafttreten des Ab- u. Übereinkommens betr. den gegenseitigen Patent-, Muster- und Markenschutz 144; Ausdehnung der Gesetze über industrielles Eigentum auf die neuen Provinzen 168.

K.

Kasse des RPA., Nichtannahme intern. Abgaben 26, 39, 51.

Kennzeichnung, widerrechtliche, von Waren: Schadensersatz, Strafe 208; von Waren, Gefahr der Verwechslung trotz Abweichungen 210.

Kirchengemeinden keine Verbandszeichen 131.

Klage auf Löschung eines Zeichens, das intern. registriert ist 24; auf Eintragung eines Wz. gegen den Widersprechenden 205; Verweisung des Löschungsantragstellers auf den Weg der K. 207.

Klagerecht, kein K. wegen Verletzung gewerblicher Eigentumsrechte während des Krieges 162.

Klassen, Anzahl der durch eine Anmeldung betroffenen Klassen 203.

Klasseneinteilung, deutsche mit französischer Übersetzung 65; Änderung durch Reichsregierung 203.

Klassengebühr bei Anmeldung von Wz. 203; Erstattung 203; bei Erneuerung 203.

Kognak im Weingesetz: Weinbrand 154.
Kolonien, Beitritt zum MMA. 32; zum UV. 122.
Konferenzen zur Revision des UV. 120; Teilnahme des Vorstehers des JB. 120.
Konflikte bei Nichteinhaltung der Frist Art. 5 MMA. 18 f.
Konsularbehörden der V. A. A., Legalisierung von Urkunden 196.
Konsulargerichtsbarkeit, keine Erstreckung des UV. auf die Bezirke der K. 94; Umfang der Ausübung 94; Abschaffung in China 176.
Konzessionen, Anerkennung u. Achtung in den oberschlesischen Abstimmungsgebieten 184.
Kosten einer Anhörung oder Beweisaufnahme im Widerspruchsverfahren 205 — im Löschungsverfahren 206; des JB., ihre Deckung 118 f.
Krankenpflege, Vereine u. Gesellschaften, Gebrauch des Roten Kreuzes 190, 192.
Kriegsausbruch, Einwirkung auf die intern. Verträge 155 — auf gewerbliche Schutzrechte 162; Auflösung von Lizenzen 163.
Kriegszustand, Zeitpunkt der Beendigung, Prioritätsfristen 171; Beendigung V. St. A. 173; Beendigung Costa Rica 175.
Kronenbilder, häufige Verwendung in Wz. 142.
Kündigung UV. 122, 123; Abk. mit Österreich, Ungarn 140 f.
Kurierdienst, Beförderung der Ersuchen u. Anzeigen des RPA. nach Bern 40.

L.

Lagebezeichnungen für Weine und geistige Getränke 153, 154; reine Herkunftsangaben 189.
Landesfarben der Schweiz 192.
Landwirtschaft, Erzeugnisse der L.: gewerbl. Eigentum 94, 125.
La Propriété industrielle, Monatsschrift des JB. 117, 120; Verteilung auf die Verbandsländer 118.
Legalisierung vom RPA. ausgestellter Urkunden zum Gebrauch in V. St. A. 196.
Leitung der Markenstelle 50; des JB. 120.
Les marques internationales s. Berner Zeitschrift.
Lizenz, kraft Kriegsgesetzgebung einer alliierten oder assoziierten Macht verliehene 163; Befugnis der alliierten u. assoziierten Mächte, auf gewerbliche Eigentumsrechte deutscher Reichsangehöriger L. zu erteilen 158; während des Krieges für L. gezahlte Geldbeträge 164.
Lizenzverträge, vor Kriegserklärung abgeschlossene, Auflösung, Erneuerung 163.
Lizenzverweigerung, Rechtsanteile 146.
Löschung, keine L. deutscher Zeichen wegen späterer intern. Registrierung 14; Klage, Klageantrag 24; Mitteilung der L. an JB. 24, 28, 59, 85; rückwirkende Kraft 24, 208; Registrierung 28, 40; Übergangsmarken 33; Urteilstenor 33; statt Löschung: Entziehung des Schutzes 33, 54; nach L. des Zeichens keine Erneuerung der intern. Registrierung 24, 59, 85; des Zeichens: Vernichtung des Markenschutzes 24, 86; ausländische Marken: Gründe 105, 108; Verbandszeichen 130, 132, 133, 134, 212; ältere Wz. mit Rotem Kreuz, keine Löschung 194; von Wz. 206 f.
Löschungsgründe, markenrechtliche — sonstige 109; Verbandszeichen 130, 132, 133, 212; Wz. 206 f.; Vorliegen eines Löschungsgrundes 208.
Löschungsklage gegen den Verband, nicht gegen einzelne Mitglieder 134; Verbindung der L. gegen Verband mit Unterlassungsklage gegen Mitglied 134; gegen den

eingetragenen Inhaber eines Wz. 206 f.
Löschungsurteil, Rechtskraft des Urteils auf Löschung eines Wz.: intern. Markenschutz 24: Wirksamkeit u. Vollstreckbarkeit gegen Rechtsnachfolger 207.
Lurmarke für dänische Butter 134.

M.

Mächte, alliierte und assoziierte, Friedensschluß 151; unlauterer Wettbewerb 152; Lagebezeichnungen 153; Private Güter, Rechte u. Interessen in Feindesland 155; Sondermaßnahmen 157; Beschränkungen gewerblicher Eigentumsrechte deutscher Reichsangehöriger 158.
Madeira, strenge Ursprungsbezeichnung 147.
Madrider Abk.: falsche Herkunftsbezeichnungen, Beitritt 189, Verbandsangehörige 189.
Madrider Konferenz 3, 10, 34, 120 f., 187.
Madrider Marken-Abkommen, Beitritt des deutschen Reichs 5, 32 f., 55, 57; Verbandsländer 4; Ursprungsland 4, 6, 61; Niederlassung und Wohnsitz 6, 73; Auslegung des Art. 4 9, 52; Ausführung 31, 36; Form des Beitritts; Wirksamwerden des Beitritts 32 ff., 55; Wirkungen des Beitritts hinsichtlich der Übergangsmarken 35, 52, 74; Inkrafttreten 36; Abänderung der Ausf.O. 47; Vorteile u. Nachteile des Beitritts 2; Wirkungen des Beitritts 3; verbindliche Rechtsquelle für das Reichsgebiet 55; Zweck 1, 56; Berechtigung zur Inanspruchnahme der Vergünstigungen des Abk. 6, 61, 77; Niederlegung der Ratifikationsurkunden 36.
Mailand, Kongreß 10.
Manufacturier als Bezeichnung des Geschäftsbetriebes 53.
Marke (s. internationale Marken, Fabrik- u. Handelsmarken) öffentliche Wappen, Abzeichen, Ehrenzeichen, Prüfungsstempel 108; Zurückweisungsgründe ausländischer Marken 108; Verstoß gegen die öffentliche Ordnung 108, 126; Zahlen u. Buchstaben 109; Unionspriorität 77, 79, 97 f., 100; mangelnde Unterscheidungskraft 105, 108, 111; Anerkennung im Verkehr 109 — Beweisregeln 111; Gebrauch im Ursprungsland 110; Berücksichtigung des Art. 6 UV. von Amts wegen 110; Beurteilung der Marke durch die Auslandsbehörde 110; Prüfung auf Schutzfähigkeit durch RPA. 110; für monopolisierte Waren 111; Aufschriften: Gesetze der Verbandsländer 111; Versagungsbeschluß, Bezeichnung der kollidierenden M. 43; Gleichstellung der Verbandsangehörigen mit den Staatsangehörigen 94; Gebrauchszwang 107; Sprachgebrauch 3; der österr. Sensenschmiede 139.
Markeninhaber, Benachrichtigung von Beanstandungen eines Zweitlandes 17, 43, 85; Aushändigung der Registrierungsbescheinigung 42, 59; Anmahnung des IB. wegen Ablaufs der Schutzfrist 24, 45, 85; Antrag auf Erneuerung 24, 25, 52, 59; Rückgabe des Druckstocks 38, 58, 84; Verzichte 27, 52, 60, 85; Inlandsvertreter 21, 22, 44.
Markenregister, deutsches s. Nebenregister.
Markenschutz, internationaler (s. Zeichenschutz), Vorbedingung: Schutz im Ursprungsland 4, 23, 24, 28, 39; Wirksamwerden des M. in den Verbandsländern 12; Zeitpunkt seines Wirksamwerdens 12; gegenüber älterem — jüngerem —

Zeichenschutz 14, 15; Dauer 23, 59, 85; Erlöschen 24, 86; Verzicht 27, 52, 60, 85; Einfluß territorialer Neuordnungen 31; Versagung 17ff., 43, 59, 60; Registrierung der Versagung 40; Erneuerung 24, 25, 52, 59, 85; Zuerkennung 22, 85; Unterbrechung bei nicht rechtzeitiger Erneuerung 25, 59, 88; im Ursprungslande 105 ff.; kein Verlust infolge Einfuhr 138, 145.

Markenstelle, Übermittlung der Beanstandung einer Marke an JB. 44; Errichtung, Geschäftsbereich, Befugnisse 50; Leitung 50; Rechtsmittel 50; Auslegung des Wzblattes u. Les marques internationales 74.

Medaillen in Wz., Prüfung 76; Winkelausstellungen 137.

Mehrere Personen: Beanspruchung der Vergünstigungen des UV. 95 — der Unionspriorität 100; m. Zeichen eines Verbandes 131.

Mengenverhältnisse s. Preisverhältnisse.

Merkblatt des RPA., Bezug u. Preis 56.

Militärischer Sanitätsdienst, Schutz eines intern. Neutralitätszeichens 190, 192.

Mindestmaß von Schutz, Berner Abk.: Fortbestehen günstigerer Vereinbarungen 179.

Mineralien, gewerbl. Eigentum 125.

Mineralwasser, gewerbliches Eigentum 125.

Mißstände im Ausstellungswesen, Bekämpfung 137.

Mitteilung der in das intern. Register aufzunehmenden Angaben an die Verbandsländer 8, 40.

Modelle s. Muster.

Monopole, kein Hindernis für Hinterlegung einer Marke 111; Gebrauch der Marke für monopolisierte Waren 111.

Muster und Modelle, gewerbliche, Gleichstellung der Verbandsangehörigen mit den Staatsangehörigen 94; Unionspriorität 97; Anmeldung bei Handels- u. Gewerbekammer Wien, Budapest 140; Einfuhr, kein Verlust des Schutzrechts 138, 145; Verlängerung der Verfallsfristen 160, 178.

N.

Nachanmeldung, Erklärung über Zeit u. Land der Voranmeldung 101, 135.

Nachforschungen, Gebühr des JB. 44, 80.

Nachfolgestaaten, österreichische und ungarische 138.

Nachholung, Handlungen zur Erhaltung oder zum Erwerb von gewerblichen Eigentumsrechten: JB. 159 — Berner Abk. 178; Erneuerungen 206.

Nachholungsgebühr, Verlängerte gesetzliche Fristen 170; Erneuerungen 206.

Nachteile des Beitritts zum MMA. 2.

Nachträge zu intern. registrierten ausländischen Marken: keine Eintragung in die Rolle, keine Veröffentlichung im Wzbl. 60, 63.

Nachträglich beanspruchte Waren, Registrierung 29.

Namen, fremde in Wz., Prüfung 76; bestimmter Orte und Bezirke, Mißbrauch zu Täuschungszwecken 140; Mißbrauch fremder Namen zur Kennzeichnung von Waren 208; falsche Bezeichnung von Waren mit einem Ortsnamen zum Zwecke der Irrtumserregung 209; geographische Namen, die zu Sachnamen geworden 209; fremde, Verwechselungen trotz Abweichungen 210.

Nancy, Kongreß 10.

Nationalitätsprinzip des UB. 95.

Natur des Erzeugnisses, keine Hinderung der Hinterlegung 111.

Nebenregister, Schaffung 22; Inhalt und Bedeutung 22, 23, 25, 60, 63;

Verzicht auf intern. Markenschutz 27, 52; Führung, Einsicht 50, 60, 61, 63; Vermerk über Entziehung des Zeichenschutzes 54.
Negociant als Bezeichnung des Geschäftsbetriebes 53.
Neutrale, ehemalige, Teilnahme an den Vergünstigungen des FV. 170; desgl. des Berner Abk. 181.
Nichtausübung s. Ausübung.
Nichtgebrauch s. Gebrauch.
Nichtgebrauch eines Wz. während der Kriegszeit 163, 164.
Nichtigkeitserklärungen in bezug auf das Eigentumsrecht an einer Marke 28.
Nicht-Verbandsangehörige, Inanspruchnahme der Vergünstigungen des MMA. 6. 61.
Niederlande, Handhabung des Art. 4 MMA. 11.
Niederlassung (s. Handels-, gewerbl. N.) in einem Nichtverbandslande 6; Verlegung 31; Verbandsangehörige 94, 96, 125; tatsächliche u. wirkliche 97; gewerbliche oder Handelsniederlassung 97; in abgetrennten Gebieten 165.

O.

Öffentliche Ordnung, ausländische Marken, die gegen die ö. O. verstoßen 105, 108; unbefugter Gebrauch von öffentlichen Wappen, Abzeichen oder Ehrenzeichen; von Prüfungs- u. Gewährzeichen: Verstoß gegen die ö. O. 108, 126; Verstoß gegen die Vorschriften der Markengesetzgebung eines Verbandslandes 108, 126.
Option, der V. St. A. auf die im Teil X Abschn. 7 Versailler Vertrages bezeichneten Rechte u. Vorteile 175.
Ortsbezeichnung, widerrechtliches Versehen ausländischer Waren mit einer deutschen Firma und Ortsbezeichnung 209.
Ortsnamen, die zu Sachnamen geworden 209.
Österreich, Handhabung des Art. 4 MMA. 11; abgeleitete Prioritäten deutscher Anmeldungen 107; Heimatschutz: Angehörige des Deutschen Reichs 107; Sondervereinbarungen über gewerbl. Rechtsschutz 138; Prioritätsfristen 141; Beglaubigung öffentlicher Urkunden 143; österr. Erblandswappen 139, 140; österr. Sensenfabrikanten: Mißbrauch ihrer Marke 139, 140; österr. Meisterzeichen 140.

P.

Pariser Kongreß 10.
Passive Seite des Beitritts zum MMA. 3, 60.
Patent Verfall wegen Nichtausführung 77, 105; kein Verfall wegen Einfuhr des patentierten Gegenstandes 77, 104, 138, 145; Unabhängigkeit der P. 77, 104; Gleichstellung der Verbandsangehörigen mit den Staatsangehörigen 94; Priorität 97; Verschiedene Arten 125; Ausführungszwang gegenüber der Schweiz 145 — gegenüber V. St. A. 175; Verlängerung der Verfallsfrist 160, 178 — der Frist zur Zurücknahme 170.
Patentamt s. Reichspatentamt.
Patentschriften-Vertriebsstelle, Bezug des Merkblattes 63.
Polen, deutsche Schutzrechte, im einverleibten Gebiet bestehende 166 f. — im oberschlesischen Abstimmungsgebiet 184, 185.
Portugal, Außerkrafttreten des Handels- und Schiffahrtsvertrages 147f.
Portwein, strenge Ursprungsbezeichnung 147.
Posteinlieferungsschein als Mittel der Glaubhaftmachung 51.
Präsident des RPA., Beschwerden gegen Bescheide der Markenstelle 50; Bildung, Geschäftskreis, Ge-

schäftsgang der Prüfungsstellen 213.
Preis der Zeitschrift Les marques internationales 60, 63, 79; des Merkblattes 63.
Preis-, Mengen- oder Gewichtsverhältnisse der Ware, lediglich aus Angaben über . . . bestehende Wz. 129, 204; Freihaltung solcher Angaben für den Verkehr 208.
Prima facie-Beweis für das Ausschließungsrecht des Markeninhabers 107.
Priorität (s. Unionspriorität), Registrierung nachträglich beanspruchter W. 29; der Übergangsmarken 33 ff., 52, 75; abgeleitete Prioritäten 107; Ausstellungspriorität 136; Fristen mit Österreich u. Ungarn, Schweiz 141, 146; Eintragung unter dem Zeitpunkt der ursprünglichen Anmeldung nach Beseitigung eines Widerspruches 205; Wz. älteren Rechts 211.
Prioritätsanspruch s. Unionspriorität.
Prioritätsbescheinigungen, erleichterte Förmlichkeiten 103.
Prioritätsintervall, Entstehung eines Vorbenutzungsrechts 103; Ermittlung entgegenstehenden Materials aus dem P. 102.
Private Güter, Rechte u. Interessen in Feindesland 153 f.
Privilegien, Anerkennung u. Achtung in den oberschlesischen Abstimmungsgebieten 184.
Protektorate der Unionsländer, Beitritt zum UV. 122.
Protokoll erstes, über Hinterlegung der Ratifikationsurkunden zum FV. 169.
Prozeßkosten, Sicherheitsleistung 96, 149, 165, 209.
Prüfung, auf Übereinstimmung mit intern. Marken 51; der Unionspriorität 102; einer Marke auf Schutzfähigkeit durch RPA. 110; der Wz. 204.
Prüfung intern. Marken, Umfang 16, 22, 48, 80; die als deutsche Z. bereits geschützt 14, 15; keine Prüfung bei Erneuerungen 25, 49; im neuen Ursprungsland 30; Übergangsmarken 33, 48; keine Prüfung durch JB. 7, 40, 80; intern. registrierte ausländ. M. 48.
Prüfungsbefugnis der Zweitländer 16, 80; keine P. des JB. 7, 40, 85; des RPA.: Schutzfähigkeit einer Marke 110.
Prüfungsmaterial der ausländischen, intern. registrierten Marken 50.
Prüfungsstellen, Obliegenheiten, Besetzung 213; Bildung, Geschäftskreis, Geschäftsgang 213; Wegfall des Vorbescheides 213; Pflicht zur Anhörung des Patentsuchers 213.
Prüfungsstempel, amtliche, unbefugter Gebrauch 108, 126; Unterscheidungskraft 129.

R.

Ratifikation, des FV. 168 f.; erstes Protokoll über Niederlegung der Ratifikationsurkunden 168 f.; des BernerAbk. 179 ff.; das MMA. 36; das UV. 123 f.; der Genfer Konvention 190.
Rechte, erworbene, Anerkennung u. Achtung in den oberschlesischen Abstimmungsgebieten 184.
Rechte Dritter, Vorbehalt 102; Geltendmachung 103.
Rechtsfähigkeit, Träger des Rechts aus einem Verbandszeichen 131.
Rechtshilfe, Tragweite des Anspruchs der Unionsangehörigen 96.
Rechtskraft eines Löschungsurteils 24.
Rechtsmittel gegen Maßnahmen des JB. 5, 18, 30, 31; gegen Bescheide der Markenstelle 50, 51; gegen Verweigerung des Markenschutzes in einem Zweitlande 60, 80, 85, 86.
Rechtsnachfolge, Nachweis für Umschreibung eines Wz. 205.

Rechtsnachfolger der Unionsangehörigen 99; Geltendmachung des Wz.rechts erst nach Umschreibung in der Rolle 205; Wirksamkeit u. Vollstreckbarkeit von Löschungsurteilen 207.
Rechtsquellen, verbindliche des Reichs: MMA. u. intern. AusfO. 55; UV. 95.
Rechtsschutz u. Rechtshilfe, Deutsches Reich u. Tschechoslowakische Republik 149; Unionsangehörige 96.
Rechtsverfolgung in den oberschlesischen Abstimmungsgebieten 184.
Rechtsverletzungen an gewerblichem Eigentum während des Krieges 162.
refus provisoire, tardif, definitif 18.
Regionalmarken, Verbandszeichen 131; Österreich, Ungarn 139, 140.
Register, internationales 7, 25.
Registrierung s. intern. Registrierung; Tag der Registrierung – Anmeldung im Ursprungslande 39, 41; konstitutive u. deklaratorische Wirkung 107.
Reichsangehörige, Vertreterzwang für ehemalige R. 165; Gegenseitigkeit 95, 127; gewerbliche Schutzrechte in den abgetrennten Gebieten 164; Beschränkung ihres gewerblichen Eigentums 157, 161; Entschädigung wegen Beschränkung ihres gewerblichen Eigentums 158; Verletzung ihrer gewerblichen Eigentumsrechte während des Krieges 162; Schadensersatz wegen Ausnutzung ihrer gewerblichen Schutzrechte während des Krieges 157; ehemalige Reichsangehörige: Sicherheitsleistung wegen Prozeßkosten 165; Wiederinkrafttreten verfallener Schutzrechte 160, 170; Wiederinkraftsetzen ihrer Handelsmarken in China 176; Frist für Verfall oder Ungültigkeitserklärung gewerblicher Schutzrechte 160, 170, 178; Sicherung gewerblicher Schutzrechte deutscher R. im Ausland 185, 186.
Reichsangehörigkeit, Begriff 127.
Reichsbank, eiserne Gedenkstücke 108f.
Reichsgebühr s. Gebühr.
Reichskanzler, Bestimmung des Zeitpunktes für das Außerkrafttreten der Bekm. über Vereinfachungen im RPA. 213 — der Bkm. über Erleichterungen im Patent-, Gebrauchsmuster- u. Wzrechte 215.
Reichspatentamt s. Ersuchen, Nebenregister, Kasse; Benachrichtigung des JB. von Veränderungen im Bestande des Markenrechts 28, 59; Mitwirkung bei intern. Registrierungen 39; Benutzung des Kurierdienstes nach Bern 40; Einreichung des Antrags auf intern. Registrierung 47, 57 — auf Erneuerung 52, 59; Zustimmung bei Übertragungen 29, 54; Versagung der Zustimmung 30; Eingang der Sammelanzeige 55, 56; Aushändigung der Registrierungsbescheinigung an Antragsteller 42, 59; Einreichung der Verzichterklärung 27, 59; Benachrichtigung des JB. von einem Verzicht 27, 59; Sonderzuständigkeit für die in den abgetrennten Gebieten fortbestehenden Schutzrechte 166; Legalisierung der vom RPA. ausgestellten Urkunden für den Gebrauch in V. St. A. 196; Führung der Zeichenrolle 203; Veröffentlichungen (Wzblatt) 204; Einleitung des Widerspruchsverfahrens 204; Entscheidung über Zeichenübereinstimmung im Widerspruchsverfahren 205; Festsetzung der Stufen des Druckkostenbeitrags 205; Arglist eines formal Unionsberechtigten 103; unmittelbarer Geschäftsverkehr mit österreichischen Behörden 138; Löschung eines Wz. wegen Nichtfortsetzung des Geschäftsbetriebes 207; Abgabe von Gutachten 208; Amtsbezeichnung 215.

Reichspräsident, VO. über Einrichtung u. Geschäftsgang der RPA. sowie über das Verfahren vor demselben 212.
Reichsrat, Zustimmung bei Änderung der Gebühr für Registrierungsantrag 48; Zustimmung zu VO. des Reichspräsidenten über Einrichtung und Geschäftsgang des RPA. sowie über das Verfahren vor demselben 212.
Reichsregierung, Vorschriften zur Ausführung des Beitrittsgesetzes 49, 54.
Revisionen, des UV. auf Konferenzen 120.
Right of user, Heimatschutz: Formalakt der Eintragung 107.
Rohstoffe, industrielle, gewerbl. Eigentum 94.
Rom, Konferenz 120.
Rotes Kreuz, Erlaubnis zum Gebrauch 190, 192; Krankenpflege, militärischer Sanitätsdienst 190 f.; Form 192; Beschränkung des Gebrauchs 192; Strafe für unbefugten Gebrauch 193; Abweichungen in Form und Farbe 193, 194; Abstempelung bei der Verkündung des Gesetzes zum Schutze des Genfer Neutralitätszeichens mit dem Roten Kreuz versehenen Waren 193; Fortführung in Wz., Firmen, Namen rechtsfähiger Vereine 194; Erneuerung älterer Wz. mit Rotem Kreuz 194; Verbot der Eintragung von Wz. mit Rotem Kreuz 194, 197.
Rückgabe des Druckstocks durch IB. 38, 58, 84.
Rückwirkende Kraft, Beitritt zu einem Vertrage 34; Schutzentziehung — Schutzversagung 53; Entziehung des Zeichenschutzes 54, Löschung eines Wz. 208.
Rückwirkung der Versagung des Zeichenschutzes 17, 50, 53; der Löschung eines Zeichens auf intern. Markenrecht 24; des UV. auf Inland 110; nachgeholte Erneuerungen 206; der Löschung eines Wz. 208.

S.

Sachverständige in Ausstellungsangelegenheiten 137.
Sammelanzeige über die intern. Marken 32, 52, 53, 74; Inhalt 46.
Schadensersatz wegen unbefugten Gebrauchs eines Verbandszeichens 130, 133, 134, 212; wegen Ausnutzung gewerblicher Schutzrechte deutscher Reichsangehöriger während des Krieges 157; Verzicht, Vergleich eines Verbandsmitgliedes 134; Verletzung gewerblicher Eigentumsrechte während des Krieges 162 f.; widerrechtliche Kennzeichnung von Waren 208; unbefugte Benutzung fremder Ausstattungen 208 f.
Schaustellung, Zeitpunkt der Sch., Prioritätsrecht 136; Nachweis 136.
Scheck, Zahlbarmachung in Bern 26, 39, 58, 63, 64, 81.
Schiedsgerichte, gemischte 163; für Oberschlesien 185; Prozeßordnungen 164.
Schriftverkehr, mit IB in Markensachen 50.
Schulgemeinden, keine Verbandszeichen 131.
Schutz s. Markenschutz, Zeichenschutz; materiell- u. prozeßrechtlicher Schutz der Unionsangehörigen 96; gegen Mißbrauch der Fabrik- u. Handelsmarken, der Handelsnamen 113; gegen falsche Herkunftsbezeichnungen 187; Verbandszeichen — siehe diese; zeitweiliger, bei Ausstellungen 135 f.; Berner Abk.: Mindestmaß 197.
Schutzberechtigung (s. Berechtigung) bei Versäumnisurteilen u. Urteilen nach Lage der Akten 95.
Schutzfähigkeit einer intern. Marke, unabhängige Prüfung des RPA. 110; der Verbandszeichen 131.

Schutzfrist, Hinweis des JB. auf den Ablauf 24, 45; keine Beeinflussung durch Unionspriorität 101; Verbandszeichen 131; intern. Marken 23, 59; Wz. 206.
Schutzrechte, gewerbliche, kein Verfall infolge Einfuhr 77, 104, 138, 145; während des Krieges verfallene, Wiederinkrafttreten 160, 170; in dem oberschlesischen Abstimmungsgebiet 184 f.; Sicherung deutscher Reichsangehöriger im Ausland 185.
Schutzversagung s. Versagung.
Schweden, Eisenmarken 109; Vorbehalte zum Berner Abk. 180.
Schweiz, Handhabung des Art. 4 MMA. 11; Wappen u. Landesfarben 192; Beglaubigung öffentlicher Urkunden 147.
Schweizerische Eidgenossenschaft, Entgegennahme u. Behandlung der Beitrittserklärungen zum MMA. 5, 32 f., zum UV 121 ff., zum Berner Abk. 179; Beitrittsanzeige des Deutschen Reichs 5, 47, 55; Aufsicht über JB. 5, 117; Überwachung der Ausgaben des JB., Leistung von Vorschüssen, Aufstellung der Jahresrechnung 119; Kündigung des UV. 123; Niederlegung des Berner Abk. im Archiv der Schw. E. 179.
Sensenfabrikanten, österr., Mißbrauch ihrer Marken 139.
Sicherheitsleistung wegen Prozeßkosten: Unionsangehörige 96 — Tschechoslowakische Republik 149 — ehemaliger Reichsangehöriger, abgetrennte Gebiete 165; Beschlagnahme ausländischer W. gegen S. 209.
Silberne Geräte: Stempelzeichen zur Angabe des Feingehalts 126, 129.
Singularnachfolger, der Unionsangehörigen 99.
Sonderabkommen, Abschluß eines S. über intern. Markenregistrierung 1, 56, 121 — über Unterdrückung falscher Herkunftsbezeichnungen 121, 187; Zulässigkeit 121, 138; ältere Staatsverträge zwischen Unionsländern 121 — mit Österreich u. Ungarn 138 — mit der Schweiz 145.
Sondermaßnahmen der alliierten u. assoziierten Mächte hinsichtlich der Rechte deutscher Reichsangehöriger 157; Geldbeträge, durch Sondermaßnahmen der Kriegführenden aufgebrachte 157.
Sonderverträge der Signatarmächte des Berner Abkommens 179.
Sperrfrist intern. Marken 50; gelöschte Warenzeichen 129, 204; Verbandszeichen 132.
Sprachen, fremde: unlauterer Wettbewerb 153; französischer u. englischer Wortlaut des JB. 168; französische Sprache: s. diese.
Sprachgebrauch, Marke — Warenzeichen 3.
Staatsangehörigkeit, Merkmal des Ursprungslandes 6, 45; Angabe der St. im Registrierungsantrage 57, 61; Verbandsangehörigkeit 6, 61, 77, 95; Wechsel der St. in den abgetrennten Gebieten 164 — in den polnischen Abstimmungsgebieten 183.
Staatswappen s. Wappen.
Statistik, der intern. Registrierungen 47; der Verbandszeichen 131.
Stempel, Prüfungs- und Gewährung
Stempel, Prüfungs- u. Gewährzeichen und -stempel 126.
Stichtag, „zur Zeit der Abtrennung" 165.
Strafbescheid der Verwaltungsbehörden auf Einziehung ausländ. Waren 209, 210.
Strafe, widerrechtliche Kennzeichnung von Waren mit fremden Namen, Firmen, Wz. 208; unbefugte Benutzung einer fremden Ausstattung 208 f. — des roten Kreuzes 193; Bezeichnung einer

Ware mit einem falschen Ursprung 209.
Strafgebühr, Einhaltung der verlängerten Fristen des JB. 159; Nachholungsfrist des Berner Abk. 178.
Strafgelder, von den V. St. A. auferlegte 174.
Strafverfolgung wegen widerrechtlicher Kennzeichnung von Waren 208; wegen unbefugter Benutzung einer fremden Ausstattung 208f.

T.

Tabak, cubanisches Schutzband 126.
Tag der Registrierung – Anmeldung im Ursprungslande 39; der Anmeldung bei Zeichen älteren Rechts 39; der Eintragung bei Erneuerungen 39.
Täuschung, Gefahr einer T. begründende Angaben in Wz. 129, 204; Löschungsgrund 206.
Teilprioritäten, Zulässigkeit 102.
telle-quelle-Klausel, Bedeutung 79, 108; Form und Inhalt der Marke 108.
Territoriale Neuordnungen, Einfluß auf intern. Markenrechte 31.
Tratten, Zahlbarmachung in Bern 26, 39, 63, 81.
Treuhandverhältnis zwischen Zedent und Zessionar 31.
Tschechoslowakei, im einverleibten Gebiet bestehende deutsche Schutzrechte 166f.; Beglaubigung öffentlicher Urkunden 143 — Befreiung von Beglaubigung 144; Rechtsschutz u. Rechtshilfe 149; Geltung des UV. 149; Zutritt zu den Gerichten, Sicherheitsleistung, Vorauszahlung auf Gerichtskosten, Armenrecht 149, 150.

U.

Übereinstimmung mit älteren intern. Marken, Prüfung 51; Vorstellung bei JB. wegen Ü. von Marken, unnütz 86; ausländischer Marken mit älteren Zeichen 108; Entscheidung der RPA im Widerspruchsverfahren 204 — Verneinung, Feststellung der Ü., Folgen 205; Anspruch des Anmelders auf Eintragung trotz patentamtlicher Feststellung der Ü. 205; von Wz. — Löschungsgrund 206.
Übergang (s. Übertragung).
Übergangsmarken, Übernahme ohne Prüfung 9, 16, 22, 33ff., 48; keine Prüfung bei Erneuerungen 25, 49; Wirkung der Sammelanzeige 33, 52, 85 — keine Prüfung auf Schutzfähigkeit 33; Gefahren 33; Löschungsanträge u. -klagen 33; Priorität 33ff., 52, 75; Schutzentziehung 33, 53, 75.
Übernahme der intern. Marken durch beitretende Länder 33; Gefahren der Übernahme 33.
Überschuß des JB. aus Markenregistrierung 46.
Übersetzung in französische Sprache, Mitwirkung des Zeicheninhabers 39, 64; der deutschen Warenklasseneinteilung 203.
Übersicht, jährliche Ü. des JB. 43.
Übertragbarkeit, Ausschluß bei Verbandszeichen 130, 133, 212; durch Anmeldung oder Eintragung eines Wz. begründeten Rechts 205.
Übertragungen, Registrierung u. Veröffentlichung 28, 40, 60, 63; Markenrecht – Zeichenrecht 29; auf Angehörige eines anderen Vertragslandes 29, 45, 54; auf Personen, die keinem Vertragslande angehören 30, 45; Benachrichtigung des JB. 28, 59, 80; mit Beschränkung auf einzelne Verbandsländer unzulässig 14, 59, 62, 85; Verbandszeichen 130.
Uhrketten s. Gedenkstücke.
Umlauf von Waren mit falschen Ursprungsangaben 152.

Umschreibung s. Übertragung, Verbandszeichen 130.
Unabhängigkeit der Patente 77, 104; älterer Zeichen- jüngerer Markenschutz 14, 15.
Unanfechtbarkeit der Maßnahmen des JB. 5; der Festsetzung der Anzahl der durch eine Anmeldung betroffenen Klassen 203.
Ungarn, Sondervereinbarungen über gewerblichen Rechtsschutz 138; Prioritätsfristen 141; Mißbräuchliche Verwendung staatlicher Embleme 142; Beglaubigung öffentlicher Urkunden 143; ungar. Sankt-Stephanskrone 139, 140, 142 f.
Union amerikanischer Staaten s. Amerikanische Union.
Unionsangehörige, Gegenseitigkeit 95; Vertreterzwang 95, 96; Sicherheitsleistung wegen Prozeßkosten 96; Bewilligung des Armenrechts 96; erhöhte Vorschußpflicht 96; Anspruch auf Rechtshilfe 96; Niederlassung 94, 96, 125; Wohnsitz 94, 96, 125; Verbandszeichen 134.
Unionsländer s. Verbandsländer.
Unionspriorität, Wahrung der U. nach dem MMA. 12; erste Anmeldung in einem Verbandslande 77, 79, 100; Berechtigung 94, 99; Fristen, Berechnung, Lauf, Einhaltung 98, 100, 125 f., 136; Geltendmachung 98, 101, 135 — Höchstmaß der Förmlichkeiten 99 — Folgen ihrer Außerachtlassung 99; Wirkung, Vorrang 98, 99, 101, 103; Veröffentlichung 98; beglaubigte Abschrift der früheren Hinterlegung 98; Bescheinigung über die Zeit der Hinterlegung 99; Verlust 99; kein Prioritätsrecht im Lande der Erstanmeldung 99; mehrere Anmelder 100. Rechtsnachfolger 99; Erstanmeldung in einem anderen als dem Heimatlande 101; keine Wiedereinsetzung in den vorigen Stand 101; Wiederholung einer Anmeldung mit Prioritätserklärung 101; keine Zurückverlegung des Anmeldetages 101; Bedeutung im Wz.wesen 101; kein Einfluß auf die Schutzfrist 101; keine Berücksichtigung von Amts wegen 101; Verwirkung des Prioritätsanspruchs 102, 128; Prüfung 102; Teilprioritäten 102; Vorbenutzungsrecht im Prioritätsintervall 103; arglistige Ausnutzung 103; Prioritätsbescheinigung 103; Erklärung über Zeit und Land der Voranmeldung 98, 128, 135, 160; Beibringung der Beweisurkunden 98, 102, 128, 135; Verhältnis zur Ausstellungspriorität 136; JB.: Fristverlängerung 161, 171; Lauf der im JB. vorgesehenen Fristen 169; Beendigung des Kriegszustandes 172; Berner Abk.: Fristverlängerung 177.
Unions restreintes s. Sonderabkommen.
Unionsvertrag, Verbandsangehörige 93; französischer Text 94, 124; Berechtigte 77, 95; Bestandteil des inneren deutschen Rechts 95; Wirkung im zwischenstaatlichen Rechtsverkehr 110; Rückwirkung auf Inland 110; Sonderabkommen 121; Beitritt: Form, Inkrafttreten 121 f.; Ausführung der von den Vertragsländern übernommenen Verbindlichkeiten 123; Kündigung 123; Inkrafttreten 123; Unterzeichnung, Aufbewahrung 124; erneute Geltung nach dem Weltkrieg 154 f., 162; Gleichstellung unionsberechtigter Ausländer mit den Einheimischen 95 — aber JB. 96, 159; Niederlegung der Ratifikationsurkunden 123.
Universalnachfolger der Unionsangehörigen 99.
Unlauterer Wettbewerb, Schutz gegen u. W. 77, 115; Gleichstellung der Verbands- u. Staatsangehörigen 94; § 28 UWG.: Unions-, Reichsangehörige 115, 127; Gesetz-

gebung des Auslandes 115; Schutz der Erzeugnisse der alliierten und assoziierten Mächte 152 f.; fremde Sprachen 153.
Untätigkeit des Patentinhabers, Verfall des Patents 105.
Unterbrechungen des intern. Markenschutzes bei territorialen Neuordnungen 31; bei Erneuerungen 88 ff.
Unterlassungsklage des Verbandes wegen unbefugter Benutzung seines Zeichens 133; gegen Verbandsmitglieder 134; Verbindung der Löschungsklage gegen Verband mit U. gegen Mitglied 134.
Unterscheidung der Waren des Anmelders eines Wz. von den Waren anderer 203.
Unterscheidungskraft, mangelnde, Zurückweisung ausländischer Marken 105, 108; Anerkennung im Verkehr 109; Beweisregeln 11
Urkunden, öffentliche, Beglaubigung im Verkehr mit Österreich, Ungarn, Tschechoslowakei 143, 144 — mit der Schweiz 147 — V. St. A 196.
Urkundenbeweis, Unionspriorität 102, 128; Nachweis der Schaustellung 136.
Ursprung (s. auch Herkunft), Benutzung von öffentlichen Wappen u. Ortsnamen zur Bezeichnung des Ursprungs 140; Portwein, Madeirawein 147; falsche Angaben über U. 153; Bezeichnung von Waren mit einem falschen örtlichen Ursprung 209.
Ursprungsland, Markenschutz im U. 4, 23; Begriff 4, 6, 61, 106; Registrierungsersuchen 8, 37, 84, 85; Benachrichtigung des JB. von Änderungen im Bestande des Markenrechts 28, 45, 85; Wechsel des U. bei Übertragungen 29, 30, 45, 54; Behörde des U. 6, 18, 26, 39; Tag der Registrierung — Anmeldung im U. 39, 41; Benachrichtigung durch JB. von Schutzversagung 17, 43, 85; Eintragung einer Marke, Wirkung 105; Vorschriftsmäßigkeit der Hinterlegung 106; Heimatsschutz: Eintragung, Gebrauch, Hinterlegung 107; Bescheinigung der ordnungsmäßigen Eintragung 107, 126.
Urteil nach der Lage der Akten, Voraussetzung der Schutzberechtigung 95.
Urteilstenor, Löschung intern. Marken 33, 54.

V.

Veränderungen im Bestande des Zeichenrechts, Benachrichtigung des JB. 28, 40, 59, 80; in den Eigentumsverhältnissen der Marke: Art. 9 u. 9 b MMA. 45; Veröffentlichung 28, 45.
Verband zum Schutze des gewerbl. Eigentums 92.
Verbandsangehörige, den Staatsangehörigen gleichberechtigt 79, 94; Vergünstigungen des MMA. 6, 61, 77 — des UV. 77, 95; Wohnsitz, Niederlassung 94, 95, 125.
Verbandsländer, MMA. 4; JU. 93; Gesetzgebung über Gebrauch der Marken 107, über Verbandszeichen 112; Verteilung der Monatsschrift La propriété industrielle 118; Einteilung der Unionsländer in Klassen zwecks Deckung der Kosten des JB. 118 f.; Zulässigkeit von Sonderabkommen 121; Fortbestehen älterer Staatsverträge 121; Ausführung der im UV. übernommenen Verbindlichkeiten 123; Gesetze über Patente, Gebrauchsmuster, Marken 125.
Verbandsmarken (s. Verbandszeichen) internationale Verpflichtung zur Schutzgewährung 112, 131; Gesetzgebung der Verbandsländer 112.
Verbandsstatuten als Zeichensatzung 132.

Verbandszeichen, Eintragbarkeit 129, 211; Zeichensatzung 129, 132, 211; Änderung der Zeichensatzung 130, 132, 212; Einsicht der Zeichensatzung 130, 212; Ausschluß der Übertragbarkeit 130, 133, 212; Löschung 130, 132, 133, 212; Anspruch auf Entschädigung wegen unbefugter Benutzung 130, 133, 134, 212; Umschreibung eines Zeichens als V. 130, 133, 212; Gegenseitigkeit 130, 134, 212; Statistik 131; Zweck 131, 134, 212; Träger des Rechts 129, 131; Rechtsfähigkeit privatrechtlicher Verbände 131 — eines ausl. Vereins 131; Bezirks-, Regionalmarken 131; Kirchen- u. Schulgemeinden 131; Defensiv-, Vorratszeichen 131; Wort- u. Bildzeichen 132; Schutzfähigkeit, Schutzdauer, Erneuerung 131; Freizeichen 132; Warenverzeichnis 132; Streitigkeiten von Verbandsmitgliedern untereinander oder mit dem Vorstande 132; Gebühren 132; Druckkosten 133; Rolle 130, 133, 211; Feststellungs-, Unterlassungsklage 133, 134; Löschungsklage 134; Anmeldung durch Treuhänder 134; Anmeldg. 129, 211; Anwendg. d. Vorschriften über Wz. 129, 211; Geschäftsbetrieb 129, 131, 211; mehrere Zeichen eines Verbandes 131; Ausstellungsschutz 131; Sperrfrist 132; Zwangsmittel zur Anzeige von Satzungsänderungen 132; Auseinandersetzung zwischen Verband u. Mitglied über Schadensansprüche 133; Schadensersatz; Verzicht, Vergleich eines Mitgliedes 134; Weiterbenutzung eines ehemaligen V. durch Einzelperson 132.

Verbreitung, der Zeitschrift Les marques internationales 23, 43, 60.

Vereine vom Roten Kreuz, Führung des Genfer Neutralitätszeichens 192.

Vereinigte Staaten von Amerika, Inanspruchnahme von Rechten u. Vorteilen aus dem FV. 174, 175; Lauf der im Versailler Vertrag festgelegten Fristen 174; Option auf die im Teil X Abschnitt 7 Versailler Vertrages bezeichneten Rechte u. Vorteile 175; Wiederinkraftsetzung des Abk. betr. gegenseitigen gewerbl. Rechtsschutz 175; Inkrafttreten des Vertrags mit V. St. A. 174; Legalisierung von Urkunden 196.

Verfahren, Anwendung des WbzG. in Angelegenheiten der intern. Markenregistrierung 49, vor den Gerichten der Unionsländer 125; in Wzsachen 207; vor dem RPA., VO. des Reichspräsidenten 212.

Verfall eines Patentes wegen Nichtausführung 77, 105; wegen Einfuhr des patentierten Gegenstandes 77, 104; Verlängerung der Verfallsfrist 160, 178.

Verfallene gewerbliche Eigentumsrechte, Wiederinkrafttreten: FV. 160 — Ausf.G. 170 — Berner Abk. 178.

Vergeltungsrecht gegen auswärtige Staaten 210.

Vergleich über den Schaden durch unbefugte Benutzung eines Verbandszeichens 134.

Vergünstigungen an Angehörige ausländischer Staaten zwecks Sicherung gewerblicher Schutzrechte deutscher Reichsangehöriger 185.

Verkauf von Waren mit falschen Ursprungsangaben 152.

Verkäufer, Angabe seines Namens auf Waren aus einem fremden Lande 188.

Verkürzung der Liste der Erzeugnisse im Wbz. 28.

Verlust des Prioritätsanspruchs 99, 102, 128.

Vermerk in der Zeichenrolle über Tag u. Nummer der intern. Registrierung 42, 51; im Nebenregister über Änderungen in den Rechtsverhältnissen der Marke 22; in der Zeichenrolle über Entziehung des Zeichenschutzes 54.

Vernichtung des Druckstockes durch JB. 38, 58, 84; des intern. Markenschutzes 86; mit einer widerrechtlichen Kennzeichnung versehener Waren 209.

Veröffentlichung der intern. Marken 7, 8, 11, 22, 39, 42, 53; Erneuerung der Registrierung 25, 87; Veränderungen 28, 45; Übertragungen 29 f., 45; Lieferung an die Verbandsländer 42; keine V. der Rollenvermerke über Tag u. Nummer der intern. Registrierung 50, 51, 63; der Verweigerung u. Entziehung des Zeichenschutzes sowie der Verzichte 54, 60; V.en des JB. 80, 120; von Zeit u. Land der beanspruchten Unionspriorität 98; des RPA. (Wzblatt) 204.

Versagung der Zustimmung des neuen Ursprungslandes bei Übertragungen 30; des Schutzes in einem Zweitlande 17, 52, 53, 59, 85; Anzeige von der V. des Schutzes an JB. 43; wegen älterer Hinterlegung 43; Veröffentlichung der V. des Zeichenschutzes 54, 60.

Versagungsbeschluß, Mitteilung an JB. 17, 85, in dreifacher Ausfertigung 43; verspäteter 18; endgültiger 21; unterlassene Bestellung eines Vertreters 21, 22; Kollision mit älteren Marken 43; Zustellung durch JB. 19, an Vertreter 44; Beschwerde 17, 44, 60, 80; Benachrichtigung des Ursprungslandes u. Markeninhabers durch JB. 17, 43, 85.

Versäumnisurteil, Voraussetzung der Schutzberechtigung 95.

Verschnitt von Weinen 154.

Verstoß gegen die öffentliche Ordnung 108, 126; gegen Vorschriften einer nationalen Markengesetzgebung 108, 126.

Verteilung des Jahreserträgnisses aus intern. Registrierungen 26, 46.

Vertrag, Wirkung des Beitritts zu einem V. 34.

Vertragschließende Länder s. Verbandsländer.

Vertreter, Zwang zur Bestellung eines inländischen V. 21, 53, 95, 165, 210 f.; Milderungen des Zwanges 21, 50, 53; Zustellungen an V. 22, 44; Aufforderung zur Bestellung eines inländischen V. 21, 22, 44; Unionsangehörige 95, 96, 125; ehemalige Reichsangehörige 165; vor dem Schiedsgericht für Oberschlesien 185; Japan 196; Eintragung in die Zeichenrolle 204; Befugnisse des Inlandvertreters 210 f.

Verurteilung im Strafverfahren, öffentliche Bekanntmachung 210.

Verwaltungsbehörden, Einziehung ausländischer Waren 209, 210.

Verwaltungsbeschwerde gegen Bescheide der Markenstelle 51.

Verwechselung von Warenkennzeichnungen im Verkehr trotz Abweichungen 210.

Verweigerung s. Versagung.

Verwirkung des Prioritätsanspruchs 102, 128.

Verwirkungen, von den V. St. A. verfügte 174.

Verzeichnis der Auslagestellen des Wzblattes u. der Zeitschrift Les marques internationales 71, 74; der Verbandsländer: MMA. 4, Ill. 93, Madrider Abk. betr. Herkunftsangaben 189 f.

Verzicht auf intern. Markenschutz, begrenzter, unbegrenzter 27, beschränkter 52; Nichteintragung begrenzter V. in die Zeichenrolle 27, 52; Vermerk im Nebenregister 27, 52; Registrierung durch JB. 28, 40, 44 f., 52, 85; Veröffentlichung

54, 60; Einreichung der Erklärung an RPA, 27, 59, 85.
Vieh, gewerbliches Eigentum 125.
Von Amts wegen, Benachrichtigung des JB. von Änderungen im Markenrecht 28, 85; Ersuchen um Registrierung einer Marke 3; Prüfung der Schutzberechtigung 95; Unionspriorität 101; Berücksichtigung des Art. 6 UV. 110; Löschung eines Wz. 206.
Voranmeldung, Beweisstücke 101, 135.
Vorbehalt der Rechte Dritter bei Wiederinkrafttreten verfallener Patente u. Muster: FA. 160, Ausf.G. 170, Berner Abk. 178, 182; bei Verlängerung der Unionspriorität 161, 178; gegenüber Unionspriorität: Tragweite 102, Geltendmachung 103.
Vorbehalte bei Ratifikation des Berner Abk. 180 f.
Vorbehalte, Ausnahmen u. Einschränkungen der FV.e, Geltung neben dem Berner Abk. 179.
Vorbenutzung von Warenzeichen im Verhältnis zu Frankreich 148.
Vorbenutzungsrecht im Prioritätsintervall 103.
Vorbescheide im intern. Verkehr 21; in dem Verfahren vor den Prüfungsstellen, Wegfall 213.
Vordruck für Registrierungsgesuche 39; Muster 82; dernier enregistrement dans le pays d'origine 41.
Vorläufige Beanstandung, Art. 5 MMA. 17.
Vorrang durch Unionspriorität 98, 99.
Vorratszeichen, Verbandszeichen 131.
Vorschriften zur Ausführung des Beitrittsgesetzes 49; des gemeinen bürgerl. Rechts 96.
Vorschuß s. Gerichtskostenvorschuß.
Vorteile des Beitritts zum MMA. 2.

W.

Wappen, öffentliche Wappen keine Freizeichen: Österreich, Ungarn 139; Berechtigung zur Führung öffentlicher W. 139; österreichisches Erbdslandsw. 139, 140; ungarische Sankt-Stephanskrone 139, 140; Benutzung öffentlicher W. zu Täuschungszwecken 140; in Wz., Prüfung 75 f; öffentliche, unbefugter Gebrauch 108, 126, 129, 139, 204; der Schweiz 192; fälschliche Bezeichnung von Waren mit W. zum Zwecke der Irrtumserregung 209; Gefahr der Verwechselung trotz Abweichungen 210.
Waren, Registrierung nachträglich beanspruchter W. 29.
Warenbezeichnungsgesetz, Vorschriften über Geschäfsgang u. Verfahren, intern. Marken 49; materiell-rechtliche Vorschriften, intern. Marken 50; Abänderung 128.
Warenklasseneinteilung, Übersetzung in die französische Sprache 64, 65 ff.; Änderung durch Reichsregierung 203.
Warenname, freier, ausländische, lediglich aus fr. W. bestehende Marken 105, 108.
Warenüberschuß im Falle des Art. 4 MMA. 15, 52.
Warenverzeichnis, Bedeutung im Falle des Art. 4 MMA. 15, 52; Erweiterung 28, nach anfänglicher Beschränkung 29; Ergänzung im Fall § 6, Abs. 2, Wbz.G. 29; der intern. Marken 54; in französischer Sprache 64; Beschränkung bei Erneuerungen 90; Verbandszeichen 132; Beifügung zur Anmeldung 203.
Warenzeichen, zweite Art von Wz. 22; für jedes Wz. ein besonderes Registrierungsersuchen 62; Bedeutung der Unionspriorität 101; Tag der Anmeldung—Eintragung, intern. Registrierung 39, 41; intern. Wirkung der Eintragung 105; Heimatsschutz: Eintragung, nicht bloße Anmeldung 105, 107; Sperrfrist 129; Anwendung der Vorschriften über Wz. auf Verbands-

zeichen 129, 211; Anmeldung bei Handels- u. Gewerbekammer Wien, Budapest 140; keine Löschung bei späterer intern. Registrierung 14; kollidierende, Bezeichnung im Versagungsbeschluß 43; Registrierungsanträge von noch nicht angemeldeten oder noch in der Prüfung befindlichen Z. 51, 57; von vor dem Beitritt eingetragenen Z. 47, 48; Behandlung mehrerer Z. in einem Registrierungsantrage 48, 57, 62; deutliche Bezeichnung in dem Antrage 57; nach Löschung des Z. keine Erneuerung der intern. Registrierung 24, 59; Sprachgebrauch 3; deutsche. intern. registrierte: Vermerk in der Zeichenrolle 51, 63; Nichtgebrauch während der Kriegszeit 163, 164; Vorbenutzung im Verhältnis zu Frankreich 148; gleiche Wz. verschiedener Personen für gleiche Waren 162; Benutzung eines verfallenen Wz. durch Dritte, Wiederinkrafttreten des Wz. 160, 161, 182; Abbildung des Roten Kreuzes 193 f.; Eintragung, Erneuerung, Löschung von Wz. mit Rotem Kreuz 194; Anmeldung 203; Darstellung, Beschreibung bei Anmeldung 203; Sperrfrist 129, 204; Übertragung, Erbübergang 205; Löschung 206 f.; Rückwirkung 208; Verfahren in Wzsachen 207; Wirkung der Eintragung 208; widerrechtliche Kennzeichnung von Waren mit geschützten Wz. 208; Zahlen, Buchstaben, beschreibende Angaben 128, 204; Ärgernis erregende Darstellungen, täuschende Angaben 129, 204; widerrechtliches Versehen ausländischer Waren mit einem eingetragenen Wz. 209; Gefahr der Verwechslung trotz Abweichungen 210.

Warenzeichenblatt, keine Veröffentlichung intern. Marken 9, 22, 53; Beilegung der Berner Zeitschrift 23; Veröffentlichung der Verweigerung u. Entziehung des Zeichenschutzes, der Verzichte 54, 60; keine Veröffentlichung der Erneuerung intern. Marken, der Nachträge 60, 63; Auslegung und Einsicht 61, 63, 71, 74; regelmäßige Übersichten über Eintragungen, Änderungen, Löschungen 204.

Warenzeichenschutz, s. Zeichenschutz.

Washingtoner Konferenz 10, 107 120.

Wechsel der Staatsangehörigkeit in den abgetrennten Gebieten 164; der Staatshoheit in den oberschlesischen Abstimmungsgebieten 183; des Ursprungslandes 30, 45.

Wein, gewerbl. Eigentum 125; geographische Bezeichnungen im gewerblichen Verkehr mit Wein 154; Lagebezeichnungen 153 f.; französische u. portugiesische geographische Bezeichnungen: § 6 Abs. 2 Satz u. § 7 Weingesetz 154.

Weinbau, Schutz der Lagebezeichnungen 153 f.; 189.

Weinbrand, Gebrauch des Wortes im Weingesetz 154.

Weitergeltung der gewerblichen Schutzrechte deutscher Reichsangehöriger in den abgetrennten Gebieten 164.

Weltkrieg, Erhaltung und Wiederherstellung der durch den W. betroffenen gewerblichen Eigentumsrechte 78, 177.

Wettbewerb s. Unlauterer W.

Wiederaufleben deutscher Warenzeichen in Griechenland 159.

Wiederherstellung der durch den Weltkrieg betroffenen gewerblichen Eigentumsrechte 78, 177; des Friedenszustandes mit China 177.

Widerrechtliche Kennzeichnung von Waren: Schadensersatz, Strafe 208.

Widerspruch wegen Zeichenübereinstimmung: 204 — Frist 204 — nachträgliche Geltendmachung 160, 170; des Zeicheninhabers gegen Löschung 206, 207.

Widerspruchsverfahren, Einleitung

17, 204 f.; kein Ersatzanspruch aus dem Unterbleiben der Einleitung 205; Kosten einer Anhörung oder Beweisaufnahme 205.
Wiederaufnahme abgeschlossener Verfahren 170.
Wiedereinsetzung in den vorigen Stand, Unionspriorität 101; wegen Fristversäumung: Voraussetzungen, Geltendmachung 214 f.
Wiedereintragung mangels Erneuerung gelöschter Warenzeichen 161.
Wiederherstellung gewerblicher Eigentumsrechte durch den FB. 156.
Wiederholung einer Anmeldung mit Prioritätserklärung 101.
Wiederinkrafttreten während des Krieges verfallener Schutzrechte 160, 170, 178, 182; des Abk. mit V. St. St. A. betr. gegenseitigen gewerbl. Rechtsschutz 175; des Art. 28 des Handelsvertrages mit Frankreich 148; deutscher Handelsmarken in China 177.
Wirksamwerden eines Beitritts zum MMA. 32 f.; des intern. Markenschutzes in den Zweitländern 12; des Beitritts des Deutschen Reichs zum MMA. 32 f., 49, 55.
Wirkung der intern. Registrierung 9, 78, 85 — einer ausländ. Marke 52, 78; der Sammelanzeige des IB 33; des Beitritts zum MMA. hinsichtlich der Übergangsmarken 35, 52, 74; Zeitpunkt des Eintretens der W. 52; Entfallen der W. 52; der Unionspriorität 98, 99, 101.
Wissentlichkeit, widerrechtliche Kennzeichnung von Waren 208.
Wohnsitz der Nichtverbandsangehörigen in einem Verbandslande: Vergünstigungen des MMA. 6, 61, 77, 80 — des UV. 77, 95, 97; als Merkmal des Ursprungslandes 7, 61; Verbandsangehörige 94, 96, 125; Wahl des W. 125; in den abgetrennten Gebieten 164, 165; in einem Staate der amerikanischen Union 202.
Wortmarken, Sicherung ihrer Zulassung in allen Verbandsländern 109.
Würdigung der Unterscheidungskraft einer Marke 109; des Art. 6 UV. von Amts wegen 110.

Z.

Zahlen, Marken, die ausschließlich aus Z. bestehen 109 — Warenzeichen 129, 204 — Anerkennung im Verkehr 109, 110 f.
Zahlung der intern. Abgabe an Kasse des RPA. unwirksam 51.
Zeichen s. Warenzeichen.
Zeicheninhaber, Mitwirkung bei Übersetzungen 39, 64; Benachrichtigung von Beanstandungen eines Zweitlandes 17, 43, 85; Aushändigung der Registrierungsbescheinigung 42, 59; Antrag auf Erneuerung 24, 25, 52, 39; Anmahnung des IB. wegen Ablaufs der Schutzfrist 24, 45, 85; Antrag auf Registrierung 47, 48, 49, 51, 57; Verzicht auf Markenschutz 17, 52, 60, 85; Rechtsmittel gegen Verweigerung des Schutzes in einem Zweitlande 60, 80, 85; Änderung der Anschrift 85; ausschließliches Benutzungsrecht des Zeicheninhabers 208.
Zeichenrolle, keine Eintragung der intern. Marken 11, 22, 50, 52, 53; keine Löschung bei späterer intern. Registrierung des Zeichens 14; Verzicht auf intern. Markenschutz 27, 52; Veränderungen im Bestande des intern. Markenrechts 28, 44. Vermerk über Tag und Nummer der intern. Registrierung 42, 51; Eintragung für den neuen Inhaber: Art. 9b MMA. 30, 54; Vermerk über Entziehung des Zeichenschutzes: Art. 4b, 54; Benachrichtigung des IB. von Übertragungen, Änderungen, Löschungen 24, 28, 80, 85; keine

Eintragung der Erneuerung intern. ausländ. Marken, der Nachträge 60, 63; Einrichtung für Verbandszeichen 130, 133; Anmeldung zur Eintragung 203; Führung bei dem RPA. 203; Inhalt der Z. 203 f.; Änderungen der Eintragungen 204; Einsicht 204; Übergang des Zeichenrechts: Vermerk 205.

Zeichensatzung, Inhalt 129, 132, 211; Änderungen 130, 132; Einsicht 130, 132; Zwangsmittel zur Anzeige von Änderungen 132.

Zeichenschutz gegenüber jüngerem — älterem — Markenschutz 14, 15; Versagung des Z. — Rückwirkung 17, 50, 52, 85; der intern. Marken ohne Eintragung in die Rolle, ohne Veröffentlichung im Wzblatt 11, 22; Entziehung des Z. statt Löschung 33, 54 — Rückwirkung 54; intern. registrierter ausländ. Marken, Prüfung 48; Geltendmachung durch Vertreter 53; Fehlen der Bezeichnung des Geschäfsbetriebes, kein Grund zur Beanstandung 53; Versagung — Entziehung 54; Vermerk über Entziehung im Nebenregister 22, 54 — in der Zeichenrolle: Art. 4 b 54; Veröffentlichung der Verweigerung u. Entziehung, der Verzichte 54, 60; Voraussetzung für die intern. Registrierung 4, 57, 62; Zurückerkennung 22, 85; Löschung des Zeichens — Untergang des Markenschutzes 24, 86.

Zeit und Land der prioritätsbegründenden Hinterlegung s. Erklärung über Z. u. L.

Zeitpunkt des Wirksamwerdens des intern. Markenschutzes in Zweitländern 12; Eintragung unter dem Z. der ursprünglichen Anmeldung nach beseitigtem Widerspruch 205; Eintragung von Wz. älteren Rechts unter dem Z. der ersten Anmeldung 211.

Zeitschrift s. Berner Zeitschrift.

Zeitweiliger Schutz bei Ausstellungen 135 f.; Beginn 136.

Zoll- u. Steuerbehörden, Beschlagnahme ausländischer Waren 209, 210.

Zubehör der Marke zum Geschäftsbetrieb 29, 31.

Zuerkennung des Zeichenschutzes, intern. Marken 22, 85.

Zurücknahme von Patenten: Verlängerung der Frist 170; des Antrages auf Strafverfolgung 208, 209.

Zurückverlegung, keine Z. des Anmeldetages zufolge Unionspriorität 101.

Zurückweisung, ausländischer Marken, Gründe 108; wegen Verstoßes gegen die öffentliche Ordnung 108, 126; aus Zahlen oder Buchstaben bestehender Marken 109.

Zurückzahlung der Reichsgebühr 51.

Zusammenfassung mehrerer Wz. in einem Registrierungsantrage 48, 62.

Zuschlagsgebühr, Einhaltung der verlängerten gesetzlichen Fristen 170.

Zuständigkeit der Markenstelle 50; der anderen Dienststellen des Amts 50; das RPA. für Registrierungsanträge 6, 61, 85; der Gerichte der Unionsländer 125.

Zustellung des Versagungsbeschlusses durch IB. 19 — an Vertreter 22, 44; von Verfügungen u. Beschlüssen des RPA. an den eingetragenen Inhaber, seine Erben 205; mittels eingeschriebenen Briefes, durch Aufgabe zur Post 207.

Zustimmung des neuen Ursprungslandes bei Übertragungen 29, 54; Versagung der Z. 30.

Zweigniederlassung, Merkmal des Ursprungslandes 7, 61.

Zweitländer, Wirksamwerden des intern. Markenschutzes 12; Bekanntgabe der intern. Registrierungen an die Z. 7, 41, 42; Prüfungsbefugnis 16.

Zwischenbescheid, Art. 5 MMA. 17; umfassender Inhalt 19 f.; mehrere Zw. 19 f.

Papier | Fördert gute Waldnutzung
FSC® C083411

Kolibri 360 GmbH
Ferdinand-Jühlke-Straße 7
99095 Erfurt, Deutschland
produktsicherheit@kolibri360.de